Robert Jungk

Der Jahrtausendmensch

Aus den Zukunftswerkstätten
unserer Gesellschaft

Mit einem Vorwort von Mathias Greffrath

WILHELM HEYNE VERLAG
MÜNCHEN

HEYNE SACHBUCH
Nr. 19/267

*Den Freunden
in vielen Ländern der Welt*

Um ein Vorwort von Mathias Greffrath
erweiterte Taschenbuchausgabe
im Wilhelm Heyne Verlag GmbH & Co. KG, München
Copyright © 1973 by C. Bertelsmann Verlag GmbH, München
Printed in Germany 1993
Umschlaggestaltung: Atelier Adolf Bachmann, Reischach
Satz: Fotosatz Völkl, Puchheim
Druck und Verarbeitung: Ebner Ulm

ISBN 3-453-06504-2

INHALT

MATHIAS GREFFRATH: Robert Jungk – ein
Weltveränderer auf der Suche nach Utopien 11
Einleitung: An der Jahrtausendwende 22

I. Gezähmte Technik

Gewandelte Zukunftsbilder 31
Stile der Technik 32
Der »Schmutzrausch« macht Millionäre 35
Ein »Vorwarnsystem« für die Umwelt 37
»David« Shurcliff gegen »Goliath« Superjet 40
Neuer Maßstab: der empfindliche Mensch 42
Streit um ein »Loch im Himmel« 45
Das Fernsehen und die Scheidungsrate 48
Wer verteidigt die Ungeborenen? 51
Sanfte Technik und kritische Wissenschaft 54
»Pow-Wow« in Stockholm 56
Neue Wege für die Entwicklungsländer 60
»Klein ist schön!« 62
Wie kann »sanfte Technik« weiterentwickelt werden? 65
Ein »grünes Laboratorium« in Wales 66
Gegen die Katastrophen von morgen 68
Die »trojanische« Maschine 70
Das Gespräch mit den Maschinen 75
Zurück zur Natur – heute 77
Den Fischen vom Wasser erzählen 79
Die Kinderjahre der Roboter 82
Soziale Kennziffern messen Qualität 83

II. Rettende Phantasie

»Jeder ein Genie?« 88
Der ungewöhnliche Doktor Szilard 91
Ein Generalstab für die Weltkrise 94
Erfindungen, die gemacht werden müssen 97
Wie kommt es zu sozialen Neuerungen? 99
Der Kreativitätsboom 102
Phantasie in Uniform 103
»Brainstorming« wird Mode 105

»Synectics« oder wie man auf neue Ideen kommt 107
Die Furcht vor dem Wandel 110
Anfänge einer experimentellen Gesellschaft 113
Gesellschaftliche Selbstversuche 116
»Hunderttausend Atomkriege« 118
Eine »Denkfabrik« für gesellschaftliche Probleme 122
Wenn Lenin dreißig Jahre länger gelebt hätte … 126
Die neuen Projekte des »Klubs von Rom« 129
Die Gefahr der Expertokratie 130
Die erstarrte Avantgarde 133
Projektuniversitäten 135
»Fühle dich frei!« 137
Stumme, die endlich reden lernen 140

III. Projekt Jedermann

Verarmung im Wohlstand 144
Die neuen »Reichen« und die neuen »Habenichtse« 147
Die Rebellion der Erwachenden 151
Beschwören neue Universitäten nur das akademische Proletariat herauf? 153
Gegenwelten von heute 155
Die Zukunft beginnt in den Schulen 159
Kann man Voraussicht lernen? 162
Die »stumme« Mehrheit als »blinde« Mehrheit 164
Ein neuer Erziehungsstil 166
Gegen den neuen Analphabetismus 169
Bildungsbiographien der nahen Zukunft 171
Zähmung der »Erziehungstechnik« 175
Die »Offene Universität« ist nicht offen genug 177
Verliert das Diplom seinen Wert? 181
Die Fabrik der Gleichen 183

IV. Mehr Demokratie

Politische Gründerjahre 187
Akademiker gehen ins Volk 190
Fachsprachen und Öffentlichkeit 192
Geheimgehaltene Informationen 194
Diskussionsnetze breiten sich aus 196
Demokratie der Teilnahme 200
Das Ende der Jasager 202

Der Gouverneur und sein »Kommunikationsraum«	205
Jeder ein Fernsehproduzent?	207
»Video-Guerillas«	210
War das Bürgerfernsehen nur ein Traum?	215
Werden die Leute mitmachen?	219
Der elektronische Liebesakt	221
Ein Marktplatz für Informationen	223
Kongresse im eigenen Wohnzimmer	226
Neue Mittelpunkte der Gemeinden	228

V. Der offene Mensch

Die große Umpolung	232
Anfänge einer »Wissenschaft vom Menschen«	234
Stadtluft macht traurig	238
Die »neue Offenheit«	240
Das Streben nach einer »brüderlichen Gesellschaft«	243
Viele Augen sehen besser	245
Der wiederentdeckte Körper	248
Können Ärzte die Gesellschaft verändern?	251
Wenn die Haut zu »hören« beginnt	254
Vom Nutzen der Nutzlosen	257
Alles fließt	260
Die Abenteuer der Selbstentdeckung	263
Auf Alpha- und Theta-Wellen	265
Optimismus als Herausforderung	268

Nachwort: Und er bewegt sich doch ... 270

Werkzeugkasten ... 275

Kritik an Forschung und Technik ... 275
Vor und nach Hiroshima	275
Kritik an den Zielen und der Abhängigkeit der Technik	275
Kritik an Dogmatismus und Machtstreben der Technik	279

Bewertung und Kontrolle der Technik ... 282
Das »Office of Technology Assessment« des US-Kongresses	282
Internationale Ausbreitung des »technology assessment«	283
Öffentliche Beteiligung	283
Bereits durch TA behandelte Themen	284
Literatur über TA	285

Neue Technik 286
Sanfte Technik 286
Alternative Technik in Entwicklungsländern 289
Evolutionäre Technik 292
Gesteuerte Technik 295

Krisenforschung 297
Bestandsaufnahme der Probleme 297
»Social Indicators« 298
Die Räte für dringende Studien 299

Kreativität 305
Überblicke über das Themengebiet 305
Kreativitätsforschung im Osten 307
Kreative Persönlichkeiten 308
Umweltbedingungen der Kreativität 309

Soziale Phantasie, soziale Experimente 312
Von der Utopie zum Entwurf 312
Gelebte Zukünfte 315

Simulationen 316
Kriegsspiele 316
Systemtheorie – das Ganze sehen 317
Ernste Spiele und ihre Entwicklung 319
Immer mehr Simulationsthemen 319
Warnung vor den »neuen Utopisten« 323
Spiele der Stadtbürger 325

Ganz andere Schulen 325
Das wachsende Interesse für Erziehungsprobleme 325
Kritische Erziehung 327
Schöpferische Erziehung 329

Erziehung und Zukunft 333
Die Debatte um die Chancengleichheit 333
Ein neuer Hebel zur Veränderung: Zukunftserziehung 335

Rebellion gegen die falsche Leistung 336
Nichtkarrieren 336
Die neuen höheren Bedürfnisse 338
Die Arbeitswelt als Experimentierfeld 340
Menschenwürde im Betrieb 343

Neue demokratische Institutionen 344
Kann der Bürger mitreden? 344
Planung mit den Bürgern 345
Foren für die heimatlosen Bürger 348

Informationssysteme 350
Technischer Optimismus – soziale Skepsis 350
Technische Hilfe für demokratische Vorgänge 351
Elektronik gegen die Krise der Städte? 352
Untergrund bringt Gegeninformation 355
Das »Netz« der Gegenkultur 357
»Unsichtbare Colleges« 360

Menschliche Zukunft 361
Anfänge einer Humanvorschau 361
Wandel der Werte 363
Wissenschaft vom Menschen 363

Wege nach innen 364
Ost und West 364
Biofeedback und Biocomputer 365

Danksagung 367
Register 368

Unsere Wünsche sind Vorgefühle der Fähigkeiten, die in uns liegen, Vorboten desjenigen, was wir zu leisten imstande sein werden. Was wir können und möchten, stellt sich unserer Einbildungskraft außer uns und in der Zukunft dar. Wir fühlen eine Sehnsucht nach dem, was wir schon im stillen besitzen.

JOHANN WOLFGANG VON GOETHE
in *Dichtung und Wahrheit*

Ich benötige keinen Grabstein, aber
wenn ihr einen für mich benötigt,
wünschte ich, es stünde darauf:
Er hat Vorschläge gemacht. Wir
haben sie angenommen.
Durch eine solche Inschrift wären
wir alle geehrt.

BERTOLT BRECHT

MATHIAS GREFFRATH

Robert Jungk – Ein Weltveränderer auf der Suche nach Utopien

Jahrtausendmensch … Irgendwie ist er immer Journalist geblieben, dieser Robert Jungk, mit seinem Gespür für attraktive Titel und für Slogans. »Die Zukunft hat schon begonnen« – das war die erste Warnung vor dem Fortschritt, die mißverstanden werden konnte als Feier des amerikanischen Zeitalters. Vielleicht wurde das Buch deshalb von vielen gekauft – List der Vernunft. »Heller als tausend Sonnen« – das war das Porträt der Männer, die das Atom spalteten. Triumph der Wissenschaft oder triumphales Unheil – der Titel läßt es offen. »Strahlen aus der Asche« – da kippt es schon im Titel um: Aus dem Desaster von Hiroshima wachsen der Menschheit die Kräfte zu, das Desaster zu beenden.

In Hiroshima war ein Entschluß gefallen. »Strahlen aus der Asche« war geschrieben, und Jungk dreht einen Fernsehfilm. In einem Krankenhauszimmer fragen ihn zwei todgeweihte Japaner: »Die Menschen im Westen sind doch so klug. Wieso wußten sie dies nicht?« Sie hätten es nicht gewollt, glaubten die beiden, wenn sie gewußt hätten, was die Folgen sind. Diese Szene sei es gewesen, erzählt Jungk, die ihn dazu gebracht habe, seine journalistischen Fähigkeiten gleichsam umzudrehen. Der Reporter, der dem Unheil hinterherrannte, wird zum Warner. Der über die Folgen vergangener Fehlentscheidungen berichtet hatte, will jetzt über die mögliche Zukunft heutiger Entscheidungen schreiben. Robert Jungk wird aktives Mitglied der »Kampf dem Atomtod«-Bewegung (was ihm die Kündigung der »Weltwoche« einbringt) und gründet 1964 in Wien das erste »Institut für Zukunftsfragen« in Europa.

»Zukunftsforscher« hat man ihn deswegen genannt; aber das Wort trifft es nicht. Direkt neben dem Institut war der Fundus der Staatlichen Bühnen: Da sah man nun alle Epochen und alle Möglichkeiten menschlicher Einkleidungen. Zukunft wird, was ein Regisseur beschließt, was die Inszenierung vorgibt – und bestenfalls das, was alle und jeder einzelne wollen; aber Zukunft ist nichts, das man einfach durch Verlängerung der Gegenwart vorhersagen kann. Prognosen, wie Hermann Kahn, hat Jungk deshalb nie abgegeben. Gewiß, gelegentlich ist ihm in den beginnenden Sechzigern der futurologische Gaul durchgegangen: Da hat auch er technische Utopien ausgesponnen, hat Städte, in denen Verkehr unsichtbar wird, propagiert oder aufblasbare Möbel und dergleichen. Aber eigentlich war ihm immer klar, daß Prognosen allenfalls im Sinne Brechts stimmen können, der gesagt hat: Zu einer Prognose gehört immer auch das, was der Prognostizierende unternimmt, damit seine Prognose eintritt.

Die Studentenbewegung habe ihn politisiert, habe seinen Blick für Machtstrukturen und die Ohnmacht reiner Kontemplation geschärft. An der Technischen Universität in Berlin ist er Honorarprofessor geworden, hat Netze geknüpft und sokratisch unterrichtet, ist von Fakultät zu Fakultät gegangen, hat sich über die Zukunft befragen lassen. Und er hat vor allem den einen von den anderen erzählt: den Musikwissenschaftlern von den Verfahrenstechnikern – Notenschrift und Netzpläne, da gibt es Berührungen. Einen »horizontalen Professor« hat man ihn daraufhin genannt – nicht ganz ohne Hintersinn, denn ein enzyklopädisches Verhältnis zur Welt ist ein erotisches. Eros ist die eine große himmlische Macht, die immer größere Einheiten stiftet. Und das tut Robert Jungk, wo immer er auftaucht: in den Universitäten ebenso wie in seiner großen praktischen Enzyklopädie, dem »Jahrtausendmenschen«, in dem er über Tausende von Protestbewegungen, experimentierende Außenseiter, »neue Menschen« berichtet, die an allen Ecken der Welt in den Rissen der wirtschaftlichen und politischen Blöcke neue Produktionsformen, neue Weisen des Zusammenlebens und des Denkens erproben.

Der »Jahrtausendmensch« – ist das mehr als ein griffiger Slogan? 2000 – ist das mehr als eine runde Zahl, die wir mit Symbolkraft belehnen? Ist da ein Epochenbruch in Sicht – weil ein Jahrtausend zu Ende geht? »Ja«, sagt er, »möglicherweise ist es so. Am Ende von Jahrhunderten scheint die Menschheit eine Zusatzenergie in die Zukunft zu investieren.« Und er erzählt mir von einem Buch, das diese These untersucht: Amerikas Entdeckung, die Französische Revolution, die Relativitätstheorie, die Entdeckung des Unbewußten – sie alle hätten am Ende eines Jahrhunderts stattgefunden. Aber ob man etwas daraus ableiten kann? Vielleicht am ehesten die Tatsache, daß Gesellschaften in der Lage sind zu einer gewissen Konzentration auf sich selbst. Daß sie am Ende eines Jahrhunderts dazu neigen, die Bestände zu sichten, die Möglichkeiten der Zukunft erwägen, bevor sie in die nächste Runde gehen. Daß Gesellschaften eine Art großes Silvester mit sich selbst veranstalten können. Es ist ja bekannt: Am Ende des vorigen Jahrtausends verkauften Menschen ihren Besitz, gingen in die Klöster, brachen auf, von wo sie waren. Die Menschheit stellte sich zahlenmystisch auf den Kopf und wartete auf das Weltende, auf das Jüngste Gericht. Es gibt Epochen, in denen die Verzweiflung so groß sein kann, daß man jedes Omen nimmt, dessen man habhaft wird.

Und heute? Was ist nicht alles geschehen, seit Robert Jungk sein Buch über den Jahrtausendmenschen schrieb? Die Erkenntnisse des Club of Rome sind Allgemeingut geworden, und Denis Maedows hat gerade seinen zweiten Bericht über die Grenzen des Wachstums vorgelegt – mit Prognosen, die ebenso tödlich sind wie die ersten: Umkehr oder Untergang. In den großen Konzernen gibt es Umweltbeauftragte, die chlorgebleichtes Papier abschaffen; Chemiegiganten schalten große Anzeigen, in denen sie auf die Zukunftsverträglichkeit ihrer Produkte hinweisen; aber weiterhin ist kein Ende der Beschleunigung in Sicht, der Bevölkerungsdynamik, des Rohstoffverbrauchs, der Energieverschwendung. Die Gesellschaften des Westens sind instabil geworden, eher im Inneren der Menschen als im Äußeren, das immer noch von den Institutionen, den Organisationen, den Konzernen, den Bürokratien zusammengehalten wird. Chemiemanager bauen neue Werke auf und müssen sich abends vor ihren Greenpeace-Töchtern rechtfertigen. Automobilfabrikanten stellen an jeder Ampel den Motor ab und betreiben doch immer weiter die Automobilisierung der Welt, träumen von den chinesischen Märkten.

»Menschenbeben« hat Robert Jungk eines seiner letzten Bücher genannt, den Riß, der mitten durch die Gehirne und die Herzen vieler geht, die noch mitmachen, aber zunehmend die Schmerzen spüren, die es bereitet, die Fassade der Normalität aufrechtzuerhalten. Der nachdenkliche Halbsatz in einer optimistischen Kanzlerrede; die Entschlossenheit von Menschen, mit ihren Körpern und mit Kerzen einzustehen für das Normale, das außerordentlich geworden ist; der Vizepräsident der mächtigsten Nation der Welt, der ein Buch schreibt, wie man die Welt retten könne – all das faßt Jungk immer wieder in seinen Situationsberichten zusammen. Ein Aufstand kündige sich an, sagt er dann, der nicht herkömmlicher Art sei: ein Beben im Fundament der Apparate, der Behörden, der Betriebe – in den Menschen selbst, die es nicht mehr aushalten und es nicht mehr wollen. Noch halten die alten Gerüste, aber die Individuen, die gesellschaftlichen Moleküle sind in neue Schwingungen geraten, die Gesellschaft zittert und wartet gleichsam darauf, ein neues Zentrum zu finden. Neue Gedanken, neue Werte, neue Institutionen.

Robert Jungk sitzt in Salzburg, gut abgeschirmt von seiner Ruth Jungk, ohne die sein Leben nicht denkbar, nicht lebbar, nicht fühlbar gewesen wäre, und schreibt an seinen Erinnerungen. Gelegentlich tut es ihm leid, daß er in all den Jahren der Bewegung nichts aufgeschrieben hat, aber man kann ihn sich nicht vorstellen als Hüter und Registrator seiner Biographie, diesen kleinen Mann mit dem gelichteten weißen Haar, dem runden Gesicht, den roten Wangen, der immer noch immer unterwegs ist, vom Flughafen zum Auftrittsort: im Bürgerverein, auf dem Kongreß, in der Universität. Kürzlich in Osnabrück erst haben sie ihm noch einen Ehrendoktor gegeben. Da saßen sie alle: alle, für die er wichtig gewesen ist, die Wachstumskritiker, die Veranstalter von Zukunftswerkstätten, die Journalisten. »Eine Studentin hat die schönste Rede gehalten: Dich würde ich immer sofort duzen, hat sie gesagt.« Das hat ihn mehr gefreut als die Auszeichnung.

Ist seine Gewißheit gewachsen, daß das Menschenbeben die erstarrten Strukturen zum Tanzen bringt? »Nein, Gewißheit hatte ich nie. Aber die Zahl der Menschen, die in Bewegung geraten sind, um das endgültige Debakel zu verhindern, die ist größer geworden. Auch da, wo ich es nicht erwartet habe. Unter den Managern, den Wirtschaftsleuten, den Eliten. Und dann hat der Zusammenbruch des Sozialismus, hat die forcierte Durchmischung von Nord und Süd, Ost und West, Arm und Reich, Seßhaft und Beschleunigt, Zurückgeblieben und Modern in den letzten Jahren all unsere Zukunftskategorien durcheinandergewirbelt.« Der Blick ins einundzwanzigste Jahrhundert ist ein anderer als vor zehn Jahren. »Es wird anders werden. Und man muß das aushalten können. Man muß sich wünschen, daß es eine Wendung zum Besseren gibt, aber darf die Rettung nicht erwarten. Diese Spannung macht das Leben spannend.«

Nein, es gibt keine Gewißheit. Ob die Geschichte noch einmal in eine gute Kurve kommt, wird von der Energie abhängen. Der Energie vieler Millionen Menschen, die ihre Phantasie, ihre Veränderungswünsche, ihr Leiden an der Gegenwart in Handlungen umsetzen. »Das ist ja alles da. Aber man gibt den Menschen keine Gelegenheit, ihre Wünsche zu einer neuen Gesellschaft werden zu lassen. Es sind so viele Ideen in der Luft, es ist so viel Bereitschaft da, aber wo kristallisiert sie sich? In jedem Parlament müßte es eigentlich Ideenbeiräte geben, man kratzt die letzten Energieressourcen zusammen, man ist ängstlich darauf bedacht, den Produktionsprozeß zu optimieren, und man läßt das Wertvollste – die menschliche Phantasie, die Schöpferkraft, den Wunsch auf Veränderung – brachliegen.« Es wird von vielen einzelnen abhängen, ob sie in Bewegung kommen oder nicht. Die Partei ergreifen oder nicht. Den Mund aufmachen oder nicht – und ob Gesellschaften sich noch einmal verändern. Ob davon genug da sein wird, davon wird es abhängen, wie die Welt aussieht in dreißig Jahren. In vielen kleinen Entscheidungen realisiert sich die Weltgeschichte. Sie wird befördert von Menschen, denen die Frage »Wie können wir die Welt verändern?« nicht lächerlich vorkommt. Robert Jungk schämt sich nicht für solche Sätze. Aber ist sein Beruf nicht ausgestorben? Wo wachsen Menschen nach, die, wie er, die Veränderungswünsche und die Begeisterungsfähigkeit der Menschen auf sich ziehen, Initiativen gründen, Resignation verschwinden lassen, ruchlose Utopien in die Welt setzen? Wo sind sie geblieben, die Jahrtausendmenschen, die in den Siebzigern sich aufmachten, die postmaterielle Gesellschaft in ihren vielen kleinen Schritten zu begründen? Sind die Verführer, die Menschenfänger ausgestorben? »Nein, ich glaube, es ist etwas anderes. Was in den Siebzigern losgegangen ist, das hat ja dazu geführt, daß Veränderer in vielen Behörden, Institutionen, Parteien sitzen. Aber es geht nicht weiter. Es entsteht wenig Neues. Und das ist der Zapping-Effekt. Die jungen Leute fangen alles an, aber immer – so kommt es mir jedenfalls vor – mit einem kurzen Atem. Mir fehlt bei denen die Beharrlichkeit. Und die haben wir noch gehabt. Ich glaube, es kommt vom Überangebot für die Gehirne. Und da spielt das Fernsehen eine Riesenrolle. Das Zappen …«

Fünf Minuten ergehen wir uns in Fernsehkritik. Reden über die perverse Globalität, die dazu führt, daß die Elenden in Rußland sich an südamerikanischen Seifenopern betäuben, daß die

Politiker in Europa sich lächerlich machen auf heißen Stühlen, daß die Bauernseelen in Indien mit Konsummustern aus Blankenese, die über Satellit in ihr Dorf kommen, entwurzelt werden. »Alle werden ständig in Bewegung gehalten, und nichts geschieht«, so faßt er seine Kritik zusammen. Nur um nach einer kurzen Sekunde hinzusetzen: »Aber was nutzt mir das, ich darf mich dem Phänomen nicht beugen.«

Die Autobiographie ist fast fertig. »Ich muß nur aufpassen, daß es nicht zu prophetisch wird. Denn ich bin nicht mehr so gewiß, wie ich war. Ich will ja nicht prophezeien. Ich will nur glaubhafte Ermutigung geben.« Und eher als Protestbewegung sieht er heute bei den Eliten Hoffnung, etwa in den großen Unternehmen, wo er mehr und mehr Leute trifft, die die Abgründe sehen, vor denen das Industriesystem steht, die an Alternativen denken. »Aber ob sie das durchsetzen? Das ›greening of economy‹, die Transformation der Wachstumswirtschaft in eine Industriegesellschaft, die mit der Natur verträglich wäre, ist sehr teuer.« Aber er wäre nicht Robert Jungk, wenn er dabei stehenbleiben würde. »Natürlich ist es ein großes, ein gigantisches Projekt, aus der Endlichkeit des Globus endlich Konsequenzen zu ziehen. Die Auswirkungen auf Politik, auf Wirtschaft, auf Demokratie und auf das Alltagsleben der Menschen zu akzeptieren. Aber warum sind wir dann so verzagt? Davon wird doch die Situation nicht besser, davon geht die Krise nicht weg. Stell' dir doch nur einmal vor ...« – da ist sie wieder, diese kleine Pause, in der er gleichsam den utopischen Atem wiedergewinnt, dieser kleine Anlauf auf die nächsten Projektbeschreibungen, zu denen er so schwer nein sagen kann: »Stell' dir doch einfach mal vor, wenn überall, wo jetzt in den großen Zeitungen noch die Katastrophen beschrieben und analysiert werden, über die fast alle schon alles wissen – wenn dieser Raum zur Verfügung stünde, um neue Ideen, um neue Projekte vorzustellen. Das wäre doch etwas. Aber wo ist denn die Nachfrage danach?« Robert Jungk hat sich diesen Markt selbst produziert. »Ja.« Pause. »Ja, ich habe mir diesen Markt geschaffen, aber ich werde eben inzwischen auch als Traumtänzer gehandelt.« Pause. »Aber das macht mir gar nichts, denn das ist die einzig realistische Position. Wenn alles erstarrt ist, muß man träumen können. Auch mit der Bleischwere an den Füßen. Andererseits müssen die Füße schwer sein, müssen sich mit Alltag einstauben, sonst fliegt man weg.«

In der Bibliothek für Zukunftsfragen am Ufer der Salzach wird gebündelt, was in die Zukunft strahlt. »Es kommt so vieles aus aller Welt, und wir sind so wenige Leute, um es zu ordnen und zu verarbeiten. Wenn so eine Institution erst einmal angefangen hat, dann spricht es sich herum. Sie schicken uns von überall her Material.« Vor zwei Jahren hat Jungk aus den Daten der Initiativen, die in Salzburg betreut werden, einen »Katalog der Hoffnung« zusammengestellt, einundneunzig Projekte für die Zukunft, eine Datenbank, in der tausend Weltveränderungsprojekte aus aller Welt beschrieben sind. »Das entstand, als ich damals den Jakob von Uexkuell besuchte, den Veranstalter des alternativen Nobelpreises. Der hatte Regale voll Mappen und Material. Er sagte, daß sei alles von Leuten, die sich um den alternativen Nobelpreis beworben hatten und nicht prämiert worden seien. Da lag also sehr viel Hoffnung in diesen Regalen, sehr viele Neuansätze. Wir haben das dann nach Salzburg geholt.«

Die Medien, sagt er, seien so oft auf Katastrophen fixiert. Das sei ein erwünschtes Resultat der ökologischen Aufklärung. Aber was bei all den Katastrophen dann keine Aufmerksamkeit mehr findet, das sind die Neuansätze. Das ist die Tatsache, daß es das Neue schon gibt. »Im Grunde wird das nicht systematisch genug betrieben. Es müßte eigentlich ständig jemand herumreisen, um all diese Initiativen zu dokumentieren, nach ein paar Jahren zu sehen, was aus ihnen geworden ist, Ideen zu sammeln und weiterzugeben.«

Ein Jahrtausend geht zu Ende. Und mit ihm die große Hoffnung, die viele auf das Menschheitsexperiment im Osten gesetzt hatten. »Leider Gottes sind ja bei dem ganzen Zusammenbruch keine neuen Strukturen entstanden, sondern das Alte hat sich sofort gefestigt. Da ist nichts geändert, nichts aufgebrochen worden.« Für einige Jahre werden es Experimente schwer haben.

Robert Jungk nimmt nicht teil an den Feuilletondebatten über: »What's left?« Was soll da auch schon vorbei sein? Eine solidarische Lebensform, in der politische Mitbestimmung und Vernunft gegenüber der Natur sich verbinden können, wird nicht auf sich warten lassen. Warum? Weil die Menschen mehr wissen wollen. Weil die Menschen unzufrieden sind. Weil sie nicht aufhören können, zu verbessern, zu träumen. Robert Jungk ist nicht mehr so viel unterwegs wie früher. Nicht nur, weil er an seinen Erinnerungen sitzt. Ungern an ihnen sitzt, weil er so wenig aufgeschrieben hat, weil er in den dreißig Jahren so viel unterwegs war. Zwischen Hotels und Zügen, auf Zetteln Reden entwerfend, Tips gebend, Pamphlete konzipierend. Ein Leben, das selbst Modell ist jener globalen Vernetzung, von der er redet. Ein Nomade der Veränderung, ein Wanderer im Dienste der Welt, nur ab und zu ein wenig Ruhe suchend in der kleinen Wohnung hoch über der Salzach. Hat er Nachfolger? »Die Zahl derjenigen, die warnen, ist hundertfach gewachsen. Aber die Entwurfsfraktion, die Menschen, die sich trauen, etwas vorzuschlagen, die ist nicht mitgewachsen. Als wenn die Menschen sich nicht trauten, etwas Neues vorzuschlagen. Als hätten sie Angst, sich lächerlich zu machen, wenn sie gegen die massive Wirklichkeit andenken. Inzwischen brauchen wir ja nicht mehr so viel Kritik. Denn daß da vieles schiefläuft, das ist ja inzwischen bekannt. Wir brauchen andere Konzepte. Wir brauchen Problemlöser. Wir brauchen Menschen, die Lust auf Zukunft machen.«

Warum sind das so wenige? »Zunächst ist es ein Versagen der Erzieher. Von klein auf werden die Menschen getrimmt auf das Aufnehmen von Informationen. Bestenfalls wird noch ein Trend analysiert. Aber dadurch wird das kreative Denken nicht entwickelt. Und so wie die Kleinen schon geschult werden, werden die Daten später im Fernsehen, in den Magazinen aufbereitet. Die Informationsgesellschaft, vollgestellt mit Daten und Fakten aller Art, verstopft die Lust an Neuem.« Ständig seien alle damit beschäftigt, zu sammeln, zu wiederholen, aber über das Ganze denkt niemand mehr nach. »Was mir noch an Jahren bleibt« – eine Wendung, die ganz neu ist an ihm –, »will ich daran wenden, zu überlegen, wie die Lehrer in den Schulen die kreativen Funktionen der Kinder entwickeln können. Warum zum Beispiel ...« – da ist sie wieder, die utopische Pause vor dem nächsten Vorschlag – »warum zum Beispiel haben die Kinder nicht mindestens einmal in der Woche Zukunftsunterricht?« Er redet sich in Fahrt. »Die Menschen wissen ja gar nicht, was für Möglichkeiten sie haben.« Da hat er seinen Faden wieder. Die zweite Hälfte seines Lebens hat er darauf gewandt, die kreativen Fähigkeiten der Menschen herauszubringen. Hat in »Zukunftswerkstätten« die ungenutzten Träume, die Wirklichkeitsphantasien und die sozialen Kräfte gestärkt, die in unzufriedenen Menschen schlummern. Hat seine Fähigkeit zum

Mutmachen eingesetzt und diejenigen zum Sprechen ermutigt, die meist nur ahnen, daß furchtbar vieles schiefläuft, aber nie zum Reden kommen, weil immer schon die anderen reden. In Zukunftswerkstätten dürfen sie auch Sätze wie diesen sagen: »Ich bin noch nicht so lange auf dieser Erde und kann nicht so gut reden wie ihr. Ich sehe es einfacher: Wir haben alle das Wahrnehmen verlernt – wir hier. Die Kinder sind viel weiter in der Wahrnehmung.« Mit solchen Anfängen kann Robert Jungk arbeiten. Solche Sätze haben für ihn die Dignität wissenschaftlicher Lehrsätze. In demokratischen Laboratorien, in diesen Parlamenten der Zukunft, streiten nicht nur Gegenwart und Zukunft miteinander, sondern auch das Mächtige und dasjenige, was längst schon unter den Rädern liegt.

Er wettert gegen den »Realitätsvorbehalt«, der jede Veränderung verhindert. »Die Phantasie ist die größte Kraft der Veränderung. Sicher, niemand soll in den Himmel fliegen. Aber heutzutage springt ja nicht einmal mehr jemand.«

Resignation? »Nein, eher leben wir in einer Phase, in der man ein wenig warten muß. Aber warum haben wir nicht gelernt, in Zügen zu denken, wie beim Schach? Selbst die schlechtesten Schachspieler denken doch zumindest an den übernächsten Zug, starren nicht auf das Bevorliegende. Warum machen wir es in unserem Verhältnis zur Welt, in unseren politischen Einschätzungen nicht ebenso?

»Ach, es geschieht so vieles zur Zeit. Es tut mir leid, daß es niemand mehr überblickt. Den großen Trend gibt es nicht, gerade nach dem Ende des Sozialismus, all dieser Riesensachen. Aber an verschiedenen Ecken geschehen zur Zeit ganz verschiedene Dinge, und das Schlimmste ist: die Medien nehmen das gar nicht wahr. Die sehen nur das Auffällige, nur die Oberfläche, nur die Haupt- und Staatsaktionen des Fortschritts. Nicht das Langfristige.« Robert Jungk sieht sich als Verstärker der kleinen Bewegungen. Als Seismograph der Maulwürfe, die die Welt bewegen. Stets auf der Suche nach den kleinen Handlungen vieler, die überraschende Effekte hervorbringen. Man müsse auf das Unmittelbare setzen, auf den direkten Umgang der Menschen miteinander – und das gerade in einer Zeit, wo alles im elektronischen Netz steckt. »Aber selbst dieser Vorgang ist zweideutig. Über die Netze der elektronischen Medien können wir uns die Dezentralisation gleichsam kaufen. Die Menschen können da bleiben, wo sie sind, und doch am arbeitsteiligen Ganzen mitarbeiten.« Eine Weile streiten wir über die Utopien der Bildschirmfernarbeit, über die Ambivalenz, die darin steckt: zwischen der Utopie einer Menschheit, die dort bleibt, wo sie ist, die alle zerstörerische Mobilität hinter sich läßt und dennoch universell wird. Und auf der anderen Seite: die Fixierung der Menschen im elektronischen Netz ihrer allseitigen Abhängigkeit, die weltweite Gleichschaltung, die Hegemonie der Agenturen.

»Ja«, sagt er dann, und die Pause ist ein wenig länger als sonst. »Ja. Es kann sein, daß das die nächste Stufe wird. Aber das werden die Menschen nicht ertragen.«

Ja. Aber. Die schlimmen Möglichkeiten erkennen und die Gewißheit festhalten, daß es nie ein Ende gibt. Daß es immer Menschen geben wird, die es unerträglich finden. Daß das große Wunder des Einspruchs nie ausbleibt. »Es wird nicht erträglich sein«, sagt er noch einmal. Und macht sich sofort auf die Suche nach dem Hebel. »Weißt du« – er gewinnt an Tempo –, »du transportierst ja auch immer Aufklärung mit dem Mist. Ein bißchen. Sicher, jetzt sehen sie im Himalaja in den Fernsehschüsseln den Westen. Sie werden Normen und Konsumverhalten ausgesetzt, die gar nicht mehr für alle zu haben sind in Zukunft. Das ist schlimm, das führt sie in die Irre. Aber was war denn vorher? Da waren sie an Diktatur gewöhnt. Da lebten sie unter dem Diktat der Herrschenden und der Not. Was jetzt kommt, wird furchtbar sein. Aber auch dieses wird seine Nebeneffekte haben.«

So ist Robert Jungk: Die Sonne geht unter, und er denkt an den nächsten Tag. Zwei Jahrzehnte »Club of Rome«-Aufklärung haben uns gelehrt, daß jede großtechnische Offensive der Moderne ungewollte Nebeneffekte hat: daß die Menschen immer das Gute wollten und die Schatten nicht sehen wollten. Bei der Atomenergie, der grünen Revolution, der Gentechnik, der chemischen Agrarkultur war es so. Aber ein chronischer Weitermacher sieht eben hinter jedem Unheil die neuen Handlungsmöglichkeiten. Wer so denkt, muß einen langen Atem haben. Auch noch mit 80. Der Jahrtausendmensch Jungk – das ist eben jemand, der auch ein Jahrtausend übersieht.

Dies Jahrtausend, das zu Ende geht, und das vielleicht doch nicht nur auf dem Rechenbrett? Am Anfang des Jahrtausends wurden in der Normandie die ersten Windmühlen gebaut. Mönche und Handwerker bauten Uhren, die den Naturzyklen ein Ende setzten, in denen ein jegliches seine Zeit hatte. In der Mitte dieses Jahrtausends wurde die Erde als eine begrenzte Kugel erfahrbar, wurde die Unendlichkeit des Fortschritts als Gottesersatz installiert, durch Descartes, Bacon und all die Ingenieure und Propagandisten der Neuzeit. Und nun, am Ende, verbindet die Mikroelektronik alle mit allen, universalisiert der globale Markt die Bedürfnisse, die Ausbeutung der Natur und die Aufklärung, kleben die kleinen Menschenseelen gleichsam an der Innenseite der großen Apparaturen: der Automaten, der Televisionsgeräte, der Faxe, der stählernen Leitplanken. Haben sich die Fähigkeiten des Homo sapiens vergegenständlicht in große, weltumspannende Projekte, deren Funktionäre wir sind.

Alles kann man machen, und nichts kann sich ändern, das ist das Grundgefühl der Epoche. Aber in den letzten Jahrzehnten ist immer etwas in der Luft. Und Robert Jungk besteht auf seinem Gespür für die kleinen Partikel der Emanzipation, für die Elementarteilchen der Vernunft, für die Quanten der Weltveränderung.

EINLEITUNG

AN DER JAHRTAUSENDWENDE

So geht es nicht weiter

Nüchterne, farblose Worte, mit denen Menschen dieser Zeit das benennen, was früher sehr viel pathetischer Weltuntergang genannt wurde.

Vor einem Jahrtausend wurde schon einmal das Ende der christlichen Welt erwartet. Viele verkauften ihr letztes Eigentum und bereiteten sich auf das Jüngste Gericht vor, das sich durch eine steigende Flut von Gewalttaten anzukündigen schien.

Neuere Historiker, die sich über die Geschichte der Wende vom ersten zum zweiten Jahrtausend gebeugt haben, sind zu der Ansicht gekommen, daß schon in dieser dunklen Zeit Anfänge jener Erhellung zu finden sind, die sich in den folgenden Jahrhunderten nach und nach ausbreitete. Das klare Gedankengebäude des Thomas von Aquin, die Strukturen der gewaltigen, weiß leuchtend gen Himmel strebenden Kathedralen, die Lehre des heiligen Franz von Assisi, die Geistigkeit der Humanisten, ja sogar der kritische Rationalismus der Aufklärung – all das wurde schon damals, im zehnten Jahrhundert, von einer kleinen Zahl inspirierter Mönche hinter den Mauern ihrer Klöster vorbereitet.

Der französische Geschichtsforscher George Duby beschreibt die Wendung, die sich, erst wenigen bemerkbar, anbahnte: »Die Menschheit liegt noch zu Füßen eines schrecklichen, magischen, rächenden Gottes, der sie beherrscht und erdrückt. Aber sie ist dabei, sich das Bild eines menschlichen Gottes zu schaffen, der ihr ähnlicher ist, und sie wird es bald wagen, ihm ins Gesicht zu schauen. Sie beginnt einen langen Weg der Befreiung ...«

Nur wenige dachten damals an eine irdische Wandlung. Ihre einzige Hoffnung galt dem Reich Christi. Hienieden war das Leben beherrscht von täglicher Not und nie endender Furcht. Das karolingische Reich war zerfallen, Räuberbanden durchstreiften Europa, plünderten, marterten, brandschatzten. Im barbarischen Klima dieses Säkulums gediehen die kulturellen

Anfänge der beiden vorhergehenden Jahrhunderte nicht weiter und gingen zugrunde. Nur wenige Menschen konnten lesen oder schreiben.

So blieb der Prozeß geistiger Erneuerung, der hinter den Mauern einiger Klöster begonnen hatte, den Zeitgenossen verborgen. Erst die Nachwelt erfuhr davon aus Berichten von Chronisten wie Raoul Glaber. Das war ein unsteter, scharfzüngiger Mönch, höchst unbeliebt bei hohen wie mittleren Kirchenherren. Seine vielen Feinde sagten ihm nach, er sei »geschwätzig, leichtgläubig und ungeschickt«. Er aber empfand, so wird überliefert, diese Tadelsbezeigungen als Lob und wertete sie als indirekten Beweis dafür, daß seine kritischen Beobachtungen getroffen hatten. Er widmete sich schließlich ganz dem Notieren des Erlebten und schrieb im Kloster Cluny, das ihm Unterschlupf gewährte, seine fünfbändige Geschichte der Jahre 900 bis 1044 nieder.

Ähnlich wird ein Chronist an der Wende zum dritten Jahrtausend versuchen müssen, nicht nur die Erscheinungen des Verfalls und der Zerstörung, der Brutalität und der Unvernunft, der Unterdrückung und Verschwendung zu registrieren und zu kritisieren, sondern auch zu fragen haben: Gibt es heute wiederum Vorzeichen eines Wandels? Wo sind Ansätze einer Veränderung? Werden wir noch einmal davonkommen?

Der Schreiber dieser Zeilen bemüht sich seit Jahren darum, Signale, Tendenzen und Versuche ausfindig zu machen, die im Widerspruch zum Bestehenden auf eine andere und bessere Zukunft hindeuten.

Anfangs war das nur eine Nebenbeschäftigung, die ich durchaus unsystematisch betrieb: eine Zeitungsnachricht, ein Brief, eine mündliche Mitteilung erzählten von Möglichkeiten und Hoffnungen. Ich sammelte solche »guten Nachrichten« und gab während meiner Korrespondententätigkeit bei den Vereinten Nationen in New York als private Publikation einige Nummern eines »Good News Bulletin« heraus. Denn als Zeitungsmann fand ich es unerträglich, daß Presse und Funk in ihrer Suche nach Neuigkeiten zwar über Kriminalität und Katastrophen, Krisen und Krieg ausführlich berichteten, darob aber hoffnungsvollere, wenn auch weniger aufdringliche Entwicklungen vernachlässigten.

Das starke Echo dieses naiven Versuchs in der amerikanischen Öffentlichkeit – Leitartikel in den führenden Zeitungen und Nachrichtenmagazinen, Interviews in Radio und Fernsehen, Hunderte von Briefen aus allen Teilen des Landes – zeigte mir, wie groß die Sehnsucht war, einmal etwas anderes als die täglichen Klagen zu hören. Meine Freude über diesen scheinbaren Erfolg war kurz. Ich merkte sehr schnell, wie sehr dieses oberflächliche Interesse an »guten Nachrichten« der Nachfrage nach Beruhigungspillen ähnelte. Meine damaligen Leser und Korrespondenten schienen weder interessiert zu sein, eindringlich über Alternativen und ihre Durchsetzung nachzudenken, noch die Zeitübel tiefer greifend zu diagnostizieren. Sie mißverstanden meine Hinweise auf einige wenige Lichtblicke in einem überwiegend dunklen Bild als Bestätigung dafür, daß doch »alles gar nicht so schlimm« sei.

Wie sehr meine Bemühungen um eine etwas ausgewogenere Betrachtungsweise zur Verschleierung mißbraucht werden konnten, wurde mir besonders deutlich, als sich gerade diejenigen intensiv zu interessieren begannen, die am schlechten Stand der Dinge nicht unwesentlich beteiligt waren: Ein großer Chemiekonzern und eine Fluggesellschaft boten mir an, eine tägliche »Good-News«-Radiosendung zu finanzieren. Am Ende würde dann ein Sprecher die Güte ihrer Leistungen loben.

Nein, so ging es nicht. Ich mußte mich weiterhin fast ausschließlich kritisch mit denen beschäftigen, die eine Verbesserung der Lage verhinderten, und denen, die es erduldeten: den Drahtziehern und den Zappelnden, den Rücksichtslosen und ihren ahnungslosen Opfern. Und doch ließ mich eine Frage nicht los: Trug ich damit wirklich zur »Aufklärung« und Aktivierung der Leser bei? Verstärkte ich nicht vielmehr ihre Gefühle der Resignation? Wenn sie über den Egoismus, die Kurzsichtigkeit, den wachsenden Einfluß der Herrschenden informiert wurden, wenn sie Einblick erhielten in das Vordringen von Zwängen, die unaufhaltsam schienen, in Machtstrukturen, die den Bürger immer abhängiger werden ließen, würden sie dann nicht – durch solche Informationen gelähmt und in ihrer Passivität bestätigt – alles so weiterlaufen lassen, wie es lief? Und wurde ich nicht auf diese Weise erst recht zum Helfer derer, die sich sowohl der Verhüller wie der Entschleierer zu bedienen verstehen?

Um diesem starken Zug zur Entmutigung entgegenzuwirken, suchte ich immer wieder Reportagethemen, in denen ich Menschen beschreiben konnte, die gegen den Strom zu schwimmen versuchten. Wie zum Beispiel den Vietnamesen, die während der ersten Indochinakonferenz in Genf auf einer Wiese vor dem Völkerbundpalast die Herren Unterhändler durch einen wochenlangen Hungerstreik auf die Leiden seines Volkes aufmerksam machte. Oder Danilo Dolci, den italienischen Reformer, der in einem der furchtbarsten Elendsviertel Palermos gegen die sizilianische Mafia und die mit ihr verbundenen römischen Politiker protestierte. Oder den jungen Elektroingenieur Ishiro Kawamoto aus Hiroshima, der seine Karriere aufgegeben hatte, um den Atomkranken zu helfen, die von keiner offiziellen Stelle betreut wurden.

Trugen solche bewunderungswürdigen Einzelgänger wirklich dazu bei, den verhängnisvollen Kurs der Ereignisse zu ändern? Ihr Opfer wurde zur Anekdote. Nur für Augenblicke brachte es geschehenes Unrecht ins Bewußtsein der Öffentlichkeit. Geändert wurde dadurch so gut wie nichts. Ging es aber nicht darum, Unheil rechtzeitig zu beschreiben und zu beklagen?

Ich erinnere mich genau der Stunde, da ich endlich einsah, daß ich als Reporter eigentlich ein »Kriegsgewinnler« war, ein Nutznießer des Unheils dieser Zeit.

Im Frühjahr 1960 drehte ich in Japan eine Fernsehreportage, die auf meinem im Jahr zuvor erschienenen Buch »Strahlen aus der Asche« basierte. Wir standen in einem jener zugigen Notquartiere am Rande von Hiroshima. Hier hatten die Überlebenden des ersten Atombombardements der Geschichte sich verkriechen müssen. Vor uns ein strahlenkrankes Ehepaar. Sie bereits so schwach, daß sie sich nicht mehr aufrichten und kaum noch sprechen kann. Er – weißhaarig, runzlig, frühzeitig gealtert – hat bis jetzt geduldig alle meine Fragen beantwortet. Nun bittet er mich, ob er nicht auch etwas fragen könne. Mit schwacher Stimme, durchaus nicht anklagend, eher im Tonfall der Entschuldigung, sagte er: »Haben denn die ehrenwerten Gelehrten des Westens nicht vorhergesehen, daß ihre neuen Waffen noch Jahrzehnte nach dem Einsatz Menschen umbringen würden?«

Die Frage dieses Japaners, der fünfzehn Jahre nach dem 6. August 1945 an den Folgen der Atombombe sterben mußte, hat mich seitdem nicht mehr losgelassen. Sie war nicht nur an die Wissenschaftler gerichtet, sie geht uns alle an. Aber mich traf sie ganz besonders. Lief ich nicht seit Jahren hinter den Ereignissen her, um dann, wenn es schon zu spät war, zu kritisieren und zu protestieren? War ich nicht vom Schrecklichen, das ich beschrieb, beruflich so abhängig geworden wie manche Ärzte von der Krankheit und daher an seiner Weiterexistenz interessiert? Mußte ich nicht auch bei mir den Mangel an Voraussicht, an Vision bekämpfen und verhindern helfen, daß sich Katastrophen wie Hiroshima wiederholten?

Die Arbeit an einer Fersehserie mit dem Titel »Europa Richtung 2000« zeigte mir, daß diese Zukunftsblindheit weitaus verbreiteter war, als ich vermutet hatte. »Ich kann mich nur mit dem nächsten, bestenfalls noch mit dem übernächsten Budget beschäftigen«, bekannte ein führender englischer Staatsmann, den ich interviewte. »Was weiter als fünf Jahre vor uns liegt, ist ziemlich uninteressant«, versicherte mir ein hoher Gewerkschaftsfunktionär und betonte selbstbewußt, er sei eben »Realist«, kein Träumer. Parlamentarier, die ich traf, dachten nur bis zur nächsten Wahl, Wirtschaftler nur bis zur nächsten Bilanz, Siedlungsplaner bis zum nächsten Auftrag.

Die Einsicht, daß die wissenschaftlich-technische Entwicklung Kräfte in Bewegung gesetzt hatte, die weit in kommende Jahrzehnte hineinwirken würden, hatte sich damals noch kaum durchgesetzt.

So begann ich, mich für die Erforschung der Zukunft zu interessieren, nahm Kontakt mit den ersten Forschungsgruppen und Institutionen in Frankreich, in den USA und in Japan auf und wurde zu Beginn der sechziger Jahre selbst einer jener damals wenigen, die systematisch begannen, sich um die Erkundung des Kommenden zu bemühen.

Jetzt wurde meine Suche nach Anzeichen hoffnungsvoller Zukunftsentwicklungen intensiver. Ohne bestimmten Auftrag fuhr ich beunruhigt in der ganzen Welt umher, besuchte diesseits und jenseits des in jenen Jahren noch recht dichten »Eisernen Vorhangs« Forschungsstätten der verschiedensten Wissenschaftszweige. Ich nahm an Kolloquien und Seminaren von Kalifornien bis Moskau, von Finnland bis Hawaii teil und wurde so zu einem von den Experten nicht selten mißtrauisch angesehenen »conference hopper«, der als Außenseiter von einer Tagung zur anderen »hüpft«, um die neuesten »papers« der Forscher zu sammeln oder um bei den erregenden Pausengesprächen, nächtlichen Spekulationen dabeizusein, die den inoffiziellen, aber meist interessantesten Teil der Kongresse ausmachen. Denn hier werden tastend und noch ohne Furcht vor Kollegenkritik jene Gedanken entwickelt, die vielleicht morgen, vielleicht übermorgen, vielleicht auch nie aus dem Stadium der Vermutung in das der fundierten Erkenntnis treten.

Bei diesen Kontakten mit der wissenschaftlichen und technischen Avantgarde fiel mir immer stärker auf, wie wenig Fühlung die Pioniere der verschiedenen Disziplinen untereinander hatten. Jeder wühlte immer tiefer und tiefer in seinem Schacht, wußte jedoch nur wenig über das, was nebenan oder gar zwei, drei Stollen entfernt geschah. Einen Chemiker, der sich mit Soziologie beschäftigte, einen Organisationsforscher, der sich fragte, wo die Kernphysik stehe, oder einen Politologen, der sich dafür interessierte, an welchen neuen technischen Entwicklungen – die doch möglicherweise politische Bedeutung bekommen würden – man zur Zeit in den Laboratorien arbeite, fand ich nicht. Sie hatten, wie sie sagten, genug und mehr als genug damit zu tun, sich über die Arbeiten im eigenen Spezialgebiet auf dem laufenden zu halten. Wenn ich in jenen Unterhaltungen mit den Fachleuten etwas von den Vorgängen in »anderen Welten« berichtete und dabei versuchte, sie spekulativ auf mögliche Zusammenhänge mit ihren eigenen Arbeiten hinzuweisen, dann kam ich mir oft vor wie ein nur ungern geduldeter Globetrotter, der den arbeitsamen Honoratioren einer Provinzstadt etwas von den Ereignissen in der weiten Welt vorflunkert. Gewiß, die Sender funken Tag und Nacht, Zeitungen, Zeitschriften und Bücher werden in Riesenauflagen gedruckt und verbreitet. Aber die Fülle des im Grunde schon Bekannten erdrückt und überschattet oft das wirklich Neue, das ganz andere, die Vorzeichen einer Wende, die nicht nur kalendarischer Art ist, sondern vielleicht radikale Veränderungen der Sicht, der Auffassung, der Werte, der Lebensziele und der Lebensführung mit sich bringen könnte.

Bewußt und ausdrücklich sage ich »vielleicht«, weil es durchaus nicht sicher ist, ob sich diese oft erst schwachen Keime entwickeln können. Sie haben nur dann eine Chance, wenn die Neuerer und Experimentatoren die große Öffentlichkeit nicht mehr ausschließen, sondern sich mit ihr verbünden, sie teilnehmen und auch zu eigenen Fragen und Versuchen kommen lassen. Solche Teilnahme wird allerdings nur dann möglich sein, wenn die bisherige »Einbahnstraße« zwischen Experten und Laien, Führenden und Geführten, Lehrenden und Lernenden, zwischen Qualifizierten und Nichtqualifizierten nach beiden Richtungen hin geöffnet wird, wenn in der großen Masse der Befehlsempfänger, der Konsumenten, der lebenslang zur Passivität Verurteilten mehr und mehr Menschen die Möglichkeit erhalten mitzubestimmen, mitzuentwerfen, mitzugestalten.

Das andere bestimmende Ereignis auf meiner Suche nach Zeichen der Hoffnung war das Erleben eines beginnenden Eigenwillens und Eigenkönnens jener »Leute«, die »von oben« nur noch als namenlose statistische Kohorten, als »Zielgruppen«, »Verbraucherschichten«, »Wählermassen« gesehen werden. Doch auch hier fehlt es an Querverbindungen: Bürgerinitiativen, Selbstverwaltungsexperimente, neue Betriebsformen, Schulmodelle, Wohngemeinschaften – es gibt sie zu Hunderten, aber sie wissen voneinander wenig oder gar nichts. Es gibt mitunter innerhalb einer Stadt, eines Landes Kontakte zwischen den Trägern einzelner gesellschaftlicher Versuche, es fehlt jedoch an internationaler Kommunikation, an Vergleichsmöglichkeiten und wechselseitigem Lernen aus Erfolg oder Mißerfolg, es fehlt an allgemein bekannten, ermunternden oder warnenden Beispielen.

Wer das Spektrum der weltweiten Bemühungen, Neues zu erkennen, zu entwickeln und zu leben, zu überblicken versucht, dem formen sich zu dieser Jahrtausendwende hoffnungsvollere Zukunftsvorstellungen als den Empfängern täglicher Unglücksnachrichten. Er wird letzten Endes auch optimistischer urteilen als etwa die Computerdiagnostiker des »Club of Rome«, die den Faktor »Mensch« und die Größe »Phantasie« ausklammerten, weil sie beide nicht als erfaßbare, klar definierbare Daten in ihre Berechnungen einsetzen konnten.

Der Mensch hat in allen Zukunftsperspektiven einen schwer kalkulierbaren Stellenwert. Daraus erwächst aber nicht nur Unsicherheit, sondern auch Erwartung. An den »Grenzen des Wachstums« – von manchen Kommentatoren mit den Weltuntergangsprophezeiungen um das Jahr 1000 nach Christus verglichen – bekennen die geistigen Väter der Zukunftsstudie des »Club of Rome«: »Letztlich möchten wir nicht verzichten, darauf hinzuweisen, daß der Mensch sich selbst, seine Ziele und Wertvorstellungen ebenso erforschen muß wie die Welt, die er zu verändern sucht.«

Das geschieht bereits an Tausenden von Stellen des Planeten. Wir treten aus einer Epoche des vorrangigen Studiums der

Natur und des Strebens nach ihrer Beherrschung in eine Zeit intensiver und immer intensiver werdender Bemühung um die Erkenntnis und Weiterentwicklung des Menschen ein. Rein äußerlich ist diese Entwicklung an der sprunghaft wachsenden Zahl der Studenten in den Humanwissenschaften bei gleichzeitigem Rückgang in den naturwissenschaftlichen Fächern zu erkennen. Auch steigt Jahr um Jahr das Interesse an Büchern mit psychologischen, pädagogischen, anthropologischen oder soziologischen Themen. Diese Tatsache muß den Zukunftsforscher interessieren, engagieren.

Es gibt zwei Hauptmethoden der Vorausschau. Das »exploratory forecasting« (forschende Vorausschau) verlängert bereits wahrnehmbare Trends in die Zukunft hinein. Das »normative forecasting« (normative Vorausschau) setzt zum Teil aufgrund der auf diese Weise gewonnenen Einsichten wünschenswerte Ziele fest und fragt sich, wie die Lücke zwischen dem Erstrebten und dem Verfügbaren überwunden werden könnte.

Bekanntes Beispiel eines – nachträglich stark und vermutlich zu Recht kritisierten – normativen Vorgehens war das amerikanische »Projekt Apollo«, das schon zu einer Zeit entworfen und verkündet wurde, als die technischen Geräte für den Mondflug erst teilweise erfunden waren. Durch die klare Herausstellung eines zu erreichenden Zieles wurden jedoch zahlreiche verstreute Ansätze zusammengefaßt und darüber hinaus konstruktive Kräfte mobilisiert, denen in überraschend kurzer Zeit die notwendigen technologischen Durchbrüche gelangen.

Ähnlich normativ werden wir vermutlich bei der Weiterentwicklung des Menschen vorgehen müssen, denn die Zeit drängt. Eine Umorientierung des Wachstums von »außen« nach »innen«, vom Griff nach der Erde und dem Himmel zur »Selbstbesinnung« des Menschen auf sich und seine Gesellschaft ist zwar bereits im Gange; zu einem vordringlichen, allgemein anerkannten Ziel ist es noch nicht geworden.

Denkbar wäre ein weltweites »Projekt Jedermann«. Es sollte die verborgenen, verschütteten, verkrüppelten Fähigkeiten zahlloser Persönlichkeiten entwickeln, die durch falsche Erziehung oder soziale Zurücksetzung um ihre Selbstverwirklichung betrogen wurden.

Dafür reichen jedoch wissenschaftliche Analysen allein nicht aus; darüber hinaus sind zahlreiche Entwürfe für neuartige Formen des persönlichen Zusammenlebens notwendig. Soziale Laboratorien werden nicht abgeschirmte Tempelbezirke priesterhafter Experten sein dürfen. Sie müßten offene Stätten spontaner Einfälle wie auch fundierter, geduldiger Prüfung sein, die ständig Vorschlägen, Kritik und Diskussion ausgesetzt sind. In solchen Institutionen sollte Gelegenheit für Experimente geboten werden, aus denen neuartige Siedlungsformen, Schulen, Arbeitsplätze, Orte des Spiels und Stätten der Besinnung hervorgehen könnten.

Utopie? Anfangs vielleicht. Aber was einst Traum bleiben durfte, muß heute Entwurf und Wirklichkeit werden. Nicht mehr nur der Wunsch, sondern die Not verlangt nach neuen menschlichen Lebensformen.

»So geht es nicht weiter!« Diese Worte können als Entschuldigung für den Rückzug dienen, sie können aber auch Herausforderung sein. Der amerikanisch-französische Biologe René Dubos sagte in einem Gespräch über die Bedrohung der Menschheit an der Jahrtausendwende:

»Krisen führen immer zu einer Bereicherung. Zivilisationen dürfen niemals zu Ketten werden. Deshalb mündet mein Pessimismus gegenüber der nächsten Zukunft in einen Optimismus von großer Tiefe. Die Kraft der Umstände zwingt die Menschen, andere Lösungen zu erfinden.«

Um über weitverstreute, vereinzelte und oft verborgene Anfänge solch weltweiter Bestrebungen zu berichten und sie in das allgemeinere Bewußtsein zu heben, ist dieses Buch geschrieben worden. Sein Fazit: Der Mensch ist nicht am Ende. Herausgefordert durch tödliche Gefahren, beginnt er sich erst jetzt voll zu entfalten.

I. Gezähmte Technik

Gewandelte Zukunftsbilder

Vom Dunkel in strahlende Helle. Fast ohne Übergang. Eben noch im Schritt durch »typisch englischen Nebel« gefahren, gegen den die Autoscheinwerfer fast machtlos waren, und nun blendet die plötzliche Sonne den Fahrer so sehr, daß er bremsen muß und am Straßenrand stehenbleibt. Wir klettern aus dem Bus auf die schäbige Vorstadtstraße von Manchester und springen ausgelassen herum wie Kinder. Dort hinten in der gelbgrauen »Erbsensuppe« liegt die Computerfabrik Ferranti, in der wir heute vormittag für das Fernsehen gedreht haben. Und hier, nicht einmal eine Meile entfernt, leuchtet der Himmel klar und frühsommerlich.

So erlebte ich in der mittelenglischen Industriemetropole die Passage von einer verschmutzten in eine »rauchfreie Region«. Es war, als überschreite man die Grenze zwischen zwei Welten, zwei Zeiten. Damals, Anfang der sechziger Jahre, gab es den »Clean Air Act« (Gesetz für saubere Luft) erst seit kurzer Zeit. Der Beschluß, mit dem sich Großbritannien als erste Großmacht gegen unerfreuliche Nebenerscheinungen des Wachstums zu verteidigen suchte, war 1956 im Parlament gefaßt worden. Als politische Pragmatiker wußten die Engländer, daß es nicht möglich sein würde, die beschlossenen scharfen Kontrollen für Betriebe und Privatpersonen auf einen Schlag durchzusetzen. So begann man nach und nach, bald hier, bald dort, eine »smokeless zone« einzuführen: Modell und Verheißung für andere, noch in Qualm und Gestank getauchte Gebiete. Fünfzehn Jahre nach dieser gesetzgeberischen Pionierleistung überflog ein Kamerateam der »British Broadcasting Corporation« (BBC) die ganze Insel und stellte fest: »An einem klaren Tag wird der Reisende überrascht, weil es die charakteristischen Rauchfahnen über den meisten Industriegebieten nicht mehr gibt.«

Ähnlich deutliche, wenn auch noch lange nicht volle Erfolge gelangen bei der Reinigung englischer Gewässer. Als Umweltforscher im Auftrag der Behörden 1957 den Verschmutzungsgrad der Themse prüften, fanden sie auf einer Strecke von vierzig Kilometern zwischen Richmond und Gravesend keinen einzigen lebenden Fisch mehr. Fünfzehn Jahre später tummelten sich wieder über fünfzig verschiedene Arten in den Wellen des Flusses. Die Ufer werden nun nach und nach von Fabrikanlagen befreit und in Parklandschaften mit Spazierwegen umgewandelt. In den einst grünen Tälern von Wales, die durch die Industrialisierung in sterile Halden und Schuttplätze verwandelt worden waren, setzte eine erfolgreiche Wiedergutmachungspolitik ein. Sie führte bereits zur Schaffung großer neuer Erholungsgebiete. Der Nordwesten Englands, von dem aus im neunzehnten Jahrhundert die Maschinen, die man damals euphemistisch »eiserne Engel« nannte, ihren Siegeszug über die Welt antraten, wird systematisch aufgeforstet. Im Jahr 2000 sollen viele Regionen der Insel wieder so grün sein wie zu Zeiten Shakespeares. Man wird künftig nur solche Industrie in den wiederhergestellten Landschaften dulden, die nicht gegen Normen des Gesundheits- und Naturschutzes verstößt.

Wunschvorstellungen von der künftigen Umwelt beginnen sich drastisch zu verändern. Zu Beginn des zwanzigsten Jahrhunderts wurden die Rauchfahnen der Schornsteine noch als Banner des Wohlstands gesehen, galten Industrieanlagen, Motoren, Maschinen als Symbole des Fortschritts. Nun, an der Wende des Jahrtausends, beginnt sich die Vision der erhofften und gewollten Zukunft grundlegend zu ändern: Die Technik wird in den Hintergrund gedrängt. Ihr wird eine dienende, unauffällige, unaufdringliche, möglichst unschädliche Rolle angewiesen; sie wird geradezu versteckt.

Wo heute noch Hochspannungsleitungen den Himmel zerschneiden, soll der Blick wieder ungehindert bis an den Rand des Horizonts schweifen können. Keine Schwaden werden die Luft, keine Abfälle die Gewässer verpesten. Lärm und bedrückend monotone Fabrikgebäude werden verschwunden sein; die Häßlichkeit tritt ihren Rückzug an. Der Rhythmus der Maschinen entläßt die Menschen aus seinem Griff. Sie können sich wieder in ihrem eigenen Tempo bewegen, nach eigenem Zeitgefühl arbeiten. Sie haben sich von den sichtbaren und unsichtbaren Ketten befreit, die ihnen das Zeitalter der mechanisierten Leistung auferlegte.

Stile der Technik

Diese Schilderung klingt zwar heute noch utopisch. Aber sie ist nicht nur eine mögliche, sondern eine recht realistische Vision der Welt von morgen. Pläne, Projekte, Experimente, hier und da auch schon Verwirklichungen weisen in diese neue Richtung. Vieles, was gestern noch als unökonomisch und daher undurchführbar abgelehnt wurde, erwies sich als durchaus machbar. Anfang der sechziger Jahre hieß es z. B., die Verlegung von Überlandkabeln unter die Erde sei zu kostspielig und könne nur in Ausnahmefällen stattfinden. Anfang der siebziger Jahre wurden im Zeichen des erwachten »Umweltbewußtseins« bereits Hunderte Kilometer von Stromleitungen eingegraben. Einerseits hatten Verbesserungen auf den Gebieten des Tiefbaus und der Elektrotechnik die Kosten gesenkt, andererseits mußten und konnten staatliche und private Werke mit einemmal doch die notwendigen, gestern noch als »untragbar« bezeichneten Mehrlasten übernehmen.

Eine entscheidende Rolle in diesem Wandlungsvorgang spielte die zunächst unbeachtete, später verspottete Zivilisationskritik der Intellektuellen. Sie weckte das Unbehagen an den Apparaturen, die sich das Lebendige zu unterwerfen und oft unwiderruflich zu zerstören begannen, schon zu einer Zeit, da der Nimbus der Technik noch sehr groß war und sie als eine Art moderne »Religion« angesehen wurde, gegen die nur rückständige »Ketzer« etwas einwenden konnten. Seither zeigte es sich aber, daß die angeblich wirklichkeitsfremden Intellektuellen die Realität besser beurteilt hatten als die »Praktiker«, weil ihr Begriffsrahmen weiter gespannt war. Die sogenannten »Realisten« hingegen, die weder Nebeneffekte noch längerfristige Folgen der Industrialisierung hatten sehen wollen, waren bei ihrer »streng seriösen« Beurteilung der Lage weniger ernsthaft gewesen als der geniale Filmkomiker Charlie Chaplin, der in seinem Meisterwerk »Modern Times« beim Kampf mit dem Fließband die beschämende Lächerlichkeit einer inhumanen Produktionsweise sehr früh bloßgestellt hatte.

Doch erst die menschheitsgefährdende Grenzüberschreitung der technischen Entwicklungsmöglichkeiten in den Atombombenexplosionen von Hiroshima, Bikini, Eniwetok und Nowaja Semlja verwandelte Unbehagen in weltweite Furcht, erschütterte das Dogma vom unbefleckten und unausweichlichen technischen Fortschritt, dem man sich zu fügen und anzupassen habe.

Anthony Wedgwood Benn, ein führender Mann der englischen Arbeiterpartei, formulierte zu Anfang der siebziger Jahre, als er noch das Ministerium für Technik leitete, diese veränderte Haltung besonders knapp und einleuchtend: »Die zentrale Frage von heute ist sehr einfach. Es geht darum, ob die Menschen eine Kontrolle über die Maschinen behalten, die sie gebaut haben, oder ob sie sich von ihnen überrollen lassen. Das Risiko ist sehr real, daß wir der menschengemachten Umwelt so vollständig preisgegeben werden wie einst die Höhlenmenschen der Natur. Damals waren sie von Kräften umgeben, die sie nicht verstanden, und lebten in ständiger Furcht, es könnte wieder so kommen.«

Ist es überhaupt richtig, von »der Technik« zu sprechen? Nach Ansicht des englischen Ingenieurs und Erfinders Professor Meredith Thring (Marleybone College, London) haben wir bisher noch gar nicht versucht, eine »kreative Technik« zu konstruieren, sondern uns mit einer »cheap technology«, einer »schäbigen Technik«, zufriedengegeben, die ausschließlich der Zielsetzung unterworfen ist, billig, profitabel, sparsam und schnell zu produzieren. Seiner Ansicht nach könnten Forscher und Ingenieure schon längst menschen- und umweltfreundlichere Apparaturen konstruieren, wenn man sie nur ließe und die Rücksichtnahme auf Mensch und Umwelt in ihren Entwürfen eine mindestens ebenso große Rolle spielen dürfte wie wirtschaftliche Bedingungen.

Über der Welt der Maschinen steht heute noch, alle anderen Motive überragend, das Motto der Auftraggeber: »Mehr Leistung! Mehr Gewinn!« Diese Leitsätze erweisen sich aus größerer Entfernung als trügerisch, denn diese an Effizienz und Profit ausgerichtete Technik bringt zwar raschen Gewinn, aber infolge ihrer schädlichen Nebenwirkungen übergroße »soziale Kosten« und langfristigen Verlust.

Wie die Baukunst, so kann auch die jeweils herrschende Technik als Ausdruck eines bestimmten, die Zeit widerspiegelnden Stils angesehen werden, der von den wirtschaftlichen, sozialen, geistigen und seelischen Bedingungen einer Epoche beeinflußt wird und sie ihrerseits beeinflußt. Nach Ansicht des belgischen Kulturphilosophen Henri van Lier (Universität Brüssel) wird der brutalen »dynamischen Technik« des neunzehnten und beginnenden zwanzigsten Jahrhunderts, die sich die Welt und den Menschen zu unterwerfen versuchte, eine in Ansätzen schon vorhandene »dialektische Technik« folgen. Sie soll mit der Natur und mit ihren Arbeitspartnern in ein Zwiegespräch eintreten und – so hofft er –, aus ihrer zivilisatorischen

Abseitsstellung befreit, in den Kreis der menschlichen Kulturleistungen einbezogen werden: eine Schwester der Künste.

Daß es schon jetzt zahlreiche Bemühungen gibt, eine andere Technik zu schaffen, mit der man leben kann, statt unter ihrer Herrschaft oder im Widerstand gegen sie zu leiden, habe ich auf meiner Suche immer wieder festgestellt.

Ich möchte diese Bemühungen in vier große Tendenzen gliedern:

- Die erste Richtung – sie ist bisher am weitesten gediehen – will die Technik starken Kontrollen unterwerfen;
- die zweite will die Technik soweit wie möglich zurückdrängen, verkleinern und auf ein Mindestmaß beschränken;
- die dritte – sie ist die phantasievollste – geht dahin, Wesen und Funktionsweise der Technik grundsätzlich zu verwandeln, sie lebensähnlicher zu machen und durch eine Art »gelenkte Evolution« zu zivilisieren;
- die vierte Tendenz: Umsteuerung der Technik auf andere, menschen- und umweltfreundlichere Ziele hin.

Wie bei jeder Einteilung gibt es auch hier Überschneidungen, Zwischenformen, gegenseitige Ergänzungen. Die Technikkontrolleure, die Technikasketen, die Technikverwandler und die Techniksteurer werden mit- und nebeneinander den Versuch machen, zwischen den Menschen und seinen Instrumenten ein neues, friedlicheres Verhältnis zu stiften, damit er die Krisen des Jahrtausends überleben kann.

Der »Schmutzrausch« macht Millionäre

Eine Milliardenindustrie zur Kontrolle der Umweltschäden begann sich Ende der sechziger und zu Beginn der siebziger Jahre in vielen Staaten zu entwickeln. Automatische Meß- und Warninstrumente zur Aufspürung schädlicher Stoffe in Luft, Wasser, Boden und Nahrung, chemische und pharmazeutische Produkte zur Giftbekämpfung, Luftfilter, Klärwerke und Abfallverarbeitungsanlagen wurden auf einem Markt, der teilweise bereits unter stagnierenden oder fallenden Rüstungsgewinnen zu leiden hatte, zu einem unerwartet großen Geschäft.

Ein »Schmutzrausch« setzte ein, der an den Goldrausch von Alaska erinnert. Er machte bereits einige besonders geschickte Leute innerhalb kürzester Zeit zu Millionären. Da war zum

Beispiel der Amerikaner Robert L. Chambers, der mit ausgeborgtem Geld die Firma »Environtech« in Menlo Park, Kalifornien, gründete, über die das »Wall Street Journal« schreibt: »Vor weniger als drei Jahren begonnen, war *Environtech* zuerst nur eine Idee, die unter dem Kennwort 8-2-0 bekannt war, schwoll aber inzwischen zu einer Firma an, deren Einnahmen jährlich über hundertfünfzig Millionen Dollar betragen sollen. Die Verdienste in den ersten sechs Monaten des laufenden Steuerjahres waren um 37,2 Prozent höher als ein Jahr zuvor. Daher sagen die Makler voraus, daß die Firma mit Leichtigkeit ihre vorjährigen Reingewinne von drei Millionen Dollar überschreiten wird.«

Laut einer Schätzung der neuen Umweltbehörde der Vereinten Nationen wird bis 1985 etwa ein Fünftel aller industriellen Erzeugung der Milderung oder Beseitigung unerwünschter Nebenwirkungen der Technik dienen. Welche Ausgaben notwendig sind, geht aus dem Projekt für eine künstliche »Müllinsel« in der Nordsee hervor, die von der »Westminster Dredging Group« geplant wird. Sie soll rund fünfzig Millionen Pfund kosten und etwa ein Fünftel aller Abfälle Hollands (vor allem gefährliche Chemikalien und jährlich zweihunderttausend Altautos) rund achtzig Kilometer von allen Wohngebieten entfernt verarbeiten oder auf die angeblich gefahrlose Versenkung im Ozean vorbereiten. Noch gigantischer sind – wie üblich – die amerikanischen Statistiken: Im Jahr 1971 gaben die Vereinigten Staaten schon 3,5 Milliarden Dollar aus, um einhundertzwölf Millionen Tonnen Papier und Kunststoff, sechzehn Millionen Tonnen Glas und vierzehn Millionen Tonnen Metall auf die verschiedenste Art und Weise beseitigen zu lassen.

Hier entstehen gewaltige neue finanzielle Lasten, die zwar aufgrund des Verursacherprinzips zuerst von der Industrie getragen werden müssen, schließlich aber doch in Form höherer Preise und Steuern auf die Öffentlichkeit abgewälzt werden. Da Großfirmen der Auto-, Luftfahrt-, Kunststoff- und chemischen Industrie, deren Produktion und Produkte an der Verschmutzung hauptschuldig sind, sich sofort durch Aufkauf kleiner oder durch Gründung eigener Firmen für Umweltkontrollerzeugnisse an dem Boom beteiligten, verdienen sie nun zusätzlich auch noch an der Beseitigung der von ihnen verursachten Schäden.

Bedenklich ist, daß diese neue Industrie zur Rettung der

Umwelt selbst zu einer Umweltbelastung wird: Sie verbraucht nicht nur Rohstoffe, sondern verursacht häufig selbst Umweltschäden. Das freundliche Bild von der Säuberung des Himmels über den städtischen und industriellen Zentren Englands, das ich zu Beginn beschrieb, hat auch seine Kehrseite. Denn die dort erzielten Erfolge wurden zu einem erheblichen Teil durch vorhergehende Entschwefelung der Hausbrandkohle erzielt, ein Prozeß, der nunmehr die Luft in der Umgebung der Entschwefelungsanlagen intensiv verseucht.

Ein »Vorwarnsystem« für die Umwelt

Es fragt sich aufgrund solcher Tatsachen, ob die nachträgliche Beseitigung technischer Schäden nicht schnellstens durch ein präventives Vorgehen abgelöst werden sollte. Es müßte dafür gesorgt werden, daß die zerstörerischen, nachträglich meist nicht mehr gutzumachenden Begleiterscheinungen industrieller Vorgänge von vornherein ausgeschaltet werden.

Aus solchen Überlegungen heraus wurde erstmals in den USA, dann aber auch in zahlreichen anderen hochindustrialisierten Ländern ein Konzept geboren, das in den siebziger und achtziger Jahren so intensiv diskutiert werden dürfte wie heute Mitbestimmung, Bürgerinitiativen und antiautoritäre Erziehung. Es trägt den Namen »technology assessment« (technische Gesamtbewertung) und kann in mancher Hinsicht mit den Kontrollen und Prüfungen verglichen werden, die jeder Einführung eines neuen Arzneimittels vorausgehen müssen. Die Beurteilung der Droge »Technik« ist aber um vieles schwieriger. Denn es geht dabei nicht nur darum, mögliche Gesundheitsschäden abzuschätzen, sondern darüber hinaus Kettenreaktionen gesellschaftlicher Einflüsse zu überdenken, die, wie Auto und Fernsehen zeigen, von technischen Neuerungen ausgehen können.

Als »Vater« des T. A. – so die sehr schnell international in Gebrauch gelangte Abkürzung für »technology assessment« – wird der langjährige amerikanische Kongreßabgeordnete Emilio Q. Daddario, ein Sohn italienischer Einwanderer, angesehen. Die Karriere dieses Mannes ist von beispielhafter Bedeutung, denn er gehört zu einem kleinen Kreis juristisch oder nationalökonomisch ausgebildeter Politiker und Staatsmänner, die durch den wachsenden Einfluß von Naturwissenschaft und

Technik gezwungen wurden, sich mit diesen, ihnen ursprünglich meist ganz fremden Fächern zu beschäftigen.

Seiner Sprachkenntnisse wegen war Daddario im Zweiten Weltkrieg – damals noch ein junger Anwaltskandidat, der seine Laufbahn vorbereitete – bei einer Abteilung des Nachrichtendienstes eingesetzt worden, die sich mit der deutschen Rüstungsforschung zu beschäftigen hatte. So erhielt er nicht nur einen tiefen Eindruck von der Bedeutung, die angewandte Forschung und technische Entwicklung in strategischen und politischen Entscheidungen zu gewinnen begannen, sondern sah auch, daß er gerade auf diesen Gebieten über viel zu geringe Kenntnisse verfügte, um seinen Pflichten als aktiver, gutinformierter Staatsbürger nachkommen zu können. Nach seiner Wahl in den Kongreß im Jahre 1959 ließ den neuen Volksvertreter die Sorge um diese »Bildungslücke« nicht mehr los. Damals standen die USA unter dem Eindruck des »Sputnik-Schocks«, ausgelöst durch die Tatsache, daß die Russen 1957 vor den Amerikanern einen Satelliten in die Erdumlaufbahn gebracht hatten. Ein Krisenprogramm (»crash program«) zur stärkeren Unterstützung der Universitäten, Institute und Laboratorien sollte den Vereinigten Staaten möglichst schnell wieder ihre führende Stellung zurückerobern, und die Volksvertreter hatten plötzlich über die Vergebung achtstelliger Dollarsummen für Forschungszwecke zu beraten, deren richtigen oder falschen Einsatz sie eigentlich gar nicht beurteilen konnten.

»Ich war im Gegensatz zu vielen meiner Kollegen schon damals beunruhigt über unsere Bereitwilligkeit, den Weltraumzielen einen so deutlichen Vorrang zu geben«, sagte mir Daddario, als ich ihn während einer seiner Europareisen interviewte. »Aber damals konnte ich das Für und Wider nur schwer abwägen. Deshalb war ich froh, daß wir 1963 eine Untergruppe des parlamentarischen Weltraumkomitees gründeten, das sich mit Wissenschaft, Forschung und Entwicklung in einem weiteren Rahmen zu befassen hatte.«

Der im Kongreß noch als Neuling geltende Italo-Amerikaner wurde aufgrund seiner guten Beziehungen zur wissenschaftlichen Welt bald zu einem der bekanntesten und beliebtesten Mitglieder der amerikanischen Volksvertretung. Eine seiner interessantesten Initiativen war die Verstärkung des wissenschaftlichen Beratungsdienstes für Parlamentarier und der

Ausbau ihrer Dokumentationsmöglichkeiten auf den Gebieten Forschung und Technik. Endlich konnten die Abgeordneten der von zahlreichen wissenschaftlichen Sachverständigen beratenen Regierung ihre eigene, wissenschaftlich fundierte Meinung entgegenstellen.

Das ist also die Vorgeschichte des »technology assessment«, dessen Entstehungsstunde Graham Chedd, ein in Washington arbeitender englischer Wissenschaftsjournalist, beschreibt: »All das begann, so sagt man, an einem Tisch im Restaurant des amerikanischen Repräsentantenhauses irgendwann zu Beginn des Jahres 1965. Vier Männer – einer davon Daddario – frühstückten dort jeden Morgen. Sie diskutierten bei dieser Gelegenheit über eine Bemerkung, die Jerome Wiesner, Professor des MIT (Massachusetts Institute of Technology) und früherer Wissenschaftsberater des Präsidenten, einige Tage zuvor gemacht hatte ... Wiesner hatte gesagt, Amerika brauche ein Vorwarnsystem, um die Menschen vor den Folgen ihrer Erfindungen zu schützen.«

Allerdings mußte noch der Einfluß eines anderen Mannes hinzukommen, ehe aus dieser Anregung, die bei Daddario auf fruchtbaren Boden gefallen war, der Gesetzesvorschlag für eine wichtige parlamentarische Neuerung entstehen konnte. In »Reader's Digest« hatte Charles Lindbergh, der berühmte Luftpionier, dem 1927 als erstem die Überquerung des Atlantiks im Flugzeug gelungen war, einen Artikel unter dem Titel »Is Civilisation Progress?« (Bedeutet Zivilisation Fortschritt?) geschrieben, der sich als einer der ersten im technikbegeisterten Amerika mit den Schattenseiten der industriellen Entwicklung beschäftigte. Daddario versuchte sofort, mit »Lindy« Verbindung aufzunehmen, was nicht ohne Schwierigkeiten abging, denn der einstige Liebling der Nation hatte durch seine zeitweiligen Sympathien für Hitler viel von seiner Popularität eingebüßt und sich verbittert aus der Öffentlichkeit zurückgezogen.

Doch schließlich empfing er den Kongreßmann, und dieses Gespräch überzeugte Daddario vollends, daß dringend etwas geschehen müsse, um für die Abgeordneten eine eigene Stelle zur Beurteilung technischer Neuerungen und ihrer gesetzlichen Kontrolle zu schaffen. So wurde 1967 dem Parlament der erste Gesetzesvorschlag zur Einrichtung eines »Office of Technology Assessment« unterbreitet. Aber es dauerte noch fast ganze sechs Jahre, ehe die »bill«, die diese neue demokratische Institution ermöglichen sollte, gegen den anhaltenden Widerstand der verschiedensten Interessengruppen angenommen werden konnte.

»David« Shurcliff gegen »Goliath« Superjet

In den Diskussionen um die Einführung des T. A. – die Anfangsbuchstaben wurden von seinen Gegnern als »technology arrestment« (Hemmen der Technik) gedeutet – spielte der Kampf um die staatliche Unterstützung für das Projekt eines zivilen Überschallflugzeugs (Super Sonic Transport, abgekürzt SST) eine wichtige Rolle. Verständlicherweise, denn die Frage, ob man die Einführung dieser neuen Flugzeugtype – die in zweieinhalb Stunden von Amerika nach Europa und in fünf Stunden von New York nach Bombay fliegen würde – unterstützen oder verhindern sollte, war geradezu ein Musterbeispiel für die Probleme, mit denen sich das vorgeschlagene »Büro für technische Gesamtbewertung« zu befassen haben würde. Zum erstenmal seit Beginn der industriellen Revolution – und das ist das historisch Beispielhafte an diesem Vorgang – stürzte man sich nicht mehr blind in ein technisches Abenteuer, sondern war bereit, die möglichen Nachteile vorher abzuwägen.

Daß Flugzeuge bei dieser Geschwindigkeit starke Schockwellen hervorrufen, die sich als sogenannter »Luftknall« entladen, war längst bekannt. Diese Erfahrung hatte man sofort bei den schon in Dienst gestellten Überschallmaschinen des Militärs gemacht. Annähernd so laut wie Bomben und mit starkem Explosionsdruck säten diese von den Air-Force-Piloten schlicht und heiter »Himmelsfürze« genannten Detonationen auf ihrem breiten Flugweg Unheil. Fenster gingen in Scherben, Häuser stürzten ein, Menschen wurden mitten in der Nacht aus dem Schlaf gerissen, trächtige Tiere erschraken so sehr, daß sie ihre Leibesfrucht verloren.

Solange so etwas nur in dünnbesiedelten Gebieten geschah, über denen die Militärpiloten ihre Übungsflüge durchführten, fielen diese Ereignisse einer weiteren Öffentlichkeit kaum auf. Aber die geplanten »Super Sonic Transports« sollten ja die Metropolen der USA an- und überfliegen. Zusätzliche Belastungen würden beim Starten und Landen in Flughafennähe eintreten, da eine einzige SST so viel Lärm macht wie fünfzig Jets.

Wie würden sich diese empfindlichen Störungen auf die Zivilbevölkerung auswirken?

Die Befürworter des Projekts, vor allem Abgeordnete derjenigen Staaten, in denen die Flugzeugindustrie eine Rolle spielte, sowie Lobbyisten und Regierungssprecher meinten, es werde so schlimm schon nicht kommen; die Menschen würden sich eben gewöhnen. Schon im Mai 1960 hatten sie diese Behauptung bei den parlamentarischen »hearings« aufgestellt und dadurch die Volksvertreter so weit beruhigt, daß im August 1961 die erste Jahresrate in Höhe von elf Millionen Dollar für ein zweijähriges Forschungsprogramm bewilligt wurde, um die »letzten Schönheitsfehler« des SST auszumerzen. Das Vorhaben erwies sich jedoch als ein Faß ohne Boden. Immer wieder wurden »Verbesserungen« notwendig. Inzwischen waren nämlich Warnungen von Dr. Bo Lundberg, dem langjährigen Direktor des schwedischen Instituts für Flugforschung, über den Atlantik gedrungen. Sie sprachen nicht nur von einer Gefährdung der Menschen und Objekte, die sich unter dem Flugweg der Maschine befinden, sondern auch von möglichen Gesundheitsschädigungen der Passagiere und Piloten. Diese würden in Höhen von zwanzig- bis siebenundzwanzigtausend Metern hochenergetischen kosmischen Strahlenwirkungen ausgesetzt. Diese Flughöhe müsse von den Maschinen wegen des geringen Luftwiderstandes während des größten Teils ihrer Reisen gewählt werden.

Vor allem aber war dem Riesenvogel, dessen Prototypen bereits in den Werkhallen der Boeing Corporation in Seattle gebaut wurden, im eigenen Land ein nicht zu unterschätzender Gegner erwachsen, der die Öffentlichkeit mit seiner fundierten Kritik an diesem »kostspieligen, gefährlichen, leichtsinnigen Prestigeprojekt« beunruhigte. Dieser Gegner des SST war nicht einfach als lästiger Querulant abzutun, wie es die Public-Relations-Leute der Flugzeugindustrie zunächst versuchten. Denn William A. Shurcliff, Kernforscher an der berühmten Harvard-Universität, ging der Ruf eines soliden, nüchternen und eher vorsichtigen Wissenschaftlers voraus. Neben fachlichem Können hatte er in seiner Laufbahn auch die Einsicht gewonnen, daß wissenschaftliches und technisches Handeln vom Verantwortungsgefühl für die Folgen dieser Tätigkeit geprägt sein müsse. Der Physiker war während des Zweiten Weltkrieges rechte Hand von Vannevar Bush gewesen, dem Leiter des

»Office of Scientific Research«, das für die Erfindung neuer Waffen verantwortlich war. Shurcliff wurde dadurch schon während der vierziger Jahre in die große Gewissenskrise um Bau und Einsatz der Atombombe hineingezogen. Damals erwachte in vielen Forschern das Bewußtsein ihres »Sündenfalls«, und sie nahmen sich vor, niemals wieder die Konsequenzen ihrer Arbeit aus den Augen zu verlieren.

Mit der gleichen Sorgfalt, die Shurcliff schon 1945 als Mitverfasser des »Smyth Report«, des offiziellen Berichts über das amerikanische Atombombenprojekt, bewiesen hatte, machte er sich – angeregt durch den Leserbrief eines Biochemikers an die »New York Times« – daran, alle Fakten zu studieren, die für und gegen das SST-Projekt sprachen. Als er aufgrund dieser Unterlagen zu der Vermutung gelangt war, daß sich hier einmal mehr das Machtdenken der Herrschenden mit dem fatalen Hang der Fachleute verband, das »technisch Süße« ohne Rücksicht auf mögliche Schäden für die Menschheit zu kosten, beschloß er, gegen diese Bedrohung anzugehen.

Er wandte sich an Persönlichkeiten, die bereits öffentlich Bedenken gegen das Projekt geäußert hatten, und gründete mit ihnen die »Citizens League against the Sonic Boom« (Bürgerliga gegen den Überschallknall). All diese Protestler opferten einen Teil ihrer Ersparnisse für ganzseitige Anzeigen in den einflußreichsten Zeitungen. Darin baten sie die Öffentlichkeit, ihren Widerstand zu unterstützen.

Neuer Maßstab: der empfindliche Mensch

Ich besuchte Shurcliff in seinem kleinen hölzernen Einfamilienhaus in der Appleton Street, einer ruhigen Seitengasse der bei Boston gelegenen Universitätsstadt Cambridge. In dem altväterlich wirkenden, von Mitgliederkarten, Broschüren und Flugblättern überquellenden »living room« erlebte ich, daß das amerikanische Ideal der »grassroots democracy« (Demokratie von der Basis aus) auch in der Zeit bürokratischer Mammutinstitutionen noch lebendig ist. Von diesem bescheidenen Wohnzimmer aus bekämpfte Shurcliff mit Hilfe seiner Familie unermüdlich das ganze staatliche Establishment: Generale, Senatoren, Lobbyisten, führende Funktionäre der »Federal Aviation Administration«, Konzernchefs und schließlich sogar der Präsident der Vereinigten Staaten, Richard Nixon, mußten ihre

Pläne ändern und schließlich aufgeben. Denn im Dezember 1971 erreichten Shurcliff und die wachsende Zahl seiner Helfer das angestrebte Ziel: Dem SST-Projekt wurde vom Senat des amerikanischen Kongresses die weitere staatliche Subventionierung versagt. In der Folge strichen die Boeing-Werke das umstrittene Vorhaben.

Der nicht mehr junge, aber erstaunlich lebendige und energische Gelehrte schilderte mir, wie er es geschafft hatte. Anfangs waren die zahlreichen Artikel und Studien des Schweden Bo Lundberg seine wichtigste Informationsquelle gewesen. Es waren darin zwischen 1960 und 1967 schwerwiegende ökologische und ökonomische Einwände gegen das Überschallflugzeug entwickelt worden, ohne daß die amerikanische Öffentlichkeit sie zur Kenntnis genommen hatte. Aber aus den Stellungnahmen der amerikanischen Ministerien, der in ihrem Auftrag arbeitenden Laboratorien und der Akademie der Wissenschaften ließen sich interessante Schlüsse ableiten, wenn man diese offiziellen Berichte nur zu lesen, zu vergleichen und auf ihre Auslassungen oder Widersprüche hin zu untersuchen verstand.

So konnten Halbwahrheiten der Behörden und ihrer »Kopflanger« aufgedeckt, Verschleierungen bedenklicher Folgen zerrissen und die Verharmlosungen der durch den Lärm und den Überschallknall verursachten Schäden durch exaktes Nachrechnen widerlegt werden. Shurcliff rechnete zum Beispiel aus, daß bei einer Umstellung des Weltluftverkehrs auf SST-Maschinen im Durchschnitt täglich vierundzwanzig Millionen Dollar Sachschäden zu erwarten seien.

Von Bedeutung war, daß Shurcliff die in Europa heute noch vorherrschende Scheu des Wissenschaftlers vor der Öffentlichkeit zu überwinden verstand. Seine Schwester, Frau Ingelfinger, Frau eines bedeutenden Arztes, verteilte regelmäßig Xerokopien der neuesten »Gegenexpertisen« von Naturwissenschaftlern, Nationalökonomen und Politologen an mindestens zweihundert führende amerikanische Zeitungen, fünfzig Kolumnisten und ebenso viele Radio- und Fernsehstationen. Zahlreiche Kongreßmänner wurden mit den wichtigsten Informationen und Argumenten versorgt, ebenso die Behörden und Kommissionen, die mit SST zu tun hatten. Führende Mitarbeiter der Herstellerfirma Boeing wurden ebenso »gegeninformiert« wie die Manager der meisten großen Fluglinien in den

USA und Europa, denen SST noch vor der Fertigstellung zum Kauf angeboten worden war.

Vor allem führte der Physiker Shurcliff, unterstützt durch Gutachten von Biologen, Physikern, Psychologen und Ärzten, den von den Befürwortern unterschätzten »Faktor Mensch« in die vorwiegend technischen Berechnungen ein. Er zeigte unter anderem, daß schon durch einen einzigen Flug von New York nach Los Angeles nicht weniger als zehn bis vierzig Millionen Personen in ihrer Gesundheit betroffen würden. In einer Aussage vor dem Kongreß versuchte Air-Force-General Maxwell diese Behauptung zu entkräften, indem er beteuerte, seine Leute auf der Edwards Air Force Base lebten schließlich schon seit langem mit dem »sonic boom« und hätten sich an dieses Phänomen so gewöhnt, daß sie es gar nicht mehr beachteten.

Shurcliff forderte daraufhin, als Maßstab dafür, ob eine technische Neuerung tragbar oder untragbar sei, sollten nicht abgehärtete Soldaten, sondern empfindliche Zivilisten gelten. Er zeigte mir eine Liste von besonders gefährdeten, von »vulnerable persons«, die er aufgestellt hatte. Es gehörten dazu Herzkranke, Kinder, Menschen mit Schlafstörungen, Magenkranke, Nervenleidende, schwangere und gebärende Frauen, schreckhafte Menschen. Eine weitere lange Liste war »besonderen Situationen« gewidmet, in denen der plötzliche Knall vom Himmel störend oder sogar gefahrbringend sein konnte, etwa während einer Theateraufführung, einem Konzert, einer schwierigen Augen- oder Gehirnoperation.

Weil sich solche Faktoren nicht exakt messen lassen, hatte man sie bisher bei den Berechnungen vernachlässigt – ein Versäumnis, das bei vielen, wenn nicht den meisten technischen Planungen gang und gäbe ist. Shurcliff konnte zeigen, daß die Häufung der zahlreichen, angeblich »unbeachtlichen« Belästigungen der Bürger im Endergebnis untragbar sei. Man dürfe die einzelnen industriellen Nebenwirkungen nicht jede für sich, sondern müsse sie im Zusammenhang als ein Übersoll von Irritationen sehen. Erst eine solche Gesamtbewertung vermittelt das richtige Bild und erweist, daß tägliche Heimsuchungen durch technische Ursachen unzumutbar, ja gefährlich sind.

»Manchmal kam der Kampagne der Zufall zu Hilfe. Gordon Bains, der Direktor des SST-Programms, wagte bei einer Pressekonferenz auf der White Sands Missile Range zu behaupten, viele, die ausgesagt hätten, sie seien durch den Überschalleffekt der supersonischen Militärmaschinen geschädigt worden, bildeten sich das nur ein. Und als er gerade voller Überzeugung verkündete: *Ich glaube, das läßt sich nur psychologisch erklären ...* – da – KNALLLL – detonierte es über den Köpfen der versammelten Journalisten, und mehrere Fenster splitterten unter dem Druck einer prächtigen Schockwelle, die eine das Gebäude steil überfliegende F-104 ausgelöst hatte.«

Streit um ein »Loch im Himmel«

Nun, das war eine amüsante Episode im Rahmen einer Auseinandersetzung, die an prinzipieller Bedeutung gewann, je mehr sie sich zuspitzte, und zu einem großen Disput über den technischen Fortschritt führte: seine Richtung, seine Finanzierung und seine Abhängigkeit von der politischen Gewalt. Kein anderes der amerikanischen Großprojekte, weder die Entwicklung der Atomrüstung noch die der Fernraketen, weder die Entscheidung, schließlich Kernwaffen einzusetzen und immer stärkere zu testen, noch der Beschluß, auf dem Mond zu landen – der, wie sich herausstellte, im Kreis von höchstens zwölf Menschen zustande kam –, waren vorher ausführlich in der Öffentlichkeit diskutiert worden. Der »Fall SST« hingegen wurde ein neuartiges Vorbild demokratischer Fortschrittskritik.

Es zeigte sich sehr bald, daß der Regierung Nixon an einer offenen Untersuchung keineswegs gelegen war. Sie hatte auf Anraten von Dr. Lee DuBridge, dem damaligen wissenschaftlichen Hauptberater des Weißen Hauses, eine Kommission zur Prüfung der kritischen Einwände gegen den Superjet eingesetzt. Aber das Weiße Haus setzte sich über deren ablehnendes Urteil hinweg und verlangte auch weiterhin im gewohnten Geist des Rüstungswettlaufs, die Maschine müsse gebaut werden. Sonst würde – wie es hieß – Amerikas erster Platz in der Zivilluftfahrt durch Franzosen und Engländer (mit der »Concorde«) oder gar durch Russen (mit der »TU-144«) gefährdet werden. Die mehrfach wiederholte Forderung von Parlamentariern wie dem Senator Proxmire, den Abgeordneten Reuss und Yates, diesen Bericht zu veröffentlichen, wurde unter Hinweis auf das »Privilegium der Exekutive« verweigert.

Da allerdings erwuchs den SST-Gegnern ein wichtiger Verbündeter in einem Mitglied dieser Geheimkommission; wie sich gezeigt hat, ein typisches Ereignis bei solchen Auseinandersetzungen. Niemand anderer als der Vorsitzende der übergangenen Studiengruppe des Weißen Hauses, ein zweiundvierzigjähriger, hauptberuflich für die Firma IBM arbeitender Physiker namens Dr. Richard Garwin, erklärte öffentlich, weshalb er nach reiflicher Überlegung gegen das Projekt sei. Alle Bemühungen, ihn durch Druck von oben zum Schweigen zu bringen, hatten sich als vergeblich erwiesen. Der Überläufer wurde sogar zu einem Führer der Anti-SST-Kampagne. Als weniger standfest erwies sich DuBridge. Auch er hatte im März 1969 ursprünglich gegen diese »an sich aufregende technische Entwicklung« Stellung bezogen, weil sie »umweltschädlich, ruhestörend, wirtschaftlich unattraktiv und unpopulär« sei. Ein Jahr später war der berühmte Forscher jedoch wieder auf Vordermann gebracht und erklärte dem Abgeordneten Yates wörtlich: »Herr Abgeordneter, ich bin ein Soldat. Der Präsident hat sich dafür entschieden, und ich werde seine Entscheidung unterstützen.«

Inzwischen aber waren andere wichtige Zeugen aufgetaucht, die sowohl vor verschiedenen parlamentarischen Kommissionen als auch in den Massenmedien neue und zum Teil noch schwerwiegendere Argumente als bisher gegen den Superjet vortrugen. Den größten Eindruck machten zwei Experten des »Rates für Umweltqualität«, denn die möglichen Folgen, die sie ausmalten, gingen weit über gesundheitliche Beeinträchtigungen und begrenzte Schäden hinaus. Sie erklärten nämlich, der SST-Massenverkehr würde unter Umständen Katastrophen zur Folge haben, wie zum Beispiel das Abschmelzen der Polarkappen mit sintflutartigen Überschwemmungen und möglicherweise sogar die Schädigung alles pflanzlichen wie tierischen Lebens durch verstärkte ultraviolette Sonneneinstrahlung.

Als diese Aussagen von Dr. Russell Train und Professor Gordon McDonald zuerst über die Nachrichtenschreiber tickten, klangen sie allzu sensationell, um Glauben zu finden. Es war darin von »Himmelslöchern« die Rede, welche die Überschallflugzeuge möglicherweise in die atmosphärische Schutzhülle des Erdballs reißen könnten. Doch als schließlich der wörtliche Text der im Mai 1970 vor Senator Proxmires »Joint Economic Committee« vorgelesenen »statements« bekannt wurde, begann man die Befürchtungen recht ernst zu nehmen.

Train hatte gesagt: »Der Supersonic Transport wird in einer

Höhe zwischen achtzehn und zweiundzwanzig Kilometern fliegen. Er wird in diesem Teil der Atmosphäre große Mengen von Wasser, Kohlendioxyd, Stickstoff und andere Materieteilchen hinterlassen ...Wenn nun fünfhundert SSTs und Concordes in dieser Himmelsregion verkehren, könnten sie den Wassergehalt in einer Reihe von Jahren um fünfzig bis hundert Prozent vermehren. Das würde von großer Bedeutung sein, denn Beobachtungen zeigen, daß die Menge Wasserdampf in der Stratosphäre in den letzten fünf Jahren schon einmal um fünfzig Prozent zugenommen hat ... Es ist möglich – und das sollte genauer untersucht werden –, daß die Subsonic Jets (Unterschalljets) bereits zu diesem Anwachsen beigetragen haben.«

Die starke Zunahme von Wasserdampf würde – so hatte besonders Professor Howard Johnston von der University of California in Berkeley festgestellt – die schützende Ozonschicht der oberen Atmosphäre beschädigen, teilweise zerstören und auf diese Weise den natürlichen Filter, der die Erde und ihre Lebewesen vor übermäßiger ultravioletter Strahlung schützt, unwirksam werden lassen. Biologisch gefährliche Wellenlängen würden dann auf die Erdoberfläche gelangen. Temperatursteigerungen und eine Art weltweiter »Sonnenbrand« von verheerender Intensität, der Pflanzen, Tiere, Menschen befallen würde, könnten die Folge sein.

Die Wirkung dieser Aussagen wurde noch verstärkt, als in der nun einsetzenden heftigen Diskussion die Meinung vorgebracht wurde, schon eine Verdünnung der Ozonschicht um nur fünf Prozent könnte allein bei der weißhäutigen amerikanischen Bevölkerung jährlich achttausend zusätzliche Fälle von Hautkrebs hervorrufen.

Obwohl die Warnungen vor den künftigen Folgen des Überschallverkehrs durch so viele »Vielleicht« eingeschränkt wurden, waren sie wohl das entscheidende Argument für die Weigerung der Senatsmehrheit, den Bau des SST zu unterstützen. Am besten dürfte Professor McDonald das notwendige Veto mit aller wissenschaftlichen Vorsicht formuliert haben: »Das ist ein Thema voller Wenn und Aber. Als einer, der auf diesem Gebiet gearbeitet hat, würde ich meinen, daß die Wirkungen eher gering sein werden. Aber ich würde doch nicht die Verantwortung auf mich nehmen wollen, ohne bessere Informationen mit der oberen Atmosphäre herumzuexperimentieren.«

Zwei Jahre später wurde diese Vorsicht durch eine neuerliche Untersuchung der amerikanischen »National Academy of Sciences« bestätigt. Die damit beauftragte Kommission vertiefte sogar noch die damaligen Befürchtungen ihrer Kollegen und empfahl, keinesfalls Überschallflugzeuge im Linienverkehr einzusetzen, ehe nicht weit mehr Beobachtungen und Daten über ihre möglichen Nebenwirkungen auf die ultraviolette Bestrahlung der Erde ermittelt worden seien.

Das Fernsehen und die Scheidungsrate

Der »Streit um SST« war ein historischer Wendepunkt in der Geschichte der wissenschaftlich-technischen Revolution. Erstmals weigerte sich der Mensch, etwas, das er hervorbringen kann, tatsächlich herzustellen.

Hasan Ozbekhan, der ideenreiche und temperamentvolle Sohn eines türkischen Paschas, heute einer der führenden amerikanischen Planer, formulierte die neue Maxime, daß wir »nicht alles machen sollen, was wir machen können«.

Aber wie und durch wen werden solche Entscheidungen getroffen? Sind sie objektiv zu begründen? Wer kann auf welche Weise kontrollieren, daß nicht gegen sie verstoßen wird?

Diese und viele andere Fragen spielten eine Rolle in der Diskussion um das von Emilio Daddario vorgeschlagene »Office of Technology Assessment« zur vorsorglichen Kontrolle technischer Neuerungen. Die Debatte über SST hatte jedem Kongreßmann und darüber hinaus der Öffentlichkeit die Notwendigkeit demonstriert, eine solche Prüfungsinstitution einzurichten. Doch wurde sehr schnell klar, daß man es beim Überschallflugzeug mit einem noch verhältnismäßig »einfachen« Fall zu tun gehabt hatte, dessen mögliche negative Folgen relativ schnell erkennbar waren. Wie aber steht es mit Neuerungen, so fragte man sich, deren Wirkungen anfangs willkommen, ja sogar segensreich erscheinen, deren zweite, dritte und vierte Konsequenzen jedoch unerwartet sind und sich als problematisch, wenn nicht schädlich herausstellen, wie etwa die erfolgreiche Aufschiebung des Todes durch Hygiene und Arzneimittel. Sie zog unter anderem eine Überbevölkerung in Gebieten nach sich, die auf solchen Zuwachs nicht vorbereitet waren.

Joseph F. Coates, der sich im Auftrag der amerikanischen Akademie der Wissenschaften mit solchen Fragen beschäftigte, stellte zu zwei typischen »Errungenschaften« unserer Zivilisation folgende »Wirkungsreihen« auf:

AUTO
Erste Konsequenz:
Möglichkeit, schnell, billig, leicht, privat von Tür zu Tür zu gelangen;
zweite Konsequenz:
Kunden kaufen in Geschäften mit guten Parkplätzen ein, die weiter von ihren Wohnungen entfernt sind;
dritte Konsequenz:
Einwohner des gleichen Viertels oder der gleichen Gemeinde sehen sich seltener und kennen einander kaum mehr;
vierte Konsequenz:
die einander fremd gewordenen Bürger finden immer schwerer zusammen, um sich mit gemeinsamen Problemen zu beschäftigen; einzelne werden immer stärker isoliert;
fünfte Konsequenz:
die Familienmitglieder sind durch diese Isolation zur Befriedigung ihrer seelischen Bedürfnisse stärker aufeinander angewiesen;
sechste Konsequenz:
Ehepartner sind oft unfähig, diese stärkeren psychischen Ansprüche des anderen zu befriedigen; Frustration führt zu erhöhter Scheidungsrate.

FERNSEHEN
Erste Konsequenz:
eine neue Quelle der Unterhaltung und Belehrung im eigenen Heim;
zweite Konsequenz:
die Leute bleiben öfter zu Hause und vernachlässigen darüber öffentliche Kommunikationszentren (Bars, Kaffeehäuser, Vereinslokale, Theater, Vorträge);
dritte bis sechste Konsequenz:
wie beim Auto: Zerbrechen der Gemeinschaftsbande, Gefährdung der Familien.

Solche Wirkungsreihen, in denen Coates besonders Folgen für das Verhältnis zum Mitmenschen in vorläufig noch sehr einfacher Weise zu entwickeln versucht, lassen sich anhand einer

Fülle von Neuerungen durchspielen. Es ist ferner mit den im Vergleich etwas weiter entwickelten Methoden der »Cross Impact Analysis« möglich, die wechselseitige Abhängigkeit mehrerer technischer und gesellschaftlicher Entwicklungen voneinander zu erkennen. Die Menge möglicher und wahrscheinlicher Folgen, die sich so ergibt, ist aber schließlich derart groß und unübersichtlich, daß die »Vorprüfer« ihre Aufgabe bald als hoffnungslos ansehen können.

Wie kompliziert und umfangreich eine solche Kontrolle möglicher Folgen technischer Innovationen sein kann, geht daraus hervor, daß Fragebogen in Matrizenform, die für diese Zwecke entwickelt wurden, Tausende von »Kästchen« enthalten, die jedes für sich eine bestimmte Wirkung als Folge einer oder mehrerer bestimmter Vorgehensweisen bezeichnen! Ein solches Formular mit nicht weniger als achttausendachthundert Positionen versandte zum Beispiel die geologische Studienabteilung des amerikanischen Innenministeriums zur Prüfung der zu erwartenden Umweltbeeinflussung durch neue technische Anlagen. Dabei wurden noch nicht einmal alle möglichen Kriterien herangezogen. »Schönheit« oder »Unberührtheit«, die bei manchen Naturschützern hoch bewertet werden, finden sich hier nicht, weil sie als »zu schwer erfaßbar« angesehen wurden. Gerade sie spielten aber beim Widerstand gegen die Anlage der »Alaska Pipeline«, die von den neuentdeckten arktischen Ölquellen an der Pruedhoe-Bucht bis nach Valdez, einem eisfreien Hafen an der Südküste, führen soll, eine besonders wichtige Rolle.

Bei einem »assessment« der pharmazeutischen, medizinischen oder genetischen Techniken tauchen neue Probleme auf, die eine nüchterne Beurteilung sehr erschweren. Denn hier sind direkte persönliche Wirkungen zu erwarten; man wird Vorstellungen und Gewohnheiten in Frage stellen müssen, die ein ruhiges Abwägen fast unmöglich machten. Um wie viele Jahre soll zum Beispiel der Tod des statistischen Durchschnittsmenschen hinausgeschoben werden? Muß durch diese Lebensverlängerung nicht die Ehebindung als unerträglich lang empfunden werden? Wechseln Macht und Geld bei übermäßiger Lebensverlängerung nicht zu spät den Besitzer?

In solchen Fällen werden sowohl Einbildungs- und Einfühlungskraft als auch die moralischen Maßstäbe der Zeitgenossen überfordert. Aber gerade an solchen bisher noch schier unlösbar scheinenden Anforderungen könnten sich die heute kaum geförderten Fähigkeiten der Weitsicht, Übersicht und gesellschaftlichen Phantasie entfalten. Einer der Gründe für diese Vernachlässigung mag sein, daß wir bisher diese Eigenschaften noch nicht so sehr brauchten wie in der jetzigen Situation. Der Jahrtausendmensch wird sich deshalb dringend sowohl um prognostisches Können als auch um konstruktive Einbildungskraft bemühen müssen.

Wer verteidigt die Ungeborenen?

Trotz solcher Schwierigkeiten werden Prüfungsgremien, die sich vorbeugend mit der möglichen Wirkung wissenschaftlicher Entdeckungen und technischer Erfindungen zu beschäftigen haben, in zunehmender Zahl gegründet werden. Dabei wird sich bald die Frage nach der Unparteilichkeit und Unabhängigkeit solcher Instanzen stellen. Wer wählt die Richter dieses »Tribunals der Neuerungen« aus? Wer garantiert für ihre Objektivität? Wie können interessenbedingte Fehlurteile revidiert werden? Hier öffnet sich nicht nur ein neues Feld der Rechtsprechung, sondern auch der politischen Auseinandersetzung um die Planung der Zukunft. Es werden dabei die Interessenkonflikte der Gegenwart auf anderer Zeitebene ausgetragen werden. Unter Umständen können sie dadurch auch entschärft werden. Denn über das, was man noch nicht hat, kann man sich meistens leichter einigen als über Vorhandenes.

Solche Positionskämpfe werden heute schon hier und dort vorbereitet. Manche wirtschaftlichen und staatlichen Machteliten bemühen sich bereits jetzt »zur Sicherung der Zukunft«, gestützt auf Sachverständigengutachten über künftige technische Entwicklungen, um weitreichende neue Befugnisse, die ihre eigenen Positionen langfristig sichern sollen. Eine derartige technokratische Entwicklung der Wachstumsdebatte befürchtet ein Teil der »Dritten Welt«. Sie erwartet, es könnte den Entwicklungsländern unter dem Vorwand, die Welt von morgen zu retten, eine eigene Modernisierung untersagt werden. Dazu kommt die Möglichkeit, daß die von einem »technology assessment« verbotenen Industrien aus den hochentwickelten Ländern in weniger dicht besiedelte Regionen der Erde abgeschoben werden.

Es ist zweifellos edel, wenn Robert Feldmesser, ein führender Methodiker des »technology assessment«, denen, die künftig über neue Erfindungen und industrielle Innovationen zu entscheiden haben werden, die Mahnung mit auf den Weg gibt, sie sollten niemals nur an die Interessen ihres Auftraggebers denken, sondern an die »aller betroffenen Gruppen der Gesellschaft«. In der Praxis jedoch werden solche wohlmeinenden Beschwörungen vermutlich wenig Gewicht haben. Es muß vielmehr damit gerechnet werden, daß künftig um die Einführung jeder technischen Neuerung ein zäher Interessenstreit entsteht, bei dem sich die »Betroffenen« nicht nur auf den »guten Willen« der anderen Seite verlassen dürfen, sondern auch in der Lage sein müssen, durch eigene, gutinformierte, einflußreiche Vertreter in die Diskussion und den Entscheidungsprozeß einzugreifen.

Heute steht es noch so, daß Innovationen fast ausnahmslos unter Ausschaltung der Öffentlichkeit von Regierung und Management eingeführt werden. In den eher seltenen Fällen, wo bereits ein »technology assessment« versucht wird – wie in Schweden und Frankreich –, sind die Sprecher des Establishments stets weit besser informiert und vorbereitet als Arbeitnehmer oder unorganisierte und daher zur Mitsprache nicht fähige Gruppen. Alte Leute, Mieter, Jugendliche, Kinder, die von der Technisierung überrollt und durch die aus ihr erwachsende Minderung der Lebensqualität besonders schwer geschädigt werden können, haben meist keinen Einfluß.

Die nach so langem Widerstand von seiten der industriellen Lobbies schließlich im Jahre 1972 eingerichtete Parlamentsbehörde »Office of Technology Assessment of the US Congress« (OTA) hält zwar Verbindung mit kritischen Wissenschaftlern und Bürgerinitiativen, betont aber besonders nachdrücklich, daß sie sich nicht zu deren Instrument machen lasse. Viele Anzeichen deuten darauf hin, daß der Einfluß dieser neuen Instanz möglichst klein gehalten werden soll. Das zeigt sich schon äußerlich daran, daß die Büros sich für Washingtoner Verhältnisse denkbar bescheiden präsentieren. Wie könnte das auch anders sein, da das Budget äußerst bescheiden bemessen wurde und keineswegs auf Jahre hinaus gesichert zu sein scheint. Die bereits begonnenen Studien (wie etwa die Untersuchung über die Verschmutzung gewisser Strandregionen des Staates New Jersey) setzen keineswegs wie geplant in den Entwicklungslaboratorien der Industrie an, sondern versuchen lediglich, Folgeerscheinungen zu analysieren. Der wichtigste Verteidiger der neuen Institution im Kongreß, Abgeordneter Mosher, betonte immer wieder, man brauche das OTA nicht zu fürchten. Es wolle weder lenken noch gar bestimmen, sondern nur – falls überhaupt dazu aufgefordert – »den Informationsstand der Entscheidungsträger vergrößern«. All das führt zu dem traurigen Schluß, daß Staat und Wirtschaft – zumindest vorläufig – die Gefahr einer wirksamen Kontrolle der technischen Entwicklung von sich abgewendet haben. Sogar von der Revision der Entscheidung gegen das amerikanische Überschallflugzeug wird gesprochen, seit die »Concorde« für sechzehn Monate provisorische Landeerlaubnis auf amerikanischen Großflughäfen erhalten hat.

Die »technologische Vorausbewertung« müßte von Anfang an der Alleinverfügung von Sachverständigengremien des Establishments entzogen und eine Angelegenheit aller werden. Dabei wird darauf zu achten sein, das Mitspracherecht in diesem Fall nicht ausschließlich vom Wissensstand abhängig zu machen, sondern auch vom Grad der Betroffenheit durch die geplante Neuerung. Nur zu leicht kann nämlich das Kriterium des »Sachverstandes« – in den Volksdemokratien kommt dazu noch die »politische Aufgeklärtheit« – dazu benutzt werden, den Experten, den Lobbies oder den Ideologen ein undemokratisches Übergewicht zu verleihen.

So positiv die Rolle des Fachwissens sein kann, wenn es zur Aufklärung und Argumentation im Gespräch mit den Bürgern eingesetzt wird, so bedenklich erscheint es, wenn daraus neue Überlegenheit, neuer Hochmut und schließlich neue Privilegien entspringen. Die »Nichtqualifizierten« der Jahrtausendwende werden die bevorzugte Stellung des Expertokraten auf die Dauer kaum dulden. Der Physiker von der Laue hat ihnen bereits die Warnung zugerufen: Wenn die Wissenschaftler den Kontakt mit dem Volk vernachlässigten, werde man sie eines Tages »an den Laternen aufhängen«.

Eigene »Pflichtverteidiger« vor dem »Gerichtshof der Innovationen« sollten jenen beigegeben werden, deren Stimme bisher noch nirgends gehört wird: den Ungeborenen. Denn gerade sie werden von den Spätfolgen technischer Innovationen betroffen. Vieles von dem, was Forscher finden und Ingenieure bauen, verändert und gefährdet nicht nur den Raum, sondern auch die Zeit. Wären Advokaten der Kommenden schon in der ersten Hälfte des zwanzigsten Jahrhunderts aufgetreten, so hätten sie ihre Klienten vielleicht vor dem unverschämten Verprassen unersetzlicher Erbgüter schützen können. Vor jener Verschwendung eines reichen Kapitals an Rohstoffen und anderen Naturgütern, die von zukunftsblinden Ausbeutern der Erdschätze zu Unrecht als Einkommen angesehen wurden. Heute ist eine Verteidigung der Zukunft und ihrer Bewohner jedoch noch dringlicher als vor fünfzig Jahren. Denn es geht jetzt auch um biologisches Erbgut, das durch die Vermehrung lebensfeindlicher Strahlungsquellen gefährdet ist. Es geht sogar um die Bewohnbarkeit der »Heimat Erde«, die durch sorglose Technisierung zerstört werden könnte. Die Verteidiger der Ungeborenen müssen immer wieder darauf dringen, daß wir denen, die nach uns kommen, möglichst viel vom Reichtum, von der Schönheit und den Lebenschancen auf diesem Planeten weitergeben.

Sanfte Technik und kritische Wissenschaft

An diesem Punkt setzt das Bemühen derer ein, die meinen, es genüge nicht, die »alte Technik« zu zähmen, denn das werde vermutlich nicht möglich sein. Es müsse vielmehr eine neue, lebensfreundlichere Technik geschaffen werden, eine »sanfte Technik« (soft technology).

Einer der Hauptsprecher dieser Richtung ist ein kluger und mutiger englischer Schriftsteller namens Robin Clarke. Als ich ihn kennenlernte, war er Chefredakteur der angesehenen Londoner Monatszeitschrift »Science Journal«. Das muß gegen Ende der sechziger Jahre gewesen sein. Damals hoffte Clarke noch, die Forscher könnten aufgrund ihrer zunehmenden gesellschaftlichen Geltung und ihrer objektiven Denkweise der Welt den Weg aus der großen Krise weisen.

Als ich ihn das nächste Mal besuchte, saß er nicht mehr in seiner Redaktion, sondern in einem großen, hellen Büro des Pariser UNESCO-Hauptquartiers. Er trug einen braunen Spitzbart und wirkte lockerer, aufgeschlossener. Um seinen Schreibtisch herum standen oder saßen vier junge Männer, gekleidet im modischen Revolutionsstil des »großen Protests«. Sie diskutierten gerade über eine bevorstehende Konferenz kritischer junger Wissenschaftler, die sich mit dem Umweltproblem beschäftigen sollte.

Clarkes Zeitschrift, eine von Dutzenden des englischen Konzerns IPC, war, so erzählte er mir, nicht etwa wegen Mißerfolgs von einer Woche auf die andere eingestellt worden, sondern weil der Gewinn, den sie abwarf, den Besitzern nicht groß genug erschienen war. Vermutlich hatte dieses Erlebnis dazu beigetragen, aus dem Fortschrittsenthusiasten Clarke einen Skeptiker zu machen. Auch durch die Beschäftigung mit den Unterlagen für sein letztes Buch, das den Rüstungswettlauf zum Thema hatte, war sein kritischer Blick geschärft worden. Er hielt die Wissenschaftler jetzt weder für sehr einflußreich noch für sehr vernünftig, sondern für überspezialisiert und viel zu abhängig, um dem Wahrheitsanspruch ihres Berufes genügen zu können.

Natürlich gab es Ausnahmen, und für manche von ihnen war der Schriftsteller auf seinem neuen Posten als leitender UNO-Beamter in der »Science Division« zu einem internationalen Kristallisationspunkt geworden. Der wissenschaftliche und technische »Untergrund«, den er um sich sammelte, hatte die Gedanken der Antirüstungskampagne des vorhergehenden Jahrzehnts, die vor allem von pazifistischen Atomphysikern getragen worden war, inzwischen weiterentwickelt, verschärft und politisiert. Hatte die ältere Generation noch gehofft, durch persönliche Einflußnahme auf die Staatsmänner in West und Ost einwirken zu können, so dachten die jüngeren Forscher über solche Möglichkeiten nun sehr viel skeptischer.

Ihre Kritik setzte tiefer an: bei den wirtschaftlichen Machtverhältnissen, bei den ängstlich und darum unbeweglich gewordenen demokratischen Institutionen, vor allem aber bei der Wissenschaft selbst und ihrer lebensfernen Nutzung durch eine immer gefährlichere Technik. Es war einer von diesem neuen Schlag, der im Beschleunigerlaboratorium von Stanford forschende Kernphysiker Dr. Philip Noyes, der den Präsidenten seines Landes öffentlich bezichtigte, mit Hilfe der Forschung »Kriegsverbrechen« zu begehen. Es war ein anderer Atomforscher, Dr. Charles Schwartz, der vor seine Studenten an der Universität von Kalifornien hintrat und vorschlug, sie sollten vor Beginn seiner Vorlesungen einen feierlichen Eid ablegen, das, was sie hier lernten, niemals für inhumane Zwecke zu verwenden.

Gruppen »kritischer Forscher und Ingenieure« bildeten sich während der sechziger Jahre vor allem in Holland, Frankreich,

Schweden, England und den USA. Nur ein Teil von ihnen war marxistisch orientiert. Ihre Überlegungen gingen in eine neue Richtung. Sie meinten rücksichtsloses, lebensfeindliches Herrschaftsdenken schon in der Art und Weise zu entdecken, wie Forschung und Entwicklung mit der Welt als ihrem »Objekt« verfahren, sie analysieren, durchleuchten, sezieren und manipulieren. Wer gegen Tyrannei und Unterdrückung kämpfe, müsse sich fragen, so meinten sie, wieweit ein Forscher schon allein durch den Stil seines Denkens und Handelns an den Zerstörungstendenzen der Zeit mitschuldig werde.

Diese Haltung war typisch für Peter Harper, einen Neurophysiologen an der englischen Universität Sussex, der von einem Tag auf den anderen seine vielversprechende Karriere als »Hirnforscher« aufgab, weil er erkannt zu haben meinte, daß seine Arbeit sehr leicht mißbraucht werden könnte. Er wurde bald danach zum Mitbegründer der »New Science«-Gruppe, die sich erstmals im März 1971 im »Mental Health Research Institute« von Ann Arbor, Michigan, zusammenfand. Sie beabsichtigt eine »neue moralische Weltanschauung für Wissenschaftler« zu formulieren, welche die bisher fast unbesehen akzeptierte Behauptung, daß Forschung »objektiv«, »rational« und »neutral« sei, in Frage stellen will. Diese Selbstkritik soll der erste vorbereitende Schritt zur Formulierung neuer Konzepte und Ziele für eine bescheidenere, offenere, stärker dem Menschen verpflichtete Forschungs- und Entwicklungstätigkeit sein. Ausdrücklich wurde in einem provisorischen Neun-Punkte-Programm der »Entwurf von Utopien«, die auf einer »neuen Wissenschaft« basierten, als notwendig bezeichnet. Als eine besonders dringende, auf baldige praktische Verwirklichung zielende Aufgabe nannte man:

»Sanfte Technik (soft technology) – vermutlich risikofrei. Verwendet natürliche Stoffe, die sich erneuern können, und geringe Energien.«

»Pow-Wow« in Stockholm

Als ich ein Jahr später die Umweltkonferenz in Stockholm besuchte, hatte sich die Bewegung für eine »sanfte Technik« bereits so ausgebreitet, daß sie unter der alten indianischen Vokabel »Pow-Wow« eine eigene Ausstellung wagte. In einem langgestreckten Pavillon auf der Insel Skepsholmen sah man

Beschreibungen und Modelle von Experimenten, die Sonne, Wind, Flußströmungen und Meereswellen nutzbar zu machen versuchten. Da waren Fotos, Skizzen, Abhandlungen zu sehen, in denen »nichtaggressive Methoden« der Landwirtschaft geschildert wurden; man zeigte neue Typen »umweltfreundlicher« Werkzeuge und Motoren und teilte Erfahrungen aus Versuchsstätten mit: hauptsächlich waren es studentische Kommunen aus Nordamerika und europäischen Ländern.

Aber so sympathisch das alles war, es ging von diesen Kojen mit ihren meist primitiv oder improvisiert wirkenden Plänen und Blaupausen, handschriftlichen Wandzeichnungen, herumliegenden Häufchen von Pamphleten, Prospekten und Manifesten eine Wirkung aus, die den an grafische Perfektion gewohnten Messebesucher eher abstoßen als einnehmen mußte. Man wurde nie das Gefühl los, hier hätten sich begeisterte, aber kaum ganz ernst zu nehmende Amateure zusammengefunden. Im Widerstand gegen eine Industrie, die sich der Öffentlichkeit scheinbar seriös, präzis und machtvoll zu präsentieren weiß, besaßen sie vermutlich nicht einmal eine Außenseiterchance. Oder glaubten sie wirklich den Feststellungen ihres Mitstreiters Harold Bate, der durch eine englische Fernsehsendung zu kurzlebigem Ruhm gekommen war, die Automobilindustrie lebe in geradezu panischer Angst vor seinem mit angehitztem Hühnerdreck arbeitenden Methangasmotor? »Die Motorsportzeitschriften haben sich geweigert, Anzeigen für meinen Methankonverter aufzunehmen«, ließ er die Besucher der Ausstellung wissen. »Sie hätten sonst Annoncen der Petroleumindustrie im Wert von Tausenden von Pfunden verloren. Man hat mir gesagt, wenn ich in Amerika lebte, wäre ich schon längst um die Ecke gebracht worden.«

Ich hatte mehr, vielleicht zuviel erwartet. Der theoretische Anspruch der »sanften Technik« ging weit über das hinaus, was hier als verspielte Praxis anhand von gutgemeinten Bastelarbeiten gezeigt wurde. Robin Clarke muß es geahnt haben. Er war gar nicht erst nach Stockholm gekommen, um sich diese kümmerliche Schau anzusehen. Ein Vierteljahr zuvor hatte er mir auf einem gemeinsamen Flug nach Washington erklärt, eine ernst zu nehmende »soft technology« müsse erst noch mit sehr viel Geld entwickelt werden. »Es mag sich herausstellen, daß die Technik, für die ich eintrete, praktisch nicht funktionieren kann«, grübelte er. »Bei den Primitiven ging es ja noch.

Aber was wir anstreben müssen, ist eine viel feiner organisierte, empfindlichere, nuanciertere Technik.«

Verlangt das aber nicht einen anderen Menschentyp als die überwiegend exzentrischen Anhänger, die einer solchen wie allen anderen Erneuerungs- und Reformbestrebungen zulaufen? Und kann eine »neue Technik«, die nur aus geringen Mitteln einiger enthusiasmierter Privatleute finanziert wird, je hoffen, den bestehenden Gesetzen, Gewohnheiten, den enormen Geldmitteln und den vielen Spezialisten, die zur Weiterentwicklung der »harten Technik« eingesetzt werden, ernsthafte Alternativen entgegenzustellen?

In meiner niedergeschlagenen Stimmung traf ich Philipe Boitel, einen etwa zwanzigjährigen Pariser mit dem im Untergrund üblichen Jesushaupt, wallendem weißem Gewand und einem bald sanften, bald enthusiastisch leuchtenden Blick. Er verriet jedoch mehr Skepsis und Intelligenz, als die Kostümierung erwarten ließ.

Er kniete gerade auf der abgetretenen Wiese vor dem Ausstellungspavillon und versuchte, einen mindestens drei zu vier Meter großen Sack aus Kunststoff zu flicken. Ab und zu stand er auf, um eine Pumpe zu bedienen und Luft in die durchsichtige Hülle zu blasen, die sich dann wie ein träges, schlafendes Riesentier etwas aufblähte und wieder zusammensackte.

»Merde! Noch ein Riß!« fluchte er. »Aber wir kriegen dich schon hin!«

Ich wollte wissen, was er damit vorhabe.

»Warten Sie, warten Sie, einen Moment! So, jetzt, gleich.«

Er schien mit dem letzten Versuch zufrieden zu sein und zog das formlose Ding an den Wasserrand.

Dort auf dem Steg stand ungeduldig ein bildschöner Langhaariger in kanariengelber Badehose und fragte mürrisch: »You fixed it? Can I try it again?«

»Ja, ich glaube, es ist jetzt in Ordnung. Da, da, es hält die Luft!«

Der Plastiksack hatte sich mittlerweile zu seiner ganzen imponierenden Größe aufgerichtet. Er schwamm auf den Wellen und schwankte nur ein wenig, als der schlechtgelaunte Adonis hineinstieg, als handle es sich um ein gewöhnliches Boot. Und nun begann er sich in diesem dünnen Kokon langsam vorwärts zu bewegen. Ja, er wandelte auf dem Wasser! Aufrecht schritt er, glitt er, schwebte er hinüber zur anderen Seite der Bucht.

Wir alle, die vom Ufer aus zuschauten, klatschten vor Begeisterung, wie dieser Junge, umgeben von einem glitzernden Strahlenmantel, in die Nachmittagssonne hineintanzte.

Doch da erfaßte ihn eine Motorbootwelle. Er schwankte, balancierte sich aus, ging zwei-, drei-, viermal in die Knie, und erst beim fünften Mal schlug er mit seinem hauchdünnen »Gehzeug« um.

»Aber schön war's, wie?«
»Das gibt wieder eine Menge Arbeit«, seufzte Philipe.
»Ja, schon. Feine Spielerei. Und ich dachte, ihr wolltet die Welt retten.«
»Mann, das geht doch nur mit Spaß! Nicht mit zusammengekniffenen Lippen.«

So bekam ich meine erste Lektion in »sanfter Technik«. Sie wird nicht nur aus anderen Vorstellungen, anderen Absichten und anderen Materialien konstruiert, sondern auch in anderer Stimmung: ohne Hast, ohne Furcht vor Versagen, ohne sturen Ehrgeiz. Spielerisch und freudig.

Also doch nur eine Bastelei? Nur ein amüsanter Zeitvertreib?

»Auch. Nein. Mehr!« behauptete Philipe.

Er kam gerade aus Abessinien zurück. Dort hatte er zusammen mit John Morgan, einem jungen Amerikaner, und seinem Team bei äthiopischen Kleinbauern gelebt. Dieser einfallsreiche und opferwillige Entwicklungshelfer hatte dort ein »Village Technology Innovation Experiment« begonnen, das Dorfbewohnern auf der ganzen Welt Wissen und Hilfe zu bringen versucht, ohne dabei ihre eingeborenen Lebensformen zu zerstören.

Philipe erzählte: »Dabei haben wir mindestens so viel von den Eingeborenen gelernt wie sie von uns. Wir brachten ihnen besseres und vielfältigeres Samengut, einfache, leicht zu handhabende Werkzeuge und ein paar ganz nützliche Ideen. Zum Beispiel, wie sie in der Regenzeit Wasser für trockene Monate sammeln können. Oder was sie anstellen müßten, um aus natürlichen Abfällen nicht nur Dünger, sondern auch Methangas als Energiequelle zu gewinnen. Dort wirkte Mr. Bates Erfindung gar nicht mehr lächerlich. Und vor allem haben sie uns beigebracht, daß Arbeit ein Vergnügen sein kann, wenn sie dich herausfordert. Deine eigene Kraft, deine eigene Phantasie, deinen eigenen Grips. Dazu eignet sich die Kleintechnik besser als die große, die perfekte Technik. Bei der haben vielleicht nur die Entwerfer und Konstrukteure der ersten Typen noch Freude an der Sache. Aber diejenigen, die das in Serie bauen und schuften müssen, plagen und langweilen sich nur.«

Neue Wege für die Entwicklungsländer

Überlegungen solcher Art leiten bereits einige Planer in der Dritten Welt bei ihren Versuchen, eigene, nicht mehr von den industriellen Großmächten inspirierte Modelle zu entwerfen. Eine der Aufgaben von M. S. Iyengar, dem Leiter des nordindischen Forschungsinstituts in Jorhat (Assam), ist es, nach neuartigen technischen Möglichkeiten für die Zukunft des Subkontinents zu suchen, der schon heute an Überbevölkerung und Hungersnöten leidet.

Aufgrund seiner Arbeiten kam der Gelehrte zu dem Schluß, eine Industrialisierung im bisher üblichen westlichen Stil bringe für Indien auf lange Sicht mehr Gefahren als Vorteile. Denn die neuen Großstahlwerke und modernen Fabriken, die mit ausländischer Hilfe gebaut wurden, wirken wie Magneten und locken Tausende aus ihren Dörfern. Was aber soll mit all diesen Menschen geschehen, fragt Iyengar, wenn die Produktion rationalisiert und automatisiert werden muß, um sich auf dem Weltmarkt zu behaupten? Sie können dann nicht wie in entwickelten Industriestaaten von Dienstleistungsbetrieben aufgesogen werden, sondern werden arbeitslos und sinken ab ins Lumpenproletariat, wie es heute schon in Bombay oder Kalkutta vegetiert.

»Wir brauchen eine ganz andere Technik, als sie uns bisher angeboten wurde«, erklärte Iyengar auf der zweiten Weltkonferenz für Zukunftsforschung in Kyoto. »Nicht gigantische Kombinate, sondern viele kleine Kraftzentralen und Werkstätten, die über das ganze Land verstreut sind. Die Industrie muß zu den Dorfbewohnern kommen, nicht sie zu ihr. Und sie darf nicht Arbeit einsparen. Im Gegenteil: Sie muß mehr Arbeitsmöglichkeiten geben. Jeder Inder hat ein Recht darauf, eine produktive Beschäftigung zu finden. Deshalb darf in unseren Zukunftsplänen die bessere Leistung der Maschinen keine so große Rolle spielen wie die Schaffung von befriedigenden Berufsmöglichkeiten für möglichst viele Menschen.«

Als Folge dieser gewandelten Einstellung läßt das Interesse

der Inder an großindustriellen Entwicklungsmodellen nach. Sie blicken hinüber nach China. Der zunehmende Einfluß maoistischer Modelle auf die indische Zukunftsplanung ist in erster Linie nicht politischer Natur. Einflußreiche Planer meinen, sie können die dezentralisierten Formen der dortigen Industrieproduktion übernehmen, ohne sich um deren ideologischen Hintergrund kümmern zu müssen.

Ähnlich denkt man in anderen Ländern der Dritten Welt. Besonders die Jüngeren stimmen dem bekannten französischen Entwicklungsspezialisten René Dumont zu, der aufgrund jahrzehntelanger Erfahrung in seinem Buch »L'Utopie ou la mort« (Die Utopie oder der Tod) zu dem Schluß kommt: »Ja, das chinesische Experiment dünkt uns das einer Gesellschaft, die am ehesten eine gesicherte Zukunft zu garantieren scheint.« Es beruht auf dem in der Kulturrevolution verkündeten Prinzip der »unabhängigen Industriesysteme« (Kung-yeh-ti-hsi).

Die zahlreichen lokalen Klein- und Mittelbetriebe, die nach 1959 und in noch stärkerem Maß nach 1966 entstanden, sind stolz darauf, wenn sie nach dem vielgepriesenen Vorbild der Arbeiter von Tachai »ganz auf eigenen Beinen stehen« und kaum oder gar nicht auf Hilfe von außen angewiesen sind. Bezeichnend für diesen Trend ist die absolute und relative Zunahme von selbstgebauten lokalen Kleinstkraftwerken für die Elektrizitätserzeugung. Sie nahmen von neuntausend im Jahr 1960 auf fünfunddreißigtausend im Jahr 1972 zu. Auf der Stockholmer Umweltkonferenz bestätigten Mitglieder der chinesischen Delegation in ihren Gesprächen mit westlichen Umweltaktivisten, sie richteten ihre Politik bewußt und planvoll gegen großindustrielle Anlagen, um das wuchernde Wachstum von Betrieben zu verhindern. Denn dadurch gehe die Überschaubarkeit der Produktionsanlagen für jeden einzelnen verloren.

Der englische Minister A. W. Benn gab folgende Schilderung über das Verhältnis der jungen Chinesen zu ihrer Technik: »Hier ist eine Gesellschaft, die versucht, wissenschaftliches und akademisches Können direkter als bei uns für sich auszunutzen ... Was das bedeutet, wurde mir am deutlichsten, als ich die Fabrik einer Landkommune bei Peking besuchte. Man zeigte mir dort in einer Scheune eine Werkzeugmaschine, die von vier noch nicht zwanzigjährigen Burschen zusammengebaut worden war. Bis vor wenigen Monaten hatten sie sich nur mit der Herstellung von Pferdegeschirren beschäftigt. Ich erinnerte mich an meine früheren ministeriellen Besichtigungen und zeigte höfliche Aufmerksamkeit für die Maschine. Aber die jungen Männer interessierte die Maschine an sich gar nicht. Das Talent und das Selbstvertrauen, das diese Jungen entwickelt haben – das wollte man mir vorführen. Denn so etwas wäre vor der Kulturrevolution nicht möglich gewesen. So lächelte ich ihnen zu, und sie lächelten zurück, und wir sahen nun – nicht nur sie, sondern auch ich –, daß die Maschine nur ein Werkzeug für ihre Entwicklung war, das sie gut gebrauchen konnten. Darin zeigte sich mir eine Haltung, die wir erst zu lernen beginnen.«

»Klein ist schön!«

Auch im Westen hat bereits ein solches Umdenken eingesetzt. Einer der einfalls- und einflußreichsten Anreger dieser Richtung ist E. F. Schumacher, der 1930 aus Deutschland nach Großbritannien auswanderte und es dort bis zum Vorstandsmitglied der verstaatlichten Bergwerksindustrie brachte. 1965 begann er sich auf ein eigenes Projekt zu konzentrieren, das aus einigen Erfahrungen und Einsichten in Asien hervorging, die »Intermediate Technology Group« (Gruppe für angepaßte Technologie).

Sie sieht die Aufgabe der Entwicklungshilfe nicht darin, der Dritten Welt Danaergeschenke in Form moderner Großtechnik zu machen, die ihren Lebensstil zerstört und sie von den industriell entwickelten Nationen abhängig macht, sondern will nur solche technischen Geräte in diese Länder schicken, die den Bewohnern eine eigene Tätigkeit und die Entwicklung eigener Initiative ermöglichen, wie Pumpen, Schmiedegeräte, kleine Motoren und Stromaggregate.

Als Beispiel für seine unorthodoxe Haltung zur Entwicklungshilfe erwähnte Schumacher einmal das Problem, das sich ergab, als ein gerade unabhängig gewordener westafrikanischer Staat in England um die Lieferung einer modernen Rotationspresse zur schnellen Herstellung von Massenauflagen der in der Hauptstadt erscheinenden Tageszeitung nachsuchte. Hätte man ihm diese Maschine geliefert, so wäre künftig das ganze Land von einem Ort aus mit Tagesinformationen versorgt worden. Das hätte nicht nur einer Gleichschaltung den Weg bereitet, sondern auch die kulturelle Vielfalt der westafrikanischen Stämme bedroht.

Also schlug die »Intermediate Technology Group« die Entsendung zahlreicher kleiner und mittlerer Druckerpressen für kleine und mittlere Auflagen vor. Auf diese Weise wurde die angestrebte Verbesserung der Informationsmöglichkeiten ohne die normierende Wirkung der zuerst angestrebten technischen Modernisierung erreicht.

Als warnendes Beispiel für gedankenlose Industrialisierung soll eine vor einigen Jahren in Dakar errichtete Fabrik zur Massenherstellung von Kunststoffsandalen erwähnt werden. Ihr Ausstoß genügt zur Deckung der Bedürfnisse des ganzen Landes. So wurden die eingeborenen Hersteller von Fußbekleidungen aus Bast, Hanf und Leder zu Hunderten ruiniert und die Senegalesen gezwungen, fortan statt klimatisch geeigneter und formschöner Waren billigen Ramsch zu kaufen.

»Small is beautiful« (»klein ist schön«), diese in bewußter Opposition zur amerikanischen Maxime von den Vorzügen der Größe geprägte Formel Schumachers hat Zukunft in einer Epoche, die sich vom Gigantismus und der Gleichmacherei abzuwenden beginnt. Hier ist – besonders in den Entwicklungsländern – ein deutlicher Wertwandel von einer Generation zur anderen festzustellen. Während die Vierzig- bis Achtzigjährigen in der bombastischen, prestigeverleihenden »Megamaschine« noch das Erstrebenswerte sehen, haben sich die Jüngeren längst davon abgewandt.

Diesen Sinneswandel fand ich bei einem internationalen Treffen christlicher Jugendlicher in der finnischen Stadt Turku bestätigt, an dem vor allem Angehörige der Entwicklungsländer teilnahmen. Brasilianische, westindische und indonesische Studenten waren sich darüber einig, daß die Entwicklung einer »eingeborenen Technik«, die den besonderen wirtschaftlichen, gesellschaftlichen und menschlichen Bedürfnissen ihrer Mitbürger entspricht, für sie von vordringlichster Bedeutung sei.

»Unsere Väter denken noch anders«, sagten sie, »aber wir wissen, daß es Unsinn ist, bei unserem Überangebot an ungeschulten Kräften komplizierte, arbeitssparende Maschinen einzuführen. Sie kosten wertvolle Devisen und machen uns abhängig von ausländischen Lieferungen. Unsere Leute haben einen anderen Arbeitsrhythmus, der durch das Klima und durch das Temperament bedingt ist. Wir haben genug davon, uns das Tempo der Weißen aufdrängen zu lassen … Die meisten westlichen Maschinen verrotten bei uns in kürzester Zeit. Sie müßten aus anderen Materialien gebaut werden, die bei uns zu finden sind ... Monokulturen und Millionenslums hat die westliche Technik beschert. Sie behauptet, Reichtum zu bringen, aber sie schafft in Wirklichkeit Wüsten und menschliche Ruinen.«

Etwas Ähnliches bekam der Soziologe Professor Henryk Skolimowski zu hören, der sich zu der Gruppe der »neuen Wissenschaftler« rechnet. Ein Indianer sagte ihm lachend: »Ihr Weißen seid verrückt! Von euren Maschinen getrieben, schuftet ihr wie die Wilden, bis ihr sechzig seid. Dann, wenn ihr schon zu alt dafür seid, fangt ihr an zu fischen, zu reisen, zu genießen. Wir verteilen die angenehmen Stunden über das ganze Leben. Ist das nicht vernünftiger?«

Anfänge einer nichtwestlichen »eingeborenen Technik« konnten Besucher Nordvietnams beobachten. Sie benutzt einheimische Materialien und gründet sich auf handwerkliche Tradition. Die speziellen Voraussetzungen ihrer Region nützten die Eingeborenen von Swaziland mit eigenen, ihnen gemäßeren Pumpgeräten. Im Euphratdelta angesiedelte Arbeiter verzichteten auf angebotene Fertighäuser und erfanden eine ganz neuartige Schilfarchitektur. In Japan, einst das klassische Land der Imitation westlicher Vorbilder, beginnt sich eine eigene, spezifische »Nippontechnik« zu entwickeln, die Elektronik und das traditionell hochstehende Handwerk kombiniert.

Wir stehen erst am Beginn einer Entwicklung spezifisch asiatischer, afrikanischer und lateinamerikanischer Variationen der Technik. Gemeinsam ist ihnen, trotz der großen geographischen Distanz, daß sie lebens- und naturnäher sein wollen. Die Ursache dafür ist nicht schwer zu erkennen. Sie alle entstanden aus Protest gegen die mechanistische, unempfindsame, normierende, vorwiegend auf Schnelligkeit und Höchstleistung zielende okzidentale Technik. Es ist durchaus denkbar, daß noch vor der Jahrtausendwende gelbe, braune und schwarze Techniker als Entwicklungshelfer in die Hochburgen der Industrie auf unserer Hälfte der Erdkugel gerufen werden, damit sie ihren einstigen Lehrmeistern zeigen, wie man ohne Verschwendung und ohne Schaden für Mensch und Umwelt, ohne Hast und ohne Entfremdung das Lebensnotwendige erzeugen kann.

Wie kann »sanfte Technik« weiterentwickelt werden?

Aber kehren wir zu den Bemühungen zurück, »sanfte Technik« so weiterzuentwickeln, daß sie nicht als romantische Flucht nach rückwärts, sondern als ein möglicher Weg in eine menschlichere Zukunft angesehen werden muß. Peter Harper beschreibt verschiedene Entwicklungsstrategien, die er und seine Freunde erwogen haben. Nur eine von ihnen wurde bisher wirklich erprobt. Sie besteht darin, historische, schon existierende Technologien, die die gewünschten Voraussetzungen erfüllen, auf ihre Anwendung – zum Teil handelt es sich um Wiederverwendung – hin zu prüfen. Da gibt es Baustoffe, die als »zu primitiv« fallengelassen wurden beziehungsweise immer seltener verwendet werden, wie Lehm, Erde, Stein, Holz. Darüber hinaus sollten Materialien und Methoden, soweit sie als »sanft« und biologisch bekömmlich bezeichnet werden können, in künftige Versuche einbezogen werden, wie Sojabaustoffe, neue Keramikarten und Glas. Verstärkte Bemühungen gelten der Verwertung »alter« Energiequellen. Neben der Sonne, dem Wasser und dem Wind wird auch die Anzapfung geothermischer Quellen angeregt, wie es bereits im italienischen Laredo erfolgreich erprobt wird. Bei der Nahrungsbeschaffung sollte nicht nur auf die Rückkehr zu organischen Düngungsmethoden geachtet werden, sondern auch auf Versuche mit »Hydroponik« (Ansetzen von Pflanzenkulturen in Nährwasser) und auf Bemühungen, aus Blättern und anderen bisher als ungenießbar betrachteten Pflanzen Protein herzustellen.

Für den Verkehr wären unter anderem Experimente mit geräuschlosen Flugkörpern wie Ballonen und Zeppelinen wiederaufzunehmen. Ein zweiter Vorstoß sollte »notwendige Erfindungen« formulieren, neue Lösungen suchen und sie fördern, wo sie im Keim bereits vorhanden sind. Dazu würde unter anderem gehören: Entwicklung von effizienten Sonnenzellen und Sonnenkraftwerken, Methoden der Hortung von Sonnenenergie für Perioden ohne Sonnenschein, »sanfte« Drucktechniken in der Art der Xerographie, bessere Methoden zur Erzeugung von Qualitätsstahl in kleinen Mengen, sparsamere Methoden zur Wiedernutzbarmachung von Abfällen, bessere Haltbarmachung von Naturfasern, neue Kühltechniken und so weiter.

In dieser Aufstellung wird eine von dem Engländer Oliver

Wells, aber auch von anderen immer wieder vorgebrachte Idee nicht erwähnt: Man solle und könne eine Technik entwickeln, deren Produkte in Keimform als »Samenkörner« angesetzt und dann in einem der Photosynthese ähnlichen Prozeß wie Pflanzen »zum Wachsen« gebracht werden. Vermutlich erwähnen Harper und seine Freunde diese und einige andere abenteuerlich klingende Ideen nicht, weil sie befürchten, daß ihre Bemühungen dann von vornherein als »science fiction« abgetan werden könnten. Es liegt ihnen, wie gerade die dritte Gruppe ihrer Überlegungen zeigt, besonders daran, praktische Übergangsmöglichkeiten aus der heutigen Epoche der »Großtechnik« zu einer sich selbst erhaltenden »sanften Technik« zu finden.

Immerhin wird auch noch eine vierte, kühnere Strategie erwähnt, die »Gedankenutopien« entwickeln müsse. Hier geht es beispielsweise um die Idee, wie man Millionen Menschen – und nicht nur ein paar Kommunen von Außenseitern – auf »sanfte Techniken« umstellen könnte. Das zentrale Problem solcher Überlegungen steckt in der Frage, unter welchen Bedingungen moderne Menschen, die an den Komfort der technischen Massenproduktion und den Massenkonsum gewöhnt sind, den bescheideneren, physisch anstrengenderen Lebensstil der »sanften Technik« akzeptieren würden und welche Art von Befriedigung ihnen daraus erwachsen könnte. So etwas läßt sich jedoch nicht am Schreibtisch und nicht in Diskussionen herausfinden. Hier müssen Menschen freiwillig ihre bürgerliche Existenz aufs Spiel setzen, um zu erproben, ob dieser neue Lebensstil überhaupt erträglich ist. Die Erkundung der Möglichkeiten und Schwierigkeiten »sanfter Technik« verlangt daher unbedingt nach sozialen Experimenten.

Ein »grünes Laboratorium« in Wales

Robin Clarke, von dem ich bereits erzählt habe, verließ seinen hochbezahlten und steuerfreien Job als internationaler Beamter in Paris, weil er einsah, daß er trotz seines guten Gehalts kaum mehr Zeit für seine Familie und sich selbst fand. Das teure und anstrengende Leben in der französischen Hauptstadt verschlang nicht nur sein Einkommen, sondern ruinierte auch seine Gesundheit und Lebensfreude. Hinzu kam, daß er plötzlich genug davon hatte, über »neue Wissenschaft« und

»neue Technik« immer nur zu sprechen und zu schreiben; er wollte mögliche Alternativen endlich praktisch erproben. So tat er sich mit einigen Gleichgesinnten zusammen – sie kamen wie er meist aus Berufen, in denen »mit Symbolen manipuliert wird«, also aus dem Verlagswesen, dem Fernsehen, den Hochschulen – und gründete BRAD (»Biotechnik Research and Development«), eine Arbeitsgemeinschaft, die sich in einem Flecken von Wales ankaufte, wo das Land noch nicht zu teuer war.

BRAD versucht zu beweisen: Es ist auch komfortgewöhnten Menschen von heute möglich, so zu leben, daß die Umwelt durch ihre Existenz nicht ausgeraubt oder zerstört wird. Die Gemeinschaft bezieht aus dem am Farmhaus vorbeifließenden Bach mit Hilfe einer Wärmepumpe Energie. Einfache Sonnenöfen und eine Windmühle sollen später dazukommen. BRAD wird versuchen, Speichergeräte für diese zum Teil wetterabhängigen Kraftquellen zu entwickeln. Das ist eine der vordringlichsten Forschungsaufgaben, die man sich gestellt hat. Es soll nach dem Vorbild des »New Alchimy Institute« in Cape Cod, Mass., ein autonomer Nahrungszyklus hergestellt werden: Organische Abfälle werden an Fisch und Vieh verfüttert und auf diese Weise wieder in den natürlichen Kreislauf eingebracht. Clarke rechnete aus, daß in einem derart geführten Betrieb mit einer Größe von siebzehn Hektar etwa vierzig Menschen gut ihr Auskommen finden können. Wenn etwa zwei Fünftel Hektar Boden ausreichen, um einen Menschen zu ernähren, könnten seiner Ansicht nach Millionen Engländer auf ähnliche Weise leben, ohne sich deshalb besondere Entbehrungen auferlegen zu müssen.

Die ersten Monate des Experiments im »grünen Laboratorium« haben gezeigt, daß komfortgewöhnten Intellektuellen die Umstellung auf ein solches Leben gelingen kann. Ob es auch weiterhin funktioniert, wird erst die Erfahrung zeigen. So ist schon bald deutlich geworden, daß die Experimentatoren zwar auf materielle, aber kaum auf gruppendynamische Schwierigkeiten vorbereitet waren. Die in London erscheinende Zeitschrift »Undercurrents«, die den Untertitel »The magazine of radical science and people's technology« trägt, berichtete darüber:

»BRAD ... zieht zur Zeit den Namen ›Eithin-y-Gaer‹ vor – so heißt die Farm, auf der die Gruppe sich angesiedelt hat. Diese Umbenennung symbolisiert die Akzentwandlung, die sich im Laufe der letzten zwei Jahre vollzogen hat. Diese Veränderung fand ihren Höhepunkt in dem Weggang von Robin Clarke und seiner Frau. Robin war der Ansicht, die Gruppe sollte ihren anfänglichen Zielen treu bleiben ... die anderen meinten, sie müßten über sich selbst und ihre persönlichen Beziehungen zueinander erst noch viel mehr nachdenken, ehe sie die Öffentlichkeit belehren dürften ...« Es ist sicher vernünftig, daß die Mitglieder von BRAD alle neun Monate für ein Vierteljahr zu ihren alten städtischen Berufen und Lebensformen zurückkehren. Aber mit noch zwei weiteren »Störfaktoren« vor allem müssen die Teilnehmer an diesem Versuch fertig werden. Mit dem ersten hatten sie wohl kaum gerechnet: Er geht von den Behörden aus, in deren Vorschriftenkatalog vieles, was die neotechnologische Gemeinschaft bauen möchte, einfach nicht zu passen scheint. Der zweite beschäftigte Clarke schon, ehe er den Sprung aus der bürgerlichen Karriere wagte: Ist es für Menschen, die sich gesellschaftlich verantwortlich fühlen, richtig, sich zurückzuziehen, um »ihr Gärtlein zu bebauen?«

Er sieht sein Experiment, das er mit anderen Freunden an einem anderen Ort wiederbeginnen will, aber gar nicht als Weltflucht an: Ein Hauptmotiv, das den ehemaligen internationalen Beamten veranlaßte, dieses Abenteuer zu wagen, hat nämlich mit der erhofften Wirkung auf die Dritte Welt zu tun. Clarke ist der Ansicht, daß die industriell hochentwickelten Länder nur dann ihre Parole »Halt dem Wachstum!« glaubhaft verkünden können, wenn zumindest einige ihrer Bewohner bereit sind, das vorzuleben, was man dem Rest der Welt predigt. Er hofft auf eine mögliche neuartige »Konvergenz«: Die Lage der armen Völker sollte durch eine vernünftige, vorwiegend ihre eigenen Bedürfnisse berücksichtigende »sanfte Technisierung« verbessert werden, während gleichzeitig die »Überentwickelten« beginnen müßten, ihren Konsumluxus Schritt für Schritt abzubauen.

Gegen die Katastrophen von morgen

Ein anderes Motiv, die »sanfte Technik« möglichst bald zu erproben, das ebenfalls sozialer Verantwortung entspringt, erwähnt Peter Harper. Ihn und andere Zukunftsforscher wie Professor Donald Michael, Ann Arbor, Michigan, stimmt das ständige Größenwachstum besorgt. Viele Erzeugnisse der Großtechnik, wie Flugzeuge, Tankschiffe, Elektrozentralen und zahlreiche andere Produkte, werden immer umfangreicher und komplizierter. Damit nimmt aber auch die Schwierigkeit ihrer Überwachung zu: Die Möglichkeit des Versagens eines einzigen unter Tausenden oder bei Großsystemen gar Hunderttausenden von Bestandteilen wird ständig größer und damit gefährlicher. Peter Harper plädiert daher für ein neues Spezialfach, das sich mit Ursachen und Folgen der durch menschliche Erzeugnisse verursachten Katastrophen beschäftigen soll.

Zu den von ihm bereits studierten Fällen gehören unter anderem:

- die Quecksilbervergiftung der Minimata-Bucht in Japan,
- die Verkrüppelungen durch Contergan sowie andere, durch ungenügend erprobte Arzneimittel verursachte Leiden oder Todesfälle,
- das Auseinanderbrechen des Öltankers Torrey Canyon,
- das Fischsterben in großen Flüssen (Rhein, Mississippi usw.) durch Lecks in Ölleitungen,
- die Atomreaktorunfälle von Windscale, Detroit, Boulder,
- das Anwachsen von Epidemien (Schistosomiasis) durch künstliche Stauseen (Assuandamm, Karibadamm),
- der »Glashauseffekt« durch Zunahme von Kohlengasen und dadurch verursachte Wetterveränderungen.

Harper meint, es treffe zwar zu, daß die Sicherheitsmaßnahmen zur Verhinderung technischer Katastrophen ständig verbessert werden, gleichzeitig wachse aber die Zahl potentiell gefährlicher Konstruktionen und vor allem deren Umfang. Selbst wenn man statistisch mit einer abnehmenden Menge von Versagern rechne, so würden dafür Ausmaß und Wirkungen jedes einzelnen Unfalls vermutlich viel größer sein.

Diese These läßt sich schon heute sehr eindrucksvoll an der Entwicklung des zivilen Luftverkehrs aufzeigen. Es stimmt, wenn die Fluggesellschaften behaupten, daß die Zahl der unfallfrei geflogenen Kilometer fast jedes Jahr steige. Ungeachtet dessen nimmt aber die Zahl der jährlichen Todesopfer durch Flugunfälle zu. Wie ist das zu erklären? Nun, es sind immer mehr Maschinen unterwegs, und die Größe der Flugzeuge, die Passagiere befördern, wächst Jahr um Jahr. Maschinen, die fünfhundert bis sechshundert Menschen aufnehmen können, sind bereits im Bau, noch größere Superjumbojets für achthundert und mehr Personen werden geplant. In Zukunft können daher Unfälle von »nur« fünf bis zehn Passagiermaschinen pro Jahr mehr Leben kosten als heute, wo sich die Opfer auf eine größere Anzahl von Abstürzen kleinerer Maschinen verteilen.

Die »trojanische Maschine«

Die Gefährlichkeit der »Hochtechnik« verlangt nach neuartigen Konzepten und Experimenten, mit denen ihre Durchführbarkeit erprobt wird. Gesellschaftliche und technische Vorstellungen bedingen einander noch stärker, als man bisher angenommen hat. Besonders die Bedingtheit gesellschaftlicher Verhältnisse durch die Organisationsformen der Technik – die man zu Unrecht als »neutral« ansah – wurde lange Zeit zuwenig beachtet.

So sind Entartungserscheinungen im Sozialismus, wie sie von linken Kritikern der sozialistischen Staaten festgestellt wurden, vermutlich zu einem nicht geringen Teil Nebenwirkungen der zentralistischen, repressiven, das Produkt über den Produzenten stellenden »alten Technik«. Die Revolution veränderte zwar die Besitzverhältnisse bei den Produktionsmitteln, nicht aber ihre noch vom Geist des aufstrebenden Kapitalismus geprägte Machart, die auf Leistung und Gewinn, auf Ausbeutung und Anpassung der sie Bedienenden hin angelegt war. Die »trojanische Maschine« – ganz besonders die Rüstungsmaschine – trägt ihr gut Teil Schuld an dem Nichtzustandekommen eines humanen Sozialismus. Der Versuch, eine den Idealen der Brüderlichkeit und Gleichheit entsprechende »Technik für das Volk« zu entwerfen und zu bauen, wurde im Ostblock bisher nicht gewagt. Vielleicht deuten die Versuche Chinas in eine neue Richtung.

Die »soft technologists« betonen immer wieder, daß sie nicht bei der Veränderung des Instrumentariums stehenbleiben wollen, sondern darüber hinaus andere gesellschaftliche Bedingungen anstreben, die jedoch erst durch die Schaffung neuartiger technischer Voraussetzungen eine echte Chance hätten. Robin Clarke hat eine Liste ausgearbeitet, in der eine »Gemeinschaft«, die sanfte Technik benutzt, einer »Gesellschaft« mit harter Technik gegenübergestellt wird:

Harte technische Gesellschaft	*Sanfte technische Gesellschaft*
1. ökologisch gefährlich	ökologisch eingepaßt
2. hoher Energiebedarf	niedriger Energiebedarf
3. hohe Verschmutzung	niedrige oder keine Verschmutzung
4. Ein-Weg-Gebrauch von Material und Energie	Rezyklierung (Wiederverbrauch von Material und Energie)
5. enger Zeitrahmen	weiter Zeitrahmen
6. hohe Spezialisierung	geringe Spezialisierung
7. Massenproduktion	handwerkliche Akzente
8. Kleinfamilie	Großfamilie
9. überwiegend städtisch	überwiegend dörflich
10. Naturentfremdung	Naturintegration
11. Politik der Massen durch Akklamation	demokratische Politik
12. technische Grenzen ökonomischer Art	technische Grenzen natürlicher Art
13. Welthandel	lokaler Tauschhandel
14. Zerstörung lokaler Kultur	Erhaltung lokaler Kultur
15. Mißbrauch technischer Möglichkeiten	Gesetze gegen den Mißbrauch der Technik
16. destruktiv für andere Lebewesen	vom Gedeihen anderer Lebewesen bestimmt
17. Innovation motiviert durch Profit und Krieg	Innovation motiviert durch Bedürfnisse
18. Wachstumswirtschaft	Nullwachstum
19. kapitalintensiv	arbeitsintensiv
20. entfremdet Junge und Alte	führt Junge und Alte zusammen
21. zentralistisch	dezentralisiert
22. Leistung steigt mit Größe	Leistung steigt durch Begrenzung
23. Verfahrensweise zu kompliziert	Verfahrensweise allgemein verständlich
24. technische Unfälle häufig und ernsthafter Natur	technische Unfälle selten und unbedeutend
25. totalitäre Lösungen für technische und soziale Probleme	verschiedene Lösungen für technische und soziale Probleme

26. Monokultur in der Landwirtschaft	Verschiedenartigkeit in der Landwirtschaft
27. Quantität höchstbewertet	Qualität höchstbewertet
28. Lebensmittel durch Spezialindustrie	Nahrungsbeschaffung durch alle
29. Einkommen als Arbeitsmotiv	Befriedigung als Arbeitsmotiv
30. völlige Abhängigkeit aller Produktionseinheiten	selbstgenügsame kleine Einheiten
31. Wissenschaft und Technik kulturentfremdet	Wissenschaft und Technik Teil der Kultur
32. Wissenschaft und Technik der spezialisierten Eliten	Wissenschaft und Technik von allen betrieben
33. Auseinanderklaffen von Arbeit und Freizeit	schwacher oder nicht existierender Unterschied zwischen Arbeit und Freizeit
34. hohe Arbeitslosigkeit	Begriff der Erwerbsarbeit nicht existent
35. technische Ziele für einen Teil des Planeten und für begrenzte Zeit	technische Ziele gültig für alle Menschen zu jeder Zeit

Ein Blick auf die Liste legt den Schluß nahe, daß die »soft technology« eine jener paraprimitiven Lösungen ist, die Clarkes Landsmann und Berufskollege Gordon Rattray Taylor als Weg zu einem »neuen Glück« empfiehlt. Es ist – zumindest am Anfang – ein »Weg zurück«, und es fragt sich, wie viele ihn gehen wollen oder können. Kritiker wie Michael Kenward von der englischen Wochenzeitschrift »New Scientist« meinen, nur eine »Handvoll Intellektueller« würde sich solche Experimente leisten, und auch sie könnten auf die Dauer gar nicht ohne die Produkte der Hochtechnik existieren, die ihnen zahlreiche ihrer Werkzeuge, Medikamente und andere Hilfeleistungen stellen muß.

Clarke und andere »soft technologists« sehen jedoch ihr »Zurück zur Natur« nur als einen ersten Schritt. Sie wollen im Gegensatz zu manchen anderen ländlichen Kommunen durchaus nicht vor den Zeitproblemen flüchten und als Korbmacher oder Weber ein nur sie selbst befriedigendes Leben führen. Ihr Versuch soll Modellcharakter haben und neue Haltungen erproben, die Clarke in folgenden drei Forderungen ausdrückt:

- Vorrang des Menschen vor den Maschinen,
- Vorrang der Bürger vor den Regierungen,
- Vorrang der Praxis vor der Theorie.

Es ist seine Hoffnung, daß in »grünen Laboratorien«, die aus Fehlern, wie sie bei BRAD gemacht wurden, dann hoffentlich gelernt haben werden, ein neuer Stil der Forschung und Entwicklung begründet werden kann. Wissenschaft wird dort nicht mehr von einer Spezialistenelite betrieben, die sich zu weit von den wirklichen Bedürfnissen und dem Verständnis der Menschen entfernt hat. Eine humanere Technik soll von denen, die sie brauchen, selbst entwickelt werden, für Ziele, die sie sich selbst gesetzt haben und die weder ihr geistiges noch ihr körperliches Vermögen überfordern.

Es ist den Pionieren der »sanften Technik« hoch anzurechnen, daß sie ihre Gedanken und Vorschläge einer ständigen, oft sogar übertriebenen Selbstkritik unterwerfen. Besonders Peter Harper hat in einer Reihe von Artikeln, die »Undercurrents« 1974 veröffentlichte, gezeigt, daß »alternative Technologien« bei den bestehenden gesellschaftlichen Verhältnissen eigentlich nur »unter ganz besonderen Umständen funktionieren. Damit bleiben sie beschränkt auf Minderheiten mit ungewöhnlichen Vorstellungen, viel Geld oder der Bereitschaft, an ihrem Lebensstil herumzubasteln. Alternative Technologien sind daher aus finanziellen oder kulturellen Gründen für die große Mehrheit nicht annehmbar. Sie können als unergiebig, elitär oder sogar ausbeuterisch kritisiert werden.«

Ein Hauptproblem, das laut Harper beim Entwurf einer »sanften Technik« für alle, das heißt für die Milliardengesellschaft der Jahrtausendwende, auftaucht, ist das ihres Verhältnisses zur Großtechnik, auf deren Produkte sie – zumindest nach den bisherigen Plänen – auch weiterhin angewiesen wäre. Er fragte sich: Wie könnte eine gemischte Technik aussehen, in der es zwar weiterhin große Stahlfabriken und Elektrizitätswerke gäbe, aber daneben einen bedeutenden Sektor, der nach den Ideen der »soft technologists« gestaltet wäre? Einerseits sollten alle Möglichkeiten einer »sanften Technik« gefördert und weiterentwickelt werden, andererseits könne und dürfe man auf die »high technology« (»Großtechnik«) nicht ganz verzichten, sondern müsse auf ihre sparsamere Verwendung drängen. Dieses Nebeneinander von sich ausdehnender sanfter und kontrollierter harter Technik würde laut Harper etwa so aussehen:

Einerseits im »neuen Stil«:
- Benutzung von Energie aus Sonne, Wind, Wasser, geothermischen Quellen
- Verwertung aller organischen Abfälle zur Herstellung von Methangas
- Wärmepumpen
- Viele lokale E-Werke, die aber einem großen Verbundnetz angeschlossen sind
- Brennstoff-Zellen
- Fortgeschrittene »autonome Häuser«, die sich selbst mit Energie versorgen können (vor allem außerhalb der Städte)
- Gleichmäßigere Verteilung der Bevölkerung
- Förderung der Versorgung mit eigenen Lebensmitteln (zum Beispiel Kleingärten)
- Moderne landwirtschaftliche Maschinen für kapitalintensive organische Landbebauung
- Strenge Kontrolle umweltschädigender Stoffe
- Verringerter Bergbau bei besseren Arbeitsbedingungen
- Rationierung von Rohstoffen
- Längerwährende, leicht reparierbare, zuverlässige Maschinen
- Viele verschiedene Lebensstile, keine Normierung der persönlichen Lebensweisen

Andererseits als unentbehrlich beibehalten:
- Züge, Busse (wenige) Flugzeuge
- Radio, Fernsehen, eine begrenzte Zahl von Computern
- Alle wichtigen industriellen Werkstoffe (aber nicht im Überfluß)
- Halbleiter und andere elektronische Bestandteile
- Automation langweiliger Routinejobs
- Beibehaltung der industriellen Forschungs- und Entwicklungsabteilungen (mit möglicherweise neuen, humaneren Zielsetzungen)

Zwar sind diese Gedanken eines der Hauptpioniere der »sanften Technik« von manchen seiner bisherigen Anhänger als Verrat angesehen worden, andererseits wird zugegeben, daß die

Vision einer solchen aus sanfter und harter, aus kleiner und großer Technik gemischten industriellen Zukunft mehr Chancen hat, verwirklicht zu werden, als die anfänglichen radikaleren Vorstellungen.

Das Gespräch mit den Maschinen

Schon im Jahr 1962 schrieb der englische Kybernetiker Gordon Pask in der amerikanischen Fachzeitschrift »Electronics«: »Merkwürdigerweise ist die Ordnung, die wir unserer Umwelt aufprägen, noch kein Abbild unseres eigenen Organismus. So ist zwischen uns und unserer Umwelt eine tiefe Kluft entstanden. Bis vor kurzem war es noch möglich, diesen Riß zu ertragen, aber heute können wir uns nicht länger der Wahrheit verschließen, daß – zumindest im Idealfall – die von uns geschaffene zweite Natur eine Erweiterung des Menschen sein sollte. Die Maschinen, die wir eigentlich brauchen, sollten aufgrund biologischer Entwürfe gebaut werden.«

Diese Bemerkungen faszinierten mich. Denn hier schien endlich eine erste Antwort auf die Frage gegeben zu sein, wie Technik so verwandelt werden könnte, daß die bis zur Feindschaft gehende Entfremdung zwischen Mensch und Maschine überwunden wird. Es gelang mir, die Adresse des Verfassers herauszufinden, ich schrieb ihm und erhielt eine freundliche Einladung nach Richmond bei London.

Der Name des Laboratoriums, »Systems Research«, ließ mich ein großes, modernes Institut vermuten. Ich fand jedoch ein schmalbrüstiges altes Reihenhaus, in dessen oberstem Dachkämmerchen »der Chef« arbeitete, bewacht von einem ausgestopften Krokodil. Er wirkte wie einer Novelle E. T. A. Hoffmanns entsprungen: ein kleiner, graziler, stets unruhig zappelnder Körper, darauf ein viel zu großer Kopf, zerzaustes Haar, ungewöhnlich helle, durchdringende Zauberaugen.

Er sprach so schnell, daß es kaum möglich war, ihm zu folgen, unterbrach, fragte, ob er verstanden worden sei, wartete die Antwort gar nicht ab, begann noch einmal etwas langsamer, um in Sekunden wieder sein gewohntes Tempo zu erreichen. Plötzlich brach er ab, stärkte sich mit irgendeinem Gebräu aus einer Thermosflasche, klopfte die Pfeifenasche in einen riesigen kupfernen Topf (der, wie ich später erfuhr, das ganze Jahr über nur einmal geleert werden durfte) und fragte dann besorgt: »Sie haben mich doch verstanden?«

Um »Verstehen« geht es ihm nicht nur in meinem Fall, sondern in seiner ganzen Arbeit. Es erscheint ihm als wichtigste Voraussetzung jeder Weiterentwicklung. Sein tägliches Brot verdient er als Erfinder und Entwickler von Lernautomaten, die den Schüler »verstehen« und sich auf ihn einstellen. Mit ihrer Hilfe könnte es möglich sein, Lernzeiten bis auf zwei Drittel zu verkürzen, eine Aussicht, die sowohl verschiedenen Industrieunternehmen als auch der amerikanischen Luftwaffe so verlockend schien, daß sie die Arbeiten dieses Einzelgängers unterstützten.

Pasks Interesse reicht weit über die Erforschung der Lernsituation und deren Verbesserung hinaus. Er untersucht, ausgehend von den Ideen des genialen amerikanischen Kybernetikers Warren McCulloch, in immer neuen Experimenten die Beziehungen zwischen Individuum und Außenwelt, von Menschen zu Mitmenschen. Welches ist die befriedigendste Form, in der sie miteinander in Kontakt treten? Sicher nicht jene Situation, in der nur die eine Seite aktiv sein kann, die andere passiv bleiben muß, die eine befiehlt, die andere gehorcht, wie es sehr häufig zwischen Lehrern und Lernenden der Fall ist. Als weit interessanter und vielfältiger erweist sich das »Gespräch«, in dem beide Partner etwas voneinander haben.

Ließe sich ein Dialog zwischen Menschen und Maschinen herstellen, dann würde sich das bislang gestörte Verhältnis entscheidend verändern. Das ist der Grundgedanke der »evolutionären Technik«, die unsere heutigen Maschinen als stumpf, starr und unintelligent einstuft. Pask schweben für eine nicht allzuferne Zukunft elastische, hochdifferenzierte, mit eigenen Charakterzügen ausgestattete Maschinen vor. Sie dürften sich vorwiegend nach zwei Richtungen hin entwickeln: Die »höhere Art« kann auf den Partner Mensch wegen dessen kreativer Eigenschaften nicht verzichten. In einem solchen Mensch-Maschine-System wird es zu einer gegenseitigen verständnisvollen Zusammenarbeit kommen, in der beide Seiten voneinander lernen und sich dadurch weiterentwickeln. Ansätze derartiger Symbiosen sind bereits heute in den Beziehungen zwischen Computern und ihren Benützern zu erkennen. Sie werden sich, so meinen Pask und ähnlich Denkende, auch auf andere, noch zu erfindende »zentaurische Kombinationen« ausdehnen, in denen sich ein »P-Individuum« mit menschlichen *P*ersönlichkeitsattributen mit einem »M-Individuum« und seinen entwicklungsfähigen *m*echanischen Möglichkeiten verbindet.

Zurück zur Natur – heute

Die zweite Tendenz zielt in Richtung auf weitgehend selbständig arbeitende »intelligente Maschinen«. Diese technischen Apparaturen werden sich dank ihrer »elektronischen Sinnesorgane« und ihrer Fähigkeit, Informationen zu eigenen Entscheidungen zu verarbeiten, weitgehend selbst programmieren, so daß sie die wichtigsten Erzeugungsprozesse ohne oder mit nur geringer Hilfe der menschlichen Partner durchführen können. Es wird angenommen, diese Maschinen könnten vernünftigen oder sogar ethischen Konzepten zugänglich gemacht werden.

Pask vergleicht das Funktionieren solch empfindlicher, auf ihre Umwelt bezogener Netze von kybernetischen Maschinen mit den Vorgängen im menschlichen Körper. Auch dort laufen ja ständig Schalt- und Produktionsprozesse ab, die dem Individuum selten bewußt werden. Der Mensch nimmt sie eigentlich nur dann wahr, wenn ein Organ schlecht arbeitet. Eines Tages, so spekuliert Pask, in einer Zeit, da die technischen Herstellungsvorgänge dem »Körper« Umwelt so angepaßt sind, daß sie durch ihn und mit ihm in einem meist störungsfreien Verhältnis stehen, könnten die materiellen Produktionsprozesse zu solchen fast selbstverständlich ablaufenden, nicht besonders aufmerksam wahrgenommenen Vorgängen werden. Der Mensch als Gattung entspräche dann im Verhältnis zu diesem erweiterten »Körper« dem »Kopf«. Er empfindet, denkt, erfindet, entwirrt, plant und greift nur ein, wenn er Probleme entwirren muß.

In den Äußerungen derer, die eine Vermenschlichung der Technik und deren Veränderung anstreben, kehren Worte und Vorstellungen wie »Flexibilität«, »Sensibilität«, die eine Art von Beweglichkeit oder Biegsamkeit bezeichnen, immer wieder. Das entspricht der Haltung des Begründers der Kybernetik, Norbert Wiener, der in der Starre von Ordnungen und Verhaltensweisen das größte Hindernis für das Weiterleben und die Weiterentwicklung der Menschheit sah.

Warren Brodey, ursprünglich Nervenarzt in Boston, war von

den Arbeiten der Kybernetiker im benachbarten Cambridge so fasziniert, daß er zu ihrem Kreis stieß. Er sieht nun die Pflanzen- und Tierwelt als Leitvorstellung für eine erstrebenswerte »alternative Technik«. Ähnliche Vorstellungen entwickelte Richard R. Landers, Manager des mit der NASA groß gewordenen »Reliability Department« im Elektronikkonzern Thompson-Ramo-Wolldrichge in Redondo Beach, Kalifornien. Seit vielen Jahren arbeitet er schon an künstlichen Zellen, die er »Dryblocks« nennt. Sie beziehen ihre Kräfte aus elektromagnetischen Feldern, aus Sonnenlicht oder Feuchtigkeit, vermehren sich selbständig, sterben ab und werden dann vom Trägersystem ersetzt.

All das klingt phantastisch. Aber die Befürworter einer biologischen Entwicklungsrichtung der Technik können darauf hinweisen, daß es immerhin schon einige erfolgreiche Anwendungen ähnlicher Art gibt: Benzintanks und Autoreifen, die ihre Verletzungen selbst »heilen« können, gehören bereits zu den alltäglichen Gebrauchsgütern; Kameraobjektive, die Froschaugen nachgebildet, mechanische Greifer, die wie menschliche Arme innerviert sind; Sonargeräte, die die Sinnesorgane der Delphine kopieren. Solche Annäherungen zwischen belebter und unbelebter Welt sind vielleicht Vorläufer eines neuen Verhältnisses zwischen Mensch und Natur. Aus der Herrschafts-Unterwerfungs-Beziehung, in der bald die eine, bald die andere Seite die Oberhand gewinnt, könnte ein Bündnis werden.

Warren Brodey nennt die Wunschkinder solchen Zusammenwirkens »Bioptemes, biologisch optimale Gebilde. Er stellt sie als Leitbild einer neuen Welt dem heutigen Zustand entgegen, der seiner Ansicht nach von uhrwerksähnlichen Mechanismen und den ihnen angepaßten »Menschen« beherrscht wird. Diese unheilige Allianz taufte er »Mechymax«.

Am Beginn seiner Laufbahn als praktizierender Kybernetiker war Brodey selbst einmal Rädchen in einem solchen »Mechymax«. Im Auftrag der NASA hatte er an der Entwicklung jener Geräte mitgearbeitet, die über Millionen Kilometer hinweg den Kreislauf der Astronauten beobachten und kontrollieren können – Instrumente, die genauer aufzeichnen und übermitteln, was im Körper der Raumfahrer vorgeht, als diese durch ihre eigenen Sinnesorgane erfahren können. Er hoffte, man werde diese Apparaturen einmal für den Dialog zwischen Menschen und Maschinen einsetzen können, in dessen Verlauf die technischen Geräte – ähnlich dieser modellhaften Zusammenarbeit mit den Astronauten – aufgrund der Überlegenheit ihrer Sensorik lehrende und korrigierende Hilfen für »human enhancement« (menschliche Verstärkung) werden könnten.

Doch schon bald wurde ihm klar, daß eine Humanisierung der Maschinen durchaus noch keine Vermenschlichung ihres Gebrauchs bedeute. Im Gegenteil, fast alle ersten Produkte einer »evolutionären Technik«, diese Instrumente mit beinahe menschlichen und zum Teil übermenschlichen Fähigkeiten, stehen im Dienst von Gewalt und Zerstörung: von den verschiedenen Computergenerationen über die »people sniffer« (Menschenschnüffler) für den Guerillakrieg bis zum »elektronischen Schlachtfeld«, das von Robotern verschiedenster Art beherrscht wird. Wie hätte es denn auch anders sein sollen? All diese Geräte sind aus Mitteln des amerikanischen Verteidigungsministeriums, der NASA und der Atombehörde gebaut worden. Heutzutage können nur aus dem Rüstungshaushalt ausreichende Mittel für »exotische« technische Weiterentwicklungen zur Verfügung gestellt werden, denn allein das Militär verfügt über hohe Summen von Risikokapital, das nicht unbedingt wieder »hereinkommen« muß.

Diese einfachen ökonomischen Tatsachen wollte Brodey ignorieren. Er sagte sich von der NASA los und hoffte zuerst mit Forschungsmitteln des MIT, dann mit finanzieller Hilfe eines Freundes und Mitarbeiters eine friedliche, friedenstiftende Technik entwickeln zu können. Das werde nicht gelingen, warnten Freunde; er versuchte es dennoch.

Den Fischen vom Wasser erzählen

Warren Brodeys »Ecological Toys and Tools Laboratory« ist schwer zu finden. Es liegt weit abseits der großen Straße, die von Boston und Cambridge zur Nordgrenze der USA führt, in einem ehemaligen Steinbruch. »Johnson's Quarry« heißt dieses durch menschliche Eingriffe scharf zerklüftete Gebiet. Avery Johnson, ein etwa dreißigjähriger, hagerer Mann, Besitzer des Territoriums, holte mich mit seinem Geländewagen an der Autobushaltestelle der nahegelegenen Kleinstadt Nashua ab. Er war, wie er mir während der Fahrt erzählte, fünf Jahre lang engster Mitarbeiter von Warren McCullochs neurophysiologischer Gruppe am MIT gewesen, einer Unterabteilung jenes berühmten RLE (Research Laboratory of Electronics), in dem Biologie und Elektronik, natürliche und künstliche Nachrichtennetze, »Menschen und Menschmaschinen« (in den Worten Wieners) in einem befruchtenden Neben- und Miteinander zusammenarbeiteten.

In den improvisierten, ideensprühenden Gesprächen, die sich am Stammtisch des »großen alten Mannes« im F & T-Delikatessengeschäft entwickelten, hatte Johnson seinen jetzigen Partner Brodey zum erstenmal getroffen. Später war es zu einer ersten Zusammenarbeit gekommen, als beide mit neuartigen Orientierungshilfen für Blinde experimentierten. Wie die des Augenlichts Beraubten aus der Außenwelt Signale auffangen, die Sehende nicht wahrnehmen, wie sie Geräusche, Gerüche, Berührungen auswerten, um sich zu orientieren, das machte beide Männer nachdenklich. Sollten diese vernachlässigten Sinnesempfindungen nicht auch bei Sehenden aktiviert werden können? Wie würde sich eine solche Steigerung der Wahrnehmungsfähigkeit des Menschen auf das Verhältnis zu seiner Umwelt auswirken? Und in welcher Weise können sich daraus andere, neuartige Fähigkeiten und Verhaltensweisen entwickeln?

»Erwarten Sie bitte nicht, daß wir Ihnen schon richtige Maschinen oder in der Praxis verwendbare Apparate vorführen«, bereitete mich Johnson vor, während wir auf einem aufgeweichten Erdpfad durch dichten Wald rumpelten. »Vorläufig stellen wir nur eine Art Spielzeug her, das uns beim Weiterdenken behilflich sein soll. Es sind erst Vorformen jener empfindlicheren Technik, die uns vorschwebt. Wie zum Beispiel das Ding da drüben!«

Eben hatte sich das Dickicht geöffnet, und wir standen am Ufer einer smaragdgrünen Wasserfläche, die von schroffen, nahezu tafelglatten grauen Wänden eingefaßt war. Darin ein einsamer Schwimmer. Ich suchte vergeblich nach dem versprochenen Prototyp eines »Bioptems«. Alles, was ich sah, war ein modernes, etwas verlottertes »beach house«, dessen Fenster auf den künstlichen See hinausgingen, und davor eine Art Schaukel: ein großes, an vier Stricken aufgehängtes Brett, das im leichten Wind schwankte.

»Bitte, nehmen Sie Platz!«

Johnson hatte das Brett erklommen und lud mich ein, ihm zu folgen. Als ich ungeschickt hinaufkletterte, kippte ich ihn fast hinunter. Und als ich endlich saß, schwang der Sitz noch eine

Weile hin und her. Erst allmählich paßte sich mein Körper der Bewegung an. Mein Gastgeber mußte mir nichts mehr erklären. Ich begann zu verstehen, und es war ein Verstehen, das durch meine Muskeln und meinen Gleichgewichtssinn lief. Hier war in allereinfachster Form ein Gerät, das auf mich reagiert hatte und mich zwang, meinerseits zu reagieren.

Inzwischen war der Schwimmer, ein tropfnasser Neptun, dem Wasser entstiegen und hatte sich zu uns auf die schwankende Plattform geschwungen. Es war Brodey.

»Unsere Umwelt und unsere Produkte sind hart, stumm, seelenlos«, fing er sogleich an zu dozieren, »und so sind wir selbst hart, verschlossen, unempfindlich geworden. Schon der Säugling sollte auf einer Matratze liegen, die lebt, mit der er kommunizieren, an der er seine Fähigkeiten erproben und entwickeln kann. Wir hier denken an Stühle, die sich jeweils dem anpassen, der sie benutzt, und ihm unter Umständen ein anderes Sitzen beibringen. An Tassen, die sich anschmiegen und angenehm anzugreifen sind, an Schuhe, die sich nach dem individuellen Fuß richten. Weshalb gibt es die gleichen Messer und Gabeln für so viele verschiedene Hände, Transportmittel, die stur sind wie Tanks, statt beweglich, aufmerksam und intelligent? Weshalb sollte sich ein empfindsames Auto nicht weigern zu fahren, wenn sein Lenker blau ist? – Ich habe hier eine Raupe aus Kunststoff und elektronischen Sensoren gebaut, die eine Vorahnung davon geben kann, wie ein solcher sich fortbewegender Untersatz einmal aussehen könnte.«

»Und meinen Sie nicht, daß die Menschen andere Sorgen haben, als etwas menschenähnlichere, vielleicht etwas angenehmere Apparaturen zu erhalten?« fragte ich skeptisch.

»Es geht nicht nur um Bequemlichkeit«, antwortete Brodey sehr ruhig, beinahe sanft, und drückte mir ein kleines hölzernes Spielzeug in die Hand. Ich merkte, wie sich unter meinen Fingern das tastenähnliche Gebilde, auf das ich griff, zu bewegen begann. Und zwar in einem ganz bestimmten Rhythmus, der sich – durch einen dünnen Draht – von Brodeys Hand auf meine übertrug.

»Antworten Sie!« sagte er.

Auch ich strich über meine Taste und wußte, daß er im selben Augenblick mein Signal empfing.

»So«, sagte er, »so etwa!«

»Was meinen Sie?«

»Wir müssen lernen, daß wir selbst Umwelt für unsere Umwelt sind. Daß unsere Umwelt uns spürt, so wie Sie jetzt mich gespürt haben und ich Sie. Wir müssen lernen, daß wir ständig auf diese Umwelt Wirkungen ausüben, die wir nicht oder viel zu spät bemerken, weil wir kein Gefühl dafür entwickelt haben. Ich will den Fischen vom Wasser erzählen, von ihrer Umwelt, die sie vergessen haben, weil sie ganz von ihr umschlossen werden. Zum Teil deshalb, weil unsere Außenwelt in all ihrer Gefährlichkeit leblos und stumm ist. Wenn die Druckknöpfe der technischen Systeme, mit denen wir den Planeten in die Luft jagen können, uns nur zur Rede stellen, uns nur warnen würden! Sie tun es nicht. Sie können es nicht. So sind wir die von unserem sprachlosen Sklaven verdorbenen Sklavenhalter geworden.«

Die Kinderjahre der Roboter

Die Versuche, den Graben zwischen dem Menschen und seinen technischen Schöpfungen zu überwinden, gehören zu den wichtigsten Bemühungen unseres Zeitalters, weil die Rückwirkungen einer starren, gefühllosen, groben und gefährlichen Technik diejenigen, die mit ihr umgehen, zu starren, gefühllosen, groben und gefährlichen Wesen gemacht haben. Die meisten der zur Zeit publizierten Arbeiten über das Verhältnis von Mensch und Maschine beschäftigen sich mit der Wirkung der Technik auf den Menschen und viel zuwenig mit der möglichen Wirkung des Menschen auf die Technik. Unsere Vorfahren schufen sie nicht nach ihrem Bild, sondern als Krücke für ihre und unsere physischen Schwächen. So wurden wir abhängig wie Invaliden.

Einfach wegwerfen können wir diese Prothesen nicht mehr, weil ihr Vorhandensein die individuelle und kollektive Existenz der Menschen weit tiefer verändert hat, als die »Asketen« durch ihren begreiflichen Ruf nach Abwendung von der übermächtig gewordenen Maschinenwelt eingestehen wollen. Aber muß die prinzipielle Anerkennung der Technik auch die schicksalsergebene Hinnahme ihrer bisherigen Formen und der darin zum Ausdruck kommenden Unterschätzung spezifisch menschlicher Fähigkeiten wie Intelligenz, Gefühl und Phantasie einschließen? Gewiß nicht.

Die Versuche von Rosenblith, Minsky und Papert in der Nachfolge ihrer Lehrer Norbert Wiener und Warren McCulloch am MIT, Apparaturen zu konzipieren und zu entwickeln, in denen einige der höheren Eigenschaften des Menschen, wie Wahrnehmungsgabe, Intelligenz, Empfindlichkeit und Wandlungsfähigkeit, »eingebaut« sind, wirken vorläufig noch – nicht anders als ähnliche Bemühungen um »evolutionäre Technik« und »künstliche Intelligenz« in Europa und Asien – auf den zeitgenössischen Betrachter wie »Spielerei«. Da greifen in den Versuchen der »Artificial Intelligence Group« Roboter nach verschiedenfarbigen Würfeln und schichten sie zu primitiven Bauwerken auf; da werden in den Experimenten von Dewan und Farley durch Aktivierung gewisser Hirnströme Lichter an- und abgeschaltet; da entwickeln zahlreiche Forscher in den USA, der Sowjetunion, England, Frankreich und der Bundesrepublik die verschiedensten Robotersysteme, die auf anderen Himmelskörpern mit einem gewissen Grad von Selbständigkeit bestimmte Arbeiten verrichten können.

All diese Versuche und die mit ihnen Hand in Hand gehende kontinuierliche Verfeinerung der Mechanik durch Entwicklung von Mikroschaltungen, die sich in Winzigkeit, Empfindlichkeit und Schnelligkeit immer mehr dem Vorbild lebendiger Hirnzellen nähern, könnten jedoch einmal zu einem völlig neuen Verhältnis des Menschen zu seiner technischen Umwelt führen. Die Rückwirkungen auf diejenigen, die mit diesen Instrumenten umgehen, lassen sich heute nur erahnen. Sie könnten nebenbei dazu führen, daß der Mensch durch die Arbeit an und mit künstlichen Kreaturen, die seinem Niveau näher kommen als die heutigen, eindrücklicher als bisher auf seine Einzigartigkeit hingewiesen wird, auf das, was er nicht und niemals nachbilden kann: die unnachahmbare Fähigkeit, sich zu freuen und zu trauern, Mitleid zu empfinden, zu lieben, zu träumen und zu philosophieren.

Soziale Kennziffern messen Qualität

Diese besonderen, spezifisch menschlichen Möglichkeiten – die deshalb auch als anthropologische Bedürfnisse empfunden werden – verlangen nach anderen Wert- und Zielsetzungen als jenen, die im bisherigen Verlauf des Jahrhunderts Vorrang hatten. Das intensive Suchen nach neuen Horizonten und Richtungen, das in dem Schlagwort von der notwendigen »Qualität des Lebens« seinen ersten Niederschlag fand, geht weit über die

Bemühungen um eine lebensfreundliche Umwelt hinaus. Es werden nach langer Unterbrechung die zurückgedrängten großen Fragen nach dem Sinn des Lebens, dem Glück der irdischen Existenz und der Aufgabe des Menschen wieder zu Leitmotiven.

Kontrollierte, sanfte und evolutionäre Technik sind bereits Konzepte, die dieser verstärkten, zum Teil sogar übergeordneten Rolle nichtwirtschaftlicher Faktoren mehr Geltung als bisher verschaffen sollen. Daß technische Instrumente und Systeme von jetzt an nicht nur nach Leistung, sondern auch danach beurteilt werden, ob sie die Gesundheit schonen, die Umwelt nicht beeinträchtigen und die »Entfremdung« dessen, der mit ihnen umgeht, vermindern, setzt bestimmte Richtwerte voraus, die erfaßt und gemessen werden sollten, um in den Planungen das ihnen gebührende Gewicht zu erhalten.

Aus solchen Überlegungen heraus ist seit einigen Jahren der Gedanke aufgetaucht, neben den Maßsystemen der Naturwissenschaften und der Nationalökonomie auch Meßwerte für die Erfassung der »Qualität des Lebens« zu finden. Nach diesen anderen Maßstäben würden viele wirtschaftlich und politisch bedeutsame Großstädte und Industriezentren, die heute an der Spitze jeder wirtschaftlichen Rangliste zu finden sind, in Mittel- oder Schlußpositionen abrutschen. Denn die Werte für Gesundheit, Sicherheit, Ruhe und Schönheit sind oft gerade in diesen Ortschaften denkbar gering. Andererseits würden dann Gemeinden mit weniger Menschen und saubereren Industrieanlagen, die über genügend Arbeitsplätze, Bildungsmöglichkeiten, ein reges Kulturleben und eine abwechslungsreiche Umgebung verfügen, um vieles höher eingestuft werden als bisher.

Die Bemühungen, Fortschritt und Wohlbefinden nicht nur nach Produktionsstatistiken zu beurteilen, setzten in Europa bereits im neunzehnten Jahrhundert ein. Das Interesse an dieser von der vorherrschenden Norm abweichenden Betrachtungsweise riß nie mehr ganz ab. Dennoch fanden Bücher wie Alfredo Nicoforos Werk »La Misura della Vita« (Das Maß des Lebens), das im Jahre 1919 erschien, und die Pionierarbeiten des Nationalökonomen Karl W. Kapp in den dreißiger und vierziger Jahren – die versuchten, die nichtbeachteten »sozialen Kosten der Privatunternehmen« der Öffentlichkeit klarzumachen – zunächst nur wenig Beachtung. Erst die von einigen amerikanischen Politologen und Soziologen und vor allem von dem Engländer Mishan in den sechziger Jahren formulierten Gedanken, die Gesellschaft brauche neben ihrer wirtschaftlichen auch eine soziale Buchführung, fielen auf günstigeren Boden.

Ich erinnere mich, wie Raymond Bauer, Sozialpsychologe der Harvard-Universität, im Oktober 1966 in Endicott House zum erstenmal gegenüber Teilnehmern einer Tagung über die Zukunft der Umwelt den damals uns allen noch unbekannten Begriff der »social indicators« (soziale Kennziffern) erwähnte, die entwickelt werden müßten, um die »Qualität des Lebens« zu messen. Er berichtete von einer neuen Regierungskommission, die im März des gleichen Jahres ihre Arbeit aufgenommen hatte und sich folgenden sieben Fragen zuwenden sollte:

1. Wie steht es um unsere Gesundheit?
2. Wie groß ist die Chancengleichheit?
3. Wie steht es mit unserer Umwelt?
4. Welche Verdienstmöglichkeiten gibt es?
5. Wie entwickeln sich Verbrechen und öffentliche Sicherheit?
6. Wie ist es um Erziehung, Wissenschaft und Kunst bestellt?
7. Wieviel Mitbestimmung und Entfremdung ist festzustellen?

Der Bericht, den diese von Präsident Johnson gegen Ende seiner Amtszeit eingesetzte Gruppe von einunddreißig Persönlichkeiten verfaßte, drang darauf, in Zukunft solche – oft allerdings schwer meßbaren – Fakten über den »Zustand der Nation« zu erfassen und alljährlich der Öffentlichkeit mitzuteilen.

Seither sind nicht nur in den USA, sondern auf der ganzen Welt Bemühungen im Gange, andere, nicht vorwiegend ökonomische Meßwerte als Maßstäbe für eine humane Weiterentwicklung einzuführen. Werden aber diese »sozialen Kennziffern« als ebenso wichtig oder sogar noch wichtiger anerkannt als die »ökonomischen Faktoren«, werden also Bau und Einrichtung von Schulen, Krankenhäusern, Freizeitzentren, schnellen und bequemen Massentransportmitteln, umweltfreundlichen Fabriken mit menschengerechten Maschinen nicht mehr wie bisher als »unrentabel« und »unproduktiv« angesehen, sondern als notwendig für die Wiederherstellung der verlorenen »Qualität des Lebens«, dann hat auch eine auf diese Ziele hin gerichtete Technik echte Chancen.

Experimente, Prototypen und Neukonstruktionen nach dem Motto sauber, leise, gesund, sicher, streßfrei und friedlich könnten dann endlich von der öffentlichen Hand unterstützt werden. Solche Subventionen für die Schaffung einer »neuen Technik« sind unerläßlich, weil die Kosten für ihre Entwicklung und ihren Betrieb durch Produkte und deren Verkauf nicht gedeckt werden können. Es ist eine »Zuschußtechnik«, die allerdings auf lange Sicht durch Einsparungen bei der heute so kostspieligen Wiedergutmachung technisch verursachter Schäden mindestens einen Teil der zuvor notwendigen Ausgaben wieder ausgleicht.

Zur Zeit gibt es zum Beispiel auf dem Sektor der Gesundheitstechnik eine ganze Reihe von Erfindungen, die nicht verwertet werden, weil »der Markt« für sie nicht lohnend genug ist. Ähnliches gilt auf dem Gebiet der Sicherheit am Arbeitsplatz, trifft zu für zahlreiche Neuerungen, die Schutz gegen Lärm, Abgase und Schmutz gewähren könnten.

Zweifellos würde die Entwicklung einer »Neotechnik«, mit der sich leben läßt, zumindest anfangs große Geldaufwendungen verlangen. Ein Teil davon könnte durch Abrüstung frei werden. Seymour Melman von der New Yorker Columbia-Universität zeigte, daß bereits die Umwidmung eines Drittels des amerikanischen Rüstungsbudgets für die Förderung einer zivilen, der Verbesserung der menschlichen Lebensbedingungen gewidmeten Technik allen Bürgern seines Landes eine fühlbare Verbesserung ihrer Existenzbedingungen bescheren würde.

Wer wird nun in Zukunft darüber zu bestimmen haben, welche an »sozialen Indikatoren« orientierten Investitionen bevorzugt werden?

François Hetman, französischer Delegierter bei der OECD in Paris, meint, in einer Zeit des Wandels müsse neben die drei bestehenden Gewalten Parlament, Regierung und Rechtsprechung noch eine autonome vierte Kraft treten, die »innovative Gewalt«. Ihre Hauptaufgabe wäre es, wünschbare neue Zukünfte zu erkunden und zu entwerfen. Er schlägt vor, in jedem Land einen »Nationalrat für Innovationen« einzurichten, dessen Hauptaufgabe die demokratische Debatte über technische Neuentwicklungen und die Festsetzung von Dringlichkeitsstufen sein sollte. Wer wird in solchen Institutionen wirklich mitreden dürfen? Wessen Interessen werden dort vertreten sein? Wie kann vermieden werden, daß die heute schon bestehenden technokratischen Machtpositionen weiter ausgebaut werden?

Erste Bemühungen, mit dem neuen Instrument der »sozialen Kennziffern« zu arbeiten, zeigten nämlich, wie stark sie von der sozialen Lage und dem Urteil einzelner Gruppen abhängen. So kann »Teilbeschäftigung« bald negativ als »Teilarbeitslosigkeit« gesehen werden, bald positiv, wenn es sich um eine Mutter mit kleinen Kindern handelt, um einen Studenten oder einen Rentner, die sich etwas dazuverdienen wollen.

Neue Institutionen wie der von Hetman vorgeschlagene »Rat für Innovationen« verlangen einen Menschentyp, den es heute selten gibt: den Generalisten. Er unterscheidet sich vom Spezialisten durch die Vielseitigkeit seiner Interessen, die Vielfalt seiner Informationen und die Fähigkeit, über zahlreichen Einzelheiten nicht den Blick für das Ganze zu verlieren. Dazu müßte auch noch die Gabe großer Offenheit für das Unerwartete und beträchtliche geistige Elastizität kommen. Schon heute werden für führende Positionen in Staat und Wirtschaft immer häufiger solche vielseitig gebildeten Persönlichkeiten gesucht, die das Wissen aus ganz verschiedenen Gebieten, etwa Nukleartechnik, Juristerei und Organisationslehre oder Philosophie, Biologie und Verwaltungswissenschaft, zu kombinieren verstehen.

Mit den neuen »Apparaturen« wird auch ein anderer Mensch heranwachsen müssen.

II. Rettende Phantasie

»Jeder ein Genie?«

In einer einzigen Nacht des Jahres 1832 schrieb der junge französische Mathematiker Evariste Galois ein geistiges Testament so voll überraschend neuer Gedanken, daß Generationen von Mathematikern durch diese in fiebriger Hast geschriebenen Seiten inspiriert worden sind. Unter einer fast sicheren Todesdrohung – er mußte am nächsten Morgen ein aussichtsloses Duell austragen – vergaß der Zwanzigjährige alle selbstkritischen Bedenken und durchbrach die Hindernisse, die seinen ungewöhnlichen Vorstellungen bisher im Wege gestanden hatten. Die große Gefahr, die andere gelähmt hätte, wirkte auf ihn befreiend und löste einen Sturzbach produktiver Phantasie aus.

Der Mensch an der Schwelle des dritten Jahrtausends befindet sich in einer ähnlich bedrohten Lage. Er ist zu einer Auseinandersetzung auf Leben und Tod herausgefordert. Die Möglichkeit des Unterganges seiner Art wird ihm nicht mehr wie einst durch eschatologische Weissagungen, sondern mit Hilfe von Statistiken und Kurven prophezeit. Gleich welcher Hautfarbe er ist und auf welchem Kontinent er lebt: er muß die Wahrscheinlichkeit einer katastrophalen Entwicklung durchaus ernst nehmen.

In Wirklichkeit aber spielt er nur mit solchen Ängsten und hofft insgeheim auf mögliche Auswege. Die Erwartung eines rettenden Wunders richtet sich allerdings nicht wie tausend Jahre zuvor auf eine göttliche Macht, sondern auf den menschlichen Einfallsreichtum. »Irgendeine Lösung wird schon gefunden werden.« Das ist die Überlebensmaxime der meisten. Aber nur ganz wenige unter ihnen sehen sich selbst als Sucher nach wirksamen Lösungen, als Erfinder rettender Möglichkeiten. Die Phantasie wird in die Rolle einer »Dea ex machina« gedrängt, die sich nur einigen Wissenden oder besonders Begabten offenbaren wird.

Gegen diese traditionelle Auffassung von der Einzigartigkeit des schöpferisch begabten Menschen und der Zufälligkeit des originellen Einfalls beginnt sich nunmehr die durch Versuche ergründete und durch Ergebnisse belegbare Überzeugung zu entwickeln, daß in jeder Persönlichkeit kreative Anlagen vorhanden sind. Meistens verkümmern sie nur infolge ungenügender Förderung, mangelnder Anerkennung oder fehlender Gelegenheit. Doch neue Ideen erwachsen nicht nur aus unvorhersehbarer und unergründlicher Inspiration, sondern können mit Hilfe entsprechender Methoden zutage gefördert werden.

Gelänge es, die brachliegenden Phantasiereserven von Millionen und Abermillionen zu erschließen, dann könnte der bedrängten Menschheit dringend notwendige »Überlebensenergie« zuwachsen. Um diese Kräfte zu wecken, sollten Breitenerziehung und Massenbildung von der Vermittlung des Bekannten zur Aufschließung für das noch Unbekannte vorstoßen. Lernen würde dann nicht mehr nur Aneignung fremden Denkens und Wissens bedeuten, sondern Wege zum selbständigen Lösen von Problemen, zum Entwerfen von Konzepten, zum eigenen Erfinden frei machen.

Das »Recht eines jeden auf Genialität« hat als einer der ersten der Schweizer Adrien Turel gefordert, ein Dichter und Philosoph, der für sich selbst den Beruf eines »Sozialphysikers« erfand. So ist zu erklären, daß er seine Vorstellung von den unerschlossenen Potenzen des Individuums oft in mathematische oder physikalische Bilder kleidete. Unvergeßlich ist mir ein Nachtgespräch in seiner Dachstube am Limmatquai in Zürich, als er mir anhand von flüchtig hingeworfenen Zeichnungen zu zeigen versuchte, wie das Leben der meisten sich nur an der »Peripherie des Kreises« bewege, solange sie nicht gelernt hätten, radikal ins Zentrum dieses Zirkels vorzustoßen: in den Kern, wo Vision und Gestaltung schlummern.

Bekannter als dieser »Paracelsus des zwanzigsten Jahrhunderts« wurde Fritz Zwicky, ein anderer Vorkämpfer des Gedankens, daß »jeder Mensch ein potentielles Genie« sei. Seine Leistungen als Astrophysiker am Observatorium Mount Palomar in Kalifornien, vor allem die sich aus einer neuen, gesamtheitlichen Betrachtungsweise ergebende Entdeckung von explodierenden Sternen (Supernovae), brachten ihm wissenschaftlichen Weltruhm. Weniger bekannt und anerkannt ist seine »morphologische Methode«, die vielen seiner Pionierleistungen zugrunde liegt. Zwicky vertritt die Ansicht, daß ihm mit ihr eine Systematisierung des Erfindungsvorganges gelungen sei.

Mit Hilfe dieser Methode – die mit der genauen Umschreibung und zweckmäßigen Verallgemeinerung eines vorgegebenen Problems beginnt, um dann von der Definition der Problemelemente zu deren vorurteilsloser Kombination fortzuschreiten – gelang dem Schweizer Zwicky, der im Zweiten Weltkrieg in den USA arbeitete, eine der wichtigsten Erfindungen auf dem Gebiet der Raketenantriebe. Er stieß auf sie durch systematische Untersuchungen der »Gesamtheit aller möglichen mit chemischen Treibstoffen aktivierten Strahltriebwerke, die sich durch das Vakuum, durch die Atmosphäre, durch das Wasser und durch die Erde fortzubewegen oder sogar zu beschleunigen imstande sind«. Unter den fünfhundertsechsundsiebzig denkbaren Typen von Strahltriebwerken, die Zwicky bei dieser Gelegenheit ermittelte, befanden sich auch theoretische Erfindungen, die bis heute noch nicht in die Praxis umgesetzt werden konnten, wie die »Terramaschinen«. Diese sollen nach Zwickys Vorstellungen bei der Erforschung des Erdinneren eine ähnliche Rolle spielen wie die Raumraketen bei der Erforschung des Himmels.

Zwicky verkündet: »Jeder Morphologe ist ein Berufsgenie ... das Entdeckungen auf allen Gebieten der Wissenschaft, der Technik und des Lebens zu machen imstande ist.« Er geht sogar noch weiter: »Die fundamentale Tatsache, daß jeder Mensch ein potentielles Genie ist und daß eine vernünftige, freie, gesunde Welt nur dann Wirklichkeit werden kann, wenn alle diese Genies erkannt und entfaltet werden, ist heute nur wenigen gegenwärtig.«

So weitgehende, noch vom Geniekult des neunzehnten Jahrhunderts geprägte Behauptungen kann die moderne Kreativitätsforschung allerdings nicht bestätigen. Doch hat auch sie aufgrund zahlreicher, oft einander widersprechender Untersuchungen herausgefunden, daß die Fähigkeiten der Ideenfindung viel weiter verbreitet sind, als man bisher angenommen hatte. Aber diese bei Kindern noch weitgehend vorhandene Gabe des originellen, von Norm und Routine abweichenden Denkens wird nicht gehegt und gepflegt, sondern im Anpassungsprozeß an die »Regeln« der Erwachsenenwelt unterdrückt und zum Absterben gebracht.

Die Amerikaner Paul Torrance, der Engländer Edward de Bono, der Deutsche Günther Wollenschläger, die in Tel Aviv lehrende Erika Landau und zahlreiche andere Pädagogen gewährten uns in ihren Versuchen Einblicke in dieses von jeder Generation erneut verlorene Paradies der Einbildungskraft und stellen sich die entscheidende Frage, wie diese Fähigkeiten erhalten werden und zur Bewältigung der gesellschaftlichen

Wirklichkeit beitragen könnten. Damit wird der Sozialisationsprozeß der Persönlichkeit nicht mehr vorwiegend als Nachahmung, sondern als Neuschöpfung gesehen: Jeder Mensch setzt auf seine Weise einen Beginn, wird eher zum Gebenden als zum Nehmenden erzogen.

Der englische Historiker Arnold Toynbee erkannte, wie entscheidend dieser Richtungswechsel für die Zukunft der Menschheit sein könnte. Er schreibt: »Es ist eine Angelegenheit von Leben und Tod für jede Gesellschaft, ob sie genügend Chancen zur Ausbildung schöpferischer Fähigkeiten gibt.« Diese Chance wird heute noch milliardenfach verspielt. Aber es mehren sich die Schulen und Erzieher, die den neuen Weg gehen: Das selbständige Beobachten, das kritische Wägen, das riskante Erfinden werden bei jungen Menschen bewußt gefördert, obwohl sie derart nicht auf die bestehende Ordnung vorbereitet werden, die Einordnung und Gehorsam verlangt, sondern auf eine erst entstehende Gesellschaft.

Diese Lenkung des anschwellenden Stromes der Phantasie, die sich jahrhundertelang vorwiegend in Kunst und Technik verwirklicht hat, auf soziale Zielsetzungen verlangt eine noch größere und schwierigere, weil weniger scharf umreißbare Anstrengung als die Schaffung einzelner Kunstwerke oder Maschinen. Der Mensch der Jahrtausendwende wird humanere Lebensformen, offenere Institutionen, flexiblere Verhaltensweisen »erfinden« müssen, um überleben zu können. Er wird den bisherigen Kurs des Fortschritts entschieden ändern und andere Ziele ansteuern, weil sich die bisher verfolgte Richtung immer mehr als höchst riskant erweist. Das Beispiel derjenigen, die frühzeitig warnten und schon neue Orientierungen vorschlugen, als die Mehrheit zukunftsblind einem »Fortschritt ohne Grenzen« nachjagte, kann bei diesen Bemühungen zwar nicht bestimmend, aber doch hilfreich sein.

Der ungewöhnliche Doktor Szilard

Meiner Vorstellung von dem Menschentyp, der die Krisen der Jahrtausendwende denkend und entscheidend meistern helfen könnte, kommt ein Mann am nächsten, in dem Scharfsinn und Phantasie, Angst und Mut, Verzweiflung und Hoffnung aufs engste miteinander verknüpft waren. Er spürte, was auf uns zukommt. Er hatte es selbst in Bewegung setzen helfen und wollte es nun aufhalten, obwohl es ihm oft fast aussichtslos schien. Sein Wahlspruch lautete: »Auf dem Papier lassen sich fünfundachtzig Prozent Wahrscheinlichkeit für eine von Menschen verschuldete Endkatastrophe errechnen. Ich lebe für die Chance der restlichen fünfzehn Prozent!« Die Persönlichkeit, von der ich spreche, ist der 1964 verstorbene Leo Szilard, Chemiker, Physiker, Informationstheoretiker, Biologe, dessen gesellschaftlicher und politischer Einfluß ihn nach Ansicht seines Mitarbeiters John Platt »in hundert Jahren vielleicht als die einflußreichste Persönlichkeit unserer Tage erscheinen lassen wird«.

Wie läßt sich eine so hohe Meinung, die übrigens auch von anderen Wissenschaftshistorikern geteilt wird, erklären? Sie muß auf den ersten Blick wie eine schmeichelhafte Übertreibung aussehen, denn der Name Szilard ist der breiteren Öffentlichkeit nicht allzu bekannt. Kein Wunder: Er pflegte hinter den Kulissen zu arbeiten. Oder er begnügte sich mit der Rolle des »Samensetzers«, des unübertrefflichen Anregers, der die Ausarbeitung seiner Gedanken und damit Ruhm wie Reichtum anderen zu überlassen pflegte. Szilards Erfindungsgabe wurde nicht etwa nur auf seinem Spezialgebiet, der Physik, fruchtbar, sondern auch in anderen naturwissenschaftlichen Disziplinen, wie der Informationstheorie, der Biologie, der Genetik. Darüber hinaus verdanken ihm Juristen, Nationalökonomen, Strategen und vor allem Außenpolitiker grundsätzliche neue Anschauungsweisen.

Mindestens so bedeutsam wie seine Beiträge zu verschiedenen Forschungsbereichen war Szilards Pionierrolle in der Überbrückung des Grabens zwischen Wissenschaft und Gesellschaft. Früher als die meisten seiner Kollegen erkannte er den wachsenden Einfluß der Vorgänge in den Laboratorien auf den Lauf der Geschichte. So überredete er, nachdem ihn 1933 die Entdeckung des Neutrons von dem baldigen Gelingen der Kernspaltung überzeugt hatte, englische und amerikanische Atomforscher noch vor Kriegsbeginn, ihre Arbeiten geheimzuhalten. Denn Hitler sollte diese schreckliche Waffe, die Atombombe, deren Konstruktion Szilard schon damals voraussah, nicht als erster bauen können. Deshalb bestimmte er im Jahre 1940, gemeinsam mit seinem Landsmann Eugene Wigner, den berühmtesten Wissenschaftler Amerikas der Epoche, Albert Einstein, jenen Schicksalsbrief zu schreiben, der Roosevelt veranlaßte, das spätere »Manhattan-Projekt« in Gang zu setzen.

Als die Bombe fertiggestellt war, dachte aber Szilard bereits wieder weiter als seine Kollegen und warnte vor dem militärischen Einsatz des Massenvernichtungsmittels. Er hatte ja auf den Bau der amerikanischen Atombombe nur deshalb gedrängt, damit sie niemals verwendet werden müsse, sondern der Abschreckung diene. Hitler sollte, falls seinen Forschern die Konstruktion einer solchen Überwaffe gelänge, aus Angst vor Vergeltung auf ihren Einsatz verzichten müssen. Aber ein solches »Patt« kam damals nicht zustande. Die US-Luftwaffe, im Alleinbesitz des Monstrums, bombardierte Hiroshima und Nagasaki.

Szilard begann nun eine jahrelange Kampagne, um »den Teufel wieder in die Flasche zu bannen«. Er wurde der wichtigste Initiator der Bemühungen, dem amerikanischen Militär die Alleinverfügung über die Atomenergie zu entziehen, und war 1952 Mitbegründer der Ost-West-Pugwash-Konferenzen, in denen noch mitten im kältesten Krieg die Grundlagen der späteren Verständigung zwischen den USA und der Sowjetunion gelegt wurden. 1961 gründete er den »Ausschuß für eine lebenswertere Welt«, eine der ersten Bürgerinitiativen, die eine Mitbestimmung des »Mannes von der Straße« über die Weiterentwicklung der industriellen Revolution und der durch sie entstehenden politischen Folgen anstrebte.

Der Jahrtausendmensch Szilard hatte nie einen dauernden Wohnsitz. Er residierte in Hotels oder in wissenschaftlichen Unterkünften, wie etwa im »Quadrangle-Club« der Universität von Chicago, wo ich ihn zum erstenmal traf. Er war auch keiner einzigen Hochschule jemals dauerhaft verbunden, sondern gab in Laboratorien immer nur Gastspiele, scharte Mitarbeiter um sich, inspirierte sie und zog wieder weiter. Man sagte ihm nach, er verbringe auf der Suche nach neuen Gedanken weniger Zeit an seinem Schreibtisch oder bei Experimenten als in seiner ihn stets inspirierenden Badewanne. Wo immer er war, zog dieser von Worten und Ideen übersprudelnde »Gedankenvulkan« jedermann ins Gespräch. War er in Washington, so pflegte er sein Hauptquartier in der Halle eines mittleren Hotels am Dupont Circle aufzuschlagen. Hier konnte sich jeder, der von der Straße hereinkam, zu ihm setzen.

Er probierte seine Ideen gerne an Menschen aus, die er kaum oder nur flüchtig kannte. Wenn sie nur nickten und lobten, dann stimme etwas nicht daran, meinte er. Vermutlich sei der vorgebrachte Gedanke »zu normal« gewesen. Tiefe neue

Einsichten seien nämlich, so verkündete er, meist keine logischen Verlängerungen akzeptierten Denkens, sondern kämen aus dem Unterbewußtsein und müßten daher anfangs die gängige »Vernunft« stets herausfordern.

Aus solchen improvisierten Debatten gingen manche wichtigen Aktionen hervor, wie zum Beispiel die erfolgreiche Forderung, die amerikanischen Forschungsausgaben für die Geburtenkontrolle auf das Zwanzigfache zu erhöhen, um das von Szilard lange vor vielen anderen in seiner ganzen Bedeutung erkannte Problem der »Bevölkerungsexplosion« in den Griff zu bekommen. So wurde auch der Gedanke geboren, dringend spezielle wissenschaftliche »Task Forces« (Spezialgruppen) zum Studium nicht nur einer bestimmten, sondern aller auf die Menschheit eindrängenden Krisen ins Leben zu rufen, eine Aufgabe, der sich nach dem Tode seines Lehrers John R. Platt vorzüglich gewidmet hat.

Szilard hoffte, daß die gefährdete Menschheit durch die enge Zusammenarbeit der Wissenschaftler über nationale und ideologische Grenzen hinweg gerettet werden könnte. Sein Glaube an die weltbewegende Kraft dieser, gemessen an der Gesamtbevölkerung, zahlenmäßig winzigen Berufsgruppe war durch das Drama des Atombombenbaus bestätigt worden. Aber überschätzte er nicht die Macht der Forscher? Mehr noch: steckte nicht hinter seinen Vorstellungen ein demokratiefeindliches Konzept, das Entscheidungen, die für alle wichtig sind, in die Hände weniger grauer Eminenzen und der von ihnen beratenen Machthaber legt?

Hier kündigte sich bereits in den fünfziger und sechziger Jahren ein Konflikt an, der sich in der kritischen Jahrtausendwende immer deutlicher abzeichnen dürfte: Soll (und muß vielleicht) die soziale Phantasie kleiner, hochqualifizierter Eliten die Zukunft entwerfen? Oder kann eine Demokratisierung der gesellschaftlichen Phantasie auf breiterer, vielleicht sogar breitester Grundlage gelingen?

Ein Generalstab für die Weltkrise

Zu Beginn des Jahres 1969 fand ich in meiner Post einen Luftpostbrief aus der amerikanischen Universitätsstadt Ann Arbor, dessen Inhalt so aufregend war, daß er mich tagelang kaum schlafen ließ. Er enthielt das vervielfältigte Manuskript einer

Studie von John Platt, die den Titel »What we must do« (»Was wir tun müssen«) trug. Es war eine Herausforderung an jeden Wissenschaftler, der sich um das weitere Schicksal der Welt sorgte, sich mit anderen Forschern zusammenzutun, um in »Arbeitskreisen für Krisenstudien« Forschungsstrategien gegen die von allen Seiten drängenden Gefahren und für das Weiterbestehen der Menschheit zu entwickeln.

Das Besondere der Situation sei, so führte Platt aus, daß nicht etwa nur eine, sondern fast gleichzeitig viele Krisen auf die Generation der Jahrtausendwende eindrängten: Rüstungskrise, Bevölkerungskrise, Partizipationskrise, Umweltkrise, Rassenkrise, Hungerkrise, Städtekrise, Energiekrise. Die Entscheidungsträger in aller Welt besäßen aber weder genügend Übersicht, um zu beurteilen, welche Abwehrmaßnahmen dringlich und welche weniger dringlich seien, noch verfügten sie über genügend Ideen und Konzepte, um mit dieser einzigartigen historischen Situation fertig zu werden. Die Situation sei so akut und schwerwiegend wie im Zweiten Weltkrieg, als man unter dem Druck der Lage alle Wissenschaftler mobilisierte und durch diese Konzentration hervorragender Köpfe tatsächlich die entscheidenden waffentechnischen »Durchbrüche« erzielte.

Platt forderte: »Wir brauchen hauptberuflich arbeitende Teams, die Menschen aus verschiedenen Spezialgebieten zusammenführen: Naturforscher, Gesellschaftswissenschaftler, Ärzte, Ingenieure, Lehrer, Juristen und viele andere sowohl gutausgebildete wie erfindungsreiche Köpfe, die unsere Wissensschätze und starke neue Ideen in verbesserte technische Methoden, Organisationsformen oder ›soziale Erfindungen‹ umsetzen können. Die Wissenschaftler sind nicht die einzigen, die dazu beitragen können ... Keine wissenschaftliche Neuerung vermag ohne intensive Beratung und Hilfe aller Gruppen wirksam zu werden ... Ein Schritt, der wahrscheinlich schon in kurzer Zeit erforderlich sein wird, ist die Schaffung ganzer neuer Zentren, vergleichbar mit Los Alamos (wo im Krieg die Atombombe gebaut wurde, Bemerkung des Autors) und der RAND Corporation (interdisziplinäre Denkfabrik der US Air Force, Bemerkung des Autors) ... Es werden vielleicht viele verschiedene solcher Zentren notwendig sein: Forschungszentren, Entwicklungszentren, Ausbildungszentren, sogar Produktionszentren für neue soziotechnische Erfindungen. Die Probleme unserer Zeit – das Hundertmilliardenproblem der Ernährung oder das Hundertmilliardenproblem der Rüstungskontrolle – stehen an Ausmaß und Bedeutung nicht hinter den Problemen des Zweiten Weltkrieges zurück, und es wäre absurd, anzunehmen, daß ein paar akademische Forschungsteams oder ein paar staatliche Laboratorien diese Riesenarbeit leisten können.«

Ich hatte Platt ein paar Jahre vor seinem Aufruf im »Mental Health Institute« der Universität Michigan kennengelernt. Schon damals sprach er von der Notwendigkeit, eine »Wissenschaft des Überlebens« zu entwickeln. Nun ging er daran, seine Gedanken in die Praxis umzusetzen. Das Institut, an dem er arbeitete, ist nicht – wie der Name vermuten läßt – der Erforschung von Geisteskrankheiten gewidmet, sondern versucht vielmehr in unserer Epoche des raschen, seelisch oft nicht mehr zu bewältigenden Wandels die gesellschaftlichen Vorbedingungen zu geistiger Gesundheit zu untersuchen. So war es durchaus im Sinne der Gründer, wenn Platt nun von diesem Standort aus begann, an zahlreichen Universitäten »Krisenstudiengruppen« ins Leben zu rufen. Mindestens einmal pro Monat gingen vervielfältigte »newsletters« (Neuigkeiten) aller Fragen und Anregungen an die anderen Gruppen heraus, in denen es zum Beispiel hieß:

- »Welche neuen Sozialindikatoren brauchen wir, um die Vermenschlichung von Behörden zu messen oder ihre Fähigkeit, auf Krisensituationen richtig zu reagieren, zu testen?«
- »Können wir ein Belohnungssystem für soziale Erfindungen einrichten, das ein Gegenstück zum Patentsystem für technische Erfindungen bilden würde, um den Anreiz zu solchen Erfindungen zu vergrößern?«
- »Können wir zusätzliche Kontrollen des Wirtschaftssystems (neben den üblichen wie Steuern, staatlich verordnetem Preisstopp usw.) finden, die Wohlstand und Vollbeschäftigung von der Inflation abkoppeln?«
- »Wir müssen internationale friedenserhaltende Strukturen entwerfen, die sich zur Stabilisierung neuer Ideen des ›feedback‹ (Rückmeldung) und anderer kybernetischer Erkenntnisse bedienen.«

Auch Ideen für neue Lernmethoden, für Kindererziehung, für Dezentralisierung des Managements, für nichtautoritäre Methoden der Organisation, für die Befreiung der Frauen vom

Haushalt, für die allgemeinere Anwendung des Ombudsmann-Gedankens, für wirkungsvollere Methoden der Beteiligung aller an Politik und Wirtschaft zum Beispiel, wurden von diesen Gruppen diskutiert und formuliert.

Erfindungen, die gemacht werden müssen

Drei Jahre nach Publikation der Studie »Was wir tun müssen«, im August 1972, erschien im führenden amerikanischen wissenschaftlichen Wochenblatt »Science« ein zweiter Aufsatz von Platt (diesmal verfaßt in Zusammenarbeit mit Richard A. Cellarius), der sich nunmehr an einen weltweiten Kreis wandte und aufgrund der Erfahrungen mit den ersten »Krisenstudiengruppen« die Gründung von »Councils for Urgent Studies« (Räte für Dringlichkeitsstudien) in möglichst vielen Ländern vorschlug. Ihre Arbeiten sollten laufend von einer Art permanentem »Generalstab für die Menschheit« zusammengefaßt werden.

Von einer solchen internationalen Übersicht ausgehend, hieß es, wäre es möglich, auf gefährliche Lücken im gemeinsamen Kampf um das Überleben hinzuweisen. Es müsse dafür gesorgt werden, daß die so ermittelten Probleme und »schwachen Punkte« über den Kreis der Fachleute hinaus der Weltöffentlichkeit bekannt würden.

Platt, Cellarius und ihre Mitarbeiter haben bereits eine »Weltkarte der dringendsten Forschungsprioritäten« entworfen. An fünfundzwanzig Teilabschnitten der »Front« gegen die Krisendrohung wird hier auf notwendige Entdeckungen und Erfindungen aufmerksam gemacht. Einige von ihnen, so stellt dieser provisorische »Generalstab« fest, wie zum Beispiel die Erschließung neuer Energiequellen, die bessere Verwertung oder der Ersatz wichtiger Rohstoffe, die Kontrolle der Bevölkerungsexplosion, der Kampf gegen die Umweltverschmutzung, seien bereits von der Weltöffentlichkeit »entdeckt« worden und würden nun endlich – wenn auch verspätet – zum Gegenstand notwendiger erhöhter Aktivität gemacht. Dagegen sei aber immer noch mindestens ein Drittel der dringlichsten Forschungsaufgaben unterentwickelt und zuwenig gefördert. Dazu gehörten die Organisationswissenschaften, die Massenkommunikation, das Studium des gesellschaftlichen Wandels, die Untersuchung »großer Systeme«, die Friedens- und die Zukunftsforschung.

Im Hinblick auf die prekäre Lage der Menschheit werden vor allem intensive Forschungsarbeiten auf folgenden Gebieten vorgeschlagen:

- Förderung sozialer Erfindungen
- Prognostik
- Allgemeinverständliche Information über und in kritischen Situationen
- Beteiligung der Bevölkerung an Entscheidungsprozessen
- Katastrophenforschung
- Methoden des Friedensschlusses und der Friedenskontrolle

Platts Plan sieht ein Netz von Arbeitskreisen für Dringlichkeitsstudien vor, dessen Basis die Universitäten in aller Welt bilden. Die nächste Stufe wären nationale Gremien, in denen neben den Akademikern Vertreter der Bevölkerung teilnehmen sollten, schließlich sollte der bereits erwähnte »Generalstab«, eine internationale Institution in Zusammenarbeit mit den Vereinten Nationen, als planetares Frühwarnsystem funktionieren und ständig den Zeithorizont abtastend fragen: Von woher kommt die größte Gefahr? Wo müßte mit Hilfe der Forschung am dringendsten Abhilfe geschaffen werden?

Zweifellos fehlt der Menschheit bisher eine solche erdumspannende politische und soziale »Wetterwarte«. Versuche, sie zu schaffen, wie sie im Jahre 1971 von der UNO unternommen wurden, blieben in den Anfängen stecken. Einmal, weil die notwendigen Mittel nicht aufgebracht wurden, doch auch aus einem nicht ganz unberechtigten Mißtrauen, es könne hier eine Art Diktatur von Wissenschaftlern entstehen, die sich allein für »vernünftig« halten und versuchen könnten, im Bewußtsein ihrer Überlegenheit sowohl die Politiker als auch die Völker zu manipulieren.

Platts Gedanken sind, wenn auch nicht in so umfassender Weise, wie er es sich gewünscht hätte, bereits hier und da auf fruchtbaren Boden gefallen. Das »Internationale Institut für Systemforschung« in Laxenburg bei Wien, in dem sich Forscher aus Ost und West über Krisenprobleme der Erde beugen, könnte ein nützlicher (wenn auch für die Freiheit der politischen Entscheidungen nicht ganz ungefährlicher) Schritt in diese Richtung sein. Die Arbeitsgruppen, die aus der Initiative des italienischen Industriellen Aurelio Peccei und des von ihm gegründeten »Klub von Rom« hervorgingen, zielen in eine ähnliche Richtung. Bemühungen der internationalen Gewerkschaften, weltweite Übersicht und Voraussicht unter dem Aspekt ihrer Interessen als Gegengewicht zu Expertenherrschaft und Technokratie zu institutionalisieren, schreiten nur langsam fort. Viel schneller reagierte die um Herman Kahn und sein Hudson-Institut gruppierte Spitze internationaler Konzerne, in deren Auftrag eine bis tief ins einundzwanzigste Jahrhundert hineinreichende Studie über »The Prospects of Mankind« (»Aussichten der Menschheit«) entwickelt wird, die eine ungenierte Vorwärtsverteidigung des weiteren industriellen Wachstums und des Monopolkapitalismus der multinationalen Großfirmen unternimmt.

Wie kommt es zu sozialen Neuerungen?

Von allen Vorschlägen, die John Platt in seinen manifestartigen Studien publizierte, ist der fruchtbarste sein Plädoyer für die Förderung »sozialen Erfindungen«. Was er unter »sozialen Erfindungen« versteht und welche Neuerungen auf dem Gebiet der Human- und Gesellschaftswissenschaften vom Jahre 1900 bis zum Jahre 1965 ihm besonders wichtig zu sein scheinen, präzisierte Platt in einer gemeinsam mit Karl Deutsch von der Universität Harvard und Dieter Senghaas von der Frankfurter Universität verfaßten Arbeit. Als Kriterien für die Auswahl wurden angegeben: »Neue Auffassungen von Beziehungen, resultierend in neuen Handlungsweisen. Das heißt, sie müssen Menschen geholfen haben, etwas wahrzunehmen, was sie vorher nicht erkannten, und damit zu neuen Entdeckungen geführt haben ... Oder sie müßten die Möglichkeit geschaffen haben, etwas zu tun, was vorher nicht getan worden war.«

Unter den zweiundsechzig ausgesuchten »größeren Fortschritten« auf dem Gebiet der gesellschaftlichen Innovation befinden sich dreizehn neue Konzepte in der Psychologie, zwölf in der Volkswirtschaft, elf in der Politik, ebenfalls elf in der mathematischen Statistik, sieben in der Soziologie, sechs in der Philosophie und drei in der Anthropologie. Es werden so verschiedene Themen genannt wie: Psychoanalyse und Tiefenpsychologie (Freud, Jung, Adler), Intelligenztests (Binet, Terman, Spearman), gewaltlose politische Aktion (Gandhi), Spieltheorie (v. Neumann, Morgenstern), Guerillaorganisation und -regierung (Mao), Studium kleiner Gruppen (Lewin, Lippit,

Likert, Cartwright), allgemeine Systemanalyse (Bertalanffy, Rashevsky), Meinungsumfragen (Gallup, Cantril, Lazarsfeld, Campbell), Computersimulation sozialer und politischer Systeme (McPhee, Simon, Newell, Pool, Abelson), Kosten-Nutzen-Berechnung (Hitch), Konflikttheorie und Mehrsummenspiele (Rapoport).

Es handelt sich hier vor allem um grundsätzliche Neuerungen. Aus diesem Grund wurden andere, weniger bedeutsame soziale Innovationen – die auch als »gesellschaftliche Erfindungen« bezeichnet werden könnten – nicht behandelt, wie Kreditkarten, Denkfabriken, der Gemeinsame Markt, das Fließband, Einkaufszentren, die Kolchose und die Kibbuzim.

Diese Studie Platts und seiner zwei Mitarbeiter wurde vor allem deshalb unternommen, weil man herausfinden wollte, unter welchen Bedingungen am ehesten neue Ideen für die Weiterentwicklung des Menschen und der Gesellschaft entstehen. Es wurde festgestellt, daß Universitätsorte, in denen die Möglichkeit des Gedankenaustausches mit Vertretern vieler Disziplinen besonders groß ist, der fruchtbarste Boden waren. Es wurde auch das Alter der »sozialen Erfinder« untersucht und festgestellt, daß einhundertsechzig von ihnen zum Zeitpunkt der entscheidenden Forschungsarbeit durchschnittlich zwischen fünfunddreißig und neununddreißig Jahren alt waren. Über vierzig Prozent waren im fünften Lebensjahrzehnt (vierzig bis neunundvierzig Jahre), nur sechs Prozent mehr als fünfzig Jahre alt. Auch die Frage, wie das Verhältnis von individuellen Forschern zu Forscherteams sei, wurde geprüft. Dabei zeigte sich, daß fast zwei Drittel der bedeutenden neuen Ansätze von Einzelpersonen kamen. Aber ihr Anteil geht zurück: Vor 1930 kamen noch ungefähr drei Viertel aller Beiträge von individuellen Forschern, von da an weniger als die Hälfte. Die Folgerung, die daraus gezogen wird: »Teams von Sozialwissenschaftlern werden im nächsten Jahrzehnt vermutlich die Hauptquelle wichtigerer Fortschritte sein.«

Es ist auffallend, daß eine Studie, die sich so ausführlich mit den Bedingungen beschäftigt, unter denen die schöpferische Phantasie gedeiht, nicht auf die Frage eingeht, weshalb die Menge der neuen Gedanken und Konzepte in den Gesellschaftswissenschaften bisher noch so weit hinter der Zahl der naturwissenschaftlichen Entdeckungen und technischen Erfindungen zurückbleibt.

Eine der Ursachen erwähnt John Platt selbst an anderer Stelle: Es fehlen für soziale Neuerungen materielle Anreize, es fehlt ein Patentrecht, es fehlen in den meisten Fällen auch Auftraggeber. Innovatoren wie die Erfinder der Sozialversicherung, des Konzepts der »lebenslangen Bildung«, der gleitenden Arbeitszeit, des garantierten Jahreseinkommens und der »heißen Telefonleitung« zwischen rivalisierenden Großmächten trugen sicherlich mehr zur Verbesserung und Sicherung unserer Lebensverhältnisse bei als viele technische Erfinder, aber ihnen wurde dafür keine materielle und nur in Ausnahmefällen geistige Anerkennung zuteil. Dazu kommen andere, noch schwieriger zu überwindende Hindernisse.

Im September 1971 nahm ich in Rensselaerville (Staat New York) an einem umfassenden Seminar teil, das von der UNITAR (United Nations Institute for Training and Research), einer der kleineren Hilfsorganisationen der Vereinten Nationen, einberufen worden war. Es sollte die Errichtung einer UNO-Behörde beraten werden, die sich ständig mit langfristigen Problemen der Menschheit zu beschäftigen hätte. Eines der Themen, die im Hinblick auf künftige Entwicklungen diskutiert wurden, war das der Aggression und des individuellen Terrors. Welche Neuerungen, welche »Aggressions-Substitute« können gefunden werden, fragte man sich. Wäre es möglich, das Problem der politischen Gewalt durch gesellschaftliche Innovationen (zum Beispiel »Weltspiele«, die an die Stelle von Weltkrisen und Weltkriegen treten würden) zu lösen? Dabei zeigte es sich bald, daß die grundverschiedene kulturelle und ideologische Prägung der Teilnehmer gemeinsame Alternativvorschläge vereiteln mußte.

Während technische Neuerungen als »neutral« gelten – was sie in Wahrheit durchaus nicht sind! –, wird die Erprobung von neuartigen Alternativen auf sozialem Gebiet durch politische und weltanschauliche Bindungen von vornherein stark eingeengt. Dazu kommt noch die Herrschaft von Mode und Zeitgeist. Auch Neuerer sind Gefangene eines »Zeitkerkers«, dessen Mauern sie nur schwer oder gar nicht überwinden können. So konnten sich die Häretiker und Reformatoren des ausgehenden Mittelalters nur eine Zukunft mit einer anderen Kirche denken, nicht aber eine weitgehend entkirchlichte Welt, wie wir sie heute kennen. Ähnlich können sich Menschen unserer Zeit wohl eine Epoche mit veränderter, nicht aber fast ohne oder gar ganz ohne Großindustrie vorstellen. Selbst die scheinbar radikalen Ideen von Revolutionären sind also weitgehend von dem Milieu geprägt, das sie negieren. Und dennoch ist in ihrer Nichtanpassung, in ihrem »Nein« zum Bestehenden, das immer noch von ihm beeinflußt ist, der erste Schritt – aber eben nur der erste! – zu ganz anderen Möglichkeiten zu sehen. Voraussetzung des Ausbruchs aus dem Gefängnis der Gewohnheiten, gültigen Regeln und akzeptierten Normen wäre die betonte Ermutigung und Förderung »abweichenden« Denkens. Das war das Versprechen der Kreativitätsforschung. Was ist daraus geworden?

Der Kreativitätsboom

Das 1945 erschienene Buch »Productive Thinking« aus der Feder des von Nazideutschland nach den USA emigrierten Max Wertheimer zeigte, daß der schöpferische Geist nicht das Privileg einiger Begnadeter sein muß, sondern durch Übung zu entwickeln ist. Danach können die Spannungen, die ein Problem auslöst, für jeden, der sich damit intensiv beschäftigt, zum Anstoß für neue Konzepte werden. Produktives Denken beginnt nach Wertheimer mit der Analyse eines Konflikts, mit der Frage: »Warum geht es nicht?«, schreitet fort über die Sichtung der zur Problemlösung vorhandenen oder nicht vorhandenen Mittel, mit »Was steht mir zur Verfügung?«, bis zur Zielanalyse, die prüft: »Was brauche ich? Was kann ich entbehren?« Wer diese Schritte macht, schafft die Voraussetzung für Neubeurteilungen, Verbesserungen, vielleicht sogar echte Erfindungen.

Dieses Konzept wurde zwar in der amerikanischen Fachwelt interessiert aufgenommen, doch den Hauptanstoß zur intensiven Beschäftigung mit den Problemen des Schöpferischen im Menschen gab erst fünf Jahre später ein einziger Vortrag, den Professor John P. Guilford im Jahre 1950 als Präsident der »American Psychological Association« hielt. Durch ihn wurde zum erstenmal das Wort »creativity« (Kreativität) in die breite Öffentlichkeit getragen.

Guilford zeigte, daß selbständig und ungewöhnlich Denkende bei den üblichen Intelligenztests versagten, weil sie nicht das ankreuzten oder aufschrieben, was man von ihnen erwartete, sondern eigenen Ideen nachhingen. So wurden aber gerade schöpferische Versuchspersonen nicht erfaßt und schieden bei Prüfungen aus.

Guilfords Ruf, das vernachlässigte Problem der »creativity« stärker zu beachten und intensiver zu studieren, fand sofort ein starkes Echo. Allein in den USA wurde dadurch eine Flut zum Teil ausgezeichneter, zum Teil aber auch mittelmäßiger bis zweifelhafter Arbeiten über die menschliche Schöpferkraft ausgelöst. Bis 1955 wuchs sie auf dreiundfünfzig Publikationen pro Jahr, 1965 waren es bereits vierhundertvierundsiebzig, und in den achtzehn Monaten von Januar 1965 bis Juni 1966 vergrößerte sich laut einer Bibliographie der neugegründeten »Creative Education Foundation« (Stiftung für kreative Erziehung) diese Zahl nochmals um fast das Dreifache!

Das Interesse greift über die Grenzen der USA hinaus: Im Chevreuse-Tal bei Paris tagen Mitarbeiter des Conseil National de la Recherche, Schriftsteller, Künstler, Lehrer und Manager, um über das Phänomen Kreativität zu diskutieren. In Kyoto wird den Planern einer führenden Elektronikfirma die Aufgabe gestellt, »künftige Geschichtsepochen zu erfinden«. Die neue Mode schafft vorher undenkbare, gelegentlich unfreiwillig komische Situationen: In einem Londoner Großkonzern fordert der Gruppenleiter einer »intensive session« seine seriösen, eher etwas steif wirkenden Kursteilnehmer auf: »Jeder von Ihnen ist jetzt ein Virus. Ja, Teil einer Viruskultur, die es sich in einem menschlichen Organ bequem macht. Wie fühlen Sie sich?« Sogar in Moskau war »Kreativität« bald das Thema des Tages: Studenten des »Instituts für allgemeine und technologische Erziehung« beobachten eine Münze, die am Rand einer sich drehenden Grammophonplatte liegt. »Wie kann man verhindern, daß sie hinunterfällt?« fragt ihr Professor. In Polen wurde in den fünfziger Jahren eine erste Konferenz über Kreativität einberufen und von Professor Alexander Matejko die entscheidend wichtige Frage aufgeworfen, ob für die Entwicklung kreativer Menschen gesellschaftliche und Milieufaktoren nicht einflußreicher sein könnten als die von den Amerikanern vorwiegend untersuchten individuellen und inneren Hindernisse.

Phantasie in Uniform

Diese überwältigende, den Autor Guilford selbst überraschende Wirkung seines Plädoyers für die Beachtung und Entwicklung »divergent denkender« kreativer Begabungen erklärt sich aus der Stimmung, die zu Beginn der fünfziger Jahre in den

USA herrschte. Vergeblich war nach dem Ende eines furchtbaren Krieges Frieden und eine echte Verbesserung der menschlichen Lebensbedingungen erwartet worden. In dieser Atmosphäre der Enttäuschung, der Skepsis und politischen Lähmung mußte die Verheißung neu zu entdeckender und zu entwickelnder Kräfte wie ein hoffnungsvolles Ziel erscheinen – vielleicht der Ersatz für die von vielen ersehnte gesellschaftliche Veränderung.

Guilford allerdings arbeitete in eine ganz andere Richtung. Er strebte mit der Entdeckung und Entwicklung kreativer Persönlichkeiten in erster Linie eine Verbesserung der amerikanischen Position im kalten Krieg an.

Erinnern wir uns: Die vorübergehend weltbeherrschende Position der Vereinigten Staaten, die sie vor allem ihrem Atomwaffenmonopol verdankten, war damals, nach der erfolgreichen Erprobung der ersten sowjetischen Atomwaffe im Herbst 1949, gerade neutralisiert worden. Es entwickelte sich eine »Patt«-Situation, in der die Amerikaner die verschiedensten Versuche machten, um mit »Durchbrüchen« auf wissenschaftlichem und technischem oder internationalem Gebiet die Initiative wieder an sich zu reißen. Es ist die Zeit des beginnenden Einflusses der »Denkfabriken«, jener eigenartigen Unternehmungen, die Hunderte von »brillanten Gehirnen« aller Disziplinen anheuerten, damit sie im Dienste der amerikanischen Landesverteidigung Probleme analysieren und »sich etwas einfallen lassen« sollten. Dieses Vertrauen auf eine mit reichen Mitteln geförderte intellektuelle Tätigkeit war damals etwas Neues im amerikanischen Leben. Daß sich gerade die Militärs mit ihrem traditionellen Mißtrauen gegenüber den eigenwilligen, undisziplinierten »Eierköpfen« und »Langhaarigen« entschlossen, diese in ihre geschlossene Gesellschaft aufzunehmen, war aus jüngster Erfahrung zu erklären: Die wissenschaftliche Intelligenz hatte dem Land im Zweiten Weltkrieg mit ihren technischen und organisatorischen Erfindungen den Endsieg beschert.

Im Vergleich zu den großen kalifornischen Denkfabriken, wie RAND und SRI (Stanford Research Institute) mit Tausenden von Mitarbeitern, war Guilfords »Aptitude Research Project« (Projekt für Eignungsforschung) an der University of Southern California in Los Angeles nur eine Art von Denkmanufaktur. Hier wurden im Auftrage der Kriegsflotte Offiziersanwärter auf ihre Eignung getestet. Bei diesen Versuchen hatte Guilford herausgefunden, wie unbefriedigend die bis dahin übliche Bewertung nach dem Intelligenzquotienten gewesen war. Als sich Guilford neun Jahre nach seinem Vortrag, der inzwischen als »historischer Auslöser der Kreativitätsbewegung« anerkannt war, fragte, weshalb damals seine Ausführungen so stark gewirkt hatten, stellte er selbst das militärische Motiv in den Vordergrund:

»Der allerdringlichste Grund ist darin zu suchen, daß wir in einem tödlichen Kampf um das Überleben unseres *way of life* in der Welt stehen. Die militärische Seite dieses Kampfes im Rahmen des Wettlaufs um neue Waffen und neue Strategien verlangte nach einer gesteigerten Erfindungsrate.« Um die Waffe »Phantasie« zu schmieden und einzusetzen, finanzierten die Amerikaner, durch Guilford angeregt, sofort Hunderte von Projekten zur Erforschung des »göttlichen Funkens«. Und als dann nicht ihnen, sondern 1957 den Russen mit ihrem »Sputnik« ein wichtiger Durchbruch im Wettlauf um technische Neuerungen gelang, steigerte sich diese Anstrengung nochmals.

Die Phantasie wurde also nur entfesselt, damit man sie gleich wieder festbinden und in Uniform stecken konnte. Ihre »Eroberungen«: Herstellung neuartiger nuklearer Sprengköpfe, Produktion von Plastikgeschossen, die der Röntgenarzt nicht finden kann, elektronischer Kriegsroboter, von Chemikalien zur Entlaubung des Dschungels und die Herstellung »harmloser« Gase, die zur Bekämpfung von Demonstranten eingesetzt werden können. Gewünscht: ein zuverlässiger jährlicher Ausstoß von genügend Edisons, Langmuirs, Oppenheimers.

Ist es gelungen? Noch geben die Akten des Pentagon keine klare Auskunft. Eine Studie über die Verwertung technischer Innovationen, die rückblickend gemacht wurde (daher ihr Name »Project Hindsight«), scheint allerdings eher zu zeigen, daß wirklich neue Gedanken in diesem Milieu nicht so recht Fuß fassen konnten. Die Phantasie paßte sich den Phantasielosen an.

»Brainstorming« wird Mode

Mehr über die Wirkungen dieses gezielten Einsatzes der Kreativität ist aus ihrer Verwendung im Dienst des Konkurrenzkriegs der Konzerne zu erfahren. Hier wird der Kreativitätsboom drei Jahre nach Guilfords Startsignal durch das Erscheinen von »Applied Imagination« (angewandte Phantasie) eingeleitet. Dieses von Alex E. Osborn, dem Mitarbeiter einer führenden amerikanischen Reklameagentur, verfaßte »Handbuch für kreative Problemlösung« verkündet: »Phantasie ist so allgemein verbreitet wie Gedächtnis« und schlägt eine neue Methode der Phantasieentwicklung in Gruppen vor, das »Brainstorming«. Ein Jahr darauf erscheint die vierte Auflage, 1965 schon die zwanzigste Auflage. Hunderte von Firmen veranstalten mit ihren Mitarbeitern jetzt »Gehirnstürme«, deren Herzstück jene Phase ist, in der die Teilnehmer angewiesen sind, ihr kritisches Urteil vorübergehend abzuschalten und sich gegenseitig zur Produktion möglichst vieler »verrückter« Einfälle anzuregen, die erst in einer späteren Phase auf ihre mögliche Eignung geprüft werden sollen. Die späteren Ausgaben des Buches sind voller Siegesberichte über die neue Methode:

- Dr. Fred C. Finsterbach hielt eine Sitzung bei American Cyanamid ab, bei der 92 Ideen in 15 Minuten produziert wurden;
- General Electric attackierte das Problem, wie man mehr Verbesserungsvorschläge von den Angestellten erhalten könnte – in 35 Minuten wurden 131 Ideen zu diesem Thema vorgebracht;
- die Fernsehabteilung der Radio Corporation of America erhielt in einer einzigen Sitzung für ihre Empfänger 200 Verbesserungsvorschläge.

Die Methode überquert sehr schnell die Ozeane:

- In einem Kurs für Ladenmanager in Melbourne (Australien) wurden 163 Vorschläge in 40 Minuten hervorgebracht; 16 davon waren sofort anwendbar.
- Eine Berner Lebensversicherung sammelt als Antwort auf die Frage: »Wie finden wir geeignete neue Vertreter?« innerhalb von 60 Minuten 225 Vorschläge. 125 davon erweisen sich als teilweise brauchbar, 25 sind sofort verwendbar.
- Die weltbekannte Schweizer Schokoladenfirma Lindt-Sprüngli veranstaltete ein »Brainstorming«, um herauszufinden, mit welcher Art von Stiftung sie ihr 125jähriges Jubiläum am publikumswirksamsten feiern könnte. In kurzer Zeit werden fast 400 Vorschläge zusammengetragen.

Als mindestens so bedeutsam wie der Anfall neuer Ideen erweisen sich sozialpsychologische Nebenwirkungen des Brainstorming. Verhärtete autoritäre Strukturen innerhalb der Firmen werden durch das gemeinsame Phantasiespiel zumindest vorübergehend aufgebrochen, jahrelange Hemmungen schwinden. Die Kreativgruppe empfindet stärker, als es sonst im arbeitsteiligen Produktionsprozeß möglich ist, das Gefühl, gemeinsam etwas zwar Ungewöhnliches, aber doch Vergnügliches und vielleicht sogar Nützliches zu tun.

Allerdings zeigt sich bei genauerer Analyse der Vorgänge, daß auch bei solchen Experimenten Konkurrenzgeist und Rivalität dem freien Fluß des Schöpferischen im Wege sind und ihn oft genug zum Versiegen bringen. G. M. Prince konnte durch nachträgliches Abspielen der mit Videorecordern gemachten Filmprotokolle von »Ideenfindungstreffen« diese Hindernisse deutlich machen.

H. Geschka und H. Schlicksupp von der Frankfurter Filiale des amerikanischen Battelle-Instituts (Forschungsgruppe Kreativität und Innovation) ermittelten in fast zweijähriger Arbeit unter Mitwirkung von 70 Firmen nicht weniger als 32 verschiedene Methoden der Ideenfindung und erfanden in über 200 Versuchen noch weitere 12 geeignete Vorgangsweisen dazu. Sie resümieren: »In grober Vereinfachung können die Methoden der Ideenfindung ... in analytisch-systematische (z. B. morphologischer Kasten, progressive Abstraktion) einerseits und in Methoden, die die Intuition anregen (z. B. Brainstorming, Synectics) andererseits unterschieden werden.«

Eines der wichtigsten Ergebnisse dieser bedeutsamen Studien ist die Erkenntnis, daß für verschiedene Problemarten jeweils verschiedene Methoden, Lösungen zu finden, angewendet werden sollten.

»Synectics« oder wie man auf neue Ideen kommt

Die originellsten Einfälle werden, nach dieser Übersicht zu urteilen, durch die vom amerikanischen Industriepsychologen William J. J. Gordon und seinem Mitarbeiter George M. Prince entwickelte »Synectics«-Technik erzielt. Mit ihrer Hilfe sollen bei wachem Bewußtsein durch ein inspiriertes Gespräch Denk- und Assoziationsvorgänge hergestellt werden, wie sie sonst nur im Traum aus dem Unterbewußtsein auftauchen. Dabei versuchen die fünf bis sieben Teilnehmer einer Arbeitsgruppe, sich durch ungewöhnliche Kombinationen und Analogien in fremde, ausgesprochen bizarre Situationen hineinzudenken. Eine »Phantasie-Analogie« zum Beispiel wirft die Frage auf: »Könnten wir einen neuartigen Tischrechner konstruieren, wenn wir dazu dressierte Ameisen verwenden?« Eine solche »verrückte« Fragestellung bietet die Chance, mentale Hindernisse und Klischees zu verrücken, um dahinter vielleicht völlig neue und unter Umständen sogar realisierbare Gedanken zu finden.

Ich habe das Hauptquartier von »Synectics« in einem zweistöckigen Haus der Church Street, einer ruhigen, eher englisch als amerikanisch wirkenden Seitenstraße der Universitätsstadt Cambridge, mit einem Vorurteil besucht, das sich sehr bald als falsch herausstellte. Denn die beiden Haupteinwände, die man über diese Forschungsfirma im benachbarten akademischen Milieu hört, bemängeln einmal die Tatsache, daß dort »unwissenschaftlich« gearbeitet werde, und zweitens, daß die Gruppe durch die Aufträge der Industrie »korrumpiert« sei.

Beide Einwände beruhen an sich auf unbestreitbaren Tatsachen, gehen aber nicht den Gründen dafür nach. Es stimmt, daß die rein wissenschaftlichen Bemühungen Gordons und seiner Mitarbeiter (dazu gehörten anfänglich die Universitätsprofessoren Donald Gifford, Richard Foster und John Brunner), die darauf zielten, den Fluß des erfinderischen Prozesses an der Quelle zu beobachten und derart die psychologischen Mechanismen der Kreativität aufzudecken, mehr und mehr durch gutbezahlte Aufträge aus der Wirtschaft verdrängt wurden. Ohne diese Hilfe hätten die Arbeiten nicht fortgeführt werden können.

Die amerikanischen Universitäten, von denen ursprünglich finanzielle Unterstützung erwartet worden war, konnten sich anscheinend mit den unkonventionellen Ansichten und Methoden William J. J. Gordons nicht befreunden und überließen ihn der weniger voreingenommenen Industrie. Bereits 1944 begann er Beobachtungen an Forschern und Erfindern zu machen, die sich zur gleichen Zeit einer Psychoanalyse unterzogen. Sie wurden angehalten, jenen ununterbrochenen Strom der Erinnerungen und Assoziationen, dessen ungenierte Freisetzung sie auf der Couch ihres Analytikers gelernt hatten, auch bei ihren Bemühungen um technische Problemlösungen fließen zu lassen. So entstanden in ihrer Art einzigartige Selbstgespräche, in denen die Augenblicke des schöpferischen Einfalls und die

Umwege, die zu ihm geführt hatten, genauer als je zuvor erkannt und durch Vergleich interpretiert werden konnten.

Beim Versuch, einen verbesserten Höhenmesser für Flugzeuge zu entdecken, der leicht ablesbar sein und ohne Präzisionsverluste durch mechanische Reibung arbeiten sollte, wurde folgender »innerer Dialog« des Erfinders aufgenommen:

»... Ich nehme den Höhenmesser auseinander. Über hundert winzige Bestandteile auf einem Haufen ... Stelle fest, daß die Federn das Wichtigste sind. Wie wäre es, wenn ich jeden anderen Teil außer dieser Hauptfeder einfach rausschmeiße? – Auf der ruht doch alles ... Beim Gedanken an die Federn fühle ich mich losgelöst, ja, wie abgeschnitten von dem Ding, mit dem ich herumspiele, obwohl's doch vor meiner Nase ist ... Auf welchen Bestandteil könnte ich am wenigsten verzichten? Natürlich, die Feder ist die Hauptsache ... aber was ist eigentlich eine Feder? ... Wie würde ich mich fühlen, wenn ich eine Feder wäre? Ich bin jetzt eins mit der Feder. Ich muß jetzt federn und kann nicht mehr los davon, selbst wenn ich's wollte. Zieh mich zusammen, dehne mich aus, zusammenziehen, ausdehnen ... jemand zieht mich heraus und stößt mich wieder hinein. Eng! Das ist unausstehlich. Ich kann das nicht aushalten, dieses Gefühl! Und das Rausgezogenwerden ist auch scheußlich. Jemand zieht an meinen Händen und Füßen, zerrt mich über eine Folterbank ...

Wenn ein Höhenmesser nichts anderes wäre als eine Feder? ... Nein, das kann nicht sein ... Man kann einer Feder etwas beibringen, wenn man eine Art Reaktionsfähigkeit einbaut ... leichter als einem Kind etwas beibringen ... außer Hysterese (die Wirkung bleibt hinter der sie bedingenden Kraft zurück). Ich frage mich, wie Hysterese bei einem Kind wäre? Tut mir leid, Gnädige: Ihr Kind hat fortgeschrittene Hysterese, wir müssen sofort operieren ... Wie könnte man in die Feder hinein? Wenn ich nun eine enorm große Feder wäre, so groß wie ein Haus, klammere mich an: raus und rein, rein und raus. Was passiert mir dabei? Da, ja, das sollte man! Ich kann einen Tropfen Tinte auf das Ding ... Wenn die Feder groß genug ist, wird der Tropfen hineingehen, sobald die Feder aufgezogen ist, und wenn sie nachgibt, geht er wieder raus ... Der Tropfen zerfließt zu einer Bogenform, wenn ich die Feder aufziehe ... Das ist's! Genau der Anzeiger, nach dem ich gesucht habe ... Jetzt bin ich's nicht mehr. Das Ding gehört mir nicht mehr. Das müssen die Leute meinen, wenn sie sagen, daß die Personen, die ein Stückeschreiber erfindet, sich selbständig machen ...«

Ähnliche Experimente, bei denen Künstler während des Schaffensprozesses ihren Gedanken, Nebengedanken, Phantasien und Ideen freien Lauf ließen, zeigen die Parallelen zwischen wissenschaftlicher und künstlerischer Erleuchtung. Diese Versuche führten etwas später zu dem sogenannten »Rock-Pool-Experiment«, bei dem erstmals »lautes Denken« in Gruppengesprächen vor sich ging. Dabei wurden neue Methoden entwickelt, um kreative Prozesse zu forcieren. Sie bestehen vor allem in der Technik, »das Bekannte seltsam zu machen« und das »Seltsame bekannt zu machen«. Ein ebenso einfaches wie erfolgreiches Verfahren.

Wie solch phantasievolles Spielen mit der Wirklichkeit vor sich geht, konnte ich anhand der zahlreichen Videomagnetbänder verfolgen, die von jeder Sitzung mit Wissen und Billigung der Teilnehmer angefertigt wurden. Da versuchten sich die Teilnehmer vorzustellen, sie seien der Regen oder ein Bulldozer; sie sahen sich als bellende Hunde oder schnurrende Katzen; behaupteten, über Zauberkräfte zu verfügen, und fragten sich, ob der berühmte indische »rope-trick«, bei dem ein Strick senkrecht steht, vielleicht für eine ihrer Aufgaben verwendet werden könne.

Die Furcht vor dem Wandel

Lohnt sich all dieser Aufwand an Imagination, Kombinationsgabe, Einfühlungsvermögen, der Mut zum prärationalen und irrationalen »Ins-Unreine-Denken und -Reden« solcher Übungen, um die ohnehin schon übervölkerte Welt der Produkte mit noch mehr kurzlebigen »Neuerungen« anzufüllen? Zum Beispiel, um bessere Methoden zur mühelosen Herstellung von Eiswürfeln für den abendlichen Drink oder minensicherer Militärtransporter zu finden?

Die heutigen Leiter der »Synectics Inc.« beteuerten mir gegenüber, wie gern sie sich an den größeren, wichtigeren Problemen der Gesellschaft erproben würden, aber man verlange von ihnen fast ausschließlich die Lösung technischer und geschäftlicher Fragen. Leider seien nur die Industrie und die Militärbehörden wirklich innovationsbewußt und innovationswillig.

Aber diese Ansicht trifft nicht ganz zu. Donald Schon, einer der frühesten Mitarbeiter von »Synectics«, der als Chef einer eigenen »Consulting Firm« sowohl amerikanische Behörden als auch Firmen berät, widmet sich seit Jahren dem Studium der Hindernisse, die der Verwirklichung neuer Ideen im Wege stehen. Er ist der Ansicht, daß die Geschäftswelt zwar Worte wie »Innovation« und »Wandel« ständig im Munde führt. Das sei aber nur die offizielle Sprechweise, weil man sich dem Zeitgeist anpassen wolle, der ständig nach Neuem verlange. Die inoffizielle, die tatsächliche Haltung der Manager lasse sich eher so formulieren: »Innovation ist gefährlich, zerstörerisch und ungewiß. Sie ist die Feindin jeder ordentlichen und geplanten Tätigkeit. Denn sie stellt alles auf den Kopf und tut weh. Sprechen wir über Neuerungen, studieren wir sie, preisen wir sie, umarmen wir sie – nur tun wir nichts für sie!«

Wie läßt sich eine solche Behauptung mit der Tatsache vereinbaren, daß wir – jedermann sichtbar – in einer Zeit ständigen Wandels zu leben scheinen und als Folge dieser dauernden Veränderungen, denen wir uns kaum noch anpassen können, häufig seelisch und sogar körperlich krank werden? Ist der »Zukunftsschock« vielleicht nur ein eingebildetes Leiden?

Gewiß, es wird seit Jahrzehnten ein Dauerfeuerwerk an neuen Erfindungen abgebrannt, die kurz aufsteigen und wieder verschwinden. Aber sie sind in ihrer überwiegenden Mehrzahl nicht sehr verschieden von dem, was sie ablösen und veralten lassen. In der Mehrzahl handelt es sich um Variationen des Alten in neuer Aufmachung. Symbolisch dafür ist der immer gleiche Ottomotor des Autos in immer anderen Blechverkleidungen, längst als umweltschädlich erkannt, doch millionenfach verwendet. Die enorme Menge all der technischen Neuerungen seit dem Ende des Ersten Weltkrieges hat die staatlichen, wirtschaftlichen und privaten Machtstrukturen nur unwesentlich verändert. Die »permanente Revolution« der Geräte wurde in den Dienst der stets gleichbleibenden Interessen gestellt. Die Apparaturen wurden noch stärker, noch größer, noch schneller und flogen noch höher, aber das Los der Menschen änderte sich nur unerheblich; ja, wenn die Bilanz der wenigen echten Gewinne gegen die der zahlreichen Verluste aufgemacht wird, weist sie eher eine Existenzverschlechterung aus.

Es wurde sowohl von amerikanischen als auch von europäischen Soziologen gezeigt, daß die von Schon festgestellte Innovationsfeindlichkeit der Industrie stets dann besonders hartnäckig ist, wenn durch eine Neuerung bisherige Stellungen (innerhalb der Firma oder Waffengattung) gefährdet werden. Deshalb die starken Widerstände gegen Computer, welche die alte Firmenhierarchie bedrohen, oder gegen Dezentralisierung in der Industrie, durch die Verantwortung aufgeteilt werden würde. Dies gilt in noch viel höherem Maße für die längst notwendige Intensivierung der sozialen Erfindertätigkeit. Sie müßte die alten Gefüge erschüttern. Also läßt man lieber die Finger davon.

Am deutlichsten zeigt sich dieser Konservativismus, der sich als fortschrittlich tarnt, in der Forcierung der Konsumgüterproduktion bei gleichzeitiger Vernachlässigung öffentlicher Aufgaben, eine Entwicklung, die zur Verschärfung der Verkehrskrise, der Umweltkrise und der städtischen Krise führte. Würde man den Menschen nicht nur billig und schnell gebaute, sondern auch humane Siedlungen geben, nicht allzuschnell reparaturbedürftige Privatkraftwagen, sondern bequeme öffentliche, in kurzen Intervallen verkehrende Transportmittel, Möglichkeiten echter Mitbestimmung, gute Arbeitsbedingungen und stabile Preise, so wären tiefgreifende gesellschaftliche Veränderungen Voraussetzung. Das Produkt müßte seiner sozialen Funktion angepaßt und untergeordnet werden. Heute stehen jedoch noch seine Rentabilität und seine Gewinnchancen im Vordergrund aller Überlegungen. Vor radikalen Neuerungen hat man Angst. Und zwar nicht etwa nur die Hauptnutznießer in den führenden Stellungen, sondern auch die Arbeitnehmer, die längst zu Teilhabern und Mitläufern der sozialen Systeme geworden sind, unter denen sie leiden. So protestierten Arbeiter der Rüstungsindustrie sehr entschieden gegen die Abrüstung, Stahlarbeiter gegen die Abschaffung umweltgefährdender Hochöfen, Autoarbeiter gegen Bemühungen um eine Drosselung der Autoindustrie zugunsten anderer Verkehrsmittel.

Doch taucht, besonders seit Beginn der siebziger Jahre, aufgrund der zunehmenden Zahl weltweiter und langfristiger Krisenstudien hinter der Furcht um die private Stellung die größere Sorge um die Gesamtheit der menschlichen Lebensbedingungen auf. Sie könnte nur durch langfristigere Zielsetzungen und darauf beruhende soziale Innovationen beseitigt werden. Auch wenn dadurch Übergangsschwierigkeiten eintreten: es muß nach Wegen gesucht werden, wie man die tiefsitzende Furcht vor dem Wandel abbaut und freie Bahn für echte Neuerungen schafft. Nur dann kann die Phantasie ihre rettende Funktion erfüllen. Zwei Möglichkeiten öffnen sich hier: einmal soziale Experimente, die den Grad der äußeren Unsicherheit gegenüber sozialen Erfindungen einschränken könnten; zweitens aber – und fast noch wichtiger – die Erziehung von Menschen, die ihre innere Sicherheit durch soziale Neuerungen nicht mehr bedroht sehen.

Anfänge einer experimentellen Gesellschaft

In der York-Universität von Toronto entwickelten Angestellte und Arbeiter unter Leitung von Professor G. Hunnius »ideale Arbeitsplätze« und erprobten ihre Erfindungen anschließend in der Praxis ihrer Betriebe. An der Universität Manchester schießt ein Team Spielzeugautos, Busse, Züge, Schiffe, Flugzeuge hin und her, um koordinierte Verkehrssysteme zu erproben. Vorausgegangen sind diesen Versuchen Rundfragen und Diskussionen, in denen Verkehrsteilnehmer ihre Beschwerden und Wünsche äußerten. Nicht Verbesserung des einzelnen Transportmittels, sondern rasches, reibungsloses Vorwärtskommen durch das Ineinandergreifen aller Möglichkeiten ist das angestrebte Ziel. In einem ehemaligen Lagerschuppen am Hafen von San Francisco erproben vierzig junge Menschen des »Project One«, ohne Befehle und Richtlinien, »führungslos« zu leben. Die Stern-Foundation, eine der fortschrittlichsten Stiftungen der USA, unterstützt sie.

Das sind nur einige von den immer zahlreicheren gesellschaftlichen Versuchen, die zur Zeit in aller Welt unternommen werden. Ein Experiment im streng naturwissenschaftlichen Sinn ist keines von ihnen, denn die Grundregeln der vollständigen Kontrollierbarkeit, wie sie im Laboratorium gelten, können und sollen hier nicht angewendet werden.

Das ist einer der Gründe, weshalb solche Experimente von der offiziellen Wissenschaft bisher kaum gewagt wurden. Die Fülle der Daten, die Unstetigkeit der Versuchsobjekte (die in diesem Fall Menschen sein müssen), die Unmöglichkeit, die Versuchsanordnung von der Außenwelt und ihren die Beobachtung möglicherweise störenden Einflüssen abzuschließen – all das trug dazu bei, daß seriöse Sozialwissenschaftler ihren Ruf und ihre Position nicht in solchen Unternehmen riskieren wollten.

Aber der Druck der Notwendigkeit war stärker als der Hang zur Perfektion. Mitte der sechziger Jahre begannen in vielen Teilen der Welt die verschiedensten experimentellen Lebensgemeinschaften aus dem Boden zu schießen. Seither wurden immer häufiger spontan sehr andersartige gesellschaftliche Formen und Einrichtungen ausprobiert. Es werden neue Formen der Wohngemeinschaft, neue Familienstrukturen, neue Berufs- und Arbeitsstile, neue Weisen der Verdienstaufteilung versucht. Diese vielen, leider oft nur den Beteiligten und ihrem nächsten Kreis bekannten Projekte sind Manifestationen einer aktiven ungeduldigen Haltung gegenüber der Gesellschaft. Man will nicht mehr »weitermachen wie bisher, weil es nun einmal nicht anders geht«, findet aber auch im politischen Kampf um die »große Änderung« keine ausreichende Antwort auf das drängende Bedürfnis, schon jetzt, nicht erst später einmal, in anderen, in menschlicheren Umständen leben zu können. So wird mitten in der »alten Ordnung« eine Fülle von neuen Modellen praktiziert: in Betrieben, Verwaltungen, Gemeinden, Redaktionen, Ärzte- und Anwaltspraxen, Kindergärten und Schulen. Die soziale Phantasie benutzt heute Utopien nicht mehr als Träume, sondern als Richtwerte, die in gelebten Entwürfen hier und heute an der Wirklichkeit erprobt werden.

Viele von diesen Versuchen scheitern, müssen scheitern. Die Teilnehmer sind zuwenig vorbereitet, das Experiment ist nicht genug durchdacht, die Geldmittel reichen nicht, und der Druck der »normalen«, sich gleichgültig oder gar feindlich gebärdenden Umwelt wird zu stark. Diese Fehlschläge interpretieren diejenigen, die lieber theoretisieren als experimentieren, als schlüssigen Beweis für die Wertlosigkeit solcher Unternehmungen. Meiner Ansicht nach sind jedoch auch mißlungene soziale Versuche von Nutzen, ja oft gerade sie! Denn wir wissen aus der Geschichte der Naturforschung, daß kühne Experimente, die nicht gelingen, viel aufschlußreicher sein können, als vorsichtige und einigermaßen erfolgreiche, weil man aus Fehlschlägen mehr lernen kann.

Zu bedenken ist, ob man Menschen solchem fast unvermeidlichen Scheitern aussetzen darf. Zweifellos werden einige Teilnehmer mißlungener Vorhaben schwer und vielleicht endgültig frustriert. Andere dagegen – und das ist erfahrungsgemäß die Mehrzahl – reifen erst durch solche Erfahrungen. Sie werden von nun an das, was in ihrem Leben vorgeht, nie mehr gleichgültig hinnehmen, sondern noch intensiver als zuvor fragen, untersuchen, vorschlagen, probieren. Sie sind die Vorläufer einer lebendigeren, beweglicheren und kreativeren Gesellschaft. Die Phantasie eroberte zwar 1968 nicht die Macht, aber seither gibt es Zehntausende Partisanen der Phantasie, die das geistige Klima der Zeit schon verändert haben und noch weiter verändern werden.

Anzuregen wäre, daß »soziale Experimente« viel sorgfältiger als bisher vorbereitet, dokumentiert und, wenn Schwierigkeiten auftreten, unter anderen Bedingungen weitergeführt oder von anderen Gruppen wiederholt werden. Dringend notwendig wäre ein Jahrbuch oder eine Zeitschrift, die über gescheiterte wie gelungene Versuche berichtet. Die Kommunikation auf diesem Gebiet befindet sich zur Zeit etwa in dem Stadium wie die der Naturforschung zu Beginn der wissenschaftlichen Publizistik im siebzehnten Jahrhundert: Man erfährt von sozialen Versuchen meist nur durch Hörensagen, Erzählungen, Briefe und mehr oder weniger zufällig zustande gekommene Berichte in den Massenmedien – als Nachrichtenträger über den Stand auf diesem wichtigen neuen Feld sind sie kaum ausreichend.

Während einer Diskussion in Paris am runden Tisch erklärte Serge Antoine, Herausgeber der Zeitschrift »2000« und leitender Mitarbeiter der französischen Regionalplanung: »In den meisten Industrien und im Handel testet man ein Produkt, bevor man es allgemein einführt. Aber in unseren angeblich fortgeschrittenen Gesellschaften gibt es auf dem Gebiet der kollektiven Einrichtungen, wie bei Schulen, städtischen Infrastrukturen, kaum Experimente und (aus Furcht vor Fehlschlägen) nur wenige Neuerungen.«

Bernard Delaplane, Direktor einer großen chemischen Firma, ergänzte: »Wenn man in der chemischen Industrie im Laboratorium eine neue Verbindung von einigen Gramm Gewicht entdeckt hat, ist die nächste Stufe die Herstellung von einigen Litern, nach weiteren Erfahrungen von einigen hundert Litern, und schließlich, wenn alles gutgegangen ist, wagt man aufgrund der gemachten Erfahrungen den Bau einer Fabrik zu beschließen, die im Jahr mehrere Millionen Tonnen herstellt. Aber wenn man sich den Wohnungsbau ansieht, stellt man fest, daß oft Hunderte von Wohnungen ohne jeden vorhergehenden

Versuch gebaut werden. Man sollte auch auf diesem Gebiet experimentieren.«

Die gleiche Beobachtung trifft auf die meisten sozialen Neueinrichtungen zu. Wenn es endlich einmal (und meist schon sehr spät) gelingt, das Hindernis der Angst vor dem Neuen zu überwinden, dann wird diese Neugeburt meist in die Welt gesetzt, ohne daß man ihr die Möglichkeit gibt, sich tastend, lernend, irrend, versagend, neue Möglichkeiten findend zu entwickeln. Nein, die neue Schule, das neue Rentensystem, die neue Verkehrslinie, die neue Siedlung, die anders organisierte Verwaltung, der umstrukturierte Betrieb müssen sofort »fertig« sein, haben sich unerprobt im harten Alltagsleben zu bewähren. Man gibt ihnen keine Möglichkeit, durch verschiedene Stadien hindurch allmählich zu reifen.

Claudius Petit, Mitglied der französischen Kommission »1985«, riet, man möge zu den Kosten öffentlicher Bauten stets fünfzehn Prozent dazuschlagen und diese zusätzlichen Gelder für Bauexperimente verwenden. Ein Gedanke, der anregend gewirkt hat. Es wird daher besonders in Frankreich in Diskussionen über öffentliche Planung immer häufiger die Meinung vertreten, daß Sonderbudgets für die verschiedensten gesellschaftlichen Experimente geschaffen werden sollten.

Gesellschaftliche Selbstversuche

Beispiel eines sozialen Experiments, das enorme politische Wirkung hatte, war der tschechoslowakische Pavillon auf der Weltausstellung in Montreal 1967. Hier durften die Entwerfer, Architekten, Künstler und Gestalter, die in ihrer Heimat jahrelang dem Zwang einer stalinistisch gelenkten Baubürokratie unterworfen gewesen waren, erstmals ihre phantasievollen Vorstellungen verwirklichen und sich frei ausdrücken. Und das Resultat war so großartig, daß sich in Prag, wo bereits die Ereignisse des Frühlings von 1968 heranreiften, die Menschen fragten: Weshalb ist von diesem Geist in unserer Gesellschaft nichts zu spüren? Muß unser Leben wirklich so nüchtern, grau und monoton bleiben? »Unser Expopavillon hatte für den ›Prager Frühling‹ einen so beispielhaften, anfeuernden Effekt wie die Aufführung des ›Tollen Tags‹ für die Französische Revolution«, sagte mir einer der Führer der Reformbewegung.

Es ist nicht nur denkbar, sondern sogar wahrscheinlich, daß

experimentelle Prototypen auf allen Gebieten des gesellschaftlichen Lebens nach und nach zu einer regelmäßigen Einrichtung werden: Versuchsstädte, wie sie der Amerikaner Spilhaus vorschlug, Versuchsbüros aller Art mit andersartiger, nicht hierarchischer Organisation, Betriebe mit Dreitagewoche, deren Arbeitnehmer noch einen zweiten »Hobbyberuf« ausüben können, und vielleicht sogar – falls die jeweiligen politischen Mandatare lernen, daß sich auch die staatlichen Institutionen ständig erneuern müssen – Versuchsbehörden, Experimentalparlamente, sogar zeitweiliger Rollenwechsel zwischen Regierenden und Regierten.

Einige solcher Pionierunternehmen werden – wie es zum Beispiel bereits mit dem neuen Hafen San Pedro an der Elfenbeinküste unter der Leitung des Soziologen Georges Balandrier geschieht – oft jahrelang beobachtet, um zu sehen, wie sich die von ihnen angesetzten Versuche entwickeln. Ein Großexperiment dieser Art wurde mit Einwilligung der Bevölkerung in den fünf amerikanischen Städten, Trenton, Paterson, Passaic, Jersey City und Scranton unternommen, um festzustellen, wie hoch Wohlfahrtszahlungen an bedürftige Familien sein dürfen, »ohne ihnen den eigenen Arbeitswillen zu nehmen«. Nicht weniger als dreißigtausend Familien wurden interviewt, ehe man repräsentative Muster von insgesamt zweitausenddreihundert Familien auswählen konnte, die wiederholt und ausführlich befragt und beobachtet wurden.

Dieses Beispiel zeigt allerdings, wie streng wissenschaftlich geplante und durchgeführte soziale Experimente leicht zu Instrumenten der Kontrolle und Beherrschung werden können. Die experimentelle Gesellschaft wird zur total geplanten Gesellschaft, wenn nicht von Anfang an Freiwilligkeit der Teilnahme, private Reservate und Mitbestimmung der »Versuchspersonen« garantiert sind. Alle »Opfer« müssen über die Absichten des Experiments voll aufgeklärt sein. Der Einwand, man solle sich auf die Entwicklung so gefährlicher Möglichkeiten gar nicht erst einlassen, muß allerdings zum Gegenargument führen, daß die nichtexperimentelle Vorbereitung neuer sozialer Maßnahmen, wenn nicht gar ihre völlige Vernachlässigung, oft noch größere Willkür gegenüber dem gesellschaftlichen Fortschritt erlaubt.

Schwerwiegend ist der Einwand, daß »soziale Experimente«, falls man sie mit staatlicher Hilfe unternehmen müßte, doch nur oberflächliche Veränderungen erreichen würden. Bei der heute vorherrschenden Mentalität der Machthaber – wo immer sie seien – trifft er sicherlich zu. Es darf aber die Möglichkeit nicht ausgeschlossen werden, daß sich an der Jahrtausendwende mit den Experimenten (und durch sie) eine »experimentelle Mentalität« herausbildet und verbreitet, die auch die künftigen Machteliten erfaßt. Einen wesentlichen Beitrag dazu könnte die – in einem späteren Kapitel dieses Buches geschilderte – »neue Pädagogik« leisten.

»Hunderttausend Atomkriege«

Soziale Experimente sind nicht nur unbequem und für die jeweiligen Establishments unter Umständen gefährlich, sondern verschlingen auch sehr viel Zeit und Geld. Der vorhin erwähnte Sozialrentenversuch im Staate New Jersey dauerte nicht nur mehrere Jahre, sondern verschlang drei Millionen Dollar. Und selbst damit konnten nur die Gehälter der Planer, Interviewer, Auswerter bestritten werden. Dabei ging es um ein Experiment mit nur einem einzigen Thema, das sich in einem verhältnismäßig kleinen geographischen Raum abspielte. Wenn jedoch nationale, kontinentale oder gar planetare Krisenprobleme angegangen werden sollen, dann müßten schnellere und weniger kostspielige Methoden gefunden werden.

Solche Bemühungen sind seit Jahren im Gange. Sie begannen Mitte der fünfziger Jahre und haben seither eine erstaunliche Vielfalt erlangt, obwohl sie alle immer noch unter dem einen Gesamtbegriff »Simulationen« laufen. Es handelt sich bei diesen Planspielen um die verschiedensten zivilen Abarten der »Kriegsspiele«, die schon im neunzehnten Jahrhundert von den Preußen zur Erprobung künftiger Strategie unternommen wurden in der Hoffnung, auf diese Weise die Ereignisse auf Feldzügen und Schlachtfeldern voraussagen zu können.

Mit dem Aufkommen der Computer wurden Konflikte in mathematische Formeln übersetzt, um sie auf Großrechnern durchspielen zu können. So gelang es nicht nur, sehr viel mehr Fakten über die verschiedensten möglichen Gegebenheiten künftiger Kriege zu berücksichtigen, sondern auch diese »elektronischen Schlachten« sehr viel schneller zu schlagen, sobald einmal die langwierige und schwierige Vorarbeit des »Modellierens« – die Darstellung aller in Konflikt geratenen menschlichen und technischen Kräfte durch rechnerische Symbole – gemacht worden war.

N. C. Dalkey von der amerikanischen RAND Corporation erzählt von dem Modell für ein Kriegsspiel mit zwei Parteien, dessen Durchführung auf einer IBM 7044 von Anfang des Konflikts bis zu seinem Ende ungefähr den fünfzigsten Teil einer Sekunde dauert. Er führt aus: »Bei dieser Geschwindigkeit können wir buchstäblich hunderttausend verschiedene Varianten von Atomkriegen durchspielen. Wenn es sich aufgrund einer solchen schnellen Übersicht herausstellt, daß gewisse unserer strategischen Angriffspläne interessant aussehen, dann bauen wir erst einmal ein etwas genaueres Zwischenmodell, das eine Zehntelminute pro Spiel braucht. Damit können wir abermals mehrere hundert der interessantesten Möglichkeiten erproben. Schließlich können wir auch noch ein sehr viel detaillierteres Modell testen. Das tun wir jedoch nur selten, denn es braucht ganze vier Stunden für eine einzige Fallstudie.«

Eines der aufwendigsten Simulationsmodelle der amerikanischen Strategen hieß TEMPER (*T*echnological, *E*conomic, *M*ilitary, *P*olitical *E*valuation *R*outine). Mit seiner Hilfe wurde in den sechziger Jahren versucht, die Weltmächte und ihre Beziehungen zueinander darzustellen. Man probierte in immer neuen »Runs« alle Möglichkeiten der Veränderung dieser Verhältnisse experimentell aus: Konflikte, Bündnisse, Aufstieg, Stagnation, Abstieg, Entspannung, Verschärfung, Kompromiß. So wie in einem Planetarium Vorgänge am Sternenhimmel von jahrhunderte- und jahrtausendelanger Dauer im Laufe einer halben Stunde dargestellt werden können, wollte man hier aufgrund der verschiedensten Annahmen die künftigen geschichtlichen Entwicklungsmöglichkeiten der neununddreißig wichtigsten Nationen der Erde in den nächsten Jahren und Jahrzehnten darstellen.

Dabei zeigten sich damals bereits jene Schwierigkeiten und Unvollkommenheiten, die später bei der Kritik der Simulationen von Forrester und Meadows über die »Grenzen des Wachstums« zu Beginn der siebziger Jahre immer wieder hervorgehoben worden sind. Die Darstellung der Welt und der menschlichen Handlungen durch Computermodelle ist viel zu schematisch, die Auswahl der Daten viel zu sehr von den Vorurteilen und Bewertungen der »Modelleure« abhängig, als daß man die aufgrund solcher Berechnungen ermittelten Resultate für relativ objektive Abbildungen der Wirklichkeit ausgeben könnte..

Doch werden diese Einwände in den kommenden Jahren und Jahrzehnten vielleicht nur noch zum Teil zutreffen. Denn die bereits seit 1945 enorm gewachsene Datendichte auf allen Gebieten des Lebens steigt weiter. Gleichzeitig nimmt die Kapazität der Computer, mit immer mehr Unbekannten zu arbeiten, ebenfalls zu. W. C. Churchman, Universität von Kalifornien, spricht schon von hundert Millionen Gleichungen, mit denen künftige Planspieler arbeiten könnten. Dadurch würden mehrere, einander widersprechende oder ergänzende und auch viel genauere Abbildungen der komplexen Realität möglich. Es wäre, als ob ein Fernsehbild statt mit hundert nun mit tausend Bildpunkten gesendet würde. Mehr noch: Es würden viele solcher Bilder nebeneinander projiziert. Schwerer zu bewältigen wird die Frage sein, ob man genau definierbare, spezifisch menschliche Fakten wie Freude, Glück, Trauer, Schönheit je in Symbolen wird ausdrücken können. Der in Santa Monica lebende Mathematiker Richard Bellman und sein Mitarbeiter Lofti Zadeh glauben einer Lösung dieses entscheidenden Problems auf der Spur zu sein. Ihre Arbeiten über die Methode der »dynamischen Programmierung« und den Umgang mit »fuzzy sets« (unscharfen Mengen) scheinen geeignet zu sein, in Computermodellen auch veränderliche und nur ungenau definierbare Daten zu verwenden.

Nicht wirklich aufhebbar ist die Beseitigung der »Subjektivität« beim Entwurf und der Erprobung solcher mathematischen Abbildungen der Welt. Glücklicherweise! Jedes Computermodell wird die Vorliebe und die Ablehnung seines »Erbauers« widerspiegeln. Man wird daher diese Darstellungen der Realität wie Bilder und Bücher als neuartige Formen des persönlichen Ausdrucks sehen müssen, nicht als »objektive Wiedergabe«. Dieser Faktor der unvermeidlichen »Einseitigkeit« wird bei solchen Experimenten noch verstärkt durch die Auswahl der Aufgabe, die man dem Modell gibt, und die Entscheidungen, die im Laufe des Spiels getroffen werden.

Solche Parteilichkeit drückt sich schon allein in der Tatsache aus, daß die Mehrzahl der bisherigen Simulationen ausschließlich kriegerischen Entwicklungen oder den Strategien des »Big Business« gewidmet wurde. Auch hier ist wieder ein ähnlicher

Tatbestand festzustellen wie bei den technischen Innovationen und der Kreativitätsforschung: Militär und Industrie haben am Zustandekommen der neuen Methoden den Löwenanteil und beherrschen sie daher weitgehend.

Es wurden deshalb bis jetzt erst wenige »Friedensspiele« oder »Zukunftsspiele« auf Computern versucht. Ansätze gab es immerhin an der »Lancaster University« in England, wo Paul Smoker versuchte, neue Wege der Konfliktforschung, des Friedensschlusses und der Aufrechterhaltung friedlicher Umstände zu simulieren. Doch müßten auf diesem Gebiet ganz andere Mittel und sehr viel mehr qualifizierte Computerfachleute aktiv werden. Es ist durchaus denkbar, daß internationale Organisationen wie der Europarat, die OECD oder die UNO einmal derartige »peace games« in großem Stil durchführen. Man könnte dann zum Beispiel genau durchzuspielen versuchen, wie eine Abrüstung erfolgen könnte, ohne dadurch die an die Rüstungsindustrie gebundenen Volkswirtschaften zu stark zu erschüttern. Durch die Kombination von Analyse und Simulation könnten die verschiedensten Alternativen für die Umlenkung von Krediten, Produktionsmitteln und Arbeitskräften nach friedensorientierten Wertungen und Prioritäten ermittelt werden. Mit der Veröffentlichung dieser Zukunftsalternativen würde vermutlich ein Teil jener Beharrung aus Angst vor einer ungewissen Zukunft abgebaut werden können, die heute noch so viele notwendige Neuerungen und Umstellungen verhindert. Aus der Furcht vor dem Wandel könnte dann sogar im Sinn von Ernst Bloch konkrete Hoffnung werden: Vorstellungen einer menschlicheren Zukunft würden bis zu einem gewissen Grad durch Analysen und Simulationen auf ihre Verwirklichungschancen überprüft werden.

Einen solchen Vorschlag machte der Gründer und Chef einer der führenden privaten Beraterfirmen der USA, Clark C. Abt, indem er die Idee zur Diskussion stellte, wie die zunehmende Rohstoff- und Energievergeudung der USA zu bremsen wäre. Er schlug vor, die wichtigsten industriellen Konsumgüter um ein Vielfaches haltbarer und langlebiger zu machen. Statt acht Millionen Autos pro Jahr brauchten die Vereinigten Staaten dann nur eine Million herzustellen. Dadurch würde der Energieverbrauch allein bei den Zubringerindustrien dieses Erzeugungszweiges um achtzig bis neunzig Prozent herabgesetzt werden.

Allerdings könne eine derartig radikale Umstellung nur gewagt werden, wenn man zuvor ihre Rückwirkungen auf die Volkswirtschaft, insbesondere den Arbeitsmarkt, »durchspielen« würde. Hunderttausende würden vorübergehend ihre Arbeitsplätze verlieren. Für sie müßten andere Verdienstmöglichkeiten geschaffen werden, vor allem böten sich dafür die unterbesetzten Dienstleistungsbetriebe an. Die Umschulung der Betroffenen wäre rechtzeitig vorzubereiten.

Die Kosten der besseren Waren würden sich allerdings um ein Vielfaches erhöhen: zweitausend bis fünftausend Dollar für einen Eisschrank, fünfzehntausend bis dreißigtausend Dollar für ein Auto. Da sich die wenigsten solche Ausgaben leisten könnten, müßten diese Anschaffungen vermutlich wie heute Eigenheime durch Hypotheken finanziert werden. Der Staat sollte, so schlägt Abt vor, den Zug zu langlebigen Gütern zusätzlich noch durch ihre niedrigere Besteuerung oder sogar gänzliche Steuerbefreiung unterstützen. Herstellerfirmen, die von kurzlebigen auf langlebige Güter übergehen, müßten in großzügiger Weise Subventionen erhalten.

Abt ist überzeugt: »Wenn die Vorteile der Energie- und Rohstoffeinsparungen die Kosten der vorübergehenden wirtschaftlichen Umstellungen bedeutend übertreffen, dürfte es auch möglich sein, die Vorurteile und Gewohnheiten der Konsumenten zu überwinden. Der erste Schritt zu solcher Rückschraubung des Energieverbrauchs hätte jedoch auf jeden Fall eine gründliche Analyse aller dadurch entstehenden Kosten zu sein.«

Eine »Denkfabrik« für gesellschaftliche Probleme

Derartige Studien sind eine Spezialität der Firma »Abt Associates« in Cambridge (Massachusetts), die zur Zeit in einer privatwirtschaftlich geführten »Denkfabrik« rund vierhundert junge Fachkräfte der verschiedensten Disziplinen mit der Lösung gesellschaftlicher Probleme beschäftigt. Clar C. Abt, der 1929 in Köln geboren wurde, 1936 mit seiner Familie vor dem Nationalsozialismus flüchten mußte und nach einem Schuljahr in St. Gallen in die USA auswandern konnte, stellte noch vor seinem vierzigsten Lebensjahr spielend ein Millionenunternehmen auf die Beine. Seine zahlreichen »Produkte« sind nicht konkrete Gegenstände, sondern »nur« Studien und Ratschläge.

»Spielend« ist in diesem Fall ganz wörtlich zu nehmen. Denn Abt und seine Mitarbeiter erfanden zu Beginn ihrer Firmengründung eine Reihe von »serious games« (ernste Spiele), die Betrieben und Behörden wichtige Entscheidungen erleichtern sollten und vor allem in Schulen als neue dynamische Lernmethode verwendet wurden.

Der junge Einwanderer, der sich sein Studium durch Arbeiten als Zeichner, Sandwichverkäufer und Buchhändler verdiente, schwankte stets zwischen seinem Interesse für Wissenschaft und Technik auf der einen, Literatur, Malerei und Architektur auf der anderen Seite. Seinen ersten akademischen Grad errang er als Ingenieur, wurde dann aber Tutor für Literatur an der Johns-Hopkins-Universität, schrieb eine Doktorarbeit über Poesie und Kritik, hielt Vorlesungen über Thomas Mann. Nach Verlassen der Hochschule arbeitete er tagsüber als »Organisationsingenieur« für die Luftwaffe und schrieb abends Kurzgeschichten, Theaterstücke und einen Roman, den er heute selbst als »schlecht« bezeichnet.

Diese Kombination von Talenten findet sich bei Zukunftsforschern besonders häufig. Sie vereinen die analytischen Fähigkeiten des Forschers mit den visionären und formalen Gaben des schaffenden Künstlers.

Auf einzigartige Weise können exakte Daten und Phantasie kombiniert werden, wenn man sich der gegen Ende der fünfziger Jahre entwickelten »Organisationsanalyse« zuwendet. Größere Einheiten (»Organisationen«) wie Dorf, Stadt, Staat, Betrieb und Streitkräfte werden in allen Einzelheiten analysiert, ihr Zusammenspiel wird unter ganzheitlichen Gesichtspunkten studiert und dann die »auseinandergenommene Maschinerie« mit zum Teil anderen Bestandteilen und nach veränderten Bauplänen wieder zusammengesetzt. Um Organisationen und ihren Ablauf diagnostizieren zu können, muß man sie – wie der Techniker seine Konstruktionen und der Arzt den Organismus seiner Patienten – manchmal Belastungsproben unterwerfen. Es werden zu diesem Zweck von den System-Modelleuren Herausforderungen, Probleme, Fragen und dramatische Situationen gefunden oder erfunden, die nach Lösungen verlangen.

Solche Arbeit leistete Abt zuerst bei einer führenden Elektronikfirma, die im Auftrag der Air Force Computersimulationen von Luftgefechten, von Bombardements mit ferngelenkten Geschossen, Weltraumflügen, internationalen Konfliktsituationen und Rüstungskontrollmaßnahmen veranstaltete. Er war einer der Hauptarchitekten der vorhin erwähnten TEMPER-Simulation, Spielen, in denen »Kriege« unter Einsatz des geplanten »Antiballistic Missile System« (antiballistische Raketenabwehr) erprobt wurden. Die bei diesen Gelegenheiten im Endergebnis stets wieder aufscheinende Sinn- und Ergebnislosigkeit kriegerischer Aktionen weckte das Interesse Abts für Friedens- und Abrüstungsfragen. Er begann sich immer weniger für Probleme der Rüstung zu interessieren, die, wie er einzusehen lernte, dem Lande trotz aller technischen Fortschritte und wachsender Ausgaben doch keine Sicherheit geben konnte, und fragte sich statt dessen, wie solche systematisch durchgeführten »ernsten« Spiele zum Nutzen der Menschen verwendet werden könnten.

Das Ergebnis war die Gründung einer »Denkfirma«, die Regierungsstellen, Gemeinden, Schulbehörden, Gesundheitsämter, Verkehrsplaner und Universitäten als eine Art Arztpraxis für gesellschaftliche Leiden betreute. Diese Kombination von sozialer Diagnose und Therapie wird in unseren Tagen so dringend gebraucht, daß die jährlichen Einnahmen der »Abt Associates« in sieben Jahren fast um das Fünfunddreißigfache stiegen: von zweihunderttausend auf beinahe sieben Millionen Dollar! Sie stammen zu achtzig Prozent aus öffentlichen Geldern.

»Abt Associates« schlägt unter anderem Erziehungsformen vor und überprüft ihre Erfolge, kümmert sich um die Verbesserung der Diät in Altersheimen, um die Probleme von Autofahrern, die in trunkenem Zustand verhaftet werden, bildet Personal für das »peace corps« aus, macht Vorschläge für menschlichere Wohnsiedlungen, entwickelt neue Methoden der Drogenbekämpfung und der unbürokratischen Arbeitsvermittlung für Leute, die durch die Rassendiskriminierung oder mangelnde Ausbildung benachteiligt sind, bemüht sich um die Einführung einer vorbeugenden Gesundheitspflege, analysiert und entwirft bessere Verkehrssysteme, wirkungsvollere Umweltkontrollen und widmet sich besonders den Schwierigkeiten der Invaliden im Kontakt mit der »normalen Welt.«

Obwohl dieses junge Team die modernsten Methoden der Verfahrensforschung, der Kosten-Nutzen-Analyse, der »unauffälligen Beobachtung« sozialer Vorgänge und der Systemsteuerung anwendet, bleiben die »games« doch im Zentrum vieler

Projektstudien. Sie prägen auch das »Betriebsklima«. Nie habe ich »verspieltere«, heiterere Büros gesehen als in dieser Firma. Sie gleichen mit ihren individuellen, buntgeschmückten Arbeitsplätzen, bald satirischen, bald übermütig phantastischen Geschmack widerspiegelnd, den Zimmern erwachsener Kinder, denen das, was sie tun, augenscheinlich unbändigen Spaß macht.

Die meisten »games«, die Abt und seine Mitarbeiter spielen, werden in ihrer ersten Phase noch nicht auf dem Computer, sondern rund um einen Beratungstisch erprobt. Jeder Teilnehmer übernimmt die Rolle eines der Beteiligten in einer bestehenden Konfliktsituation und versucht sich ganz in sie hineinzudenken. Steht zum Beispiel das Problem einer Stadterneuerung auf dem Programm, so müssen der Bürgermeister, die verschiedenen politischen Vertreter, die Wohnungsuchenden, die von Aussiedlungsmaßnahmen Betroffenen, die Grundstücksmakler, die protestierenden Studenten und Hausbesitzer mit ihren Argumenten glaubhaft dargestellt werden. Es mischen sich »Journalisten« ein, es gibt »Gerüchtemacher«, militante »Schwarze Panther«, begeisterte »Architekten« und skeptische »Planer« und – in den USA zumindest – auch noch die »Mafia«.

All das wirkt auf den Außenstehenden wie ein Betriebsmaskenball. Es zeigte sich aber, daß »games« (besonders wenn sie noch auf Computern nachgespielt werden) Einsichten vermitteln, die vermutlich auf keine andere Weise erlangt werden können. Denn durch diese improvisierte dramatische Darstellung imaginärer Krisen, Pläne, Projekte und Katastrophen können oft überraschende, aber auch zutreffende Einblicke in menschliche und politische Verhaltensweisen gewonnen werden. Sie zeigen mögliche künftige Entwicklungen und Komplikationen auf, die zum Zeitpunkt des Spiels meist noch zuwenig beachtet werden, und lenken derart die Phantasie auf notwendige Überlegungen, Konzepte und Veränderungen.

Abt konnte sich bei der Weiterentwicklung dieser Übungen für zivile Zwecke auf eine langjährige, ursprünglich militärische Tradition stützen. Schon 1929 hatte Erich von Manstein, damals noch ein junger Generalstabsoffizier der Reichswehr, zusammen mit dem Auswärtigen Amt erstmals ein politisches Planspiel ähnlicher Art durchgeführt. Thema waren die kritischen Beziehungen zwischen der ersten deutschen Republik und Polen. Der General beteuerte später, diese gedanklichen

Manöver hätten verhindern sollen, »daß wir wie 1914 in einen Krieg hineinstolpern, den niemand wollte«.

Übrigens zeigt schon dieses frühe Planspiel, wie schwer, ja fast unmöglich es ist, sich aus dem »Zeitgefängnis« herauszustehlen. Denn Mansteins Annahme, die 1929 noch richtig war, daß nämlich die chauvinistische polnische Armee unter Pilsudski der vermutliche Angreifer sein werde, hatte sich zehn Jahre später genau umgekehrt: Die Aggression kam nicht aus Polen, sondern aus Deutschland. Rückblickend gesteht Manstein: »Wir konnten weder voraussehen, daß die enge Verbindung zwischen Heer und Außenamt durch Hitler aufgelöst werden, noch daß die Außenpolitik eines Tages in die Hände eines Mannes geraten würde, der absichtlich auf einen Krieg zusteuerte.«

Wenn Lenin dreißig Jahre länger gelebt hätte ...

Das Versagen der politischen Einbildungskraft führte spätere »gamesters« dazu, unter dem Motto »Was wäre wenn ...? sehr kühne, im Zeitpunkt des Spiels noch unwahrscheinliche Hypothesen zu erproben und durchzuspielen, wie zum Beispiel einen erfolgreichen Aufstand der Schwarzen in den USA mit nachfolgender Machtübernahme. Es ist vielleicht für die Weiterentwicklung der amerikanischen Außenpolitik nicht bedeutungslos gewesen, daß der junge Harvard-Professor Henry Kissinger in den sechziger Jahren sehr aktiv an der Erfindung und Durchführung politischer Zukunftsspiele teilnahm. Plötzliche Kurskorrekturen, wie seine spätere Chinapolitik, waren in der politischen Realität des »kalten Krieges« undenkbar; aber in der simulierten Wirklichkeit der Planspiele, an denen sich Kissinger beteiligte, waren sie selbst auf dem Höhepunkt des militanten Antikommunismus durchaus gang und gäbe. Besonders aufschlußreich und phantasielockend können Spiele sein, in denen man die Geschichte als Laboratorium und bekannte historische Ereignisse als Experimentiermaterial verwendet. Es werden bestimmte Begebenheiten nachgespielt, aber dann von einem entscheidenden Punkt an verändert oder sogar auf den Kopf gestellt: Napoleon gewinnt die Schlacht von Waterloo, der Islam erobert ganz Europa, die Buchdruckerkunst wird hundert Jahre früher oder hundert Jahre später erfunden, Lenin lebt dreißig Jahre länger, Hitler entwickelt als erster die Atombombe, die linken Sozialisten und Kommunisten übernehmen nach dem Ersten Weltkrieg die Macht in Deutschland ... Derartige Spielaufgaben mögen auf den ersten Blick »unsinnig«, ja »wahnsinnig« erscheinen und sind auch so bezeichnet worden. Es steht aber außer Zweifel, daß Teilnehmer an Übungen dieser Art allmählich ein hervorragendes Gespür für übersehene und alternative Chancen entwickeln. Sie erfassen eine größere Anzahl politischer Möglichkeiten, entwickeln einen schärferen Blick für wenig beachtete, aber zukunftsträchtige Faktoren, erwerben eine hohe geistige Elastizität, die sich in einer zunehmenden Befähigung, Probleme zu lösen und konstruktive Vorschläge zu machen, äußert.

»Simulation in the Service of Society« (Simulation im Dienste der Gesellschaft), kurz »S hoch 3« genannt, heißt ein unaufwendig in Offset gedruckter Nachrichtenbrief, der seit Januar 1971 von der kalifornischen Hafenstadt San Diego aus in zahlreiche Länder der Welt verschickt wird. Wer auf diese Bulletins abonniert ist, kann miterleben, wie Monat um Monat die Bemühungen zunehmen, Systeme aller Art mit Computern zu testen – vom einfachen, mit Mais bestellten Acker, dessen Wachstumsprozeß simuliert wird, bis zu Weltmodellen. Es gibt kaum einen Typ sozialer Organisation, über dessen Analyse, mathematische Darstellung und Erprobung unter den verschiedensten künftigen Umständen die Herausgeber John McLeod, Roland und Joan Werner nicht berichten könnten: neue städtische Formen, Verkehrssysteme, Verwaltungsapparate, dezentralisierte Produktions- und Siedlungsarten, Umweltmodelle, politische Allianzen und internationale Kompromißlösungen.

Darüber hinaus werden solche »games« mit dem Datengerät auch auf Problemkreise ausgedehnt, die bisher als »ungamable«, als nicht erfaßbar galten, und sich vorwiegend auf psychologisch bedingte Verhaltensweisen, wie Gewohnheiten der Bürger bei Abstimmungen, Loyalität von Kampftruppen, Annahme und Ablehnung von Neuerungen, Glückserwartungen und Enttäuschungen bezogen. Es werden der Einfluß von Fernsehsendungen, der Umgang mit Kranken, die Möglichkeiten nichtautoritärer und nichthierarchisch geführter Organisationen, das Verhalten großer Menschenmassen in Katastrophensituationen und sogar so private Gebiete wie Traumvorgänge simuliert. Psychoanalytische Persönlichkeitsmodelle und »Beichten« werden in Datengeräte eingegeben und aufgrund dieser vielen Angaben, die das Erinnerungs- und Kombinationsvermögen eines einzelnen Analytikers überfordern, verschiedene Entwicklungsziele und Behandlungsweisen für die Patienten entworfen.

Bisher konnte das Menschengeschlecht in seinen Versuchen, die Wirklichkeit abzubilden und sich auf diese Weise verständlich zu machen, das Erfaßte eigentlich nur aufgrund bereits vorhandener Auffassungen wiedergeben. Nun aber ist es mit Hilfe solcher Methoden möglich, sich verändernde komplexe Vorgänge in ihrer Bewegung und ihren Weiterentwicklungen zu beobachten. Das ist ein gewaltiger »Durchbruch« in dem Bemühen um eine dynamische Erfassung der Welt. Seine Folgen sind noch keineswegs durchdacht. Nur wird immer wieder vergessen, daß in dem so »objektiv« aussehenden Ausdruck der Computer-Resultate zuvor höchst zweifelhafte Wertsetzungen eingeflossen sein können.

Dieser »Unfehlbarkeitsmythus« des Computers wurde von Joseph Weizenbaum (MIT) eindrücklich nachgewiesen. Er stellte seinen Studenten zwei Lösungen komplizierter Aufgaben zur Auswahl und fragte sie, welche richtig sei. Die eine war von einer Gruppe in umständlichen mathematischen Denkoperationen ohne Hilfe eines Datengeräts ermittelt worden, für die andere hatte man einen Computer eingesetzt. Die überwiegende Mehrzahl der Versuchspersonen stimmte selbstverständlich für den Computer-»Printout«. Und bedauerte es etwas später Denn der Professor zeigte, daß das zweite Ergebnis die Folge einer absichtlich falschen Grundannahme war. Richtig war nämlich das andere, äußerlich »unmoderne« Ergebnis.

Der erste, der davor warnte, Computermodelle künftiger Möglichkeiten als objektiv und wertneutral anzusehen, war Robert Boguslaw, der bei der RAND Corporation und ihrer Tochterfirma »Systems Development Corporation« (SDC) große komplexe Systeme und ihr Verhalten studierte. Er machte klar, daß die »neuen Utopisten«, die angeblich so objektiven »systems designer« (Systementwerfer) und Programmierer, gar nicht anders können, als die Zielvorstellungen ihrer Auftraggeber und, oft ohne es zu wissen, auch die eigenen in ihre Arbeit einfließen zu lassen.

Wie derart »berechnete Hoffnungen« den wirklichen Entwicklungen widersprechen können, zeigte sich am Beispiel des Vietnamkrieges besonders eklatant. Nach dem Urteil des bekannten Militärkorrespondenten A. Wilson vom Londoner »Observer« war der Vietnamkrieg der »am ausführlichsten durchgespielte, am intensivsten analysierte und geplante Krieg der Geschichte«. Aber die Vietnamesen, die nach den Vorstellungen der Modellbauer als bestimmte »Größen« in die Simulationen eingesetzt waren, fügten sich nicht in die ihnen zugedachten Rollen, sondern handelten »ganz anders«. Sie erwiesen sich als »ziemlich unvorhersehbar«.

Die neuen Projekte des »Klubs von Rom«

Durch die Fehlurteile im Vietnamkrieg erlitten die Anhänger sozialer Simulationen vorübergehend einen starken Prestigeverlust. Aber dann wurden die vom »Club of Rome« in Auftrag gegebenen Weltmodelle des Professors Jay W. Forrester und die sich darauf stützenden Studien über die »Grenzen des Wachstums« publik, und mit einem Schlag waren die »gamesters« wieder »in«.

Die Globalmodelle, mit deren Hilfe der »Klub von Rom« die Möglichkeiten eines Kollapses des ungezügelt wachsenden Weltsystems zu erforschen versuchte, riefen heftige Kritik hervor, setzten aber auch viel konstruktive Phantasie in Bewegung. Man hat sich danach bemüht, die Fehler und Ungenauigkeiten dieser ersten Versuche einer globalen Zukunftsprognose zu korrigieren, soweit das möglich ist, und ist über die von Professor Forrester gewonnenen Erkenntnisse hinaus in Neuland vorgestoßen:

- Es wurden nationale und regionale Modelle für Norwegen, Kanada, Japan, die BRD und die Europäische Gemeinschaft unter Berücksichtigung der zuvor vernachlässigten sozialen und anderen Faktoren ausgearbeitet.
- Schon Monate vor Erscheinen der umstrittenen Studie »Grenzen des Wachstums« begannen M. D. Mesarovic (Case University) und E. Pestel (Technische Universität Hannover) ein neues Forschungsprojekt unter dem Titel »Strategy for Survival« (Strategie für das Überleben). Hier werden die sieben Hauptregionen der Erde mit ihren unterschiedlichen Interessen, Ideologien, Zielsetzungen, Entscheidungsweisen und inneren Entwicklungen in ihren voraussichtlichen Wirkungen aufeinander und ihren Beziehungen zueinander dargestellt.

- Die Tatsache, daß verschiedene Regionen der Erde verschieden entwickelt sind und daher auch verschiedene Wachstumsansprüche stellen müssen, ist sowohl in der Mesarovic-Pestel-Studie als auch im »First Alternative World Model« (Erstes alternatives Weltmodell) berücksichtigt, das unter der Leitung von A. Herrera in Argentinien speziell für Lateinamerika entworfen wurde. In ihm wird ein »erreichbares und vernünftiges Lebensminimum« vorgeschlagen, das jedem Menschen als Geburtsrecht zusteht. Vorschläge zur Überwindung des enormen wirtschaftlichen Abstandes, der die Industrienationen der nördlichen Erdhalbkugel von den Ländern der »Dritten Welt« trennt, stehen im Mittelpunkt dieses neuen Entwurfs.
- Die erwartete Verdoppelung der Weltbevölkerung innerhalb der nächsten dreißig bis vierzig Jahre wird von den Holländern J. Tinbergen und H. Linnemann in einem Sonderprojekt behandelt. Es wird versucht, konkrete Vorschläge dafür zu machen, wie dreieinhalb Milliarden mehr Menschen nach einer so kurzen Frist mit Nahrung, notwendigen Konsumgütern und Dienstleistungen versorgt werden können, ohne daß die Umwelt darunter leiden muß.
- Zwei angesehene amerikanische Institutionen, das »Smithsonian Institute« in Washington und die Woodrow-Wilson-Stiftung, untersuchen auf Anregung des »Klubs von Rom« »Aspekte eines erträglichen Wachstums«. Es sollen hier greifbare Möglichkeiten eines »anderen Wachstums« aufgezeigt werden, wie zum Beispiel die Vermehrung sozialer Einrichtungen, kulturelle Fortschritte und andere »qualitative Verbesserungen« des Lebens.
- Schließlich prüft der Nobelpreisträger für Physik, Dennis Gabor, zusammen mit einigen anderen der »Klub«-Mitglieder, die Einsetzung einer »wissenschaftlichen Gruppe von hohem Niveau«, die Forschungsprioritäten und besonders dringliche Probleme festlegen soll.

Die Gefahr der Expertokratie

Dennis Gabor gehört nach Herkunft, Alter und Schulung zu der gleichen Menschengruppe wie Leo Szilard. Er stammt aus Budapest, kommt aus einer jüdischen Großbürgerfamilie, wurde Physiker und Ingenieur, erwarb im Berlin der Vorhitlerjahre seine ersten akademischen Grade und wanderte dann nach England aus. Auch er begann sich nach einer brillanten Karriere als Forscher und besonders fruchtbarer Erfinder, angeregt durch sein persönliches Schicksal, immer intensiver für gesellschaftliche Fragen zu interessieren. Ein Artikel, den er gegen Ende der fünfziger Jahre in der Zeitschrift »Encounter« unter dem programmatischen Titel »Inventing the Future« (Die Zukunft erfinden) veröffentlichte, kann neben den Schriften von Ossip K. Flechtheim, Bertrand de Jouvenel und Olaf Helmer zu den Pionierarbeiten gerechnet werden, aus denen sich die Zukunftsforschung entwickelte.

Hauptargument dieses inspirierenden Aufsatzes war die Feststellung, daß die Intellektuellen nach dem Zweiten Weltkrieg – wie schon nach dem Ersten – versagt hätten, weil sie nicht imstande gewesen seien, Visionen besserer Zukünfte zu entwickeln. Wie die Zukunft aussehen soll, die Gabor sich wünscht, hat er in mehreren Büchern dargestellt. Aus ihnen spricht ein zukunftsoffener Optimismus, aber auch – wiederum ähnlich wie bei Szilard – die Überzeugung, daß eine geistig überlegene Elite den Lauf der gefährdeten Menschheitsentwicklung in die Hand nehmen müsse. Die Gefahr, daß die auf einer solchen Ideologie basierenden Führungsgremien, die in den sechziger und siebziger Jahren gegründet wurden, sich in expertokratische, technokratische, vielleicht sogar diktatorische Herrschaftsinstitutionen verwandeln könnten, wenn ihre tolerant und liberal gesinnten Väter erst einmal von der Bühne verschwunden sind, muß als gefährliche Möglichkeit beachtet werden.

Wo gibt es Kontrollinstanzen? Wo gibt es Gegeninstitutionen, die solch geistiger Alleinherrschaft andere Konzepte entgegensetzen könnten? Sie existieren, aber es sind wenige an der Zahl, und auch ihre Vertreter – durchweg Intellektuelle – tendieren dazu, ihre Vorstellungen zu verabsolutieren. Es sind linke oder linksliberale Kader, die bisher nur wenig Kontakt zur Bevölkerung haben.

Eines dieser Zentren ist das von Richard Barnett, Matt Raskin und Art Waskow gegründete »Institute for Policy Studies« in Washington und Cambridge. Es hat neue Ideen für nichtautoritäre Schulen, neue Konzepte für ein demokratisches Bodenrecht, für ein vermehrtes Mitspracherecht bei Rundfunk und Fernsehen, für die Umstellung von Rüstungsunternehmen auf zivile Produkte und Modelle für die Übergabe von Unternehmen in die Kontrolle der Arbeitenden entwickelt und experimentell erprobt. Art Waskow hält es für richtig, mitten in die kapitalistische Gegenwart Inseln eines Lebens von morgen zu setzen, um aus den unvermeidlich entstehenden Konflikten Lehren für die Taktik und Strategie der Veränderung zu ziehen. Er wurde zu einem Katalysator und Koordinator bereits bestehender utopischer Kommunen und anderer sozialer Experimente.

Ende der sechziger Jahre wurde dieses Institut zum gedanklichen Zentrum der »neuen Linken« in den USA. Mit Geldmitteln versorgt wird es von Philip Stern, dem Erben eines beträchtlichen Vermögens, der zu der Einsicht kam, man könne mit der Philanthropie alten Stils die Zustände nicht verändern. Er wurde die finanzielle Stütze zahlreicher kritischer Vorstöße gegen das in Amerika herrschende System. Aus dieser Quelle kamen die ersten Spenden, mit denen Ralph Nader seine erfolgreichen Feldzüge für die Verbraucher begann. Es war Stern, der dem Reporter, welcher die Greuel von My Lai aufdeckte, die Reisespesen ersetzte, damit die notwendigen Beweise herbeigeschafft werden konnten. Er unterstützt auch eine ganze Reihe von Kommunen in ihrem Bemühen, neue Lebensstile zu finden und zu erproben.

Stern ist längst nicht mehr der einzige Millionenerbe, der seine Einkünfte und sein Vermögen für eine Gesellschaftsordnung einsetzt, in der es keine Millionäre mehr geben soll. In San Francisco taten sich sechs junge Frauen und sieben junge Männer, die erhebliche Vermögen geerbt hatten, zusammen, um »konstruktive Veränderungen in unserer Gesellschaft« zu unterstützen. Sie betrachten ihre Spenden nicht als Philanthropie, sondern als Selbstbesteuerung. Noch einen Schritt weiter gehen will George Pillsbury, Erbe der großen »Pillsbury Flour Company«. Er hat angekündigt, daß er im Laufe von fünf Jahren all sein Geld für die Unterstützung von »Volkskommunen« ausgeben will, die sich verpflichten, radikale Veränderungen des bestehenden Systems anzustreben. Zusammen mit neun anderen Erben vermögender Familien hat er in der Universität Cambridge die nach dem berühmten »Haymarket-Aufstand« benannte »Haymarket-Stiftung« gegründet.

»Wandel statt Wohltätigkeit« ist das Motto dieser Gruppe. In ihrem unregelmäßig erscheinenden »newsletter« heißt es:

»Sozialer Wandel darf nicht oberflächliches Schaustück bleiben. Er kann nur die Folge einer wirklichen Veränderung der Machtstrukturen sein.«

Ohne Illusionen sägen diese vermögenden Radikalen am Ast, auf dem sie sitzen, überzeugt, man müsse etwas gänzlich Neues pflanzen. Sie gehen weit über die von Industrie, Staat und anderen Stiftungen unterstützten Experimente hinaus, die an den wirtschaftlichen und politischen Herrschaftsstrukturen, nichts Grundlegendes ändern wollen, sondern sie nur etwas auszubessern versuchen.

Die große Gefahr, in die unsere Welt durch den bisherigen »Fortsturz« im Namen gefährlich gewordener Prinzipien hineingerissen wurde, verlangt entschiedeneres Umdenken, radikalere Phantasie, weitergehendes Risiko, das auch die eigene Position in Frage stellt, Selbstanklagen statt Klagelieder. Wie und wo können sich Vorstellungen für eine entschiedene neue Richtung des Fortschritts heute entwickeln?

Die erstarrte Avantgarde

Im Ostblock? – Ich hatte mehrfach Gelegenheit, innerhalb und außerhalb ihrer Heimatländer mit kommunistischen Zukunftsforschern über diese Probleme zu sprechen. Manche gestehen – zumindest unter vier Augen – ein, wie gering ihre Möglichkeiten sind, neue gesellschaftliche Konzepte und Institutionen zu entwickeln. Gewiß, die Rumänen versuchen in ihrem mathematischen Zentrum Bukarest unter der Leitung von M. Botez mit allen möglichen Zukunftskombinationen zu spielen und bei dieser Gelegenheit sogar »exzentrische« Entwürfe zu entwickeln. Aber veröffentlicht wird darüber nichts. Die polnischen Forscher durften einige Modelle über die Zukunft der Freizeit und der Kultur entwickeln. Doch andere, viel veränderungsbedürftigere Institutionen ihrer Gesellschaft bleiben tabu. In der Sowjetunion gibt es zwar eine sehr weit entwickelte »soziale Prognostik«, doch darf sie bestenfalls analysieren, nie vorschlagen. »Die Obrigkeit will es nicht«, so die wörtliche Aussage, von einer gen Himmel deutenden Handbewegung begleitet, die in Moskau ein hervorragender Zukunftsforscher mir gegenüber machte.

Einzig in der Tschechoslowakei wurden während der kurzen Zeit des »Prager Frühlings« 1968 wirklich neue Modelle eines humanen Sozialismus auf vielen Gebieten erarbeitet. Die Gruppe um R. Richta, die damals von der Akademie der Wissenschaften unterstützt wurde, entwickelte, als das Regime lockerer war, zahlreiche Vorstellungen für eine humanere Organisation der Arbeit, für die wirkliche Mitbestimmung der Bürger, für die Verbreiterung der kulturellen Basis, für eine kybernetische Gesellschaft, die stets die Wirkungen ihrer Maßnahmen beobachtet und aufgrund dieser Rückmeldungen korrigiert.

Im April 1968 war ich in Marianske Lazne, dem früheren Marienbad, auf dem letzten Kongreß dieser geistig so aktiven, einfallsreichen und undogmatischen Gruppe. Ich erinnere mich, wie mir Ota Klein – sein Name kann heute genannt werden, da er kurz nach dem Einmarsch der Warschauer-Pakt-Truppen auf einer Auslandsreise bei einem Autounfall ums Leben kam – vor dem verwitterten einstigen Kurgebäude, in dem die Kongreßsitzungen abgehalten wurden, die Schwierigkeiten der Veranstalter schilderte: »Eine alt gewordene, erstarrte Avantgarde ist fast schlimmer als die Reaktion. Denn die hat wenigstens ein etwas schlechtes Gewissen und versucht ihre schlimmsten Fehler zu reparieren. Aber diese Leute« – er zeigte auf einige der Teilnehmer – »halten sich ja für die Pioniere der Menschheit, obwohl sie seit der Zeit ihrer Großväter den Marxismus um keinen einzigen Gedanken bereichert haben.«

In der letzten Sitzung wandte sich einer der Gäste aus dem Westen besonders an die sowjetischen Teilnehmer und appellierte an sie, in ihrem eigenen Interesse den in der Tschechoslowakei aufblühenden Geist des sozialen Experiments nicht zu bekämpfen. Freunde der Tschechoslowakei hätten einst eine Intervention fremder Truppen aus dem Westen befürchtet, nun aber, im April 1968, drohe sie aus dem Osten.

Bei der folgenden Abschiedsveranstaltung umarmte der sowjetische Delegationschef Dobrow demonstrativ den Vorsitzenden des Kongresses, um zu bekunden, wie unsinnig solche »verleumderischen« Befürchtungen seien, und küßte nacheinander die meisten seiner tschechoslowakischen Kollegen auf beide Wangen. Sie sind heute fast alle tot, emigriert oder vegetieren, aus ihren Ämtern entfernt, als Heizer, Leichenwäscher, Gelegenheitsarbeiter.

Die größten Chancen, gesellschaftliche Phantasie zu entwickeln, hatten jahrelang die jugoslawischen Kommunisten. Es gibt die Veröffentlichung der »Praxis«-Gruppe in ihrer weitbekannten Zeitschrift; die jährlichen philosophischen Kongresse auf der dalmatinischen Insel Korčula, die alle zwei Jahre stattfindenden internationalen Konferenzen »Wissenschaft und Gesellschaft« in Herceg-Novi sind Foren, in denen über die Zukunft der Welt mit aller Offenheit und großem Einfallsreichtum gesprochen werden konnte. Aber auch dort werden der sozialen Phantasie Jahr um Jahr immer engere Fesseln angelegt. Wann wird sie sich von ihnen befreien können?

Projektuniversitäten

Wir haben in einem früheren Teil dieses Kapitels von der Krisenlage der Welt am Jahrtausendende gesprochen. Zur Bewältigung der schwierigen Situation, in die die Menschheit geraten ist, müssen neue Konzepte, Ideen, Einfälle nicht nur auf wissenschaftlichem und technischem, sondern vor allem auf gesellschaftlichem Gebiet gefunden werden. Aber bisher werden fast ausschließlich solche Bemühungen um soziale Erfindungen finanziert und geduldet, die im Rahmen der bestehenden Machtverhältnisse akzeptabel erscheinen.

Gibt es dennoch Auswege? Lassen sich unter den heutigen Umständen akzeptable, institutionell garantierte »Freizonen« schaffen, in denen entschiedenere Vorstellungen ausgearbeitet und möglichst sogar unter Mitwirkung der »Betroffenen« entwickelt werden können?

Es sind zumindest Anfänge zu beobachten, die weiterführen könnten, wenn sie Unterstützung erhielten. Am naheliegendsten wäre es, Universitäten mit der unabhängigen Entwicklung sozialer Erfindungen zu betrauen, denn sie genießen auch heute noch in manchen Ländern eine relative Unabhängigkeit von wirtschaftlichen oder ideologischen Pressionen, wenn selbst sie neuerdings wieder zunehmen. In diesem noch einigermaßen freien Raum treffen junge Menschen, deren Fähigkeit zum ungewöhnlichen Denken verhältnismäßig groß ist, mit älteren Fachkräften zusammen, die meist über einen hohen Grad von Wissen und einige Erfahrung verfügen. Eigentlich sollte auch genügend Zeit zum Nachdenken, Entwerfen und Erproben vorhanden sein, damit die Universität nicht zur »Schnellpresse« für Fachkräfte wird. Es ist kein Zufall, daß ich im vorhergehenden Absatz meine bejahenden Eigenschaftsworte immer wieder durch Einschränkungen abschwächen mußte. In Wahrheit ist die Universität nicht so frei und offen, wie sie sein müßte, sind die Studenten nicht so kreativ, wie sie sein könnten, die Lehrkräfte nicht so informiert und kritikfähig, wie sie sein sollten, steht Zeit durchaus nicht so reichlich zur Verfügung, wie es den Vätern der Universitas einst vorschwebte.

Dennoch sind hier die Voraussetzungen für ein schöpferisches Entwerfen immer noch besser als in den meisten anderen Institutionen, falls man sie zu nützen versteht. Und es gibt Universitäten, wo sie genutzt werden:

- An der »London School of Economics« wurden von Professor Thomas Marcus und seinen Studenten neue partizipatorische Lehr- und Verwaltungsformen entwickelt.
- An der Universität Bielefeld erarbeitet Hartmut von Hentig mit seinen Schülern neue Schulformen und Curricula.
- An den Universitäten Oslo und Bergen werden Modelle einer echten Arbeitermitbestimmung getestet.
- An der Universität Bremen wird erprobt, wie man Nichtakademiker in den Lehrbetrieb einbeziehen könnte.
- An der University of California (Los Angeles) wurde unter Leitung von Marvin Adelson ein jährlich mindestens sechs bis acht Kurse umfassendes »Creative Problem Solving Program« eingerichtet, in dem nicht nur »spezifische Problemlösungsmethoden« erarbeitet werden, sondern auch so unorthodoxe Erziehungsziele angestrebt werden wie »Akzeptiere Unsicherheit«, »Verstehe die dynamische Spannung zwischen Stabilität und Wandel«, »Arbeite mit und für wirkliche Menschen«, »Entwickle Strategien für sozialen Wandel«.

Was an einigen Hochschulen bereits begonnen hat, müßte und könnte auf alle Universitäten überspringen. Neben die Lernuniversität würde dann die Projektuniversität treten. Sie hätte die Möglichkeit, die heute meist brachliegenden kreativen Fähigkeiten der Studenten, besonders in Hinsicht auf soziale Entwürfe, systematisch zu fördern. Das Lernen würde dadurch nicht zu kurz kommen. Jean Piaget, der große Entwicklungspsychologe, prägte aufgrund seiner Studien den Satz: »Wir lernen am besten, wenn wir etwas erfinden.«

Es sollten bei solchen Entwürfen Studenten aller Fakultäten zusammenarbeiten. So könnte man das auf dem Papier oft geforderte interdisziplinäre Studium auf das glücklichste erproben. William Seiffert spannte zum Beispiel bei dem Entwurf eines modernen Massentransportnetzes für den Nordwesten der USA, das »Glideway System«, nicht nur die verschiedensten technischen Spezialisten ein, sondern auch Wirtschaftsgeographen, Statistiker, Demographen, Soziologen, Politologen. Sie überprüften gemeinsam die für ihre Sachgebiete relevanten Voraussetzungen und Folgen eines solchen Verkehrssystems, ohne in ihren Plänen auf die bestehenden Besitzverhältnisse Rücksicht nehmen zu müssen.

»Fühle dich frei!«

Einen zweiten Umkreis, in dem gesellschaftliche Entwürfe zu gedeihen beginnen, bilden einige Stiftungen und die von ihnen unterhaltenen Institute. In Frankreich leitete die »Fondation Royaumont« wichtige Initiativen für humane Weiterentwicklungen ein; in Deutschland bemüht sich die Hamburger Carl-Backhaus-Stiftung, menschenfreundlichere und demokratischere Bedingungen am Arbeitsplatz zu untersuchen und zu fördern; in England erprobt die Scott-Bader-Foundation neue Formen echten Belegschaftsmitbesitzes. Chancen, wirkliche Anstöße zu geben, hätte auch das von Carl Friedrich von Weizsäcker gegründete »Max-Planck-Institut für die Erforschung der Lebensbedingungen in der wissenschaftlich-technischen Umwelt« in Starnberg, falls es weniger behutsam taktieren und sich mehr zur Öffentlichkeit, deren Steuergelder es schließlich verbraucht, hinwenden würde.

Besonders zahlreiche Anregungen für die Erneuerung und Verbesserung der sozialen Bedingungen kommen in den USA vom »Center for the Study of Democratic Institutions« in Santa Barbara, Kalifornien. Dieses »Denkzentrum« unter Leitung von Professor Robert Hutchins ging aus dem »Fund for the Republic« hervor, der anfänglich von der Ford-Stiftung finanziert wurde, dann aber den Managern des Autovermögens zu unabhängig wurde und nunmehr auf Unterstützung durch Mitgliedsbeiträge, Spenden und Schenkungen angewiesen war. Das »Center« entwickelte sich bald zu einem Treffpunkt aufgeschlossener, ungewöhnlicher Denker aus aller Welt.

Der Stab des Instituts besteht aus einer Reihe von ständigen Mitarbeitern, die sich fünfmal in der Woche an einem länglichen grünen Tisch treffen und auf höchstem Niveau frei über alle brennenden Zeitfragen diskutieren. Erweitert wird dieser Kreis durch Gäste aus den USA, aus Europa und nicht selten auch aus kommunistischen Ländern.

Wenn es irgendwo auf der Welt einen Platz gibt, der dem Ideal der athenischen Akademia heute noch nahekommt, dann ist es diese große weiße, um einen hellen Patio gebaute Villa, von der aus ein weiter Blick über tropische Pflanzen und Bäume bis hin zum Horizont des Pazifik geht. Das Motto »Feel free« (Fühle dich frei) wird durchaus ernst genommen. Jeder kann hier tun und lassen, studieren und mitteilen, was ihm am wichtigsten erscheint. Dabei kommt neben der Analyse der Entwurf nicht zu kurz. So wird seit Jahren unter der Leitung von Rex Tugwell, einem früheren engen Mitarbeiter Roosevelts, an einem Modell der amerikanischen Verfassung gearbeitet, das den veränderten Zeiten eher entsprechen soll. Es entstand, angeregt durch W. H. Ferry, das Konzept, das »Pflichteinkommen« für jedermann von Arbeitsplatz und Leistung abzukoppeln. Oder es wurde in mehreren internationalen Seminaren und Konferenzen unter Leitung von Elisabeth Mann-Borghese, einer Tochter Thomas Manns, ein richtungweisender Entwurf für den Schutz der Ozeane geschaffen: »Pacem in Maribus«, Friede in diesem so wichtigen erdumspannenden Raum.

Ritchie Calder und Alexander King entwarfen hier weitreichende Perspektiven für eine »weltumfassende Wissenschaftspolitik«, die der Forschung eine entscheidende Rolle bei der Schaffung einer gerechteren Welt geben würde.

Durch eigene Zeitschriften, Broschüren, Radio- und Fernsehprogramme werden die in diesem idyllischen Rahmen entwickelten Gedanken, Ideen, Vorschläge, Projekte in eine weitere Öffentlichkeit getragen und mit der »schlechten täglichen Wirklichkeit« konfrontiert. Gelegentlich erschüttern – wie zuletzt im Sommer 1975 – innere »Staatsstreiche« diese Gelehrtenrepublik, aber bisher ist sie an keinem zugrunde gegangen.

Nachdem das »Center« in den Jahren des kalten Krieges von den Rechten und ganz besonders von den unmittelbar benachbarten Millionärrentnern als »Kreml im Paradies« bekämpft worden war, eröffneten seit Ende der sechziger Jahre linke Aktivisten das Feuer von der anderen Seite her. Die Haltung der

Denker von Santa Barbara ist ihnen zu kontemplativ und passiv. Ein kurzsichtiger Vorwurf! Denn wenn geistige Voraussetzungen nicht geklärt, humane Zielsetzungen nicht in Ruhe formuliert und Wege zu ihrer Verwirklichung nicht ausführlich debattiert werden, dann verlaufen die Bemühungen zur Veränderung immer wieder in den gleichen Geleisen und scheitern immer erneut an den gleichen Widerständen. Besonders »die Linken« brauchen solche »Denkwerkstätten«.

Richtig an den vorgebrachten Bedenken erscheint mir der Hinweis, daß diejenigen, um deren Schicksal es bei den Gesprächen am grünen Tisch und auf der herrlichen Aussichtsterrasse unter den großen Eukalyptusbäumen geht, hier oben auf dem »Hügel« eigentlich so gut wie nie mitsprechen können.

Dieser Vorwurf trifft auch für die Arbeit fast aller innovatorisch gesinnten Universitäten und Stiftungen zu: Sie sind vom Bürger, vom Volk, dem sie in Wort und Schrift beredt ihre Sympathie kundtun, isoliert. Weshalb? Vermutlich nicht einmal aus Angst um die Privilegien und nicht aus Standesdünkel, sondern eher aus der – allerdings selten offen ausgesprochenen – Überzeugung, daß nur »Qualifizierte« mit Nutzen an derartigen geistigen Vorarbeiten für die Veränderung der Welt und die Verbesserung der Zukunft teilnehmen könnten.

Diese neue soziale Barriere der »Qualifikation« wird in unseren Tagen oft noch viel strenger beachtet als Vermögens-, Standes-, Rassen- und Klassenschranken. Einige der früher verbotenen Reservate sind immerhin heute schon für alle geöffnet: Viele Schlösser und Herrschaftsgärten stehen zumindest zeitweise jedermann offen. Aber ein gewöhnlicher Bürger versuche einmal, ohne eingeladen zu sein, in einen Kongreß von Fachleuten auch nur hineinzuschauen! Da werden ihn die Saalwächter vermutlich schnell wieder hinausbefördern. Das trifft sogar auf Tagungen der intellektuellen Gewerkschaftselite zu. Als die größte Gewerkschaft der Bundesrepublik Deutschland, die IG Metall, 1971 in Oberhausen eine mit den Mitgliedsbeiträgen ihrer Genossen in Höhe von etwa einer Million Mark finanzierte Tagung über das Thema »Aufgabe Zukunft« abhielt, wurde das Gebäude, in dem die Funktionäre und ihre Gäste tagten, gegen interessierte Genossen ohne Teilnehmerkarte so streng abgesichert wie ein Galaball der »High-Society«.

In diesem Verhalten offenbaren sich geistiger Hochmut, Besserwisserei und vor allem die falsche Vorstellung, man könne mit dem Mann und der Frau von der Straße kein sinnvolles, fruchtbares Gespräch führen. Die »Humanbarriere«, so meinen Soziologen, verhindere, daß die »große Masse« effektiv an Debatten über ihr eigenes Schicksal teilnehmen kann. Die Menschen seien einfach zuwenig informiert, zu gleichgültig, zu weit hinter dem Stand des jeweils erreichten Wissens zurück, uninteressiert und uninteressant.

Das heißt: man wirft den ohne eigene Schuld Verkrüppelten auch noch vor, daß sie humpeln. Es stimmt, daß die große Masse der Menschen in diesem angeblichen »Zeitalter der Information« viel zuwenig informiert ist. Aber heißt das auch schon, daß sie keinerlei eigene Erfahrungen, Gedanken und Vorstellungen haben? Daß sie nur deshalb stumm bleiben, weil sie nichts zu sagen haben?

Stumme, die endlich reden lernen

Wie falsch diese Auffassung teilweise ist, erlebte ich 1956, als ich nach Sizilien kam, um den italienischen Sozialreformer Danilo Dolci zu interviewen. Ich wurde am Schiff von einem seiner Freunde abgeholt, weil man mich zu ihm in eines jener »bassi« von Palermo führen mußte, die ein Ausländer angeblich nicht ohne Gefahr betreten kann. Um die italienische Öffentlichkeit für die Sanierung dieser längst baufälligen Viertel zu interessieren, die von Ratten überlaufen waren und nach Exkrementen stanken, hielt Dolci dort seit Tagen einen Hungerstreik ab. Ich fand ihn in einem zur Straße hin offenen, leergeräumten Laden. Dort lag er, sichtlich geschwächt, und sprach zu den Menschen, die sich von außen stumm herandrängten wie zur Anbetung eines Märtyrers.

»Nun habt ihr mich also gesehen. Aber ich bin doch kein Heiligenbild, sondern ein leider viel zu fett gewordener Mitbürger«, rief er ihnen lachend zu. »Wir wollen miteinander sprechen, und ich möchte euch etwas fragen.« Sie nickten und warteten. Es waren Junge und Alte, Männer, Mädchen, Kinder, die da im scharfen Licht weißer »Al giorno«-Neonlampen standen, und sie alle waren gezeichnet von jener Armut, jener nie aufhörenden Plagerei und der selbst im Lachen mitschwingenden Trauer, die man oft im »dunkelsten Süden« findet.

»Also, sagt mir, was ihr vom Leben erwartet?« Schweigen. Aus den hinteren Reihen ein paar zotige Witze. Kein Wort,

Und auch Dolci selber schwieg. Schwieg so lange, bis die Wortlosigkeit zur Qual wurde.

Dann endlich: »Mit mir könnt ihr doch reden. Ich bin kein Chef, kein Pate, kein Gelehrter. Ihr seid meine Freunde. Sagt mir, was erwartet ihr vom Leben?«

Als auch jetzt noch keiner zu sprechen wagte, mußte er schließlich wie ein Lehrer auf einen in der ersten Reihe zeigen. Dann auf einen zweiten, auf einen dritten. Schweigen. Endlich begann der vierte, ein hagerer Dreißigjähriger, der um vieles älter aussah, zögernd, fast stotternd etwas zu sagen. Der fünfte fiel ein, und der sechste sprach weiter, und bald redeten sie alle laut und durcheinander über das, was sie sich wünschten und was sie nicht hatten und was man tun sollte, um es zu bekommen. Der Übersetzer, der mir ins Ohr flüsterte, kam gar nicht mehr nach. »Er sagt, man sollte die Olivenbäume in die Stadt bringen. Und die Lebensmittel sollten weniger kosten. Der da: er will das Geld sogar ganz abschaffen, und der behauptet, er habe einen Plan, wie alle Arbeit finden könnten, und dieser, der Verrückte, verlangt, die Carabinieri sollten sich mal ausziehen und nackt patrouillieren.«

Es dauerte zwei, drei Stunden. Ein Vulkanausbruch von Hoffnung und Haß, von wirren Wünschen und meist unerfüllbaren Ideen. Die Stummen lernten sprechen. Die ausgedörrten, ungenutzten Köpfe begannen zu denken. Alle besaßen Phantasie, und sie schenkten ihre Einfälle gerne her: jene, die kaum zu verwirklichen waren, jene, die längst hätten verwirklicht werden müssen, und jene, über die man weiter nachdenken mußte, weil »etwas dran« war.

Ich habe aus diesem unvergeßlichen Abend viel gelernt. Die »Stummen« können reden, wenn sie merken, daß man ihnen zuhört. Sie wagen es, ihre Ungeübtheit und Schüchternheit zu überwinden, wenn man ihnen nicht als Überlegener, sondern als brüderlicher Mitmensch gegenübertritt, der das, was sie zu sagen haben, niemals »dumm«, »lächerlich«, »primitiv« findet, sondern als gültigen Ausdruck einer eigenen unverwechselbaren Persönlichkeit betrachtet.

In sogenannten »Zukunftswerkstätten« (»Future Creating Workshops«), die ich mit zahlreichen Gruppen abgehalten habe, lernte ich, wie groß das Bedürfnis gerade der Nichtakademiker ist, sich auszusprechen. Ich beginne diese Unterhaltungen mit Lehrlingen, Arbeitern, Angestellten, Bauern, Arbeitslosen zunächst mit seiner „Beschwerdeperiode", in der erst einmal das Unbehagen über den zur Debatte stehenden Problemkreis vorgebracht und auf langen Papierrollen in großer, weithin sichtbarer Schreibweise stichwortartig aufgezeichnet wird. Ähnlich hatten die Franzosen im Revolutionsjahr 1789 ihre Kritik in sogenannten »cahiers de doléances« niedergeschrieben.

Aber in diesem Verfahren ist die Kritik nur der Auftakt zum kreativen Vorschlag. In der nächsten Runde werden im Stil des »Brainstorming« Ideen, Hoffnungen, Wünsche vorgebracht, die vielleicht Abhilfe bringen könnten. Einige besonders interessante Konzepte oder Visionen können unter Umständen von Ad-hoc-Gruppen noch genauer entwickelt werden. Denn in der nächsten Phase dieses Exerzitiums der sozialen Phantasie müssen sie sich nicht nur den Einwänden der anderen Teilnehmer, sondern auch den Bedenken von Experten unterwerfen lassen. In einer letzten Phase versuchen dann die »sozialen Erfinder« und die »kritischen Realisten« gemeinsam, sowohl die Chancen wie die Hindernisse zu prüfen, mit denen die Vorschläge im Falle des Versuchs auf Verwirklichung rechnen könnten. Sie entwerfen gemeinsam eine Strategie der Verwirklichung.

Solche Bemühungen, das Potential an sozialer Phantasie zu verbreitern und zu vermehren, stehen erst am Anfang. Die ersten Versuche brachten eine interessante und zunächst unerwartete Erfahrung mit sich. Menschen, die nach eigener Aussage aufgehört oder nie angefangen hatten, sich für politische und gesellschaftliche Fragen zu interessieren, begannen sich nach solchen Veranstaltungen über Fragen der Gemeinschaft zu informieren und politisch zu aktivieren. Weshalb? Weil sie endlich einmal »von Anfang an dabeigewesen« waren, von der Kritik über die Problemstellung und Ideenfindung bis zur Auseinandersetzung mit Informationen, die ihnen bis dahin nicht bekannt waren. Der Teilnehmer an einer solchen »Zukunftswerkstatt« formulierte es einmal so: »Für Kinder habe ich mich lange nicht interessiert. Erst als ich selbst eins hatte, begann ich, Kinder genauer zu sehen und mir Gedanken über sie zu machen. Die Idee, die ich vorhin in der Diskussion vorgebracht habe, die ist so etwas wie mein Baby. Und nun will ich auch wissen, wie man es am besten großziehen kann.«

Die Anzahl der wirklich neuartigen Einfälle, die bei diesen gesellschaftlich orientierten »Brainstormings« vorgebracht wurden, war eher klein. Das ist nicht verwunderlich. Die aktive Phantasie der Zeitgenossen, das Vertrauen auf die eigenen imaginativen Kräfte ist ja durch jahrelange Vernachlässigung und Zurückweisung schwer geschädigt. Hier werden in jedem einzelnen verschüttete Fähigkeiten zu heben sein. Ganz besonders bei den vielen, die eines echten Mitspracherechts beraubt sind. Notwendig wird ein »Projekt Jedermann«, dessen verstreute Anfänge ich nun schildern will.

III. Projekt Jedermann

Verarmung im Wohlstand

Mit beiden Fäusten schlug Luigi P. auf die Präzisionsmaschine ein, mit er er seit sechs Wochen Mikroschaltungen stanzte. Wie ein Irrer habe er dabei gebrüllt, erzählten später die Kollegen. Nein, wie ein Klageweib, so, wie sie sich in Neapel noch heute schreiend über den Sarg des Toten werfen, behauptete einer, der witzig sein wollte.

Aber wozu streiten? Die peinliche Angelegenheit ist ja so gut wie vergessen. Der Personalchef hat mit dem Mann gesprochen. Der Betriebspsychologe hat ihn einige Male in seine weißmetallene Ordination geholt, und nun sitzt er wieder vor seinem Instrument: ein blaugekleideter, gutfrisierter Musterarbeiter in der Musterfabrik von Olivetti und Co. oberhalb von Pozzuoli. Dort sah ich ihn arbeiten. Präzise bediente er seine Maschine, ebenso präzise antwortete er auf die Fragen des Public-Relations-Mannes, der mich herumführte – ein zufriedener und für süditalienische Verhältnisse gutverdienender Arbeiter. Sein einstiges »Fehlverhalten«, das Gästen mit leicht gesenkter Stimme mitgeteilt wird, erweist sich jetzt als interessantes Charakteristikum, das ihn aus der Menge der anderen heraushebt und zum Demonstrationsobjekt für die aufgeklärte, moderne Fabrikführung des Konzerns macht.

Die in den sechziger Jahren errichtete Zweigstelle des großen italienisch-amerikanischen Elektronikkonzerns gilt als eine der modernsten Fabriken der Welt. Von der See her gesehen wirkt sie wie ein großer, schloßähnlicher Privatbesitz: schneeweiße Fassaden, spiegelnde Fensterfronten, tropischer Garten. Der Architekt, kommunistischer Stadtrat in Neapel, mußte sich von seinen Genossen vorwerfen lassen, er handle unmarxistisch, wenn er eine so schöne und fortschrittliche Fabrik für eine kapitalistische Großfirma baue. Sein Gegenargument: Man dürfe nicht auf die Revolution warten, sondern müsse den Arbeitern schon heute und hier die bestmöglichen Bedingungen schaffen. Wenn sie erst einmal erfahren hätten, wie es in einer besonders bevorzugten Arbeitsstätte aussehen könnte, würden dadurch ihre Anstrengungen im Kampf um humane Bedingungen für alle nur angefeuert.

Kritik gab es bereits vor Beginn des Baus auch von seiten der Manager und Ingenieure des Unternehmens. Das sei doch keine richtige Fabrik, sagten sie, als man ihnen die Modelle und Pläne zeigte, das sei eher ein Spielkasino, ein großer Ballsaal. Vielleicht gut, um dort Feste zu feiern, nicht aber für genaue und ernste Arbeit.

Der damalige Konzernherr Adriano Olivetti, ein eigensinniger, sensibler und gutmütiger Mann, der während der letzten Jahre des Faschismus emigriert und mit dem Willen zurückgekommen war, »etwas Neues« zu schaffen, ließ sich durch diese Einwände nicht beeindrucken. Sein neuester Betrieb sollte nach den letzten Erkenntnissen der Ergonomie (Anpassung der Arbeit an den Menschen) gebaut werden, jener neueren Forschungsrichtung, die versucht, den Abnutzungskrieg zwischen Mensch und Maschine abzuschaffen.

Also: kein Arbeitsplatz sollte weiter als zwanzig Meter von einem Baum entfernt sein. Die Fenster würden sich bei einer bestimmten Temperatur von selbst öffnen und schließen (eine »atmende Fabrik«, liest man heute in den einschlägigen Prospekten), die Höhe der Sitze, die Abstände der einzelnen Arbeitsplätze voneinander, die optische, übersichtliche Gestaltung der Griffe, Skalen und Kontrollen an den Arbeitsgeräten – das alles wurde minuziös errechnet und vermessen. Und damit nicht genug: Ein Künstler wurde beauftragt, ständig für eine veränderte Innenausstattung zu sorgen, den Arbeitern Kunstunterricht zu geben, Ausstellungen zu organisieren und alle Mitglieder der Belegschaft während der Arbeit zu porträtieren, damit sich jeder »als Persönlichkeit fühlen« könne.

So etwas kostet natürlich viel Geld. Aber die hohe Produktivität der neuen Fabrik – sie liegt jährlich rund vier bis sechs Prozent über dem Durchschnitt des Mutterunternehmens im norditalienischen Ivrea – rechtfertigt den »Idealismus« des Chefs gegenüber den Kalkulatoren des Managements. Dazu kommt: In Süditalien gibt es stets genügend Arbeitskräfte; sie müssen nur geschult werden. Und bei der lebendigen Intelligenz der Menschen jener Region erweist sich diese Aufgabe als nicht zu schwierig.

So scheint alles zum besten zu stehen. Die Löhne sind für diesen Teil des Landes überdurchschnittlich hoch, die Zahl der Arbeitsuchenden entsprechend groß. Nur wer besondere Empfehlungen hat – vom Priester, vom Lehrer, von Geschäftsfreunden der Firma –, kann damit rechnen, aus der Überzahl der Bewerber ausgewählt – man kann schon sagen: auserwählt – zu werden. Die Einstellung wird zelebriert wie die Aufnahme in einen englischen Klub, wie der Zugang zu einer höheren Gesellschaftsschicht. Und tatsächlich: Ein Olivetti-Arbeiter von Pozzuoli bringt der Familie so viel Ehre wie einst einer, der Priester wurde. Aber in diesem Falle ist es ein »Heiliger«, der auch noch Geld verdient, jemand, den die Verwandtschaft als Referenz angeben, den man sogar um ein Darlehen bitten kann.

Das eben sei's, meint der Personalchef, als er den »Fall Luigi« dem ausländischen Reporter erklären will: die Parasiten, die Mitesser, die falschen Freunde, die notleidenden Tanten, heiratenden Schwestern, in Schulden geratenen Neffen, ganz zu schweigen vom alten Vater und der Nonna, der Großmutter, die sich alle an den armen Musterschüler des Lebens klammern. Und dazu die eigenen neuen Verpflichtungen: Abzahlungen, Reparaturen, Benzin, Kleidung für die Frau, die Kinder, für sich selbst. »Der arme Teufel!«

Der Betriebspsychologe weiß es besser, aber er darf es nicht laut sagen: In Wirklichkeit war es die Arbeit, die seinen »Patienten« in die Verzweiflung trieb. Jawohl, die Arbeit in diesem Reformschätzkästlein.

»Verdammter Kindergarten!« schrie Luigi, als er sein »Spielzeug« zerbrach.

Sein vorheriges Leben? Weniger Lire, aber viel Spaß. Fernsehreparaturen, Autos wieder zum Laufen bringen, Fischen. Beim Basteln an einem Außenbordmotor hatte er sein Talent für das »Heilen von Maschinen« erkannt, und bald kam jeder, dem etwas kaputtgegangen war, zum »Drähtedoktor«. Als Kellner hatte er ausgeholfen, als Lastwagenchauffeur bei der Zitronen- und Orangenernte in Sizilien, Zeitungen ausgetragen, früher einmal geschmuggelte Zigaretten verkauft – langweilig war's nie. Gefaulenzt hatte Luigi selten, aber sich die Arbeit ausgesucht, so gut es ging. Und die Zeit, wann er arbeiten wollte. Und das Tempo, in dem er arbeiten wollte. Und ob's ihm Freude machte oder jedenfalls nicht allzuviel Mühe und Ärger.

Nichts von alledem in der Musterfabrik. Du wirst ausgebildet. Du wiederholst die Griffe, die man dir gezeigt hat. Du schreibst auf, was du aufschreiben sollst. Du bekommst täglich deine Quote zugeteilt, und dann erhältst du deinen gewerkschaftlich festgelegten Lohn. Zeig dich dessen würdig! Erfülle pflichtschuldigst dein Programm!

Millionen auf der ganzen Welt machen Tag für Tag einen ähnlichen Anpassungsprozeß durch. Die wenigsten murren. Sie reißen vielleicht Witze über die »beschissene«, aber nicht unerträgliche Alltagsexistenz. Sie werden auf Vordermann gebracht, sie bleiben auf Vordermann. Luigi jedoch sprang aus der Reihe. Sie beruhigten ihn, und als er seine Wut losgeworden war, verziehen sie ihm großmütig. Als er ihre Verzeihung nicht wollte, redeten sie ihm gut zu. Als er ihrem guten Zureden nicht zuhören wollte, machten sie ihm auf freundliche Art Angst vor dem Schuldenberg, der über ihn hereinbrechen würde, vor den Tränen und der Enttäuschung der Familie, schließlich vor sich selbst. Denn vielleicht sei dieser Ausbruch der Beginn einer ernsthaften Erkrankung, die weiter beobachtet werden müsse ...

Er hat mir das alles nach Arbeitsschluß selbst erzählt. Denn er arbeitete ja weiterhin bei Olivetti. Er hat sich eingefügt. Politisch organisiert ist er auch. Und sein Zellenobmann sagt ihm, wann er die Beiträge zu zahlen hat, was er in den Diskussionen sagen und wann er zur Demonstration kommen soll. Armer Teufel? Das sagt er in lichten Augenblicken zu sich selbst. Aber die »draußen« – die beneiden ihn. Auch jetzt noch.

Die neuen »Reichen« und die neuen »Habenichtse«

Beispiel einer mißglückten Revolte gegen die Entfremdung. Viele Arbeitnehmer kennen ähnliche Versuchungen, die aber meist nur Wunschträume bleiben. Ein Westdeutscher, ein Belgier oder ein Schweizer können nicht so schnell überkochen und verstehen es besser, die als »Vernunft« getarnte Polizei des falschen Gewissens gegen sich selbst auf Trab zu bringen. Bei allen aber bleiben Verletzungen der Persönlichkeit zurück. Vor äußeren Arbeitsunfällen warnen Plakate; ein umfangreiches, wenn auch meist hinter dem technologischen Fortschritt zurückbleibendes System an Sicherheitsvorkehrungen wurde entwickelt. Die inneren Wunden hingegen, die sieht man nicht. Die werden nicht anerkannt: Sentimentalität! Selbstmitleid! Dummes Gerede! Das sagen die meisten der Betroffenen sich selber. Man schweigt über diese seelischen Abschürfungen,

Schwären, Schwielen, Verkrüppelungen, man verdrängt, wie stark der Strom der Phantasie einmal floß, man betäubt den Schmerz um den Verlust des eigenen Ich.

Der Autoarbeiter und Schriftsteller Harvey Swados schreibt aus eigener Erfahrung: »Fast ohne Ausnahme fühlten sich die Männer, mit denen ich am Fließband arbeitete, wie Tiere, die in eine Falle gegangen waren. Je nach Alter und persönlichen Umständen hatten sie entweder schon resigniert, oder aber sie jagten verzweifelt nach anderer Arbeit, bei der sie ebensoviel verdienen, die aber etwas mehr Abwechslung bieten würde, etwas Hoffnung auf Veränderung und Verbesserung. Sie waren krank vom Herumgestoßenwerden (durch selbst herumgestoßene Vorarbeiter, die eigentlich eher bedauert als gehaßt werden müßten), krank, weil sie wie ein Esel mit Scheuklappen schuften mußten, krank von ihrer Abhängigkeit in einem manischen Produktions- und Verkaufssystem, krank von der Fabrik ...«

Das ist eine Schilderung aus dem Jahr 1957. Sehr viel hat sich seither nicht verändert. Ich habe mehrere Autofabriken besucht: die physischen Umstände der Fließbandarbeit bei Ford in Detroit, wo Swados arbeitete, mögen sich verbessert haben. Die Beleuchtung ist etwas heller, es gibt Plätze zum Hinsetzen und Ausruhen, das Band aber läuft – besonders in den modernsten, halbautomatisierten Betrieben wie im General-Motors-Werk in Lordstown – noch schneller als zuvor. Unverändert ist die Tatsache, daß hier keine Spur von eigenem Urteil, eigenem Können, eigener Vorstellung oder gar eigener Zielsetzung entwickelt werden kann. Die Arbeiter bleiben Befehlsempfänger, sie befolgen Weisungen, sie gehorchen, sie bleiben Instrumente fremden Willens, sie sind passiv.

Charakteristisch für die heutige Lage ist, daß die Zahl der Befehlsempfänger zunimmt, die Zahl der Berufstätigen, die wenigstens in begrenztem Umfang eigene Pläne machen und eigene Entscheidungen fällen können, hingegen immer mehr zurückgeht. Es gibt viele Studien, Statistiken und Kommissionen zur Bekämpfung der Wirtschaftskonzentration, aber kaum Messungen über die Konzentration schöpferischer Tätigkeit und Bestimmungsgewalt bei einem immer kleiner werdenden Kreis von Menschen. Und es gibt keinerlei Bemühung, dieses Übel zu bekämpfen.

So entwickelt sich weltweit eine neue Spielart der »Habenichtse«, die zwar annehmbar verdienen, über Sparkonten verfügen, Neubauwohnungen voller »Verbrauchsgüter« besitzen – und doch verarmt sind. Denn weder das Sparkonto noch die Pension, noch das Wochenende und die jährliche Gesellschaftsreise ändern etwas daran, daß ihnen ihre Möglichkeit, Eigenes zu schaffen, persönlichen Einfluß auszuüben, etwas in die Welt zu setzen, das von ihnen und ihrer eigenen Persönlichkeit zeugen könnte, genommen wurde. Sie leben nicht, sie werden gelebt.

Im Konsum, in der Aggression, im Sex, im letzten, nun auch schon bedrohten Feld eigener Entfaltungsmöglichkeit, suchen sie Ersatz. Viele führen ein Doppelleben. Der Fliesenleger ist leidenschaftlicher Zierfischsammler und verbringt jedes Jahr mehrere Wochen fischend in den Tropen, der Elektrohändler ist nebenberuflich Forschungsreisender, der Stanzer jagt mit dem Tonbandgerät nach Vogelstimmen. Im Club Mediterranée auf Korfu erklärte mir eine Büroangestellte ihre »Lebensökonomie«: »Ich arbeite elf Monate des Jahres wie eine Maschine, damit ich einen Monat wie ein Mensch leben kann.«

Am Maßstab der Selbstverwirklichung gemessen, gibt es nicht selten »Wohlhabende«, die kaum wissen, wie sie von einem Monat zum anderen »über die Runden kommen« sollen: Künstler, Gärtner, Studenten, junge Wissenschaftler, Handwerker, freie Filmschaffende, die eine erlebnisreiche Existenz führen. Daß auch sie sich um Angebot und Nachfrage kümmern müssen, ist nicht zu leugnen. Daß auch sie an der langen Leine jener Minderheit laufen, die die materielle Macht besitzt, trifft zu. Aber schon das »etwas mehr« an eigener Initiative und selbstbestimmter Leistung hebt sie aus der großen Masse der von außen und oben Gesteuerten heraus.

In der englischen Industriestadt Birmingham etablierte sich ein eigenes Vermittlungsbüro für alle, die aus der Tretmühle ausspringen und interessante Gelegenheitsjobs suchen. Es trägt den programmatischen Namen »Uncareers« (Nichtkarrieren).

Die Massenenteignung der persönlichen Schöpferkraft und die daraus resultierende Verarmung inmitten einer Welt äußerlichen Wohlstandes, das war von Marx noch als das zentrale Problem der kapitalistischen Industriegesellschaft gesehen worden. Aber durch den Kampf um die Besserstellung der Lohnabhängigen wurde das Streben nach einer Emanzipation der Persönlichkeit an die Peripherie marxistisch inspirierter Sozialkritik gedrängt. Man nahm an, eine Veränderung der wirtschaftlichen Machtstrukturen werde die »Entfremdung« der

Arbeitenden gegenüber ihrer Arbeit und deren Erzeugnissen aufheben. Aber die Hoffnung, daß die Arbeitnehmer als rechtliche Mitbesitzer der mechanischen Produktionsmittel auch wieder in den Besitz ihres eigensten Produktionsmittels, ihrer angeborenen individuellen Schöpferkraft und deren Betätigungsmöglichkeit, kommen würden, erwies sich als trügerisch. Ich habe in den letzten zwanzig Jahren Betriebe und Büros in allen sozialistischen Ländern Europas besucht und dort, wie bei ähnlichen Besichtigungen in vielen westlichen Betrieben, fast überall den gleichen Eindruck der inneren Unbeteiligtheit, der Resignation oder unausgesprochenen, aber spürbaren Unzufriedenheit gewonnen.

Ich sage einschränkend »fast überall«. Denn ich erlebte zwei Ausnahmen: einen jugoslawischen Hotelbetrieb in Herceg-Novi, der von den Angestellten weitgehend selbständig geleitet wurde, und eine Werkstatt im sowjetischen Atomzentrum Dubna. Im ersten Fall mag die Möglichkeit eines echten Mitsprache- und Entscheidungsrechts die Ursache einer echten Anteilnahme gewesen sein, im zweiten die Tatsache, daß in jener Montagehalle des großen internationalen Forschungszentrums die von einer zentralen Stelle gelieferten Einzelteile für bestimmte Versuchsanordnungen noch besonders hergerichtet und zugepaßt werden mußten. Deshalb zeigten die Arbeiter das intensive und ganz persönliche Interesse von Bastlern. Ja, sie entwickelten, wie mir ein befreundeter Forscher erzählte, geradezu persönliche Gefühle für einige dieser sehr empfindlichen und präzisen Geräte, die sie oft in verwahrlostem Zustand zugestellt bekommen hatten und nun »auf die Höhe« zu bringen verstanden.

Man stelle sich einmal vor, nur eine kleine, bevorzugte Gruppe der Gesellschaft hätte das Recht, Kinder zu zeugen, der Rest der Menschheit aber bliebe zur Unfruchtbarkeit verurteilt – dann bekommt man eine Idee davon, wie es heute mit der Ausübungsmöglichkeit schöpferischer Potenz bestellt ist. Die geistige Sterilisierung von Millionen Menschen ging unter dem Motto der »Höherentwicklung« vor sich. Alles um sie herum wurde immer leistungsfähiger, immer perfekter, immer mächtiger, nur sie selbst wurden dabei immer abhängiger und machtloser. Es ist unvorstellbar, daß diese zunehmende Zurückdrängung der Selbstverwirklichung auf nahezu allen Gebieten noch lange ohne Widerstand hingenommen werden wird. Mehr und mehr Menschen sind nicht länger geneigt, für die – in vielen Fällen ohnehin recht zweifelhafte – äußerliche Aufhebung der materiellen Verarmung den Preis einer innerlichen, geistigen und seelischen Verarmung zu zahlen.

Aus dieser Spannung kann, ja man darf voraussagen: muß eine Gegenbewegung entstehen, deren Träger sich nicht mit höheren Löhnen, aber auch nicht mit mehr Konsumprodukten oder gar einer Vergesellschaftung abspeisen lassen, die sie zwar nominell zu Besitzern macht, aber die Enteignung ihrer persönlichen Schöpferkraft und Entscheidungsfähigkeit weiterbestehen läßt. Sie werden verlangen, mitzuerfinden, mitzusprechen, mitzuhandeln. Statt einer noch weiteren Verkümmerung des schöpferischen Potentials werden sie dessen Befreiung und Entwicklung fordern.

Die Rebellion der Erwachenden

Amerikanische Autofabriken mußten in den letzten Jahren immer häufiger feststellen, daß ein erheblicher Teil der vom Fließband kommenden Wagen durch Sabotageakte beschädigt worden war. Schlecht oder falsch genietete Verbindungen, verbogene Motorteile, aufgeschlitzte Sitzpolster wurden an nagelneuen Produkten gefunden. An manchen Tagen mußte bis zu einem Fünftel der fertigen Einheiten von der Abnahmekontrolle zurückgewiesen und noch vor ihrer Benutzung in die Reparaturwerkstätte geschickt werden.

Nachforschungen ergaben, daß für diese Sabotageakte vorwiegend junge Arbeiter verantwortlich waren. Als man sie zur Rede stellte und bei dieser Gelegenheit an ihre »bessere Erziehung« appellierte, die sie von »solchen sinnlosen Handlungen« eigentlich abhalten sollte, gingen sie auf diese Vorhaltungen nur witzereißend ein. Spätere genauere Befragungen zeigten, daß gerade dieser etwas höhere Bildungsgrad der neuen »Blaukragen«-Generation den permanenten Protest gegen diese intelligenzbeleidigende Monotonie ihres Jobs verursacht hatte.

Und es gibt noch ein weiteres, tiefer greifendes Motiv. »Jedes dieser Dinger trägt meinen Stempel«, sagte mir stolz und zugleich etwas spöttisch ein intelligenter junger Monteur im Detroiter »Industrial Center« der »General Motors«, einer Musterfabrik des Großkonzerns, die von dem berühmten Architekten Saarinen im aufwendigen Stil des Schlosses von Versailles um Springbrunnen und Zierteiche herum gebaut worden war. Man hatte mir gerade diesen Arbeiter vorgestellt, weil er sich im Rahmen eines Aufsatzwettbewerbes mit dem Thema »Mein Arbeitsplatz« besonders ausgezeichnet hatte. Daß er in den frischen Lack an Stellen, die nicht sofort sichtbar waren, sein »Wappen« kritzelte, in die Karosserie Kerben drückte und Leitungen so zusammenbastelte, daß der Käufer beim Drücken auf die Hupe die Scheibenwischer in Bewegung setzte, stand gewiß nicht in seinem preisgekrönten Essay. Solche Scherze sind, wie betriebspsychologische Untersuchungen zeigen, in Wahrheit Ausdruck eines sehr ernsthaften Bedürfnisses nach Selbstbestätigung.

Als an der Außenseite der tristen Waggons des New Yorker U-Bahn-Netzes plötzlich riesige schwarze Inschriften, blaue Sterne, grüne Dschungelfarne, gelbe Schlangen und immer wildere Malereien auftauchten, hielt man das zuerst für das Werk eines einzigen Unbekannten, der hundertfach mit Filzstift und Spraydose seinen Spitznamen »Taki« signierte und seine Adresse, »183. Street«, dazuschrieb. Aber bald gesellten sich ihm andere Amateurkünstler hinzu: »Spin 70«, »Hondo 127«, »Snake 13«, »Super Cool 119« und »Stay High 148« übersäten die Züge der Subway mit einer Feerie phantastischer Gestalten und Figuren. Vergeblich versuchten die Behörden gegen diese »Akte des Vandalismus« einzuschreiten. Für die »Schmierer« wurden hohe Strafen festgesetzt. Aber die Revolte gegen Häßlichkeit und Anonymität ging trotzdem weiter. Auf Abstelldepots und einsamen nächtlichen Stationen wurden Tausende Graffiti geschrieben, gepinselt, gespritzt, gestanzt, in den grauen und faden Hintergrund eines täglichen Lebens der Abhängigkeit und schöpferischen Impotenz wurde die eigene »Marke« eingegraben.

Die unaufhörliche Rebellion der Fähigen, deren gerade erst erweckte Möglichkeiten keinen oder nur ungenügenden Ausdruck in der Arbeitswelt finden, wird vermutlich ein Charakteristikum der Jahrtausendwende bleiben. Das ist nicht nur eine Folge der wachsenden Entmündigung, sondern auch des zunehmenden Wissens um diese Enteignung des Eigensten im Menschen. Denn in Schulen, Kursen und Massenmedien fangen immer mehr Heranwachsende an, kritisches Verständnis und kreative Sehnsucht zu entwickeln. Die alten Ziele der Aufklärung könnten auf einer breiten und weiten Front ihrer Verwirklichung näher kommen, aber nun zeigt sich, daß die Gesellschaft auf diese Millionen und Abermillionen »heller Köpfe« noch gar nicht vorbereitet ist, sondern die große Mehrzahl weiterhin unter ihrem Niveau beschäftigt.

Die revoltierenden Autoarbeiter am Fließband, die unbefriedigten Stahlarbeiter an der Transportstraße, die an Neurosen erkrankenden Beobachter der Skalen automatisierter Hydrierwerke signalisieren nur ein Auseinanderklaffen von Leistungsmöglichkeit und Leistungswirklichkeit, das auch auf vielen anderen Gebieten des Berufslebens festzustellen ist. Zwar wird einer, der auf dem Dienstleistungssektor seinen Lebensunterhalt verdient, nicht so sehr gegen Routine und Langeweile zu kämpfen haben wie die Beschäftigten in den hochrationalisierten Produktionsbetrieben, aber auch die Angehörigen etwas abwechslungsreicherer Berufe leiden immer stärker unter dem Gefühl, sich nicht verwirklichen und ihrer Arbeit wenig Sinn abgewinnen zu können.

Das zwanzigste Jahrhundert hat die geistigen Kräfte, die durch Erziehung und Information freigelegt wurden, bisher ebensowenig zu fassen und richtig zu nützen verstanden wie zuvor die neuentdeckten materiellen und physischen Möglichkeiten. Die Reaktion der Ängstlichen auf diese Krise entspricht dem von Gewohnheiten geprägten Verhaltensmuster: Entweder wird nach Abbau und Einschränkung »übertriebener Bildungsmöglichkeiten« verlangt oder aber nach stärkerer Lenkung der Ausbildung. Sie bietet den sich entfaltenden Menschen genau umrissene Rollen innerhalb von genau programmierten Apparaturen an, über deren Entwurf, Konstruktion und Führung sie jedoch nicht mitbestimmen dürfen.

Beschwören neue Universitäten nur das akademische Proletariat herauf?

Der Schreckensruf »Halt der Akademikerschwemme!« und die zunehmenden Zulassungsbeschränkungen an Hochschulen aller Industrienationen sind so lange unvermeidlich, wie wir eine Gesellschaft haben, die das wachsende Angebot an Hochqualifizierten nicht nutzen kann, weil – so formulierte es der Münchner Arbeitswissenschaftler Burkhard Lutz – »das Beschäftigungssystem nicht dem Bildungssystem entspricht«. Es müssen und können jedoch nach Ansicht vieler Berufsforscher mehr

Arbeitsmöglichkeiten für die zunehmende Zahl der Hochschulabsolventen gefunden werden.

Doch werden Überlegungen künftig noch an einem anderen Punkt ansetzen müssen. Heute werden besonders in der modernen Leistungsgesellschaft aus dem weiten Spektrum menschlicher Begabungen nur einige wenige so positiv bewertet, daß ihre Ausbildung Sozialprestige verleiht. Entsprechend groß ist der Andrang nach diesen – gemessen an der Zahl der Bevölkerung verhältnismäßig wenigen – Karrieremöglichkeiten. Deshalb beginnt schon lange vor dem »Eintritt ins Leben« ein Auslesevorgang, der weite Teile der Bevölkerung benachteiligt, weil er ihre besonderen oder durch die soziale Schlechterstellung der Eltern schon geschädigten Fähigkeiten entweder nicht wahrnimmt oder verabsäumt, sie durch Pflege oder kluge Förderung wieder zu erwecken.

Eine der anerkennenswerten Leistungen der Pädagogik in den sozialistischen Ländern ist der Versuch, einige dieser frühen Benachteiligungen aufzuheben. Aber auch in diesen Schulsystemen (mit Ausnahme des chinesischen) werden manuelle Fähigkeiten oder gar besondere emotionelle Empfindlichkeit und hohe Originalität, die sich zum Beispiel in »unordentlichem Verhalten« manifestieren können, zugunsten von engen Verhaltens- und Intelligenznormen vernachlässigt, die auch dort noch weitgehend bourgeoisen Vorstellungen entsprechen.

Eine der ermutigendsten Veränderungen, deren Auswirkungen vermutlich in einigen Jahren schon deutlicher spürbar sein werden, sind die immer intensiveren Bemühungen von Bildungsforschung und Pädagogik, sich von solchen diskriminierenden, die menschlichen Ressourcen vernachlässigenden Konzepten früherer Generationen abzuwenden. Diese Neuanfänge – verständlicherweise von denen, die ihre privilegierten Positionen behalten wollen, vorschnell als »utopisch« abgewertet – verdienen von seiten der Gesellschaft weit größere Beachtung und Unterstützung als bisher.

Vor allem notwendig erscheinen mehr Geduld und mehr finanzielle Unterstützung. Denn die meisten Erziehungsexperimente werden aus Mangel an Hartnäckigkeit, Mangel an Geld und Mangel an Ermutigung von außen zu früh abgebrochen. Zudem verwenden ihre Proponenten und Leiter viel zuviel Zeit, die Versuche ihrer »Konkurrenten« zu kritisieren. Die

Abgrenzung gegenüber den anderen Herausforderern des alten Systems ist ihnen meist vordringlicher als die Betonung der Gemeinsamkeiten, die sie mit allen Neuerern verbinden. Mehr Toleranz von seiten der Gesellschaft, aber auch mehr Toleranz der »change agents« untereinander wäre notwendig.

Ein weltweites »Projekt Jedermann«, wie ich es vorschlage, könnte kein zentral geleitetes und in allen Einzelheiten aufeinander abgestimmtes Unternehmen sein, wie das »Projekt Apollo«. Hier wäre Gelegenheit für die Erprobung verschiedenster Methoden menschlicher Selbstverwirklichung zu schaffen, ein von der Öffentlichkeit nicht nur geduldeter, sondern auf diese Weise geförderter Raum für menschliche Entwicklung.

War es beim Mondflug die Schwerkraft der Erdanziehung, die überwunden werden mußte, so werden die Hindernisse in jenem Fall die zentnerschweren Ängste und Vorurteile all derer sein, die eine Befreiung menschlicher Fähigkeiten im Milliardenmaßstab für unmöglich halten oder fürchten. Sie werden ihre Besorgnisse allerdings vorwiegend als »Argumente der Vernunft« vorzubringen wissen. Daß der Mensch einmal fliegen werde, daß er das Innerste der Materiekerne aufbrechen und die Mechanismen der Vererbung und des Lebens in ihren submikroskopischen Sphären entdecken könnte, galt ja auch vor noch gar nicht langer Zeit in den Augen der damaligen »Realisten« als Phantasterei. Ebenso kurzsichtig und phantasielos erscheinen mir diejenigen, die sich eine Weiter- und Höherentwicklung zahlreicher Menschen nicht vorstellen können. Unleugbare Fehlschläge auf diesem entscheidenden Gebiet scheinen ihnen bereits endgültige »Beweise« für die Unmöglichkeit eines Massenfortschritts zu sein. Diese ersten Mißerfolge könnten und sollten jedoch eher als »Herausforderung« zu neuen, phantasievolleren und intensiveren Bemühungen gesehen werden.

Gegenwelten von heute

Die Astronautik begann bekanntlich viele Jahre, bevor zum erstenmal Menschen auf dem Mond landeten. Auch die Anfänge des »Projekts Jedermann« liegen schon Jahrzehnte zurück. Besonders die Weimarer Republik und das Wien des Jahrzehnts nach dem Ersten Weltkrieg waren Saatgefilde pädagogischer Reform und volksbildnerischer Experimente. Viele dieser Versuche scheiterten, aber sie streuten dabei, wie aus ihrer Hülle befreite Samen, zahlreiche neue Anregungen aus. Von Informationsströmen in alle vier Winde getragen, schlugen sie an den unvermutetsten Plätzen Wurzeln.

Die Herrschenden, wo immer sie sein mögen, bemühten sich zwar, diese wie alle anderen neuen Kräfte zu kontrollieren und für sich einzuspannen. Aber es gelang ihnen auch hier nur zum Teil: Der Anspruch auf eigenes Urteil und eigenes Können für jeden einzelnen wurde nicht gebändigt, sondern verschaffte sich in immer neuen Projekten Ausdruck.

Ein Überblick – wie ihn zum Beispiel die OECD (Organization for Economic and Cultural Development) Anfang der siebziger Jahre unternahm – zeigt, daß die Zahl der Schulexperimente auf der ganzen Welt in die Hunderte geht. Viele von ihnen dauern nicht länger als ein bis drei Jahre. Das Geld geht aus, der Widerstand der Umwelt wird zu groß, innere Schwierigkeiten und Zwiste sprengen den Rahmen. Aber für eine gescheiterte »neue Schule« entstehen mehrere andere neu. Wichtiger noch: Viele der experimentellen Erfahrungen dringen über Bücher, Zeitschriften, Lehrer und Schüler auch in die Öffentlichkeit und die »normalen Bildungsanstalten« ein.

Eine Umfrage bei englischen Schuldirektoren ergab, daß der »Vater der antiautoritären Erziehung«, A. S. Neill, zwar keinen unmittelbaren Einfluß auf das Curriculum der staatlichen Schulen hatte, aber die Zahl der Lehrer, Eltern und Kinder, die seine Gedanken aufnahmen, ist so groß, daß in England ein völlig anderes »pädagogisches Klima« entstand, welches schließlich auch auf die staatlichen Schulen einzuwirken begann.

Neben den zehntausend Lehrstätten in aller Welt, die auch heute noch den größten Teil ihrer Anstrengungen darauf verwenden, die Schüler dem Bestehenden anzupassen, gibt es einen immerhin stattlichen und weit über seine zahlenmäßige Bedeutung hinaus einflußreichen Anteil von Reformschulen, Kinderläden, Projektgruppen, Seminaren, Kolloquien, Studientreffen, Begegnungen, Übungen, in denen pädagogische »Gegenwelten« zur Tageswirklichkeit geschaffen und erprobt werden.

Da werden mitten in die städtische Realität der starren Bauklötze und regulierten Verkehrsströme »Abenteuerspielplätze« gesetzt; da üben Kinder schon in Vorschulen die Abwehr elterlicher und staatlicher Unterdrückung; Schüler werden nicht auf den erbarmungslosen Konkurrenzkampf, sondern auf gegenseitige Hilfe und Freundschaft hin erzogen; man versucht Jugendlichen, statt sie zu Weisungsempfängern zu dressieren, mehr Zutrauen zu ihren eigenen Einfällen und Träumen zu geben; Studenten dürfen in einer Umwelt wissenschaftlicher Überspezialisierung größere Zusammenhänge durchdenken und modellieren, ja, es sind in den »Gegenwelten« der fortschrittlichen Erziehung auch bereits hier und da (wie zum Beispiel an der Universität Bremen oder in der »Offenen Universität« des englischen Fernsehens) »dem Mann von der Straße« die Pforten zur Welt des Wissens geöffnet worden.

Der Verdacht liegt nahe, diese »Spielwiesen« seien nur erlaubt, um die Sehnsucht nach Veränderung abzufangen und kontrollieren zu können. Die Annahme drängt sich auf, daß sie lediglich »Alibifunktion« besitzen, daß sie den alten Zuständen nur modische Mäntelchen umhängen. Es kann durchaus sein, daß solche schlauen Kalküle manchen mächtigen Entscheidungsträger zu Konzessionen veranlaßten, die er nach außen als demokratische Toleranz, im Kreise der Auguren aber als taktische List hinstellt. Im Grunde handelt es sich dabei aber doch um ein unvermeidlich gewordenes Nachgeben gegenüber historischen Entwicklungen, die nicht mehr restlos übergangen oder unterdrückt werden können.

In der russischen Forscherstadt Dubna, wo es nicht nur eindrucksvolle physikalische Experimentiergeräte gibt, sondern auch Schulen, die seit Jahren Formen einer im übrigen Land kaum gewagten Mitbestimmung der Jugend erproben, vertrat ein führender Funktionär mir gegenüber die Auffassung, daß in der Sowjetunion Schule, Universität, Laboratorium, ja darüber hinaus der ganze Bereich der Kultur geradezu als »Sektoren einer nicht aufhörenden Veränderung« anzusehen seien. Selbstbetrug? So sieht es auf den ersten Blick aus, denn gerade in den sozialistischen Ländern werden entschiedene Neuerer nur zu leicht als »Revisionisten« und »Konterrevolutionäre« abgestempelt. Und doch: Ganz falsch war diese Aussage nicht. Nur sind in den Volksdemokratien die Bremskräfte oft noch so groß, daß eine Bewegung von außen vorläufig nur selten zu bemerken ist.

Diese Verschlossenheit ist jedoch heute eines der stärksten Handikaps der sozialistischen Staaten. Denn vermutlich wird der Wettkampf der Systeme weniger, wie seine Protagonisten meinen, durch Machtanhäufung und Produktionsleistung entschieden werden als vielmehr durch den Grad an Offenheit und Wandlungsbereitschaft, den die verschiedenen Gesellschaftsordnungen dem Einfluß der in ihrem Schoß entstehenden »Gegenwelten« und deren Vertretern entgegenbringen.

»Realitätsfremd« sind die »neuen Schulen« in ihren vielfachen Variationen nur, solange sie am Bestehenden gemessen werden, nicht aber, wenn man sie unter den Aspekten der Zukunftsentwicklung betrachtet. Dann muß ihnen sogar ein besonders hoher Wirklichkeitssinn zugestanden werden. Denn sie haben vielleicht, ohne es zu ahnen, sehr viel Gespür für die besonderen Anforderungen entwickelt, die an den Menschen der Jahrtausendwende gestellt werden:

- eigene Urteilskraft, Phantasie, Übersicht und Voraussicht, um den komplexen individuellen und kollektiven Krisensituationen begegnen zu können;
- geistige Beweglichkeit und Fähigkeit zur Veränderung, um dem schnellen Wandel gewachsen zu sein;
- Toleranz und Solidarität, um in einer Zeit vervielfachter Bevölkerungsmengen ein friedliches Zusammenleben zu ermöglichen.

Die Tatsache, daß die Zahl derer, die in Pionierschulen oder von fortschrittlichen Lehrern erzogen wurden oder an anderen neuen Lernexperimenten (wie zum Beispiel Kommunen und Kooperativen) teilnahmen, im Vergleich zur großen Mehrheit noch ziemlich klein ist, erscheint weniger wichtig als der Einfluß, der von ihnen ausgeht: Jeder »Neuerer« zieht Hunderte Gleichgültiger mit sich. Die »neue Pädagogik«, die »neuen Werte« und die »neuen Erfahrungen«, die in den sechziger Jahren viele – besonders junge – Menschen machten, bestimmen seither den Ton, setzen den Trend.

Michael Rossman, einer der »neuen Lehrer«, die aus der amerikanischen Studentenbewegung hervorgingen, vertrat im Sommer 1972 an einem Tiefpunkt der Bewegung für die Einrichtung »freier Schulen« und »freier Universitäten« die Auffassung, daß die Zahl der Erziehungseinrichtungen neuen Stils in den USA dennoch ständig weiter wachsen werde, weil die Zahl der von den neuen Erziehungsmethoden überzeugten Eltern und Lehrer – die immer öfter ehemalige Schüler dieser neuartigen Institutionen sind – in einer berechenbaren Kurve zunehme: von 1600 Schulen mit 50 000 Schülern im Jahr 1973 auf 6500 Schulen mit 200 000 Schülern im Jahr 1975 und 25 000 Schulen mit 800 000 Schülern im Jahr 1977.

Der optimistische Reformer beschreibt die Art und Weise, wie sich die »Gegenkultur« in den Vereinigten Staaten ausbreitet, mit folgenden Worten:

»*Das alternative System* ist weitgehend dezentralisiert... Wenn wir begreifen wollen, wie es arbeitet, müssen wir es als ein Netz sehen, dessen Bestandteile verschiedenartig, beweglich und in ständiger Entwicklung begriffen sind. Dieses Netz verbindet viele verschiedene Gruppen miteinander. Jede von ihnen hat sich zusammengefunden, damit Menschen Neues erfahren oder notwendige Aktionen beginnen, durch die sie solche Erfahrungen machen können: freie Kliniken, freie Schulen, Untergrundzeitungen und -radiostationen, Krisenzentren, freie Universitäten, von Studenten selbstverwaltete experimentelle Kollegs, Medienkollektive (von der Fernsehproduktion bis zu Plakataktionen), Minderheiten, die Selbstbefreiung anstreben, Antikriegs- und Widerstandsgruppen, Zentren für *menschliches Wachstum* (durch Meditation, Yoga, Aikido), Umwelt- und Konsumenteninitiativen. Jede dieser Kategorien enthält zwischen zweihundert und achthundert *Kerne,* und in jedem dieser *Kerne* arbeiten zehn bis hundert Menschen, deren gemeinsamer Nenner Sehnsucht nach Veränderung ist, nach dem Finden neuer Wege.«

Die Zukunft beginnt in den Schulen

In der verwirrenden Vielfalt neuer Erziehungsprojekte, über die ich mich in den letzten zehn Jahren sowohl persönlich als auch durch Lektüre zu informieren versuchte, lassen sich deutlich einige Hauptrichtungen erkennen:

- von der Lenkung zur Selbstentdeckung,
- vom folgsamen Aufnehmen zum kritischen Urteilen,
- vom Lernen des Vorhandenen zum Entwerfen des Neuen,
- von der Isolierung zur Öffnung.

Alle diese Tendenzen nützen und verstärken einander. Auch wenn sie selten alle in einem Experiment beieinander zu finden sind, gehören sie doch zu einer einzigen großen Strömung, die es jetzt schon möglich macht, die Umrisse des Erwachsenen von morgen zu erkennen.

Die Kinder in der Peninsula School in San Francisco, die einander Unterricht geben, und die Acht- bis Zwölfjährigen in Schanghai, die durch eigenes Lehren das Lernen üben, die Jugendlichen in den »offenen Klassen« von Leicester oder Hamburg, die nicht mehr wie Soldaten zur stündlichen Wissensausgabe, in enge Bankreihen gedrückt, erscheinen müssen, sondern sich bald in diesem, bald in jenem Raum ihrer Schule einem sie interessierenden Projekt zuwenden, sind die Fünfunddreißigjährigen des Jahres 2000.

Die selbstbewußten Gymnasiasten des berühmten Osloer Versuchsgymnasiums, die Ostberliner Lehrlinge, die als »Meister von morgen« fast ohne Hilfe von Erwachsenen ein neues Rechengerät bauen, die englischen College Boys, die nach den Methoden der Nuffield Foundation durch »forschendes Lernen« in die Naturwissenschaften eindringen und die Entdeckungen der Meister wiederentdecken, den schwierigen Weg von Irrtum und Einfall selbst nachvollziehend – sie alle werden sich später kaum mehr zu jenen oberflächlichen, folgsamen und schicksalsergebenen Persönlichkeiten ummodeln lassen, die in eine reibungslos funktionierende »technotronische Gesellschaft« passen, wie sich manche Industriefuturologen das modernisierte Modell eines Obrigkeitsstaates vorstellen.

Im Unterschied zu früher wissen die derart Erzogenen, welch ein Abstand zwischen dem, was sein könnte, und dem, was ist, klafft. Schüler, die in Kreativkursen nach den Methoden von Torrance, Flescher, Landau, Ammon oder Wollenschläger »aufgeschlossen« wurden, sind sich bereits darüber klar, daß sie einmal gegen eine nichtaufgeschlossene, antischöpferische gesellschaftliche Realität werden leben müssen. Der Konflikt, den sie schon sehr früh im täglichen Zusammenprall mit der Erwachsenenwelt erleben, wird sich, wenn sie die Schule verlassen, sogar noch verschärfen. Bisher sagte man Jugendlichen, die den Ideen ihrer Schulbücher vertrauten und sich gegen eine enttäuschende Welt stellten, voraus: »Ihr werdet euch schon die Hörner ablaufen!« Diese Prognose dürfte künftig nicht mehr uneingeschränkt zutreffen. Schon jetzt stimmt sie eigentlich nicht mehr, denn Anpassungsbereitschaft kommt allmählich aus der Mode. Die Sehnsucht, die Welt zu verbessern, wird heutzutage mit dem Eintritt ins Berufsleben nicht mehr als »Jugendtorheit« abgeschrieben, und immer weniger Zwanzig- bis Dreißigjährige sind bereit, kritiklos »mitzumachen«.

Die neue Pädagogik bereitet ihre Schüler auf die Schwierigkeiten und Versuchungen vor, die auf sie warten. Und die Jungen beginnen, durchaus im Stil des »Lernens durch Selbermachen«, oft schon während der Schuljahre in die praktische Übung der Auseinandersetzung mit den Herrschenden einzutreten. Die »schrecklichen« Kinder, die in Deutschland, Frankreich, England, Skandinavien, China und in den USA rebellieren, sind keine Signale der Dekadenz, sondern beginnender Reife, so daß Betrug und Vernachlässigung erkannt werden. »Nicht für die Schule, sondern für das Leben lernen wir« – das wird nun endlich ernst genommen. Denn charakteristisch für das Leben ist nicht erzwungene Ruhe, sondern Auseinandersetzung.

Auf einem Hügel über Oslo nahm ich einmal im »Institute for Peace Research« an einer Debatte darüber teil, ob diese Spannungen, die mehr und mehr zum Bestandteil unserer Existenz an der Jahrtausendwende werden dürften, mit oder ohne Gewalt auszutragen seien. Der Gründer des Instituts, Professor Johan Galtung, eine der lebendigsten, ideenreichsten Persönlichkeiten unserer Tage, wurde von den Lehren Gandhis geprägt und begann seine Karriere als Wehrdienstverweigerer im Gefängnis. Aber als Gastprofessor in Lateinamerika, Asien und Afrika kamen ihm Zweifel an der Allgemeingültigkeit der gewaltlosen Strategie. Sein Ziel ist nach wie vor die Erforschung friedlicher Konfliktlösungen. Doch wie werden sie möglich, wenn Tyrannei und Terror »von oben« den berechtigten Veränderungsdrang der Jungen verhindern? Für einige farbige Studenten, die ich in Galtungs Institut traf – er hatte sie meist von seinen Reisen und Gastdozenturen mitgebracht –, war das eine nur zu konkrete und praktische Frage. »Schläge, Steine, Schüsse – das sind die primitiven Vokabeln in der Sprache derjenigen, die sich nicht mehr anders ausdrücken können und doch irgendwie sagen müssen, was sie erleiden«, warf einer der dunkelhäutigen Teilnehmer in unser Gespräch. Er war kein »wilder Mann«, eher ein sanfter ruhiger Mensch, dem die Verzweiflung ins Gesicht geschrieben war.

Kann man Voraussicht lernen?

Als die Schüler der Melbourne High School, die nur wenige Kilometer vom amerikanischen Weltraumbahnhof auf Cape Canaveral entfernt liegt, eines Montags in ihre Klasse kamen, war die vordere Bankreihe mit Stricken versperrt. Sie vermuteten, es sollten irgendwelche Reparaturarbeiten durchgeführt werden, nahmen die Veränderung kaum zur Kenntnis und rückten einfach etwas dichter zusammen. Am Dienstag waren auch die zweite und die dritte Reihe unzugänglich, am Mittwoch die erste bis sechste, so daß es nun schon ziemlich schwer wurde, für alle Platz zu finden. Am Donnerstag war die Hälfte des Raumes »off limits«, und am Freitag schließlich mußten alle eng aneinandergepreßt in den Seitengängen zwischen Sitzgelegenheiten und Wänden stehen, weil kein einziger Platz mehr zugänglich war.

Auf diese Weise brachte ein Lehrer seinen Schülern bei, was »Platzmangel durch Überbevölkerung« ist. Weshalb hatten sie nicht schon am ersten Tag gefragt, was eigentlich los sei? Weshalb hatten sie am zweiten und dritten und vierten Tag nichts unternommen? Weshalb hatte es nicht ein einziger von ihnen gewagt, die abgrenzenden Stricke zu zerschneiden oder über sie hinwegzusteigen? Das war das Thema der erregten Debatten, die von diesem Erlebnis ausgelöst wurden. Auf diese ungewöhnliche Weise begann ein »Kurs für das einundzwanzigste Jahrhundert«, den sich der Zukunftsforscher Alvin Toffler für diese Schüler ausgedacht hatte.

Tofflers ganz besonderes Interesse galt von jeher Jugendproblemen. Er entwickelte den fruchtbaren Gedanken des »value forcaster«, der vor allem aus generationsbedingten Veränderungen der Werte Anzeichen für geistig fundierte Zukunftsentwicklungen erkennt. Sowohl an der Universität wie auch als Publizist widmete er sich dem »Wandel in der Erziehung«. Hier traf er sich mit einem so eminenten Pädagogen wie Jerome S. Bruner von der Harvard-Universität, der die Zukunftsunsicherheit der Jugend als das wichtigste Problem seiner Wissenschaft bezeichnete, und mit Kenneth Kenniston von der Yale-Universität, der den »Verlust einer Vision des Kommenden« als die schwerste Belastung der jungen Generation erkannte.

Vor allem dem Einfluß dieser drei Persönlichkeiten ist es zuzuschreiben, daß vor einigen Jahren in den USA und Kanada eine wahre Flut von futurologischen Vorlesungen, Seminaren. Lehrgängen und Schulübungen einsetzte. 1968 gab es in den USA erst vierzehn regelmäßige Kurse über Zukunftsfragen, im Frühjahr 1971 waren es (nach den Ermittlungen von Bill Rojas, einem jungen Hochschullehrer, der sich auf dieses Gebiet spezialisierte) schon über hundert und Ende 1972 bereits vierhundert!

Hier einige der Methoden, die ausprobiert wurden:

- In Florida versuchten sich Schüler auf den »Zukunftsschock« vorzubereiten, indem sie in immer kürzeren Abständen von einer Gastfamilie zur nächsten übersiedelten. Es begann mit einem Aufenthalt von einem Monat, dann folgte ein »Gastspiel« von drei Wochen, zwei Wochen, einer Woche, bis schließlich die Tapeten täglich gewechselt wurden.
- In Minneapolis wurden Schüler angehalten, mindestens einmal pro Woche, am »Be Another Person Day«, in die Rolle einer anderen Persönlichkeit zu schlüpfen, um auf diese Weise einen höheren Grad von geistiger Elastizität zu erwerben.
- An der Mark's Meadow School in Amherst versuchte Patricia Burke im Biologieunterricht, Kinder von der ersten bis zur sechsten Schulklasse auf die Möglichkeiten und Gefahren künftiger biologischer Manipulation hinzuweisen, indem sie sie aufforderte, sich aus einem Baukasten mit Körperteilen einen »Wunschkörper« zu entwerfen und dann zu begründen, weshalb sie diesen »neuen Adam« dem alten vorzögen. Meistgewähltes Modell für Neukonstruktionen: Menschen mit Flügeln.
- In Berkeley wurden 1970 unter der Leitung von John Dieges und Ed Schlossberg, Schülern des bekannten Architekten und Philosophen Buckminster Fuller, Kinder zwischen acht und vierzehn Jahren angeregt, Modelle einer »Stadt der Zukunft« zu bauen. Jeder Schultag entsprach einem künftigen Jahr, von 1971 bis 2000. Es wurden dann durch Vergleiche der verschiedenen Entwürfe Diskussionen über mögliche Veränderungen des Denkens und des Lebensstils begonnen, die man auf Videofilm festhielt. So werden später einmal die Achtzehn- bis Vierundzwanzigjährigen des Jahres 1980 ihre Vorstellungen an der inzwischen zur Gegenwart gewordenen Zukunft überprüfen können.

Die Einführung von »Science-fiction« in Schullehrgänge wurde besonders von Professor Dennis Livingston, Case Western University, Detroit, und Judi Driessel, Fox School, Belmont, empfohlen. Unterhaltungen, die sich aus dieser Lektüre ergaben, drehten sich zum Beispiel um die Unterschiede zwischen Naturwissenschaft und »phantastischer Wissenschaft«. Es wurde einer Klasse die Frage gestellt: »Was würdet ihr tun, wenn ihr auf dem Heimweg plötzlich einem gigantischen Monstrum von einem anderen Planeten begegnet?« Auf diese Weise traten die Ängste und Vorurteile der Schüler gegenüber rassischen Minderheiten und ihrer Zukunftsrolle zutage und konnten einer Klärung unterworfen werden.

Die »stumme« Mehrheit als »blinde« Mehrheit

Die Ungeniertheit, Plumpheit und Zeitbefangenheit mancher dieser Versuche sollte nicht sofort zu ihrer Verurteilung führen. Es gibt, wie die bekannte Anthropologin Margaret Mead einmal ausführte, seit langem Hunderte von Lehrkanzeln, von denen aus über die Vergangenheit gesprochen wird, aber immer noch viel zu wenige Lehrer, die mit ihren Schülern über das Thema sprechen, das sie am stärksten interessieren muß: die Aussichten der Welt von morgen. Und es existieren bis heute fast keine unabhängigen futurologischen Forschungsinstitute, die, ohne irgendwelchen Auftraggebern schmeicheln zu müssen, kritisch, systematisch und auch auf unkonventionelle Weise neue Wege in die Zukunft suchen können. Die von Wirtschaft oder Staat abhängige Prognostik unserer Zeit ist bisher noch weitgehend eine moderne Fortsetzung der Orakel und der Hofastrologie.

Das angestrebte Ziel, Menschen offener, elastischer, einfallsreicher zu machen, sollte nicht nur auf dem Weg der Erkundung und Erfindung anderer Lebensmöglichkeiten erreicht werden, sondern auch durch das Erlernen schärferer, vorurteilsfreierer Beobachtungsweisen und durch die Erweckung verschütteter Sensibilität. Die festgefahrenen oder verkümmerten Fähigkeiten des Wahrnehmens und Erkennens im Menschen freizulegen, bemüht sich seit Jahren Heinz von Foerster, Universität Illinois, mit seinen Mitarbeitern: »Wenn wir von Zeit zu Zeit durch die Fenster unseres Laboratoriums hinaus auf den Lauf der Welt schauen, wächst unsere Verzweiflung über das, was wir dort beobachten«, stellt er fest. »Die Welt scheint von einer schnell um sich greifenden Krankheit befallen zu sein, die sich inzwischen global ausgebreitet hat. Beim einzelnen manifestieren sich diese Symptome der Störung im Verfall seiner Fähigkeiten, etwas zu erfassen ... Es sieht so aus, als seien wir in einer Welt aufgewachsen, die wir eher aus Beschreibungen anderer als durch unsere eigenen Wahrnehmungen kennen.«

Als Beispiel für diese Behauptung erwähnt der Gelehrte einen von George Miller entworfenen Test, in dem zuerst Erwachsene und dann Kinder gebeten wurden, sechsunddreißig Karten, auf denen je ein Wort steht, nach ihrer Zusammengehörigkeit zu ordnen. Die Erwachsenen hätten ohne Ausnahme die Wörter nach ihren grammatischen Eigenschaften gruppiert. Das heißt hübsch säuberlich nach Haupt-, Eigenschafts-, Tätigkeits- und Bindewörtern. Die Kinder – ebenfalls ohne Ausnahme – kümmerten sich um diese künstliche syntaktische Ordnung überhaupt nicht, sondern ordneten nach Erlebnissen und Wahrnehmungen. Da steht das Verbum »essen« selbstverständlich neben dem Substantiv »Apfel«, ist die »Luft« »kalt«, wird der »Fuß« zum »Springen« benutzt, »lebt« man in einem »Haus«, ist der »Zucker« »süß«, und die Kombination von »Doktor«, »Nadel«, »leiden«, »weinen«, »traurig« erzählt eine ganze Geschichte.

Die heutige Erziehung aber, so meint Foerster, zerstört meist diese sinnvolle Anschauungsweise. Die Mehrheit der Menschen sieht nicht, weil sie nicht sehen will, sondern weil sie lieber anerzogenen stereotypen Vorstellungen nachhängt; und sie hört nicht, weil sie nur hören will, wenn das Gehörte der eigenen, bereits zuvor festgelegten Meinung entspricht. Die »stumme Mehrheit« ist in Wahrheit eine »taube und blinde Mehrheit«, die nicht willens ist wahrzunehmen, was ihr nicht ins gewohnte Konzept paßt.

Diese Überlegungen sind für eine Kritik des bestehenden Erziehungssystems von Bedeutung. Solange Muster, die vielleicht einmal gestimmt haben, aber inzwischen durch die Zeit längst überholt sind, mit Hilfe des Lehrers durch Abfragen nach »richtigen«, das heißt schon vorher feststehenden Antworten in die Köpfe der Kinder eingehämmert werden, kann man weder die Gegenwart noch die Zukunft erfassen. Denn sie wird stets anders sein.

Der Lehrer, der von seinem Schüler erwartet, daß dieser das längst Gewußte und als richtig Akzeptierte wiederholt, sollte daher von einem Pädagogentyp abgelöst werden, der vor allem Fragen stellt, auf die Antworten noch nicht bekannt sind. Er hätte nicht länger an die Erinnerung, sondern vornehmlich an die unvoreingenommene, vorurteilslose Beobachtungsfähigkeit und Einbildungsgabe des Schülers zu appellieren. Somit würde er genau umgekehrt handeln wie der »Großinquisitor« Dostojewskis, der den unerwartet wiederauferstandenen Christus als »Störenfried« auf dem Scheiterhaufen verbrennen will, um die bestehende Ordnung zu erhalten.

Foerster klagt, daß die »Blinden« und »Tauben«, die das bisherige Schulsystem hervorbringt, »nicht nur unwissend sind, daß sie also nicht sehen, hören und fühlen können, sondern es auch gar nicht anders haben wollen«. Hier scheint er wie so viele, die berechtigte Kritik üben, allerdings selber einem Klischee verfallen zu sein. Denn in Wahrheit – wir haben bereits auf einige Beispiele hingewiesen – gibt es besonders in der Welt der Schulen bereits viele Lernende, die beginnen, die Wirklichkeit kritisch und offen als einen sich ständig verändernden Prozeß zu begreifen, an dessen Zustandekommen und weiterem Verlauf sie selbst mitwirken sollten.

Ein neuer Erziehungsstil

Der ferne grüne Stern beginnt zu wachsen, bis er strahlend den ganzen Horizont ausfüllt. Plötzlich bricht er auseinander in glänzende Trümmer und Lichtfäden, die aber gleich wieder zu einem orangegelben Knäuel zusammenschießen. Rötliche Protuberanzen flammen aus dem neu entstandenen Sonnenball, ordnen sich zu sphärischen Zirkeln, die sich im Rhythmus einer Gesangsstimme auseinander und wieder aufeinander zu bewegen.

Dieses kosmische Spektakel, das durch immer neue Schöpfung, Untergang und Wiedergeburt überrascht, geht auf dem runden Glasschirm eines Oszilloskops vor sich, das in einem verdunkelten Saal des mausoleumsähnlichen »Palace of Fine Arts« in San Francisco steht. Diese Instrumente werden sonst für physikalische oder chemische Messungen benutzt. In diesem Fall vermitteln sie große Freude und ein wenig Belehrung. »Vidium« heißt das Spielzeug. Es ist mit einem Mikrofon verbunden, in das die Besucher der Ausstellung hineinsprechen, singen, rufen, und je nach Klang oder Stimmhöhe entsteht ein anderes Muster in anderer Farbe. Besonders die Kinder bekommen nie genug davon.

Das ist eines der vielen Ausstellungsstücke in dem 1968 gegründeten »Exploratorium«, dessen Besucher erfahren sollen, so will es der Gründer und Leiter dieses ungewöhnlichen Museums, daß dem Beschauer wissenschaftlich erklärbare Vorgänge nicht nur durch sachliche Beschreibungen, sondern auch durch Erlebnisse von großer Schönheit mitgeteilt werden können.

Initiator der Ausstellung, die aus einer zur Militärgarage herabgekommenen Halle einen Ort des Staunens und der Wunder machte, ist Träger eines berühmten Namens. Er heißt Frank Oppenheimer. Eigentlich hatte ich ihn aufgesucht, um mich mit ihm über seinen Bruder Robert J. Oppenheimer zu unterhalten, den »Vater der Atombombe«. Aber zum Gespräch über dieses Thema kam es fast gar nicht. Frank, der ein Leben lang im Schatten des Älteren gestanden hatte, sprach lieber über seine eigenen Pläne als über die Vergangenheit. Hatte »Oppie« stets distanziert und beinahe hochmütig gewirkt, so nahm mich Frank durch seine Wärme, Herzlichkeit und Einfachheit gefangen.

Jahrelang als Pazifist politisch verdächtigt, verfolgt und verbannt, hatte er sich auf die Familienranch zurückgezogen, war dann, als endlich den »Hexenjägern« der Atem auszugehen begann, wieder Physikdozent geworden und hatte schließlich mit Hilfe von Stiftungsgeldern diese neue »Schule für jedermann« eingerichtet. »Ich möchte«, so sagt er mir in seinem Haus auf einem Hügel der Hafenstadt, »daß die Besucher nachempfinden, was den wahren Forscher bewegt. Nicht etwa nur Streben nach Erkenntnis, Ruhm und Macht, sondern auch ästhetische Gefühle, Freude an phantastischen Ideen und kühnen Vermutungen. Wissenschaft muß durchaus nicht so gefühlskalt und gefühlsarm, abstrakt und dürr sein wie in den Lehrbüchern und im üblichen Unterricht. Sie kann alle bewegen, Kinder und Erwachsene, genau wie die Natur, die sie verstehen möchte.«

Rund dreihunderttausend Besucher pro Jahr kommen in Oppenheimers »Exploratorium«. Sie sehen in der jedermann offen zugänglichen Werkstatt, wie die Exponate zusammengebastelt werden, und dürfen mit all diesen »tollen« Apparaten spielen, auch wenn die dabei einmal kaputtgehen sollten: mit dem »Zauberbaum«, dessen Hunderte von Lichtern aufleuchten, wenn jemand zu ihm spricht; dem »Reflexionssystem«, das bunte Leuchtkörper tausendfach widerspiegelt; dem »Fahrradgenerator«, durch dessen Bedienung man selbst Energie und Licht erzeugen kann; dem »Perspektivezimmer«, in dem der Besucher an einer Stelle zu groß, an einer anderen zu klein wirkt. Oder sie stehen bewundernd vor den vielfarbigen »Sonnenbildern«, die durch Prismen oder Reflektoren auf eine Glasscheibe geworfen werden. Eine Tafel davor sagt: »Funktioniert nur, wenn die Sonne gerade scheint ... Kommen Sie bitte wieder.«

Kein Forscherfanatismus, keine esoterische Abkapselung, keine Geheimhaltung, kein Prominentenrummel: ein ganz anderer Stil. Der jüngere Bruder des Symbols für den brillanten »Großforscher« arbeitet als bescheidener, allen zugänglicher Lehrer, um den jungen und erwachsenen »Jedermanns« zu dienen, sie zu entzücken und dabei auch noch zu informieren.

Es ist vor allem diese veränderte Einstellung vieler Erzieher (mit und ohne Diplom), die eine neue Zeit ankündigt. Im Mittelpunkt steht nicht mehr der Lehrer, sondern der Lernende, der Wissen und Können erwerben will. Aber nun wird er nicht mehr in eine »Schule« gesperrt, die sich von der Welt abkapselt und nach Lehrplänen richtet, die fast stets hinter der sich immer schneller und vielfältiger entwickelnden Wirklichkeit »draußen« zurückbleiben müssen. Schulklassen beginnen, sich mit den Massenmedien und ihren Inhalten zu beschäftigen, ihren Methoden der Darstellung, der bewußten oder unbewußten Manipulation, dem, was sie sagen, und dem, was sie nicht sagen oder nur andeuten können. Für Lehrer wie John Bremer, Begründer einer »Schule ohne Wände« in Philadelphia, wird die Stadt zum »Klassenzimmer«. Die Schüler lernen in Krankenhäusern, Großgaragen, Kanalisationsanlagen, E-Werken, Flughäfen, Viehhöfen, Großschlachtereien, Slums und Villenvierteln, Gewerkschaftslokalen und Großbüros. Sogar das »Niemandsland« der Betriebe wird ihnen geöffnet, und sie merken sehr bald, ob man sie mit Public-Relations-Informationen täuschen will oder ihnen sagt, wie es wirklich ist. Denn sie haben ja, anders als ihre Väter und Mütter, gelernt, zu beobachten, kritisch zu fragen, sich ihre eigenen Gedanken zu machen. Sie kennen alle Tricks der Reklamemacher, sie können Plakate, Fernsehspots, Slogans analysieren und durchschauen, sie wissen auch schon, wie die Macht verteilt ist, und können in Wirtschaftsnachrichten zwischen den Zeilen lesen.

Erziehung muß nicht länger Einübung in die Haltung der ahnungslosen Gutgläubigkeit und Untertänigkeit sein. Die Zeiten der Horizontverengung, des Stumpfmachens und des lebenslangen, mehr oder weniger resignierten Dahintreibens, das man »Laufbahn« nennt, könnten zu Ende gehen, wenn die in ihren Auffassungen verschiedenen, aber in ihren emanzipatorischen Zielen einander ähnelnden Pädagogen vom Schlage eines Ivan Illich, George Dennison, George Richmond, Anne Long, Jonathan Kozol, Patrick Zimmermann, André Mahé, Jules Celma, Francine Dubreucq, Ernst Jouhy, Dieter Baacke, Hans Giffhorn, Diethard Kerbs, Hartmut von Hentig – das sind nur einige von den zahlreichen Aufklärern aller Länder – an Zahl und Einflußmöglichkeit weiter zunehmen.

»Wir möchten euch dazu verhelfen, daß ihr nicht jetzt oder eines Tages in die Pfanne gehauen, verbraten, übers Ohr gehauen werdet«, heißt es in einem neuen Arbeitsbuch für Sozial- und Gemeinschaftskunde, das von Georg Fischer und seinen Mitarbeitern in der Bundesrepublik herausgebracht wurde, »und wir hoffen, daß ihr rechtzeitig lernt und übt, euch eurer Haut zu wehren, eure Interessen zu vertreten, eure Rechte wahrzunehmen und euch zu verteidigen.«

Gegen den neuen Analphabetismus

Als vor einigen Jahren das neue »Paracelsus-Hospital« in der westdeutschen Industriestadt Marl mit der üblichen Feier eingeweiht wurde, tönte plötzlich statt einer Festrede eine erregte Diskussion über die Lautsprecher:

»Wir werden uns dieses Ding nie leisten können.«

»Die Mittel für ein modernes Krankenhaus kann unsere Gemeinde doch gar nicht aufbringen.«

»Wir sollten es immerhin versuchen.«

Das waren Tonbandausschnitte aus einer schon einige Jahre zurückliegenden Debatte der Gemeindevertreter. Gegen die Lautkulisse dieser Zweifler bot sich das nunmehr trotz aller Schwierigkeiten erstellte Gebäude um so eindrucksvoller dar.

Aufgenommen hatte diese Tonband-Dokumentation eine

Gruppe Marler Bürger, die sich im lokalen Freizeitzentrum »Die Insel« gefunden hatten. Sie beschlossen, die üblichen Volkshochschulkurse durch eigene Bestandsaufnahmen zu bereichern. Diese laufende, kritisch orientierte Informationssammlung über eine möglichst große Anzahl örtlicher Probleme und Ereignisse machte sie auf eine ganz andere und viel eindringlichere Art mit Fragen der Volkswirtschaft, mit den Kommunalproblemen, Nöten, Mißständen und Hoffnungen ihrer Mitbürger bekannt, als es Vorträge oder Seminare hätten tun können.

Der brasilianische Pädagoge Paulo Freire führte ähnliche Methoden der Wissensvermittlung in die Erwachsenenbildung ein; sie verlangen aktive Teilnahme und versuchen, erhöhte Aufmerksamkeit für das angebotene Wissen durch die Erweckung von Eigeninteressen der Lernenden hervorzurufen. Der 1921 in Recie geborene Sohn bürgerlicher Eltern mußte in seinen Jugendjahren am eigenen Leibe erfahren, was Hunger ist, nachdem seine Familie in der Weltwirtschaftskrise ihr bescheidenes Vermögen verloren hatte. Nach einigen Jahren als Rechtsanwalt wechselte er zum Lehrberuf über, weil er es überdrüssig war, das »Recht der Satten« zu vertreten.

So ist Freire einer der zahlreichen, über die Erde verstreuten Mitarbeiter am »Projekt Jedermann« geworden, das die Erschließung der in jedem einzelnen vorhandenen Entwicklungsmöglichkeiten zum Ziele hat. Über seine Methode erzählt sein Freund und Kampfgefährte Illich: »Paulo Freire aus Brasilien beweist, daß jeder aufgeweckte Mensch in wenigen Wochen lesen und schreiben lernen kann. Er sendet seine Laienpädagogen in ein Dorf, um die politischen Schlüsselworte zu entdecken. Sie sind von Ort zu Ort, von Jahr zu Jahr verschieden. Es kann der Brunnen sein, zu dem der Großgrundbesitzer den Zutritt verwehrt, oder die Schuld, die von der Polizei eingetrieben wird. Der Pädagoge bringt abends die Leute zusammen, denen es um diese Worte geht. Er läßt sie sprechen. Wenn ein Schlüsselwort aufkommt, zeigt er auf die Tafel, wo das Wort steht und stehenbleibt. Schreiben heißt die entfremdete Wirklichkeit in die Hand nehmen. Nach wenigen Stunden erkennen Erwachsene ein Dutzend Schlüsselworte, und bald können sie ihren ganzen Wortschatz aus Silben dieser kontroversen Worte aufbauen.«

Lesen und Schreiben sind für Freire, der seit 1964 als politischer Flüchtling im Exil leben muß, nur Instrumente einer »Bewußtmachung« (conscientizacao) menschlicher und gesellschaftlicher Zusammenhänge, die weit über das Beibringen einer Fertigkeit hinausgeht. Sie kann und soll die Lernenden auf ihre gesellschaftliche und historische Rolle hinweisen, die sie in der Geschichte zu spielen haben. In den Worten Freires: »Es heißt, daß wir die Geschichte allmählich selber in die Hand nehmen, um sie zu machen, und nicht, um von ihr gemacht zu werden.«

In diesem Sinn kann das Konzept des Brasilianers, der heute beim Weltkirchenrat in Genf arbeitet, auch von den entwickelten Ländern angewandt werden, in denen der Analphabetismus alter Art durch eine neue Variante des Nichtverstehens abgelöst wurde. Zwar können die Menschen der hochindustrialisierten Nationen lesen und schreiben, aber es fehlt den meisten die Kenntnis der komplexen wirtschaftlichen Interessengewebe, in die ihr Leben und ihre Arbeit verstrickt sind. Die Hintergründe ihrer Abhängigkeit erfassen sie kaum. Weder wissen sie, weshalb sie die Arbeit leisten, die sie finden konnten, noch, weshalb sie gerade das konsumieren müssen, was man ihnen anbietet.

Der »Analphabetismus« in bezug auf ökonomische Zusammenhänge, wissenschaftliche und technische Tatbestände kann aber, wie sich gezeigt hat, durch die übliche Weise des »Lehrens« kaum beseitigt werden. Das Interesse an Volkshochschulkursen, das in aller Welt immer noch viel zu gering ist, und die Unregelmäßigkeit, mit der die oft von ihrer Arbeit übermüdeten Teilnehmer an solchen Bemühungen um »lebenslange Bildung« partizipieren, zeigt, daß hier andere Methoden angewendet werden müssen, ein Lehr- und Lernstil, der die Schüler nicht länger zu passiven »Behältern« degradiert, die – in den Worten von Freire – »vom Lehrer gefüllt werden«.

Bildungsbiographien der nahen Zukunft

Freire ist ein Vorläufer und eine Ausnahme. Die große Mehrzahl der Institutionen für Erwachsenen- und Berufsbildung wurde bisher kaum von den Ideen und Erfahrungen der neuen Pädagogik erfaßt. Sie behandeln den Lernenden oft noch als geistig unselbständigen »Hörer« und Kultur-»Konsumenten«. Nur selten wird er in kritischen Haltungen geschult oder zur Betätigung schöpferischer Kräfte angehalten. Die »Bankiers mit Wissenskonten« – so definiert Freire die üblichen Lehrer – investieren Kenntnisse in »Unterentwickelte«, die später einmal alles brav mit Zins und Zinseszins zurückerstatten sollen.

Doch das kann und wird nicht so bleiben. Und zwar schon deshalb nicht, weil fast überall die Erziehungsarbeit mit Erwachsenen in den Mittelpunkt des öffentlichen Interesses rückt. Internationale Instanzen (UNESCO, Europarat, OECD) haben die »lebenslange Bildung« zur Hauptaufgabe der nächsten Jahrzehnte erklärt. Die bisherige scharfe Trennung von Schulung und Lebenslauf soll aufgehoben werden. »Die Kontinuität des Lernens«, die Jerome S. Bruner, Harvard-Universität, als eine der wichtigsten Entwicklungen der Zukunft bezeichnet, wird in einer tiefen Veränderung der Lebenspläne jedes einzelnen ihren Ausdruck finden.

In der westlichen Welt soll zum Beispiel ein Fünfjähriger, wenn die bereits sehr weit fortgeschrittenen Pläne in die Praxis umgesetzt sind, bis zu seinem sechzigsten Geburtstag künftig rund siebzehn Bildungsjahre und siebenunddreißig Arbeitsjahre vor sich haben. Er tritt mit etwa zwanzig Jahren ins Erwerbsleben ein und kann von da an durchschnittlich alle fünf Jahre auf ein halbes Jahr bezahlte Weiterbildung rechnen.

Ab 1985 würde in den OECD-Ländern in Anlehnung an eine Studie von Dieter Mertens von der »Bundesanstalt für Arbeit« in Nürnberg eine typische »Bildungsbiographie« mit ihren jeweils halbjährigen Lernphasen so aussehen:

20 Jahre: Eintritt in das Erwerbsleben.
25 Jahre: Erste Weiterbildungsphase, die zum Beispiel der beruflichen »Wissensaufstockung« dienen kann.
29 Jahre: Zweite halbjährige Weiterbildungsphase. In ihr sollen weniger Fachkenntnisse als sogenannte »Schlüsselqualifikationen« erworben werden, die einer Erweiterung der Persönlichkeit dienen können, wie Förderung der Fähigkeiten zu lebenslangem Lernen, zum Gewinnen und Verarbeiten von Informationen, zum Verstehen und zum Wechsel sozialer Rollen, zur Distanzierung von der Praxis durch Theoretisierung, zur Verknüpfung von Theorie und Praxis, zur Kreativität, zum Technikverständnis, zur Analyse der Interessen verschiedener

Klassen oder Schichten, Fähigkeit zum Planen, Befähigung, sich mitzuteilen und zuzuhören, Fähigkeit, hinzuzulernen, Zeit und Mittel einzuteilen, sich Ziele zu setzen, zusammenzuarbeiten. Es sollen in dieser Phase unter anderem Wege zur Konzentration, zur Genauigkeit, zur vernünftigen Austragung von Konflikten, zur Mitverantwortung, zur Leistungsfreude aufgezeigt werden.

33 Jahre: Dritte Weiterbildungsphase. In ihr sollen die Lernenden vor allem mit jenen neuen Bildungselementen vertraut gemacht werden, die bereits in die Schullehrpläne der Jüngeren eingegangen sind, aber zu ihrer Schulzeit noch nicht gelehrt wurden. Auf diese Weise könnte das »Überholen« der Älteren durch die Nachkommenden vermieden werden.

37 Jahre: Vierte Weiterbildungsphase. In ihr könnte berufliche, das heißt spezielle berufliche Vertiefung den Vorrang erhalten.

41 Jahre: Fünfte Weiterbildungsphase. Hier dürften dagegen der größere Zusammenhang, die weiter gespannten, nicht unbedingt eng mit dem eigenen Erwerbsleben zusammenhängenden Interessen in Form von frei gewählten Fächern im Vordergrund stehen.

45 Jahre: Sechste Weiterbildungsphase. Hauptziel: Sicherung des beruflichen Status.

Mertens will diese Musterbiographie nur als Diskussionsbeispiel sehen. Es könnten, so meint er, durchaus andere Rhythmen gewählt werden. Etwa so: Vom 22. bis zum 30. Lebensjahr besteht ein Anspruch auf jährlich vier Wochen Weiterbildung. Zwischen dem 28. und dem 32. Lebensjahr kann ein ganzes Bildungsjahr in Anspruch genommen werden. Vom 33. bis zum 39. Jahr würden jährliche Lernphasen von acht Wochen eingeschaltet, zwischen dem 40. und dem 50. Lebensjahr wird einmal ein Halbjahr für Bildungszwecke reserviert.

Es läßt sich für und gegen dieses Modell sehr viel sagen. Auf der einen Seite wird man die Zielsetzung auf die berufliche Tätigkeit hin als zu stark, die Ausbildung für gesellschaftliche Aufgaben sowie der im Produktionsprozeß nicht verwertbaren Fähigkeiten als ungenügend empfinden. Von der Wirtschaft werden dagegen die hohen Kosten und der Verlust an Arbeitsstunden kritisiert. Die Debatten, die zum Beispiel in Frankreich um die seit 1970 eingeführte allgemeine Weiterbildung und in der Bundesrepublik Deutschland um den gewerkschaftlich geforderten »Bildungsurlaub« entstanden, gaben bereits einen Vorgeschmack von solchen künftigen Auseinandersetzungen – Sozialkämpfe, in denen es um andere Ziele als bisher gehen wird.

Zukunftsträchtig ist, daß die »lebenslange Bildung« allgemein und überall als zentrale gesellschaftliche Aufgabe gesehen wird. Es entsteht damit im öffentlichen Leben ein neues Feld von enormer Wichtigkeit. Denn wenn meine Behauptung zutrifft, daß Entdeckung und Entwicklung der im Menschen liegenden Fähigkeiten für die nahe Zukunft eine mindestens so große Bedeutung erlangen dürften wie die Befreiung und Nutzung der Naturkräfte für die letzten zwei Jahrhunderte, dann ist die Erwachsenenbildung der gesellschaftliche Ort, wo sich diese Bemühungen am nachhaltigsten entwickeln werden.

Anzunehmen, daß hier »offizielle Institutionen« in ihrer fast notwendigerweise vorgeschriebenen und daher starren Art ein Monopol erhalten werden, hieße aber, den Menschen dieser Zeit zuwenig zuzutrauen. Sie werden zweifellos zahllose Spielarten des »lebenslangen Lernens« entwickeln. Und wenn die Vorschläge verwirklicht werden, wonach künftig jeder Erwachsene »Gutscheine« erhalten soll, die es ihm ermöglichen, in den dafür reservierten Zeiten sein Bildungsguthaben so zu verwenden, wie es ihm richtig erscheint, dann wird eine Fülle innovativer, unkonventioneller, experimenteller Erwachsenenschulen, Bildungszirkel, freier Seminare, Sommerkurse, Reisegruppen und Forschungsgemeinschaften aufblühen.

Sollten solche freizügigen Regelungen, wie sie schon längst nicht mehr nur Illich und seine Schüler vorschlagen, institutionell gefördert werden, so entstehen neben den offiziellen Institutionen Gruppen von Erwachsenen, die den »neuen Stil« pflegen und entwickeln werden: Vertrauen zum Menschen statt seiner Kontrolle, zunehmende Denk- und Entwurfsfähigkeiten, Mitbestimmung und Eigenverwaltung auf möglichst vielen Lebensgebieten durch eine wachsende Zahl Menschen sind Ausdrucksformen eines an neuen Zielsetzungen orientierten Zeitgeistes. Ihm werden sich schließlich auch die totalitär und zentralistisch gelenkten Staaten nicht zu entziehen vermögen. Sie werden auf die Dauer dieser fortschreitenden »menschlichen Revolution« ebensowenig widerstehen können wie vorhergehende Generationen dem allgemeinen Verlangen nach Abschaffung der Sklaverei.

Zähmung der »Erziehungstechnik«

Die Tatsache, daß in fast allen politischen Systemen die massenhafte Fortbildung der Bürger als notwendige Aufgabe erkannt wird, dürfte die Bereitstellung unvergleichlich größerer Mittel mit sich bringen, zugleich aber auch die Bemühungen um Kontrolle verstärken.

Die Gelegenheiten zu solcher Lenkung können sich besonders durch die Einführung technischer Unterrichtsmittel mühelos (und vermutlich sehr bald) ergeben. Auf die Kopiermaschine, die Schmalfilmkamera, den Videorecorder, die Schreibmaschine, den Projektionsapparat trifft das nicht zu: Sie sind von Lehrern und Schülern so individuell zu handhaben wie Bleistift und Feder. Anders steht es dagegen mit aufwendigen Filmen, Diaserien, Computerlernprogrammen, Kursen und Videokassetten, Fernsehausstrahlungen. Hier geht die Produktion der Lernmaterialien in Zentralen vor sich, die meist weit von den einzelnen Ausbildungsstätten entfernt sind und schwer oder gar nicht von ihnen beeinflußt werden können. Eine private oder staatliche »Erziehungsindustrie«, deren Wichtigkeit mit der Zunahme technischer Einrichtungen in Schulen, Universitäten, Erwachsenen- und Berufsbildungskursen wachsen wird, will schon heute die »handwerkliche« Phase der Pädagogik ablösen.

Der Einwand, daß ja auch Schulbücher schon lange zentral hergestellt, daß Lehrpläne vorwiegend an anderer Stelle entschieden werden als in den einzelnen Schulen, zerstreut diese Besorgnisse nicht. Denn die Suggestivkraft der neuen technischen Medien ist ungleich größer, ihre Kosten sind oft so hoch, daß sich die wirtschaftliche Konzentration auf dem Bildungssektor fast unweigerlich verstärken muß. Vor allem aber soll – nach den Vorstellungen vieler Vertreter der Erziehungstechnik – auf diese Weise Lehrpersonal eingespart werden. Ja, man sei sogar unbedingt auf solche mechanischen Multiplikatoren angewiesen, weil der rapid wachsende Bedarf schon jetzt und erst recht in naher Zukunft die Zahl der verfügbaren Lehrer übersteige. Oft wird in diesem Zusammenhang zum Vergleich die Tatsache erwähnt, daß der Telefonverkehr ohne rechtzeitige Einführung der automatischen Wahl längst durch Mangel an Bedienungspersonal zum Erliegen gekommen wäre. Nicht einmal die gesamte erwachsene weibliche Bevölkerung der USA würde ausreichen, wenn man heute noch auf persönliche Vermittlung durch das »Fräulein vom Amt« angewiesen wäre.

Ein »technology assessment« auf dem Gebiet der neuen Medien, die in den Unterricht eindringen, wäre jedoch dringend notwendig. Es könnte vielleicht neuen Machtkonzentrationen entgegenwirken, die unter Umständen eine politisch gesteuerte Rationalisierung des Lehrbetriebes mit entsprechenden Entlassungen oder Lehrverboten verbinden würden.

Welche Macht durch die neuen technischen Mittel in die Hand künftiger Erziehungsprogrammierer gelangt, läßt sich aus den amerikanischen Plänen für ein »Education Satellite Project« ersehen, die bereits sehr weit fortgeschritten sind und noch vor Ende der siebziger Jahre verwirklicht werden sollen. ATS-6 (Applications Technology Satellite Number 6) soll für die acht amerikanischen Staaten Arizona, Colorado, Idaho, Montana, Nevada, New Mexico, Utah und Wyoming, ein Gebiet von rund eineinhalb Millionen Quadratkilometern mit etwa achteinhalb Millionen Einwohnern, die gleichen Schulsendungen verbreiten. Der ursprünglich geplante Bau zahlreicher neuer Schulen und die Einstellung von neuen Lehrern für diese Region werden dementsprechend eingeschränkt. Nur ein Fünftel der ausgestrahlten »Stunden« wird selbst gestaltet, der Rest kommt aus der »Bildungskonserve«. Als besondere Perfektion wird angepriesen, daß dieses Sendesystem eine »two way capacity« (Doppelschienen-Fähigkeit) besitzen werde. Auf diese Weise könne man sogar »die Gesichtsausdrücke der Kinder beim Empfangen des Materials beobachten«.

Besonderen Einfluß könnten solche Erziehungssatelliten auf die geistige und kulturelle Zukunft der Dritten Welt ausüben, denn sie bieten sich als billigere technische Alternative gegenüber dem Bau von Schulen und der Ausbildung von Lehrkräften an. Werden sie eigene Fernsehlernprogramme für ihre Bürger entwickeln? Oder werden die neu an ihrem Himmel fixierten »Sterne« ihnen vorwiegend Botschaften senden, die in den Zentren der westlichen oder östlichen Industriestaaten hergestellt wurden? Zur Zeit dominieren, wie Professor Schiller (USA) zeigte, bereits amerikanische Thriller die Unterhaltungsprogramme vieler Entwicklungsländer. Darf sich das auf dem Schulsektor wiederholen?

Werden die neuen technischen Mittel vielfältig programmiert und von Lehrern und Schülern direkt kontrolliert, so könnten sie oft, besonders in der Erwachsenen- und Berufsbildung, eindringlichere und schnellere Wirkung erzielen als das geschriebene Wort. Denn:

- selbstgemachte Filme schärfen den Blick und stärken durch ihren Projektcharakter den Teamgeist;
- Zeichentrickfilme können abstrakte Vorgänge in Mathematik, Physik, Chemie einleuchtender erklären als das bloße Wort;
- das selbständige, zunächst nur spielerische Programmieren von Computern und gesteuerten »Schildkröten«, wie es von Bob Albrecht im jedermann zugänglichen »People's Computer Center« von Menlo Park und durch Professor S. Papert in Cambridge schon mit Kindern von vier bis zehn Jahren versucht wird, entwickelt logische Fähigkeiten;
- Lernen mit Programmen, die viele Möglichkeiten bieten, wie das Ticcit-System der Universität Texas und das PLATO-Programm der Universität Illinois, erlaubt nicht nur individuelles Lerntempo, sondern auch kritisches Nachfragen;
- mit Schreib- und Kopiermaschine können Lehrer wie Schüler zu »Kleinverlegern« werden.

Besonders große Hoffnungen auf die Breitenentwicklung der Erwachsenenbildung werden in die Einrichtung von »Fernsehschulen« und »Fernsehuniversitäten« gesetzt. Das Paradebeispiel dafür ist die »Open University« (Offene Universität) in England. An ihr sind bereits heute die »Kinderkrankheiten« dieser bisher umfassendsten Bemühungen um »permanente Bildung« zu erkennen.

Die »Offene Universität« ist nicht offen genug

»Selbstverständlich brauchen Sie diesen Bericht nicht zu lesen oder ihm entsprechend zu handeln. Deshalb wäre es unpraktisch, ihn zur Grundlage von Examina und Beurteilungen zu machen. Er wird vielmehr im Rahmen des Kurses als Anregung angeboten, kann aber auch unabhängig davon benutzt werden. Wenn Sie versuchen, etwas damit zu machen, dann auf keinen Fall in der Erwartung, dadurch persönliche Vorteile zu erlangen. Tun Sie's um der Sache willen. Das könnte Freude und Erhellung bringen. Wenn Sie's lassen: kein Tadel. Das Resultat von Prüfungen, soweit es sie gibt, wird nicht davon abhängen, ob Sie sich mit diesem Abschnitt beschäftigt haben, sondern mit Ihrer Fähigkeit, die eigenen Zweifel und Vorstellungen auszudrücken.«

Auf diese für ein Lehrbuch gewiß nicht übliche Weise führte Professor J. Christopher Jones von der englischen »Open University« die Schüler in seine Vorlesungen des Lehrgangs über »Design« (Entwurfswissenschaft) ein. Er ist in dieser größten und neuesten Universität Englands, die durch eine Kombination von Radiosendungen, Fernsehfilmen, umfangreichen Lehrbriefen, Tutorenklassen und Sommerschulen Zehntausenden Briten zu einem Hochschulstudium verhilft, gewiß einer der ungewöhnlichsten Lehrer. Denn er hält bekanntes und erworbenes Wissen nur für einen Bruchteil menschlicher Fähigkeiten und räumt der Eingebung, dem Gefühl, dem Tast- und Formsinn weit mehr Raum ein.

Der Vorfall, bei dem ich Jones kennenlernte, war charakteristisch für ihn. Nach den Ausführungen eines berühmten kalifornischen Experten, der mit mechanischer Beredtheit einem in Glasgow tagenden Kongreß über »technologische Vorausschau« (technological forecasting) gerade sein Verkehrssystem vorgestellt hatte, das abschnurrt wie ein kompliziertes Präzisionsuhrwerk, trat ein mittelgroßer Mann mit rötlichem Haar auf ihn zu und fragte mit einer Stimme, die vor unterdrückter Erregung zitterte:

»Sir, haben Sie je *Mein Kampf* gelesen?«

Von dem offensichtlichen Zorn des Fragestellers eingeschüchtert, kam die Antwort: »Ich – glaube nein.«

Worauf ihm der Rothaarige entgegenschleuderte:

»Ihre Ausführungen klangen aber erschreckend ähnlich: totalitäre Unterwerfung der Menschen!«

Das war J. C. J. in Reinkultur. Ein Waliser, dem Forschung und Lehre nicht nur Ermitteln und Weitergeben von Fakten ist, sondern leidenschaftliche Bemühung um Neuerung und Veränderung. Er hatte – wie alle Prototypen des Jahrtausendmenschen – vieles versucht, ehe er schließlich akademischer Lehrer wurde. Darum ist er wohl ein so guter »teacher«, der die Jugend anzieht und anregt. Daß Chris Jones die Universität alten Stils aufgab und sich nach erfolgreichen Jahren an der Technischen Hochschule von Manchester dem Versuch der »Open University« zuwandte, kann nicht wundernehmen. Denn hier wurde auf Initiative der

Labour-Regierung ein neuartiges Massenexperiment für Erwachsenenerziehung unternommen. Es zog sofort Hunderte innovationsfreudige akademische Lehrkräfte an, die wie Jones des üblichen Universitätsbetriebs längst überdrüssig waren.

Doch der Prozentsatz der englischen Bevölkerung, der sich für diesen Versuch interessierte, war kleiner als erwartet. Obwohl jeder von den dreißig Millionen englischen Besitzern eines Fernsehapparats die Chance erhielt, in einem Hochschulstudium von drei Jahren ein Abschlußdiplom zu erwerben, das dem anderer englischer Universitäten formell gleichwertig ist, bewarben sich zunächst »nur« rund hundertdreißigtausend Engländer um die Aufnahme – eine stattliche Zahl zwar, aber im Verhältnis ein geringer Prozentsatz möglicher Teilnehmer. Fünfundzwanzigtausend wurden zugelassen, davon blieben weit über die Hälfte »bei der Sache«. Das sind Zahlen, die den Bildungsökonomen imponieren. Sie können sich ausrechnen, daß der Staat für einen an der »Open University« Ausgebildeten viel weniger ausgeben muß als für einen, der an einer der üblichen Universitäten studiert. Aber die Bildungspsychologen, Didaktiker und Pädagogen sind unzufrieden. Sie vertreten, wie es besonders der Pionier der amerikanischen Zukunftsforschung und Kommunikationsforscher John McHale zum Ausdruck brachte, die Ansicht, daß hier alter Wein in neue Schläuche gegossen werde. »Neue Technik wird auf eine Weise in ein weitgehend obsoletes System eingeführt, die dessen Untugenden durch häufige Wiederholung und womöglich noch bürokratischere Methoden verewigt.«

Diese Kritik erscheint mehr als berechtigt. In der ersten »Fernsehuniversität« spielen die Lektionen am Bildschirm eigentlich eine zweitrangige Rolle. Das Hauptgewicht liegt auf den von einer zentralen Stelle nahe London versandten »Studienpaketen«, deren Inhalt in mindestens zwanzig Stunden Hausarbeit pro Woche verarbeitet werden muß. Weiterhin sind regelmäßig Abendklassen zu besuchen, die pädagogisch meist wenig geeignete Studienhelfer (Tutoren) leiten. Examensarbeiten müssen abgeliefert, Fragebogen ausgefüllt werden. Am interessantesten sind noch die einmal jährlich stattfindenden vierzehntägigen Sommerkurse, in denen die Laienakademiker fern von ihrem Arbeitsmilieu miteinander debattieren können.

Chris L. Crickmay, ein junger Mitarbeiter der »Open University«, möchte, daß die besonderen und neuartigen Möglichkeiten des elektronischen Unterrichtsmediums, das in jedes Haus hineinreicht, stärker als bisher ausgenutzt werden. Er meint, durchaus einleuchtend, daß gerade der heutige Mensch in seiner Arbeit ohnehin zum Rädchen der großen Apparate gemacht wird, die für ihn nicht durchschaubar sind. Von einer wirklich offenen Universität dürfe er nun nicht noch mehr in Richtung auf Spezialisierung gedrängt werden, sondern sollte statt dessen endlich Einsichten in Gesamtzusammenhänge gewinnen. Die Einengung auf bestimmte gesellschaftliche Rollen, auf den »Job«, in dem der Abhängige nicht handeln kann, wie es ihm aufgrund seines Urteils richtig erschiene, sondern sich »nach Vorschrift« verhalten muß, werde durch dieses zentral gelenkte Unterrichtssystem nicht aufgehoben, sondern noch verstärkt.

Sein Programm für eine »Open University«, die dem Geist einer emanzipierten Erziehung entspricht, lautet in Stichworten: »Elektronische Medien, nicht gedruckte Skripten sollten vorrangig sein. Die Kurse dürften nicht auf enge Ziele festgelegt werden. Wenig Planung, Dezentralisierung der Leitung, keine Kommissionen, die Lehrpläne festlegen, keine Voraussagen, wie Teilnehmer reagieren werden (denn dann wird man von Anfang an alles tun, damit sie sich entsprechend der Voraussage verhalten). Kurse, die nicht Spezialthemen behandeln, sondern verschiedene Informationen in Zusammenhängen aufzeigen. Schaffung zahlreicher Verbindungen zwischen allen, die mitmachen. Keine Examina. Eingehen auf lokale und globale Fragen. Hinarbeiten auf freie Reaktionen aller Teilnehmer, Vertrauen statt autoritärer Führung.«

Vorläufig kann von einer solchen Erneuerung der »Open University« kaum die Rede sein. Sie wird weiterhin vor allem als mögliche Aufstiegschance im großen Karrierewettlauf benutzt. Die Hoffnung aber, die ursprünglich bei der Gründung Hauptantrieb war, erfüllte sich nicht: Die Arbeiter kümmerten sich bisher nur wenig um die neue Hochschule, die es jedermann ermöglicht, ohne Abiturzeugnis oder andere Zulassungsscheine mitzumachen. Obwohl mehr als ein Drittel der in den ersten Jahren verfügbaren Studienplätze den erzieherisch bisher »benachteiligten Schichten« zur Verfügung gestellt wurde, nahmen nur etwa sechs Prozent diese Chance wahr. Fast vierzig Prozent der Eingeschriebenen sind Lehrer, die sich weiterbilden wollen.

Die Gründe, warum die Ausgangsidee verfehlt wurde, sind genau untersucht worden. Das, was dabei herausgefunden wurde, hätte man – wenn auch nicht so genau belegt – wohl auch ohne diese Forschungen vermuten können: Die Kurse waren zu »akademisch« gehalten. Sie wurden von den Teilnehmern, die für das verlangte disziplinierte Lernen ungenügend vorgebildet waren, nicht oder nur teilweise verstanden. Außerdem hatte man die tägliche nervliche und körperliche Beanspruchung der bevorzugten »Zielgruppe« unterschätzt: Nach einem harten Arbeitstag sind gerade noch populäre Fernsehshows zur Entspannung erträglich. Schließlich konnten viele Arbeiter kaum Zeit für Abendkurse mit »Tutoren« sowie die »Sommerschulen« finden. Die an sich niedrigen Studiengelder und anderen Nebenausgaben sind besonders den jüngeren Arbeitern und Angestellten immer noch zu hoch.

Die »Offene Universität« ist also gar nicht so offen, wie ihr Name verheißt. Sie ignoriert die Erkenntnisse der modernen Erziehung, den Streß der modernen Produktion, den Mangel an Freizeit, Ferien und Geld. »Lebenslange Erziehung« – das ist eine Lehre dieses pädagogischen Großexperiments – wird nur dann mehr als ein Schlagwort sein können, das falsche Hoffnungen erweckt, wenn sich Arbeitsweise und Lebensumstände der großen Menge grundlegend ändern.

Verliert das Diplom seinen Wert?

Einschneidende Veränderungen in der Erwachsenenbildung sind jedoch auf alle Fälle bis zur Jahrtausendwende zu erwarten, selbst wenn es bis dahin nicht zu einem tiefergehenden Wandel der Strukturen und Systeme kommen sollte. Weshalb?

- Neue Möglichkeiten ziehen stets auch neue Forderungen und Lösungen nach sich. Die Erfindung »Auto« zum Beispiel erzwang allmählich einschneidende Veränderungen der Umwelt und des Lebensstils, die gezwungen waren, sich dem neuen Transportmittel anzupassen. Ähnlich dürfte die Innovation »lebenslange Bildung«, für die heute noch viele Voraussetzungen fehlen, bald intensive Wünsche und Forderungen erwecken, die, wenn notwendig durch politische Kämpfe, die geeigneten äußeren Umstände für die Nutzung dieser angebotenen Möglichkeiten herbeiführen.

- Die zunehmende Rationalisierung eines Teils der Arbeitsvorgänge, vor allem derjenigen, die physische Kraft und wenig Intelligenz erfordern, gibt in den nächsten Jahrzehnten nur noch besser informierten, urteilsfähigen, kreativen Menschen Beschäftigungschancen. Die zu erwartende Arbeitszeitverkürzung bei zunehmender Steigerung von Produktivität setzt auch mehr Stunden für Bildungsaufgaben frei. Diese Entwicklung kommt freieren, weniger zeitsparenden Bildungsbestrebungen entgegen.
- Die Art, wie Menschen lernen oder am Lernen gehindert werden, die Methoden, wie ihre schöpferischen Kräfte schon in der Vorschulzeit befreit werden können, die Möglichkeiten der Aktivierung jeder Persönlichkeit und ihre Befreiung von Routine werden jetzt erst genau erforscht, weil bisher die massenhafte Entwicklung solcher Potentiale kaum gewünscht war. Man verlangte phantasielose, gehorsame »Untertanen«, die keine Schwierigkeiten machen sollten. Nun aber haben intensive Experimente auf den Gebieten der Psychologie, der Pädagogik, der Verhaltensforschung und anderer Humanwissenschaften eingesetzt, die den möglichen Abbau vieler bisheriger Hemmnisse erwarten lassen. Wir beginnen allmählich die Voraussetzungen für ein lebenslanges Schöpfertum genauer zu erkennen, und daraus entwickelt sich ein Zwang, sie auch zu schaffen. Kinderläden, Abenteuerspielplätze, freie Schulen, offene Universitäten sind erste Ansätze dazu. Ihre Absolventen werden immer energischer nach einer Arbeitswelt verlangen, in der sie ihre persönlichen Gaben nicht mehr verleugnen müssen.

Trotz ihrer Mängel ist die »Open University« ein Vorstoß, der zum Antrieb für einen entschiedenen Wandel werden kann. Tatsächlich ist dieser Prozeß bereits angelaufen. Die englischen Gewerkschaften haben nun, angeregt durch den »Zeitmangel« potentieller Benützer der neuen Institution, dem Beispiel der deutschen und der italienischen Gewerkschaften folgend, einen jährlichen Bildungsurlaub verlangt. Die belgischen Arbeitnehmer fordern sogar einen »Bildungsfeiertag« pro Woche, und über die internationalen Behörden werden ähnliche Ansprüche immer stärker in alle nationalen Volksvertretungen hineingetragen. Es ist ermutigend, daß der Berater des Europarates in Fragen der Erwachsenenerziehung, Professor Henri Janne, Zukunftsvorstellungen verkündet, die »im Blick auf die Bildungstradition der abendländischen Gesellschaft umwälzend wirken«:

- Rhythmus und Dauer der Bildung werden sich nicht mehr nach verbindlichen Vorschriften richten.
- Die Bildungsstufe wird nicht mehr am Alter des Lernenden ausgerichtet sein. Schulklassen sind überholt, soweit sie auf dem Alter und einer strengen, umfassenden Unterrichtsfolge beruhen. Die einzelnen Schülergruppen sind nicht mehr nach dem Alter ausgerichtet, sie ändern sich mit den Lehrfächern in jeder Bildungsphase.
- Das Diplom verliert seinen absoluten Wert.
- Die Lehrer sind nicht mehr »Referenten«, die etwas »vortragen«, sondern Berater, die den Unterricht beleben.
- Der Lernende legt mit Hilfe der Lehrer sein Studium selbst an. Zu diesem Zweck werden zunehmend optisch-akustische und informationswissenschaftliche Mittel eingesetzt.
- Das Studium spielt sich nicht mehr in einem Bereich ab, der sich »Schule« nennt. Es erfolgt vielmehr über Orientierungs-, Dokumentations- und Informationszentren, Massenmedien, pädagogische Einzelberatung und Gruppenarbeit.
- Der Lehrstoff und die Methoden der Erwachsenenbildung können nicht mehr von oben her aufgezwungen werden. Sie werden vielmehr demokratisch aufgrund fortlaufender Analysen der Bildungsbedürfnisse festgesetzt.

Die Fabrik der Gleichen

Die beginnende Förderung eigener, bisher verborgener, brachliegender oder verschütteter Fähigkeiten bei einem immer größer werdenden Kreis von Persönlichkeiten sollte eigentlich wie die Entdeckung eines gewaltigen, sich immer wieder erneuernden Schatzes mit Freudenausbrüchen begrüßt werden. Aber vorläufig überwiegen noch die Stimmen des Zweifels und der Angst. Skeptiker warnen davor, die menschlichen Möglichkeiten zu überschätzen. Sie meinen, die Verteilung der Fähigkeiten sei nun einmal erblich festgelegt und daher ungleich. Daran würden weder neue Erziehungsmethoden noch soziale Wandlungen etwas ändern.

Ängstliche fragen bestürzt: »Was sollen wir denn mit so vielen Gebildeten und Schöpferischen anfangen? Wer wird dann noch die langweilige und schmutzige Arbeit machen?«

Eine erste Antwort auf diese Frage erhielt ich in einem mittelgroßen Schweizer Betrieb. Felix Schwarz, der Architekt, der diese Fabrik für Eisschränke entworfen hatte, erzählte mir, daß die beiden Besitzer »ganz ungewöhnliche Typen« seien. Sie hätten von ihm verlangt, die Gebäude so anzulegen, daß die Arbeiter, wenn sie wollten, sowohl sehen können, wie die Materialien angeliefert werden, als auch, wie die fertigen Erzeugnisse die Produktionsstätte verlassen. Denn so könnten sie sich einen konkreten Begriff von ihrer Leistung machen.

Bei einem Besuch erwies sich, daß dies keineswegs die einzige Reform war, mit der die Leiter experimentierten. Jeder hier beschäftigte Arbeiter, vom hochqualifizierten bis zum ungelernten, bekam den gleichen Lohn, der durchweg dreizehn Prozent höher lag als das Spitzengehalt für Facharbeiter in den entsprechenden Schweizer Betrieben. Eine nicht vorrangig auf Profit bedachte Kalkulation, Einsparungen in der Buchhaltung und geringerer Wechsel in der Belegschaft machten das möglich.

Während andere Betriebe es oft schwer fanden, ihre Leute zu halten, gab es hier freiwillige langjährige Bindungen der Arbeitnehmer an das Unternehmen. Die Gründe dafür waren nicht nur im Lohn zu suchen, sondern in der – zu jener Zeit erst in wenigen Betrieben praktizierten – Mitbestimmung und im »Abwechslungsreichtum« der Tätigkeit.

Auf dem internationalen Kongreß der IG Metall beschrieb Johan Galtung ein derartiges Aufbrechen erstarrter betrieblicher Positionen in folgender Vision:

»Was ich meine, ist die vertikale Rotation, bei der der Direktor ans Fließband und der Arbeiter ins Direktionsbüro geschickt wird, einen Tag, zwei Tage, drei Tage in der Woche, bis sie alle auf allen Positionen in der Fabrik etwa dieselbe Erfahrung haben. Es steht zu erwarten, daß dies sehr schnell zu Innovationen führen wird, die dann in eine zweite Phase überleiten könnten: die Erweiterung der Arbeit, mit dem Ergebnis, daß dann jeder Arbeitsplatz in der Fabrik etwa denselben Gehalt an Anforderungen und Anregungen aufweist ... Warum soll es eigentlich so abwegig sein, daß auch Arbeiter direkten Kontakt mit Kunden haben und deren Reaktion auf ihre Produkte erfahren sollen, zusätzlich zu ihren Arbeitsaufträgen? Wieso ist es eigentlich so unbegreiflich, daß das Büropersonal auch direkter an der Produktion beteiligt werden kann? Und, um noch einen Schritt weiter zu gehen, daß Kunden aufgefordert werden könnten, am Produktionsprozeß teilzunehmen?«

Viele Gewerkschaftler begleiteten diese »verwegenen« Vorschläge mit Kopfschütteln, aber ich meine, daß Galtung, der »Peer Gynt der Soziologie«, durchaus realistisch denkt, weil er die beginnende Befreiung der menschlichen Fähigkeiten in Rechnung stellt. Zur Beschleunigung dieses Prozesses schlug er den Gewerkschaften vor, »einige Fabriken zu übernehmen«, um dort »mit der Erneuerung der Arbeit zu experimentieren«. Sie sollten sogar »die Produktion in der kritischen Übergangsphase subventionieren«. Veränderungen dieser Art in einigen Fabriken könnten dann als Katalysatoren in anderen wirken.

Wenn das »Projekt Jedermann« an Ausdehnung und Intensität gewinnt, läßt sich eine Zeit voraussehen, da Langeweile, Monotonie und Routine in der Arbeitswelt keinen Platz mehr haben. Es könnten dann alle nicht nur Lernende, sondern – je nach ihren Kenntnissen – auch Lehrende sein. So entstünde ein lebendiger Wissensaustausch zwischen Menschen, die auf den verschiedensten Gebieten arbeiten. Es wäre zum Beispiel ein Mathematiker Schüler eines Bauern, der, während er von Viehzucht und Gemüseanbau lernt, seinerseits dem Landwirt Buchhaltung oder die Voraussetzungen der Landvermessung beibringt. Erst wenn alle Lernwilligen nicht mehr in Abhängigkeit gehalten werden, sondern sich entfalten und mitteilen können, wird »Bildung« aufhören, lebenslange »Verbildung« zu sein.

Die durch den neuen Stil einer aktiven und dauernden Weiterbildung befreiten Kräfte der Kritik, Phantasie und Selbständigkeit von Millionen »Jedermännern« werden die Alltagswelt zutiefst verändern. In der Gesellschaft, die hier entsteht, erlangen Fragen wie: »Ist meine Arbeit interessant?« oder »Ist mein Beruf befriedigend?« oder »Ist meine tägliche Tätigkeit sinnvoll?« zunehmend mehr Bedeutung als die heute übliche (bei den jetzigen Verhältnissen sogar notwendige) Sorge: »Wieviel verdiene ich?« oder »Wieviel Einfluß habe ich?« oder »Wieviel Macht, wieviel Geltung besitze ich?«

Aber aus Wunsch und Vision allein entsteht noch keine Wirklichkeit. Sie wird politisch erkämpft werden müssen durch erneuerte, lebendigere demokratische Initiativen und Institutionen, in denen die Menschen der Jahrtausendwende endlich ihre wachsenden Möglichkeiten erproben und entwickeln können.

IV. Mehr Demokratie

Politische Gründerjahre

Daß Demokratie Spaß machen könnte, erscheint zu dem Zeitpunkt, da ich diese Zeilen schreibe, noch ebenso unwahrscheinlich wie unangemessen. Denn wir haben gelernt, die Ausübung unserer politischen Rechte als eine langweilige, wenn auch feierliche Last anzusehen, vor der man sich am liebsten drücken würde, ähnlich wie vor der Schulpflicht.

Doch dieser Vergleich stimmt eigentlich nicht mehr ganz, denn die »neue Pädagogik« versteht es, zahlreiche junge Menschen für den Schulbesuch zu begeistern, indem sie ihre Freude am Erfahren und Lernen weckt. Ähnlich könnte eine »neue Politik«, deren erste Anfänge heute bereits sichtbar werden, es erreichen, daß Mitsprache und Mitbestimmung in öffentlichen Angelegenheiten zu einer interessanten, ja lustvollen Beschäftigung werden. Die Bemerkung eines Beobachters über das Politexperiment »Orakel« des Westdeutschen Fernsehens, es sei für ihn »so spannend wie ein Fußballspiel« gewesen, weist in diese Richtung. Das Ziel einer solchen Entwicklung wäre es, die seit Jahrzehnten wachsende Entfremdung zwischen dem einzelnen und der Gemeinschaft aufzuheben. Dies würde vielleicht gelingen, wenn

- die durch Bevölkerungszunahme und Zentralisierung der Entscheidungen entstandene Distanz zwischen Bürgern und politischen Institutionen überbrückt wird;
- sich die Kompliziertheit und die Unübersichtlichkeit der Politik durch offenen Informationsfluß verringert;
- die eigenen Vorstellungen sowie Einwände der »Betroffenen« rechtzeitig gehört und deutlich wirksam werden könnten.

Materiell unterstützt werden kann eine solche Erneuerung der Demokratie durch die elektronische Nachrichtentechnik, die das Ferne nahe zu bringen und getrennte Diskussionspartner über große Distanzen hinweg zusammenzuführen vermag. Schnelle Verbreitung von Informationen, ihre allgemeine Zugänglichkeit und – was vielleicht das wichtigste wäre – die Hervorhebung des Bedeutsamen und das Herstellen sinnvoller

Verbindungen in einer enormen Masse unübersichtlicher Daten würden dazu beitragen, das Prinzip der Demokratie aus einem bloßen Versprechen in etwas Wirkliches zu verwandeln. Aber auch hier können sich diese positiven Möglichkeiten der Technik in ihr Gegenteil kehren, wenn sie nicht von einer Weiterentwicklung des Menschen begleitet werden.

Eine »humane Revolution«, die danach strebt, die Phantasie zu aktivieren und die in jedem einzelnen Menschen vorhandenen Möglichkeiten zu entwickeln, wäre imstande, am Ende des zwanzigsten Jahrhunderts erstmals die Voraussetzungen dafür zu schaffen, daß Demokratie mehr als ein Schlagwort bedeutet. Erst jetzt beginnt die Masse der Bevölkerung allmählich jenen Mut zum Urteil und zur Kritik zu entwickeln, den frühere Revolutionen zu Unrecht als selbstverständlich voraussetzten. Man unterschätzte lange, wie sehr Abhängigkeit und Gehorsam, Herrschen und Befohlenwerden in Jahrtausenden menschlicher Geschichte zur Gewohnheit wurden. Die Demokratie hat daher noch kaum begonnen.

Es ist durchaus möglich, daß die »Furcht vor der Freiheit« unter dem Einfluß der zu erwartenden Krisen der Jahrtausendwende einmal mehr die Oberhand behält, weil sich die große Menge der Bürger, eingeschüchtert durch Macht- und Bildungseliten, immer noch als »zuwenig qualifiziert« oder als zu »inkompetent« ansieht, um die auftauchenden großen Gefahren meistern zu können. Aber eine solche Abdankung vor den »Fachleuten« und ihren Hintermännern ist keine schicksalhafte Notwendigkeit. Ihr widersprechen die zahlreichen Zeichen des Aufbegehrens in allen Ländern und auf allen Kontinenten, die immer häufiger von der Erfindung und Erprobung neuartiger demokratischer Initiativen und Institutionen begleitet sind.

So durchleben wir zur Zeit wahre »Gründerjahre der Demokratie«. Je starrer die staatlichen und wirtschaftlichen Großsysteme werden, um so häufiger entstehen jetzt in diesen verkrusteten Gehäusen soziale Gebilde, die zurückgedrängte demokratische Ansprüche verwirklichen wollen.

Da gibt es:

- landwirtschaftliche und städtische Kommunen,
- Bürgerinitiativen,
- kritische Konsumentenvereinigungen,
- Großeinkaufsgruppen,

- Nachbarschafts- und Elternhilfe,
- Volksambulatorien und -krankenhäuser,
- Baugemeinschaften,
- Untergrundverlage, Untergrundpresse, Untergrundfernsehen,
- nichthierarchische Produktionsbetriebe im Besitz der Produzenten.

Übersichten, wie sie der Engländer Stan Windass, Gründer und Leiter der Vereinigung »Alternative Society«, das »Source Collective« in Washington oder die Zeitschrift »Modern Utopian« in San Francisco herausgeben, führen Hunderte solcher demokratischer Erneuerungsversuche mit Namen und Adresse auf. Wer an diese Anschriften schreibt, erhält allerdings in vielen Fällen keine Antwort.

Will man sich durch Augenschein überzeugen, wird man häufig vor verschlossenen Türen oder auf geräumtem Gelände stehen. Denn die Sterberate solcher Versuche ist (was schon in einem früheren Kapitel gestreift wurde) fast ebenso groß wie ihre Geburtenzahl. Doch das Ende bedeutet hier meist nur Verwandlung. An einem anderen Ort, in anderer Form und Zusammensetzung beginnt ein neues Experiment, ja diese Unstetigkeit wird von den Teilnehmern geradezu als Zeichen der Lebendigkeit verstanden.

»Gewiß, wir haben Streit bekommen« sagte mir ein junger Nervenarzt, der mit einer Gruppe von Gleichgesinnten in einer Straße von San Francisco einen »Psycho-Store« gegründet und diesen Straßenladen für seelisch Notleidende zwei Jahre lang unter großem Zulauf und mit nachweisbaren Erfolgen geführt hatte. »Aber das macht doch nichts. Steve, der meinte, wir könnten nur Symptome kurieren und sollten besser das Übel an der ökonomischen Wurzel packen, ist in die Politik gegangen und versucht dort, seinen Genossen beizubringen, daß sie die psychischen Ansprüche und Nöte der Gesellschaft bis jetzt nicht genügend berücksichtigt haben; Lennie kehrte zurück an die Uni und will in seinen Kursen über ›management sciences‹ mit künftigen Wirtschaftsbossen Modelle sozial verantwortlicher Unternehmensformen basteln. Zelda und ich versuchen, ehemaligen Drogensüchtigen wieder auf die Beine zu helfen, indem wir ihnen nicht nur ihren Stoff entziehen, sondern dafür Notwendiges zu geben versuchen: Verantwortung, Zusammenarbeit, ein Lebensziel. Wenigstens eine erste Ahnung davon. Sind wir fünf Gründer des Psycho-Store nun vielleicht schwächer geworden? Nein, wir haben unsere Wirkung sogar vervielfältigt und verstärkt.«

Akademiker gehen ins Volk

Ein Mann von etwa dreißig Jahren mit strähnigem blondem Haar und einer dick umrandeten Brille steht vor einem schwedischen Supermarkt und gibt Flugzettel aus, in denen er die Passanten vor gewissen Lebensmitteln warnt, die mit gesundheitsschädlichen Chemikalien präpariert sind, um durch schöneres Aussehen mehr Käufer anzulocken und durch längere Haltbarkeit dem Kaufmann Unkosten zu ersparen.

Aber der Aktivist verteilt nicht nur Geschriebenes, sondern er spricht auch darüber. »Ihr wißt nicht, was ihr kauft«, sagt er den Leuten. »Das ist noch begreiflich. Aber ihr wißt auch nicht, wer euch eigentlich regiert. Und das ist wirklich gefährlich. In manchen Gruppen der staatlichen Kommission für Umweltschutz sind zum Beispiel die Vertreter der Konsumindustrie in der Überzahl. Sie setzen durch, daß weiter Waschmittel verkauft werden dürfen, die unsere Flüsse verschmutzen. Wißt ihr das eigentlich? Was unternehmt ihr dagegen?«

Die Leute drängen sich um den Sprecher – nicht nur, weil das, was er sagt, fundiert und vernünftig klingt, sondern auch, um mit einer »Zelebrität« zu diskutieren. Denn Björn Gillberg, von Beruf Erbforscher, ist nicht nur einer der umstrittensten, sondern auch der bekanntesten Wissenschaftler Schwedens, seit ihm – vermutlich wegen seiner öffentlichen Kritik am Versagen staatlicher Kontrolle – die Mittel für seine Arbeiten am mikrobiologischen Institut der landwirtschaftlichen Hochschule von Uppsala gestrichen wurden. Er hatte nämlich nachgewiesen, daß gefährliche Zusatzpräparate, vermutlich unter dem Druck von Geschäftsinteressen, nicht verboten worden waren.

Zwar behaupteten die Behörden, sie seien bei der Verweigerung der Gelder, die zur Erforschung einer neuen biologischen Düngemethode dienen sollten, von rein sachlichen Überlegungen ausgegangen, die Öffentlichkeit aber nahm ihnen das nicht ab. Es entstand spontan eine Bewegung, die aus Tausenden von Beiträgen einzelner Privatbürger und Spenden verschiedener Gewerkschaften genügend Geld zusammenbrachte, um Gillberg die Weiterarbeit in einem neuen, unabhängigen Institut zu ermöglichen.

Der Wissenschaftler, der international anerkannte Arbeiten über die möglichen langfristigen Schäden von Chemikalien für die menschliche Erbsubstanz veröffentlicht, beurteilt seinen »Fall« in einem allgemeineren gesellschaftlichen Zusammenhang: »Die Menschen sind heute mißtrauischer als noch vor vier oder fünf Jahren. Früher haben die Bürger schlicht geglaubt, was ihnen die Behörden erzählten. Inzwischen sind sie kritisch geworden. Wenn ich dazu beigetragen habe, bin ich's zufrieden.«

Seine Ziele sind weit gesteckt. Er möchte ein dauerndes Bündnis zwischen Forschern und Bürgern schaffen. Die Wissenschaftler sollen sich nicht nur in Fachzeitschriften äußern, sie müssen ihre Isolation aufgeben, zum Volk gehen und mit ihm gegen die Gefahren kämpfen, die alle bedrohen, selbst wenn durch solche Aktionen ihre Arbeitsplätze gefährdet werden. Dem englischen Wissenschaftsjournalisten Andrew Jamison erklärte Gillberg: »Wir brauchen ein System, in dem die Leute mehr Einfluß haben. Wir müssen an einer Politik für den Menschen arbeiten, an einer ideenreichen Politik. All das sollte sich in einem viel persönlicheren Stil abspielen als bisher.«

Gillbergs gibt es heute zu Hunderten, vielleicht schon zu Tausenden. Da sind die zahlreichen jungen Mediziner, Laboranten, Krankenschwestern, die als »advocate doctors« freiwillig in den verwahrlosesten Slums Amerikas arbeiten. Sie begnügen sich nicht damit, wie Samariter früherer Generationen den Menschen ärztliche Hilfe zu bringen, sondern klären sie auch über ihre soziale Lage auf, machen ihnen begreiflich, weshalb sie so oft krank werden und viele von ihnen zu früh sterben müssen. Sie spornen deshalb ihre Patienten an, von den Gemeinden die Rechte und Geldmittel zu verlangen, die ihnen zustehen. Auch lehnen sie es ab, als »kleine Albert Schweitzers« charismatische Führerstellungen einzunehmen. Ihr Ziel ist es, die »Betroffenen«, soweit das möglich ist, zu eigener Vertretung ihrer Interessen und selbständiger Verwaltung ihrer »freien Kliniken« zu ermutigen und nur helfend oder beratend mitzuwirken.

In solchen »Volksambulatorien«, von denen ich einige im »Bronze Ghetto« von Chicago und im Puertoricaner-Barrio von New York besucht habe, herrscht nicht länger ein militärisch strenger Krankenhauskommiß mit weißbekittelten Generalen, Obersten, Leutnants und ihren mannweibischen Unteroffizieren, sondern eine offene, brüderliche und trotz allen physischen Elends geradezu heitere Atmosphäre. Ich sah zu, wie ein älterer Mann, der über starke Unterleibsschmerzen klagte, untersucht wurde. Der Arzt – er war äußerlich kaum von den Patienten zu unterscheiden – »dachte laut«. Er erklärte dem Patienten vor jedem Untersuchungsschritt genau, was er tun werde und was er durch seine Beobachtungen herauszufinden hoffe. Keine gelehrte Geheimnistuerei, keine Spur von magischer Autorität, sondern das Bemühen, den Behandelten mitdenken, mithelfen zu machen.

Fachsprachen und Öffentlichkeit

Überraschend ähnlich in ihrem Auftreten waren die »advocate planners«, die ich im Oktober 1967 bei der Tagung zum fünfzigjährigen Jubiläum des »American Institute of Planning« in Washington kennenlernte. Sie organisierten ihre eigene »Gegenkonferenz« im Garten desselben Hotels, in dem der offizielle Kongreß tagte. Während offizielle Besichtigungsfahrten zur Bewunderung neuer Mustersiedlungen, Verwaltungsgebäude, Bürosilos veranstaltet wurden, boten sie den Teilnehmern als Kontrastprogramm an: die Slums der Bundeshauptstadt, überbaute Grünflächen, Neubauten, hellhörig und zum Teil schon völlig verwohnt, architektonische Spekulationsobjekte, die vor oder ohne Erteilung einer Baubewilligung begonnen worden waren. Man hörte von den Praktiken wucherischer Maklerbüros, sprach mit Familien, die bereits seit Jahren unter der Androhung von Räumungsbefehlen leben mußten.

Diese erzählten, wie die »sekundierenden Planer« und ihr energischer, leidenschaftlicher Initiator Paul Davidoff nicht nur mit Rat und Tat beizustehen versuchten, sondern ihnen auch halfen, ihre eigenen Beschwerden und Wünsche zu entdecken, auszusprechen und zum Gegenstand politischen Handelns zu machen. Dabei spielten wiederum die Rechtskenntnisse der »action lawyers« eine wichtige Rolle, denn diese Bundesgenossen der Bürger konnten sowohl durch geschickte Benutzung der Rechtsmaschinerie Ausweisungen verhindern als auch Anträge zur Gewährung öffentlicher Mittel formulieren oder sogar Gesetzesinitiativen einleiten.

Als Prototyp dieser engagierten Juristen sei Professor John Coons von der Universität von Kalifornien in Berkeley erwähnt, der es in jahrelanger Kleinarbeit zusammen mit seinen Studenten Steve Sugarman und Bill Clune fertigbrachte, Rechtsexperten, Anwälte, Syndici und Beamte zu mobilisieren, um die ungleiche Vergebung öffentlicher Mittel an Schulen für Kinder gutgestellter Mittelständler auf der einen und armer Gettobewohner auf der anderen Seite zum Gegenstand richtungweisender Musterprozesse zu machen.

Der Weltöffentlichkeit ist das Eintreten der jüngeren Generation sozial verantwortlich handelnder Juristen bisher vor allem durch die von Ralph Nader, dem libyschen Einwanderersohn, gestartete Konsumentenbewegung bekanntgeworden. Der anfangs aussichtslose und dann doch so erfolgreiche Kampf gegen den Großkonzern General Motors, die Aufdeckung der Mißstände im Krankenhauswesen, die von einem Stab freiwilliger Studenten und Anwälte begonnenen Kreuzzüge für »saubere Luft«, die Durchsetzung oft mißachteter Rechte der aus Vietnam zurückkehrenden Kriegsveteranen, die schonungslosen Untersuchungen so »heiliger« Institutionen wie der New Yorker Banken, des Parlaments und der »National Science Foundation« – das sind nur einige der von Nader und seinen sachverständigen Helfern durchgefochtenen Kampagnen. Sie zeigten, wie undurchsichtig die Wirtschaft und die staatlichen Institutionen der amerikanischen Demokratie für den gewöhnlichen Bürger geworden waren. Diese Aufklärungsfeldzüge für den Konsumenten machten über ihr unmittelbares Ziel hinaus zahlreichen Gleichgültigen klar, wie notwendig mehr Öffentlichkeit, mehr Einspracherecht, mehr Beteiligung der Bürger wäre, wenn sie nicht ständig übervorteilt und um ihre berechtigten Ansprüche gebracht werden wollen.

Eines der wichtigsten Nebenergebnisse des intensiveren Kontakts zwischen qualifizierten Angehörigen der akademischen Berufe und breiteren Bevölkerungskreisen ist das allmähliche Entstehen einer gemeinsamen Sprache. Sich auf eine Weise auszudrücken, die allgemein verständlich ist, fällt vielen Intellektuellen schwer, weil gebräuchliche Worte nur selten genau das wiedergeben können, was Fachausdrücke sagen wollen. Sprachbarrieren werden also nicht nur aus geistigem Hochmut errichtet, sondern auch durch die häufige Unvereinbarkeit des Bemühens um Genauigkeit und Anschaulichkeit. Oft werden nur erfahrene »Übersetzer« (wie etwa Wissenschaftsjournalisten) mit diesem Gegensatz fertig. Da sind als Kompromiß oft

Opfer an Präzision zu bringen, die allerdings meist zumutbarer sind, als die »reinen« Fachleute zugestehen wollen.

Bei der zunehmenden Bedeutung dieses Mitteilungsproblems, das nicht nur zwischen Elite und Öffentlichkeit besteht, sondern bei wachsender Spezialisierung auch die Verständigung verschiedener Fachkreise und Führungsgruppen untereinander blockiert, genügen die erwähnten unsystematischen Interpretationsversuche einiger um Demokratisierung bemühter Pioniere schon längst nicht mehr. Jeder fachlich Geschulte wird in Zukunft selbst lernen müssen, in welchen Worten er sein Wissen und Können denen mitzuteilen versteht, die auf seinem Gebiet nicht beschlagen sind. Wichtig wäre daher die Schaffung von besonderen Lehrgängen für »öffentliche Sprache« in allen Ausbildungsstätten. Vielleicht könnte hier die chinesische Methode helfen; sie verlangt von den Studenten, einen Teil ihrer Ausbildung in landwirtschaftlichen oder industriellen Betrieben zu absolvieren.

Wie kaum ein anderes Volk sind heute schon die Engländer imstande, komplizierte wissenschaftliche und technische Sachverhalte auf einprägsame Weise darzustellen. Das kann nicht nur auf die lockeren und flexibleren Strukturen ihrer Sprache zurückzuführen sein, denn dann müßten sich auch amerikanische Forscher ähnlich schlicht und begreiflich mitteilen können. Es kommt darin meiner Ansicht nach ein besonderer Charakterzug englischer Akademiker zum Ausdruck, ihre Gelöstheit und Bescheidenheit, die in fast jeder internationalen Konferenz auffallen. Die Beseitigung der Sprachbarrieren scheint nicht unwesentlich von der menschlichen Haltung derer abzuhängen, die viel von ihrem Imponiergehabe, ihrem Wissensstolz und ihrer sprachlichen Pedanterie abbauen müßten.

Geheimgehaltene Informationen

Ein zentrales Problem, wenn nicht das Kernproblem einer Verstärkung demokratischen Einflusses ist die Frage der Informationsfreiheit. Und zwar in zwei Richtungen: sowohl die Möglichkeit, sich mitzuteilen, als auch die, alles Wichtige in Erfahrung bringen zu können. Man hört immer wieder, es gebe doch ohnehin schon zu viele Informationen, wir erstickten in ihrer Überfülle und könnten uns deshalb nicht mehr zurechtfinden.

Aber in dieser verallgemeinerten Form stimmt das nicht. Allerdings nimmt die absolute Menge der Nachrichten aller Art ständig zu, zugleich aber verringert sich ihr Bedeutungsgehalt. Gerade die wichtigsten, folgenreichsten Informationen werden immer häufiger zurückgehalten. Das trifft nicht nur für politische und militärstrategische Fakten, für neue Erfindungen und geplante Produkte zu, sondern auch für viele »harmlose« Fragen, die jeden Menschen ganz persönlich angehen, wie städtische Bauplanung oder arbeitsparende Veränderungen und Neuerungen im Herstellungsprozeß mit ihren oft einschneidenden beruflichen Folgen.

Wer einmal in die Region des »Mehrwissens« vorgedrungen ist, sieht die Welt mit anderen Augen. Ich erinnere mich, wie Egon Bahr, der viele Jahre als Journalist mit Nachrichten zu tun hatte, einmal in privatem Kreis erzählte, welch großes Erlebnis es für ihn gewesen sei, als er – aus der normalen Welt der unvollständigen und gefilterten Informationen kommend – im Außenministerium der Bonner Koalitionsregierung erstmals die Fülle der diplomatischen und geheimdienstlichen Berichte kennenlernte. Und er fügte hinzu, ein Leben ohne dieses »Mehrwissen« könne er sich nun kaum noch vorstellen.

Diese Erfahrung ist mir von Geheimnisträgern immer wieder bestätigt worden. Selbst Zeitgenossen, die sich für politisch gut informiert halten, dürfen nur einen Bruchteil von dem hören oder lesen, was wirklich vorgeht. Einiges davon erfahren sie schließlich nach Jahren als verspätete Enthüllung, als inzwischen altbacken gewordene Zeitgeschichte.

Man hat sich gefragt, wie Daniel Ellsberg, als er schon längst von der Verwerflichkeit der amerikanischen Vietnampolitik überzeugt war, noch so lange in der für die amerikanische Regierung arbeitenden RAND Corporation verbleiben konnte, obwohl er sich wegen dieser Tätigkeit innerlich längst selbst als »Kriegsverbrecher« verurteilte. Er hat es mir – damals schon wegen einer ersten öffentlichen Stellungnahme in den Briefspalten der »New York Times« von der »Denkfabrik« beurlaubt – in einem langen Gespräch am Strand von Malibu erklärt. Er hielt aus, sagte er, weil er der Überzeugung sei, er müsse, so lange es nur ging, dort bleiben, wo er zu den wenigen Amerikanern zähle, die »the right to know« hätten, das Vorrecht, geheime Informationen zu lesen, die fast allen anderen Bürgern verborgen bleiben. Ellsberg durchbrach bekanntlich einige Zeit später diese Geheimnismauer, indem er die »Pentagon-Papiere« heimlich kopierte und führenden Zeitungen zuspielte. Aber damit war er nun endgültig »draußen« und nicht mehr imstande, »von innen her« – aufgrund genauer Kenntnis der wahren Lage – gefährliche Entwicklungen richtig zu beurteilen.

Und noch ein Beispiel, diesmal aus der industriellen Sphäre. Arthur Kramish, lange Zeit Mitarbeiter bei führenden »Think Tanks« (wie RAND, Stanford Research Institute und Institute for the Future), entschloß sich, die Karriere eines Prognostikers aufzugeben, weil er zu der Einsicht gekommen war, eine durch zuverlässige Informationen abgesicherte Vorausschau sei so lange gar nicht möglich, wie führende Industriebetriebe nicht nur Informationen über schädliche Nebenwirkungen ihrer Arbeit, sondern sogar Andeutungen über entscheidende Neuentdeckungen, die für die Beurteilung der künftigen Entwicklung wichtig sein könnten, als Privatbesitz (»proprietary information«) an Information zurückhalten.

Die zunehmende Geheimhaltung von Informationen hat in einigen Industrienationen im letzten Jahrzehnt zur Gründung zahlreicher privater Spionage-Organisationen geführt, deren Personal sich meist aus erfahrenen ehemaligen Angehörigen staatlicher Nachrichtendienste zusammensetzt. Sie arbeiten – wie zum Beispiel die berüchtigte »Intertel« – vor allem für die große Industrie. Andererseits nimmt auch die Zahl von Gruppen zu, die im Dienste der Öffentlichkeit gefährliche Entwicklungen und Pläne industrieller und staatlicher Establishments aufzudecken versuchen. Sie können sich dabei nicht selten auf Nachrichten »von innen« stützen, die ihnen von beunruhigten, meist anonymen Zuträgern geliefert werden. Allerdings geben sich diese »Bürger-Spione« nur selten öffentlich zu erkennen. Eine Ausnahme machen die in England operierenden »Spies for Peace«, die der Presse immer wieder sorgsam gehütete Staatsgeheimnisse zuspielen.

Diskussionsnetze breiten sich aus

Der Unmut der breiten Öffentlichkeit gegenüber zunehmenden Informationsprivilegien aller Art, die in der Geheimhaltung von lokalen Daten (etwa den Plan, einen Park zu überbauen), von regionalen Vorhaben (etwa neue Flughafenprojekte) bis zu nationalen und internationalen Planungen (wie strategische Vorstellungen und Entschlüsse) ihren Ausdruck findet, ist zweifellos überall auf der Welt im Wachsen. Da man aber nun begonnen hat, die Menschen – wenn auch unvollständig – zu informieren, können sich jetzt die lebendigsten unter ihnen nicht mehr damit abfinden, daß man ihnen nur die Vorderseite der Ereignisse zeigt. Sie wollen mehr, sie wollen, wenn sie es brauchen, am liebsten alles wissen, was für sie selbst oder für die Gemeinschaft von Bedeutung sein könnte.

Es kommt schon jetzt immer häufiger vor, daß Beamte, Angestellte und Arbeiter aus Protest gegen die Geheimhaltungspraktiken der Ämter oder Betriebe, bei denen sie beschäftigt werden, ihr Wissen um Vorgänge, die der Gemeinschaft Schaden zufügen könnten, heimlich weitergeben. Es entsteht auf diese Weise eine umfangreiche und detaillierte, gesprochene und zum Teil auch geschriebene »Untergrundinformation«, die mit dem wachsenden gesellschaftlichen Verantwortungsbewußtsein der jüngeren Generation von Arbeitnehmern noch mehr an Bedeutung gewinnen dürfte. Daraus könnte sich entweder ein erbitterter Kleinkrieg zwischen »Sicherheitsorganen« und Abhängigen entwickeln oder auch – bei optimistischer Beurteilung der Entwicklung – ein allmählicher Abbau unhaltbarer Informationsprivilegien.

Folgenreich dürfte ein anderes Unbehagen sein, das seit dem Eindringen der Massenmedien in informationsarme Schichten immer deutlicher zu erkennen ist: Die Zuhörer und vor allem die Zuschauer sind ihrer stummen Rolle überdrüssig. Sie möchten auf den Strom der Bilder und Nachrichten, der stündlich auf sie eindringt, reagieren können. »Talk back to your television« (Antworte deinem Fernsehapparat!) rief Nicholas Johnson, Mitglied des obersten amerikanischen Rundfunkrats, seinen Mitbürgern zu. Er galt seinen eher regierungsfrommen Amtskollegen in der amerikanischen »Federal Communications Commission« als viel zu rebellischer Vertreter öffentlicher Interessen und gehört zu Ralph Naders kleinem Freundeskreis.

Wie könnte das möglich gemacht werden? Wie kann die freie und offene »Communications Era« Wirklichkeit werden? – Eine Epoche, in der nach einem Ausspruch des Sozio-Ökonomen Robert Theobald »Information wichtiger wird als Geld«. Dieser Verkünder des Informationszeitalters wurde als Engländer in Asien geboren und lebt heute in den USA. Er lehrte anfangs an Universitäten, verließ aber das Hochschulmilieu zuerst von Cambridge/England und dann von Cambridge/USA. In der Erkenntnis, daß Metropolen im Zeitalter der Telekommunikation nicht mehr die einzig möglichen Informationszentren sind, verließ Theobald auch die nervöse Atmosphäre von New York und machte ein altes Schulhaus in dem Städtchen Wickenburg (Arizona) zum Zentrum seiner unermüdlichen Bemühungen, alle erreichbaren Mitmenschen aktiv an dem großen Veränderungsprozeß der Jahrtausendwende zu beteiligen.

Das Herz seines Credos lautet: »Unsere heutigen Fähigkeiten, Kenntnisse aufzunehmen, zu horten und weiterzugeben, werden die Beseitigung der Not auf globaler Basis erleichtern. Aber diese Möglichkeit, die Bedürfnisse der Menschen in der ganzen Welt zu befriedigen, wird nur in einer Gesellschaft verwirklicht werden, die neue Ideen kritisch und offen überprüfen kann. Wir wechseln von einer Ordnung, die sich auf Verkehr und Produktion stützte, hinüber in eine andere, die vor allem auf Kommunikation gegründet ist ... Wir brauchen nichts dringender als eine neue Sprach- und Zeichenlehre, die es uns ermöglicht, an die Stelle der Macht über Menschen die Macht mit Menschen zu setzen. Wir müssen eine Welt entwerfen, die sich dadurch fortentwickelt, daß Menschen zusammenarbeiten, statt einander zu überwachen.«

Nun bleiben solche Aussprüche bei Theobald nicht nur fromme Wünsche. Er setzt sie auf vielfältige Weise in Wirklichkeit um. Das heißt, er regt seit Jahren mit zunehmendem Erfolg in ganz Amerika die Gründung von Gruppen an, in denen die geistigen und materiellen Fragen der Zeit in offenem, selbstkritischem Informationsaustausch diskutiert werden. Initiativen, Projekte oder Experimente, die aus solchen Zusammenkünften erwachsen, werden in dem monatlich erscheinenden Nachrichtenblatt »Futures Conditional« mit der ausdrücklichen Bitte an den Leser veröffentlicht, durch Kritik oder Mitarbeit »diesen kreativen Prozeß weiterzuführen«. In der Rubrik »Opportunities for Involvement« (Möglichkeiten zum Mitmachen) liest man zum Beispiel:

Gesundheit: Es ist eine Gruppe gebildet worden, die sich bemüht, Organisationsformen für vorsorgliche Gesundheitspflege zu studieren. Eine Sitzung hat stattgefunden, eine weitere ist für das Frühjahr geplant. Setzt euch in Verbindung mit The Strodes, 1629 Wilder, St. Honolulu, Hawaii 96822, Tel. 806-949-3840.

Gemeinschaftslernen: Ein experimentelles Programm für Umwelterziehung, das sich mit den wirklichen Problemen des Kawaunee-Tals beschäftigt, wird entwickelt. Enge, nichthierarchische Beziehungen zwischen Studenten, Lehrern und Gemeindebürgern. Verbindung: Tom Abels, Universität von Wisconsin, Green Bay, Wisconsin 54302.

Vokabular für Kommunikationsära: Es entwickelt sich zur Zeit eine andere Sprache. Ein Diktionär der neuen Ausdrücke ist geplant. Willst du helfen? Nimm ein Wort oder mehrere, die für dich eine besondere Bedeutung haben, und versuche sie zu definieren. Gib Beispiele, Quellen, Geschichten, Lieder, Zitate. Verbindung: Sharon Lynn, 6471 Fairfax Road, 21, Chevy Chase, Maryland 20015, Tel. 301-652-8450.

Das Utopiespiel: Das ist ein nur locker strukturiertes Spiel zum Erfinden der Zukunft. Es wird erstmals an der Universität von Michigan gespielt. Sein Erfinder braucht Hilfe und Feedback, damit es effektiver wird. Verbindung: 1120 McIntyre, Ann Arbor, Michigan 48105, Tel. 313-761-7851.

Theobald ist sich klar darüber, daß die zahlreichen Gruppen, die er angeregt oder selbst ins Leben gerufen hat, nur dann wirksam werden können, wenn sie sich zu einem Informationsnetz zusammenschließen. Er weiß, daß bereits seit 1968 eine ganze Anzahl ähnlicher, auf Veränderung hinarbeitender »networks« in den USA und Europa entstanden ist.

Diese lockere Art, in der sich Individuen und Gruppen gegenseitig informieren und zusammenarbeiten, sollte unbedingt erhalten bleiben, denn zu starre, an Parteien gemahnende Strukturen würden vermutlich sehr bald Machtzentralen und Programme entwickeln. Damit würden sie aber ihre Offenheit und Beweglichkeit verlieren. In der Kommunikationsära, so hofft Theobald, können durch Post, Telefon und Reisen selbst über weite Gebiete verstreute Bewegungen zusammengehalten werden, ohne daß ihre Spontaneität darunter leidet. Aber genügt das schon? Es müssen endlich neue Institutionen geschaffen werden, um den Einfluß der Bürger und ihre auf Erneuerung bedachten Initiativen in den politischen Prozeß hineinzutragen.

Demokratie der Teilnahme

Die Erfindung und Entwicklung gerechter und humaner demokratischer Einrichtungen wird eine der Hauptaufgaben des Menschen der Jahrtausendwende sein. Gutinformierte und öffentlichkeitsfreundliche Persönlichkeiten werden sich in kommenden Jahren immer öfter zusammensetzen und darüber beraten, wie aus der »Demokratie der Akklamation« eine »Demokratie der Teilnahme« werden könnte.

Eine solche Gruppe bildete sich zu Beginn der siebziger Jahre in der Schweiz. Es waren Berufstätige der Mittelschichtintelligenz zwischen dreißig und vierzig Jahren, die dem Establishment zwar kritisch gegenüberstanden, aber die bürgerliche Demokratie doch nicht ganz verdammen wollten. Den Anlaß für ihre Gespräche bot eine in der Eidgenossenschaft entstandene Diskussion über die Zukunft der Schweiz und ihrer Verfassung, die durch die Erstellung eines von Parlamentariern verfaßten Fragebogens ausgelöst worden war. Entwickelt wurde eine radikale Betrachtungsweise, die anregte, bestehende Werte und wirtschaftliche wie staatliche Strukturen unter Berücksichtigung des bestehenden Unbehagens und der kommenden Aufgaben neu zu definieren.

Rudolf Schilling, einer der Initiatoren dieser Arbeitsgemeinschaft »Helvetische Alternativen«, hebt als eines der wichtigsten Ergebnisse dieser Beratung hervor: »Die ganze Politik und öffentliche Diskussion dreht sich um das Wie. Vom Wozu ist kaum die Rede.« Er weist auf eine der größten Schwächen der heutigen Demokratie hin. Selbst in der als demokratisches Musterland geltenden Schweiz mit ihren häufigen direkten Volksbefragungen zu wichtigen Punkten werden die Stimmbürger stets viel zu spät in den Entscheidungsprozeß eingeschaltet. Die Festlegung der Zielsetzungen, die Formulierung von Projekten gehen in einem kleinen Kreis vor sich, an dessen Gesprächen die Öffentlichkeit keinen Anteil hat. Sie wird erst befragt – und auch das nicht in allen Fällen –, kurz bevor die endgültige Entscheidung fällt. Auf langfristige Planungen hat der Bürger keinen Einfluß, meist kennt er sie nicht einmal.

Schilling aber fordert: »Die Behörden sollen die Meinungen der Öffentlichkeit rechtzeitig kennenlernen und danach handeln können. Sie sollen dank einem ausgebauten Kommunikationssystem mit den Bürgern planen und regieren. Und die Bürger sollen wissen und erleben, daß sie mitlenken können.«

In Baden bei Zürich, einer Stadt mittlerer Größe, wurde Ähnliches versucht. In Bürgerversammlungen diskutierte man in großen Linien über die Neuplanung, schon Jahre bevor sie begann. Zunächst wurde nur über eine Absichtserklärung des Stadtrates abgestimmt. Sie war noch keine formelle Gesetzesvorlage, sondern enthielt nur Grundsätze und Richtlinien. Später legte man dann den Bürgern die detaillierten Vorschläge für konkrete Maßnahmen vor. Im weiteren Verlauf trugen öffentliche Hearings, in denen verschiedene Einzelpersönlichkeiten ihre Ansichten kundtun konnten, Umfragen, Orientierungsversammlungen und eine sonst ungewohnte völlige Offenheit gegenüber den Vertretern von Presse und Rundfunk mit dazu bei, das »Badener Modell« zu einem vieldiskutierten Vorbild zu machen.

Einen noch weitergehenden Entwurf zur öffentlichen Beteiligung an der Gemeindeplanung veröffentlichte 1969 eine englische Regierungskommission, das »Committee on Public Participation in Planning«. Hier wurde den Gemeinden die Schaffung eines ständigen »Forums« für Planungsfragen empfohlen. Es sollte die verschiedenen aktiven Gruppen und Persönlichkeiten einer Stadt miteinander und mit den Behörden in Verbindung bringen. Die Kosten müßten allerdings hauptsächlich von den Bürgern selbst getragen werden, die regionalen Verwaltungen dürften bestenfalls Zuschüsse geben. Daraus dürfte jedoch keinerlei Kontrollrecht oder Abhängigkeit abgeleitet werden.

Dieses Bürgerforum hat folgende Aufgaben:

- Es schafft die Gelegenheit zur Diskussion, veranstaltet Ausstellungen, zeigt Filme;
- es sammelt und sichtet Stellungnahmen von Gruppen und Einzelpersonen;
- es stellt Informationsunterlagen aller Art zur Verfügung oder beschafft sie;
- es macht von sich aus einzelne Gruppen darauf aufmerksam, wann die Zeit reif ist, zu bestimmten Fragen Stellung zu nehmen, weil sie bald in den parlamentarischen Gremien zur Debatte stehen werden.

Besonders interessant ist der Vorschlag an das Forum, mindestens einen »development officer« (Entwicklungsbeamten) einzustellen, der eine Art institutionalisierter »advocate planner« wäre. Dieser »Artikulationshelfer« (wie Schilling übersetzt) soll dann denjenigen helfen, ihre Meinung zu sagen, »die noch nicht so weit sind, die gar nicht sagen können, was sie eigentlich wollen, die nie gelernt haben, Fragen, Wünsche, Kritik zu äußern ...«. Der Amerikaner Donald Schon spricht in einem ähnlichen Zusammenhang von dem neu zu schaffenden Beruf des »social changer«, der Menschen in Situationen sozialen Wandels beratend oder vermittelnd beisteht und es ihnen ermöglicht, Veränderungen nicht nur hinzunehmen, sondern auch zu verstehen und mitzugestalten.

Das Ende der Jasager

In der Wahlkabine von morgen werden Stimmbürger nicht mehr wie heute in die Rolle von Analphabeten versetzt, die sich nur durch das Markieren von Kreuzen auf einem Stimmzettel, das Drücken eines Knopfes oder das Ziehen eines Hebels an einer Abstimm-Maschine ausdrücken können. Der Wähler wird dort vielleicht einen Fernschreiber finden, auf dem er seine Meinung zu den im Wahlkampf diskutierten Fragen in einiger Ausführlichkeit niederschreiben kann. Es wird an der Entwicklung eines Eingabegerätes gearbeitet, das, mit einem Computer verbunden, nicht nur die Ansichten jedes Abstimmenden sammelt, sondern sie auch mit Hilfe eines »retrieval system« (Wiederauffindungssystems) zusammenfassen und auswerten soll. Wahlergebnisse werden dann nicht mehr nur aus Ziffernreihen bestehen, sondern differenzierte Meinungsprofile wiedergeben, die ein ungleich besseres Bild von den Ansichten der Bürger erkennen lassen, als dies heute der Fall ist. Durch die Ermittlung und Kondensierung der vorherrschenden Meinungsäußerungen können als Essenz Zahlenergebnisse ermittelt werden.

Vorläufig sind die Datengeräte einem Prozeß der Verschlüsselung und Entschlüsselung sprachlicher Äußerungen, die über simple Ja- und Nein-Fragen hinausgehen, noch nicht gewachsen. Aber es besteht kein Zweifel, daß diese Aufgabe technisch gelöst werden kann, ja daß der Bürger, wenn ihm das lieber ist, seine Ansichten nicht einmal niederschreiben muß, sondern einfach in einen Telefonhörer oder ein Mikrofon sprechen wird. Schon jetzt wäre es möglich, aus solchen längeren Mitteilungen gewisse Schlüsselworte herauszufinden und zu summieren. So hätten zum Beispiel bei der deutschen Bundestagswahl, die den Debatten über die Ostverträge folgte, die Wähler sagen können, ob sie eine Verstärkung und Ausweitung, eine Schwächung, Ablehnung oder aber genau das von den Regierungsparteien vorgeschlagene Vertragsmuster vorziehen würden, und damit ein Urteil über den weiteren Kurs abgeben können.

Thomas B. Sheridan, Professor am MIT in Cambridge, der sich in seiner Hauptvorlesung mit dem Thema »Technology, Values and Social Choice« (Technik, Werte und gesellschaftliche Wahl) beschäftigte, ist zwar hauptamtlich Professor für »Mechanical Engineering«, gehört aber wie so viele Innovatoren zu den interdisziplinär orientierten Wissenschaftlern und kombiniert seine technischen Interessen mit psychologischen Studien. So stellte er sich die Frage, wie die enorm wachsenden Möglichkeiten der Regierungen, den Bürgern durch Funk und Fernsehen »von oben herab« ihre Ansichten kundzutun, durch technische Mittel wettgemacht werden könnten, die es den Wählern erlauben würden zu widersprechen. Seine »Wahlzelle« hat den Vorteil, daß sie technisch sofort machbar wäre: Der Abstimmende wird vor ein Pult mit zehn auf Ja oder Nein einstellbaren Schaltern geführt, von denen jeder einem bestimmten Aspekt des zur Diskussion stehenden Problems gewidmet ist.

Er schreibt dazu: »Die zehn Schalter würden (wenn man alle Kombinationen in Betracht zieht) die Möglichkeit für 2^{10} gleich 1024 Alternativen bieten. Das sind eindeutig zu viele verwertbare Antworten auf eine Frage. Man könnte aber eine Frage in zehn Teilen stellen, die je zwei Alternativen ermöglichen, oder in fünf Unterteilungen, die jede auf vier verschiedene Weisen zu beantworten wären, und so fort.«

Eine weitere Präzisierung des Wählerwillens könnte man erreichen, wenn der Abstimmende seine Antworten, je nach der Bedeutung, die er einer Frage beimißt, gewichten kann. Jedem Wähler stünden zum Beispiel hundert Punkte zur Verfügung, die er je nach seinen Ansichten verschieden verteilt. Fragen, die ihn gleichgültig lassen, beantwortet er nicht, die so eingesparten Punkte kann er für oder gegen eine andere strittige Angelegenheit verwenden, um seiner Meinung besonders starken Ausdruck zu geben. Solche Bewertungsmöglichkeiten ließen sich durch einen »Intensitätsschalter« in die von Sheridan vorgeschlagene Apparatur einbauen.

Ist aber der durchschnittliche Bürger eigentlich über die zur Abstimmung gelangenden Fragen genügend informiert? Zahlreiche Untersuchungen stimmen darin überein, daß dies nur für einen Teil der Wähler zutrifft. Hier setzen die Überlegungen und Vorschläge von Stuart Umpleby von der Universität Illinois ein. Er möchte Lehrcomputer, die ja bereits in einigen Ländern eingeführt sind und deren Anzahl in den kommenden Jahren vermutlich stark zunehmen wird, für die Demokratisierung und Verbesserung politischer Entscheidungen einsetzen.

Bekanntlich ist es mit diesen Instrumenten dem Lernenden bereits heute möglich, sich durch textliche, grafische und andere optische Informationen, die auf eine Anforderung hin auf einem Bildschirm erscheinen, in dem von ihm gewünschten Tempo und in der von ihm für notwendig gehaltenen Ausführlichkeit belehren zu lassen.

Bereits im Jahr 1965 zeigte mir Umplebys Lehrer, der Sprachforscher Charles Osgood, in seinem Laboratorium in Urbana, wie man den Lehrcomputer zur Urteilsbildung über Zukunftsprobleme verwenden könne. Er hatte das sogenannte PLATO-Programm entwickelt, das die verschiedensten Alternativen damals vorauszusehender Entwicklungen speicherte. Wählte ein Fragender, an der Konsole sitzend, etwa das Problem »Autoverkehr«, so konnte er Schritt für Schritt bald die eine Möglichkeit – Steigerung des Individualverkehrs –, bald die andere – Förderung des öffentlichen Verkehrs – sowie eine ganze Reihe von Mischformen in ihren vermutlichen Folgen durchspielen.

Umpleby und seine Mitarbeiterin Valerie Lamont fragten sich nun, ob dies Instrument nicht geradezu ideal sein könnte, um dem Wähler durch detaillierte, individuelle Informierung ungleich bessere und fundiertere Entscheidungen für die Zukunft zu ermöglichen.

Ein erster Versuch, dieses Konzept unter Mitwirkung der Bürger zu erproben, wurde im Februar 1971 unternommen. Es ging darum, herauszufinden, wie sich die Bürger von Urbana zu der geplanten Regulierung eines stark verschmutzten Flüßchens stellen würden, das durch ihre Stadt fließt. Sollte es überbaut und in einen Abwasserkanal verwandelt werden?

Sollten die Ufer ganz von industriellen Anlagen befreit werden, das Wasser durch eine Kläranlage gereinigt und die Auen in eine Erholungslandschaft verwandelt werden? Oder war es angesichts der angespannten Kommunalfinanzen notwendig, alles so zu belassen, wie es war? Es gab zusätzlich eine ganze Reihe von Kompromißvorschlägen, und natürlich mußten auch technische, gesundheitliche, psychologische und finanzielle Faktoren berücksichtigt werden.

In mehreren Schulen und anderen öffentlichen Gebäuden Urbanas wurden nun Eingabegeräte aufgestellt, durch Kabel mit dem Computer verbunden, der den Teilnehmern auf Anfrage alle notwendigen Unterlagen übermittelte und darüber hinaus die vermuteten Folgen bald der einen, bald der anderen Entscheidung auf den Bildschirm spielte.

Das Ergebnis dieses Experiments war außerordentlich ermutigend. Die meisten Teilnehmer bekannten, im Bewußtsein, abgestimmt zu haben, von vornherein besser denn je über die wahrscheinlichen Konsequenzen ihrer Entscheidung informiert worden zu sein. Diese Form der mit Belehrung verbundenen Befragung habe ihnen gefallen, und es sei ihnen – bis auf einige – auch nie der Verdacht gekommen, daß diejenigen, die das Programm zu dieser Frage erstellten, vielleicht den Computer mit einseitigen Informationen gefüttert hätten.

Das war eine »Citizen Sample Simulation«, ein Planspiel mit verhältnismäßig wenigen – hundertdreißig – und ausgewählten Teilnehmern. Es war geplant, diese Versuche mit einer immer größeren Zahl von Eingabegeräten (bis zu viertausend) fortzusetzen. Danach sollte entschieden werden, ob dieses Wahlverfahren für mündige Bürger bei allen Ortswahlen eingeführt werden könne. Leider blieb aber dieses vielversprechende Experiment, wie so viele, aus mangelndem Interesse der Behörden in den Anfängen stecken und wurde vorläufig aufgegeben.

Der Gouverneur und sein »Kommunikationsraum«

Man muß bei den meisten Projekten, welche die neuesten Informationstechniken in den Dienst verbesserter demokratischer Beiligung stellen wollen, allerdings bedenken, wie die Exekutive eigentlich mit dem gesteigerten Informationsstrom »von unten« überhaupt fertig werden kann. Mögliche Antworten auf diese Frage wurden mehrere Jahre lang in Puerto Rico ausprobiert, als in dieser früheren amerikanischen Kolonie die »New Progressive Party« an die Macht gekommen war. Ihr Vorsitzender, der zum Gouverneur gewählte Louis A. Ferré, hatte in den USA studiert und holte sich einen seiner ehemaligen Professoren, Dr. Chandler Harrison Stevens, nach San Juan, um die unter dem Motto »Nueva Vida« (Neues Leben) versprochene Demokratisierung der Insel vorwärtszutreiben. So wurde das PRIDE-Programm geboren. PRIDE ist eine der üblichen einprägsamen Abkürzungen für einen weit umständlicheren Behördennamen: Puerto Rican Information and Decision Environment (Puertoricanische Informations- und Entscheidungssphäre). Ende 1972 wurde Ferré in den Wahlen geschlagen und mußte zurücktreten. Dennoch besitzt sein Experiment modellhaften Charakter.

Mittelpunkt des Programms war ein im Gouverneurspalast eingerichteter »Kommunikationsraum«, der äußerlich – wenn auch in etwas bescheidenerem Ausmaß – dem Kommandozentrum der Weltraumbehörde in Houston ähnelte: Datengeräte zur Speicherung und Wiederauffindung von Informationen, große Bildschirme, auf denen Computergrafiken, Statistiken, einlaufende Nachrichten, Pläne aller Art und gelegentlich auch vergrößerte Fernsehbilder aus einer der zwanzig Stationen für »Bürgerhilfe« zusammenkamen. Über das ganze Land waren Büros verteilt, in denen alle erwachsenen Puertoricaner an mindestens zwölf Stunden pro Tag Beschwerden, Wünsche, Anregungen vortragen konnten. Untergebracht wurden diese neuen Behördenzweigstellen sinnigerweise in den Gebäuden der lokalen Feuerwehr. Hier erklangen die »Alarmglocken«, wenn irgend etwas im Lande des Volkskönigs Louis nicht stimmte. Seine sozialen Feuerwehrmänner, die »Citizen Aides«, wurden auf allen denkbaren Gebieten zu »Generalisten« ausgebildet.

Diese Stellen waren allerdings nicht mehr als gewöhnliche Informationsbüros, in denen freundliche junge Leute nach einem »Handbuch des öffentlichen Dienstes«, an dem sie selber mitgearbeitet hatten, Auskünfte erteilten. Ihr Auftrag war es, die Bürger zum freimütigen Gespräch, zur freiwilligen Beteiligung an öffentlichen Aufgaben, zur frei fließenden Diskussion über Puerto Ricos Zukunft zu bewegen. Aber so etwas braucht Zeit, es verlangt nach Menschen, die gelernt haben, sich ohne Scheu auszudrücken, die trotz schlimmer früherer Erfahrungen Vertrauen zu den Behörden aufbringen und jene »Revolution im gegenseitigen menschlichen Verstehen« wagen, von der Gouverneur Ferré ohne Unterlaß sprach.

Er verkündete: »Ich versuche erstmals, einen ganzen Staat durch und mit Informationen für alle und von allen zu regieren. Unsere neuen Institutionen eilen der Erziehung unserer Menschen voraus und ermutigen diese friedliche Wandlung.« Wie die überraschende Niederlage Ferrés zeigt, war dieser Abstand zwischen Wunsch und Wirklichkeit noch zu groß.

Jeder ein Fernsehproduzent?

In den ersten Jahren nach der russischen Revolution überwogen die Stimmen derjenigen, die meinten, das vorwiegend agrarische Riesenland werde so bald keine eigene Industriemacht aufbauen können, weil es nicht über genügend ausgebildete Arbeiter verfüge. Das von der Sowjetregierung für den Kauf von ausländischen Maschinen und Fabriken ausgegebene Geld sei daher hinausgeworfen. Man werde die Muschiks doch nie dazu bringen, ein kompliziertes technisches System in Gang zu setzen, instand zu halten oder gar zu erweitern.

Ein ähnliches Fehlurteil geht heute in bezug auf Investitionen für mehr Demokratie um. Alle Versuche, die Bürger an politischen oder wirtschaftlichen Planungs- und Entscheidungsprozessen zu beteiligen, führten zu nichts, heißt es, weil sich »die große Masse« gar nicht dafür interessiere und nie imstande sein werde, die komplizierten, oft nur mit spezieller fachlicher Vorbildung erfaßbaren Sachverhalte zu beurteilen.

Diese Prognose wird sich vermutlich ebensowenig bestätigen wie der Pessimismus in bezug auf die Modernisierung Rußlands. Sie unterschätzt nämlich die Lernfähigkeit des Menschen, sie zeugt von Hochmut und Gedankenlosigkeit, sie wirft denen, die durch die Versäumnisse einer egoistischen Ober- und Mittelschicht in ihrer Entwicklung zurückgeblieben sind, dieses unverschuldete Zurückbleiben auch noch vor. Wie die Schaffung industrieller Institutionen in einem Agrarland innerhalb einer Generation als Anreiz für die Heranbildung von Millionen Facharbeitern, Ingenieuren, Erfindern diente, so kann die vorausgreifende Einrichtung neuer demokratischer Institutionen das verkümmerte Interesse der Menschen am Schicksal der Gemeinschaft wiedererwecken und Millionen Bürgern die Möglichkeit geben, jene Kenntnisse und Fähigkeiten zu entwickeln, die ihnen endlich verantwortliche Mitsprache erlauben.

Allerdings wird das kaum gelingen, wenn »politische Bildung«, wie in den meisten Fällen, vom Katheder herab vor meist gelangweilten Vortragsbesuchern oder Parteiversammlungen »gelehrt« wird. Längst weiß man aus dem Sprachunterricht oder von Sportkursen her, daß freudiges und schnelles Begreifen nur durch gleichzeitige praktische Betätigung erreicht wird. Bei einer Demonstration, bei einer Mieterversammlung, bei den Beratungen einer Bürgerinitiative oder bei dem Kreuzverhör vor Politikern bildet sich politisches Bewußtsein schneller und intensiver als in langen theoretischen Kursen.

Alle diese Gelegenheiten zur demokratischen Betätigung ergeben sich spontan. Sie müßten aber durch eine Vielzahl neuer demokratischer Betätigungsfelder und Einrichtungen erweitert werden. Seit der Erfindung des Parlaments im Westen sind auf diesem Gebiet fast keine Innovationen zu verzeichnen, die der gewaltigen Bevölkerungszunahme, den veränderten Lebensformen, den neuen technischen Möglichkeiten und dem (wenn auch zu langsam) gewachsenen Bildungsniveau vieler Menschen Rechnung tragen.

Daß solche Neuerungen sehr schnell Anklang finden und den daran Beteiligten nicht nur Vergnügen bereiten, sondern in ihnen auch ein neues Selbst- und Gemeinschaftsgefühl hervorrufen, beweist das Beispiel der »Television Communautaire« in Kanada. Dieses Experiment verdankt seine Entstehung einem Zufall. Um die in den Weiten des Landes gelegentlich schwachen Fernsehsignale zu verstärken, bildete sich eine neue Branche heraus. TV-Kabelfirmen stellten große Antennen auf, legten Leitungen und boten jedem einen Anschluß an, der bereit war, im Monat ein paar Dollar zu zahlen. Sie brachten ihm dafür bis zu zwölf verschiedene Programme von bester Bild- und Tonqualität ins Haus.

Einer dieser »Cableurs« in Montreal kam als erster auf die Idee, über einen Kanal ein eigenes Programm, nämlich ausschließlich Zeit- und Wetterinformationen zu senden. Das waren die bescheidenen Anfänge des bald sehr populären »Channel 9«. Der Direktor erzählt: »Von meinem Büro aus konnte ich auf dem Bildschirm all die Zifferblätter und Meßgeräte sehen: Stundenzeiger, Minutenzeiger, Barometerzeiger, Feuchtigkeitsanzeiger – das war auf die Dauer doch etwas langweilig.

Konnte man die Sache nicht durch Lokalnachrichten ein wenig auflockern oder mit Auftritten von Amateuren, mit Leuten, die ihren unbekannten Nachbarn etwas von ihrem Beruf erzählten, und so weiter? Ich hab's versucht, und die Teilnehmer waren begeistert. Mehrere haben das sogar nachgemacht. Und jetzt gibt es schon Hunderte solcher Programme. Bei uns in Kanada sehen die Leute nicht nur passiv auf die Mattscheibe. Sie machen sich zum Teil ihre Sendungen selber.«

Das Erziehungsministerium begann sich für die Angelegenheit zu interessieren und subventionierte lokale Sender, die oft nur von ein paar Tausend eingeschaltet werden können. Man stellte technische Berater und geschulte Fernsehleute zur Verfügung, die aber möglichst im Hintergrund bleiben oder sich nach ein paar Wochen wieder zurückziehen. Jeder kann als Kameramann, Ansager, Toningenieur, Regisseur, Darsteller versuchen zu agieren. Auch Kinder dürfen ins Studio und beginnen ihre eigenen Sendungen zu gestalten. Jugendliche bekommen tragbare Video-Aufzeichnungsgeräte und filmen kritische Reportagen über ihre Umgebung. Sie gehen meist nicht nur einmal über den Sender, sondern können, wenn sie gelungen sind, in speziellen lokalen Filmtheatern immer wieder gesehen und diskutiert werden.

Die gesellschaftlichen Wirkungen und Nebenwirkungen erwiesen sich bald als das wichtigste Ergebnis dieser Neuerung. Die Bürgerkameras drangen in die Beratungszimmer der Gemeinde- und Regionalparlamente ein. Politische Versammlungen, die aus der Mode gekommen waren, fanden enormes Interesse, seit die Teilnehmer wissen, daß häufig Kamerateams kommen und ihre Ausführungen in Tausende von Haushalten übertragen werden.

Dadurch wurde wiederum eine Vermehrung politischer Programme des staatlichen Fernsehens erreicht. »Sur le Vif« ist ein Programm der Canadian Broadcasting Corporation, in dem jedermann zu Wort kommen kann, der sich beschweren möchte. Die Journalisten gehen seinen Klagen nach, versuchen aufzudecken, klarzustellen, zu helfen.

»Zwanzig Millionen Bürgerkameras« hieß eine Sendung des französischen Fernsehens, die diesem mit Hilfe der neuen Medien zustande gekommenen Phänomen der demokratischen Renaissance in Kanada gewidmet war. Sie wurde von Pierre Schaeffer, dem Leiter der Versuchsabteilung des ORTF, ange-

regt, einem erstaunlichen Mann, der als Komponist, Romancier, Essayist und Schöpfer der »konkreten Musik« seit langem versucht, der »blockierten Kultur« seines Landes zukunftsträchtige Impulse zu geben. Er selbst meint zu den demokratischen Anstößen, die vom Fernsehen ausgehen könnten:
»Wir sollten das Fernsehen benutzen können wie ein Telefon. Die Menschen müssen wieder lernen, miteinander zu sprechen. Aber wir sollten den Zuschauern auch klarmachen, daß die Bilder nur Schatten sind, nur Anlaß zur Entdeckung des greifbaren täglichen Lebens. Das Medium kann sie lehren, Menschen, Gruppen, Stadt- und Landleben wieder zu entdecken. Wenn aber nicht wenigstens etwas von ihnen selbst dazu kommt, wird schließlich nicht mehr übrigbleiben als die Weitergabe fremder Kenntnisse oder die Schaustellung von Machtinstanzen, die schließlich abgelehnt werden. Ich hoffe, daß diese dunklen Perspektiven durch einen wahren Ausbruch freier Ausdrucksmöglichkeiten aufgewogen werden. Dieser Weg führt wahrscheinlich zu einer neuen Kultur, die aber ganz anders sein müßte als diejenige, die wir heute noch zur Darstellung bringen.«

»Video-Guerillas«

Totenklage und Trauerfeier gehören zu den ältesten kultischen Gebräuchen des Menschen. Wie das Gedächtnis eines Verstorbenen im Zeitalter der Medien geehrt werden kann, erlebte ich bei einer elektronischen Leichenwache, zu der Jerry S. seine Freunde und Bekannten in eine Wohnung am Riverside Drive in New York eingeladen hatte. Eine Woche lang sah man Abend für Abend bis in die späte Nacht hinein die Schatten des verblichenen Anthony S. und seiner Familie über die Mattscheiben mehrerer Monitoren huschen, die in drei halbdunklen, mit Menschen vollgestopften Wohn- und Schlafzimmern aufgestellt waren.

Der Sohn hatte im Laufe der letzten drei Lebensjahre des an Magenkrebs leidenden Vaters Dutzende von Videofilmen aufgenommen: Anthony S. verschlingt sein Frühstück. S. küßt seine Familie, S. besteigt das Auto, um ins Geschäft zu fahren. Der Motor springt nicht an. S. muß ein Taxi nehmen. S. besucht Kunden, S. streitet, S. erzählt Witze, um den Verkauf zu heben, S. in einer überfüllten Cafeteria. S. macht, vom Straßenlärm gestört, seine Abrechnungen. S. schaut Mädchen auf der überfüllten Fifth Avenue nach, S. schlägt seine kleine Tochter, S. herzt seine kleine Tochter. S. schläft vor dem Fernsehapparat ein. S. spielt mit seiner Familie am überfüllten Badestrand. S. liest Zeitung. S. strahlt über das ganze Gesicht.

Dazu die Stimme des Sohnes aus dem Dunkel: »Er war schon todkrank. Er wußte es nicht. Oder wollte es nicht wissen. Er ging weiter zur Arbeit, wurde schwächer. Tat, als merkte er es nicht. Vor allem durften die Chefs nichts wissen. Sie hätten ihn sofort hinausgeworfen. Endlich besuchte er den Arzt. Aber die Rechnungen waren ihm zu hoch. Er log uns an und behauptete, er lasse sich behandeln. Einmal begleitete ich ihn in ein Ambulatorium. Aber da warteten schon Dutzende. Seht ihr sie, all diese Gezeichneten? Er verlor die Geduld, rannte wieder weg. Ich beschwor ihn auszuharren. Er lief mir davon.«

Und gleichzeitig auf den Monitoren das Bild des Fliehenden. Und die Stimme des Sohnes, der laut schreiend eine sich steigernde Anklage gegen die Sinnlosigkeit dieses Lebens erhebt, gegen die Verlogenheit der Mitmenschen, gegen die Irreführungen der Reklame, gegen »all that shit around us«. Seine Kamera zeigt dabei den »Dreck« von New York, die Abfallkübel, zerstörte Menschen, Autowracks an den Straßen, die schlaffen Gesichter in der Subway, starre Augen an Bankschaltern, aufgerissene Mäuler schimpfender Taxifahrer ...

Und das Stunde um Stunde. Unzählige quälende Meter Videofilm. Oft monoton, wenn gezeigt wird, wie Anthony S. sich rasiert, wie seine Frau im Supermarkt einkauft und er hinterhertrottet, wenn der Sohn drei, vier, vielleicht sogar fünf Minuten lang seine Kamera auf dem Gesicht des Schlafenden verweilen läßt und kein Kommentar das Schnarchen unterbricht.

Pietätlosigkeit? Nein, er habe seinen Vater ehren wollen, indem er die Wahrheit über dessen Leben zeige, sagte mir der dreiundzwanzigjährige Jerry S. »Darum geht es uns Video-Freaks, endlich die Wirklichkeit zu sehen und zu zeigen. Die Schleier und Verpackungen der Reklame und Propaganda zu zerreißen. Die falschen Vorstellungen, die wir uns auch von unserer Umwelt und uns selbst machen. Deshalb tapen wir unsere stundenlangen Unterhaltungen, unsere alltäglichsten Handlungen, einige von uns sogar ihr ›love-making‹. Das ist nicht, wie manche meinen, Narzißmus. Narziß war in sein Spiegelbild verliebt. Wir sehen uns selbstkritisch, oft hassen wir es. Aber wir denken darüber nach. Warum wir so wurden. Wie wir es ändern könnten.«

Seitdem eine japanische Firma Ende der sechziger Jahre die ersten tragbaren Fernsehmagnetofone auf den Markt gebracht hat, deren Bänder wie bei einem Tonbandgerät sofort zurückgespielt und für neue Aufnahmen gelöscht werden können, sind in den USA Dutzende »Video-Gruppen« entstanden. Sie tragen Namen wie »Televisionary Associates«, »Experimental Video«, »Free America«, »Community Video«, »People's Video«, »Global Village«, »Earth Light«, »Media Access Center«, »Children's Television Workshop«.

Vierzig, fünfzig Mitglieder kaufen sich einen oder mehrere Videorecorder, die noch über tausend Dollar pro Stück kosten, und beginnen ihre eigenen Filme zu »schießen«. Die Handhabung ist so einfach, daß sogar kleine Kinder schon nach kurzen Erklärungen mit dem Gerät umgehen können; ja, eine kalifornische Gruppe des »Media Access Center« in Palo Alto spezialisierte sich darauf, mit Vier- bis Sechzehnjährigen zu arbeiten. In einer Schule, wo Weiße und Schwarze sich gegenseitig das Leben schwermachten, wurde durch die Videofilme Jugendlicher erstmals eine Brücke des Verstehens gebaut. In einer High School bei San Francisco machten die Schüler mit ihren Videokameras neben dem aufgetragenen Videoaufsatz »Unsere Schule und ihre Umwelt« einen Streifen, der den Titel »Strange and sometimes dangerous animals« (Eigenartige und mitunter gefährliche Tiere) trug. Es war eine schonungslose Reportage über ihre Lehrer, deren Eigenheiten, Zornesausbrüche, Ungerechtigkeiten, aber auch gelegentliche Versuche, sich freundlich oder gar freundschaftlich zu geben. Nach der Vorführung, die im Lehrerkollegium mehrmals wiederholt wurde, beschloß man dort – ebenfalls ohne vorher diesen Plan bekanntzugeben –, eine nicht weniger kritische Videostory über die Schüler zu filmen. Die Folge: Die Beziehungen der beiden Generationen verbesserten sich wesentlich.

Die zwei bekanntesten Videogruppen sind »Raindance« (wörtlich Regentanz, tatsächlich eine Anspielung auf den Namen der RAND Corporation) und die »Video-Freaks«. Einer der Gründer von »Raindance« namens Paul Reilly war zuvor an der katholischen Fordham-Universität Assistent des Mediapropheten Marshall McLuhan. Als er wegen Wehrdienstverweigerung im Gefängnis saß, beschloß er, die Ideen seines Lehrers zu den neuen Mitteilungsmöglichkeiten der »electronic era« in die Praxis umzusetzen. Gemeinsam mit einem jungen, bei der Illustrierten »Life« arbeitenden Journalisten namens Michael Shamberg produzierte er nach seiner Freilassung einen Videofilm mit zahlreichen Interviews von Hippies, Straßensängern, davongelaufenen Kindern über das gerade in Mode gekommene »East Village« an der unteren Zweiten Avenue von New York mit seinen psychedelischen Scheinparadiesen, kleinen Buchhandlungen, Marihuanaparties und gewagten Theatervorstellungen.

Während diese Welt in den Massenmedien meist als eine romantische Insel inmitten des harten Manhattan dargestellt worden war, in der Träume, Muße und spontane Feste vorherrschen, zeigten Reilly und Shamberg die andere Seite des Klischees: Katzenjammer, »cold turkey« (die Qualen des Rauschgiftentzugs), Hunger, Bettelei, jämmerliche kleine Diebstähle. Aber in den Video-Interviews mit den »acid heads«, den »vinos«, den »sex maniacs« und den Spinnern aller Sorten kam heraus, wonach sie eigentlich suchten, welche berechtigten Wünsche sie befriedigen wollten, wie sehr sie unter der herzlosen, harten Kommerzwelt von Manhattan litten.

Ich habe eine Anzahl dieser und ähnlicher Streifen in dem armseligen, stickigen, öffentlich zugänglichen Vorführraum gesehen, der am Ende von St. Marks Place neben einer Sauna untergebracht war. Sehr oft lief hier nicht nur ein Film, sondern zur selben Zeit drei Streifen nebeneinander auf derselben großen Leinwand. Anfangs erscheint das demjenigen, der an diese Bildfülle nicht gewöhnt ist, verwirrend, ja unsinnig. Aber nach einiger Zeit beginnt man dieses Nebeneinander zu verstehen, ja zu genießen. Es ist ein Versuch, die Enge und Eindeutigkeit des geschriebenen und gedruckten Wortes zu verlassen und durch eine Fülle von Eindrücken zu erweitern. Das kommt der viel zu selten genutzten Fähigkeit unserer Sinne entgegen, viele flüchtige Wahrnehmungen gleichzeitig unterschwellig zu erfassen.

Den »Video-Guerillas« geht es nach den Worten Michael Shambergs vor allem darum, »eine Darstellung aller Ansichten zu ermöglichen, besonders derjenigen, die in den konventionellen Medien ungenau dargestellt werden. Das geschieht, indem Menschen Informationen über sich selbst geben können, ohne durch irgendwelche unsichtbaren Kontrollen daran gehindert zu werden.«

Dieser Versuch, einen »Fernseh-Underground« zu schaffen, macht auf dem nordamerikanischen Kontinent entscheidende Fortschritte. Es gibt eine Zeitschrift der »TV-Guerillas«, in der Videotheater annoncieren können, die vor allem in Universitätsstädten entstanden sind; Mediabusse fahren im Land herum, halten bald hier, bald dort, finden besonders in kleinen Orten Zulauf, nicht nur wegen ihrer unzensierten Berichte über das Leben in den großen Städten, sondern auch, weil sie den Bewohnern Gelegenheit geben, sich selbst als Akteure auf dem Bildschirm zu sehen, ihre lokalen Probleme in der eigenen, ungehobelten Sprache darzustellen.

Während das »normale Fernsehen« meist den Rückzug ins Heim und Vereinzelung zur Folge hat, erweisen sich die kanadischen »Television Communautaire« und die Arbeit der »TV-Guerillas« als gemeinschaftsbildend. Das »große Fernsehen« macht passiv, das »kleine Fernsehen« aktiviert und bereitet die Menschen auf die wachsende Gelegenheit vor, mit Hilfe des Kabelfernsehens ihre eigenen Sendekanäle zu nutzen – die sehr schnell den Reklame- und Freizeitmanagern anheimfallen würden, wenn sie Leerräume bleiben.

Der junge kanadische Forscher Jean Cloutier (Université de Montreal) hat den Prototyp des künftigen aktiven Teilnehmers am Kommunikationsprozeß erfunden. Er nennt ihn »EMEREC« (Abkürzung für »EMEtteur« = Sender und »RECepteur« = Empfänger), um damit deutlich zu kennzeichnen, daß er nicht nur passiver Zuschauer und Zuhörer, sondern auch aktiver Mitteilender sein wird. Er ist der Ansicht, daß der Umgang mit den neuen Kommunikationswerkzeugen (Kamera, Mikrofon, TV-Station) in den Schulen ebenso selbstverständlich gelehrt werden sollte wie der Umgang mit der Feder oder der Schreibmaschine. Seinen eigenen Sohn hat er bereits so erzogen. »Der ist schon im Alter von neun Jahren mit dem Videopack ausgezogen, um einen Flugzeugpiloten zu interviewen. Das findet er ganz selbstverständlich. Wenn nur die Aufzeichnungsgeräte schon etwas leichter wären. Vorläufig macht ihm das schwere Schleppen am meisten Schwierigkeiten.«

War das Bürgerfernsehen nur ein Traum?

Auf vielfache Weise sind seit den sechziger Jahren Partizipationsversuche auch in die großen privaten und staatlichen Fernsehnetze eingedrungen. In England versuchte Dorothy Stevens, die »Speakers Corner«, das berühmte Podium der freien, jedermann zugänglichen Diskussion im Londoner Hyde Park, im Studio nachzuahmen. Man hörte in dieser Sendung, die den Titel »Roundhouse« trug, eine ungekünstelte, offene Sprache, wie sie wohl nie zuvor im englischen Fernsehen zu hören gewesen war. Aber in einem Land, wo jemand, der sich öffentlich beleidigt fühlt, hohe Entschädigungen als Schmerzensgeld verlangen kann, wurde den Produzenten einer kommerziellen Fernsehstation diese Ungeniertheit zu riskant, und sie gaben den Versuch wieder auf.

Eine andere Fernsehfirma in London, Thames Television, die sich bemühte, eine Plattform für Ideen zu schaffen und Reformen anzuregen, produzierte in Zusammenarbeit mit dem »National Suggestions Centre« unter dem Titel »What?« einmal wöchentlich eine Sendung. Die Zuschauer wurden aufgefordert, Ideen für notwendige Verbesserungen einzusenden. Innerhalb von drei Monaten erreichten die Station allein aus dem Sendebezirk »Größeres London« über tausend Vorschläge. Einige dieser Geistesblitze, zum Beispiel ein Telefoninformationsdienst über die Tagespreise auf den Gemüsemärkten oder die Anregung, alten Leuten erheblichen Gebührennachlaß für die Installation und Benutzung des Telefons zu gewähren, wurden später in Zusammenarbeit mit der Post verwirklicht. Eine ähnliche Sendung, die der norwegische Rundfunk unter dem Titel »Ideenbank« unternahm, führte zu zahlreichen gesellschaftlichen Reformen und praktischen Neuerungen, von denen vor allem die von der Hauptstadt weit entfernten Landesteile profitierten.

Einer der frühesten und erfolgreichsten Versuche, das Fernsehen zu einer Belebung und Intensivierung demokratischer Entscheidungsprozesse zu nutzen, wurde vom Sender der Universität Iowa in Ames unternommen. Anfänglich war es schwer, die Öffentlichkeitsscheu in den ländlichen Gemeinden zu brechen, deren Ratssitzungen nun von vielen gesehen werden sollten. Aber es gelang den Fernsehleuten durch ihre Herzlichkeit, Bescheidenheit und einfache Sprechweise, die Teilnehmer aufzumuntern. Bald wurden diese Debatten über lokale Probleme im Staate Iowa so populär, daß die Fernseher darüber die teuersten Unterhaltungsprogramme vernachlässigten. Wichtiger noch waren die Nachwirkungen. Über ein Dorf mit sechshundert Einwohnern berichteten Studenten nach der Sendung: »Als wir zum erstenmal nach Cambridge kamen, fanden wir eine Gemeinde vor, deren Einwohner apathisch und uninteressiert schienen. Sie scheuten sich, ihre Probleme zu diskutieren. Aber in den letzten Wochen erlebten wir, wie die Anteilnahme an öffentlichen Fragen zunahm. Wir beobachteten die Leute, wie sie über strittige Fragen zu debattieren begannen – fast immer war es das erste Mal.«

In einer abschließenden Bewertung ihres Vorhabens schrieben die Studenten: »Die Leute, wie sie sprechen, nachdenken und eigene Entscheidungen treffen, sind Stoff für ein erregendes und zugleich unterhaltendes Fernsehprogramm.«

Leider sind solche Sendungen vorläufig noch eine Ausnahme. Die Hoffnungen, die in den USA, England und Frankreich auf die Rolle des Kabelfernsehens bei der Vermehrung demokratischer Aussprachemöglichkeiten gesetzt wurden, sind zunächst einmal enttäuscht worden. Obwohl die fünf lokalen Versuchsstationen des Kabelfernsehens in Großbritannien beim Publikum höchst erfolgreich waren und nachweisbar zu einer Stärkung des Bürger- und Gemeinschaftssinnes in den bei diesen Versuchen mitwirkenden Regionen führten, mußten diese Bemühungen aus Mangel an Geldmitteln wieder eingestellt werden. Zu den Versuchen in New York berichtet das kritische Fernsehinstitut »Network Project« der Columbia-Universität folgendes vorläufiges Fazit: »Die wenigen Gemeinschafts-Videostationen, die den Versuch gemacht hatten, für die unmittelbare Nachbarschaft zu senden, waren wegen ungenügender finanzieller Unterstützung zum Scheitern verurteilt.«

Die Analyse des New Yorker Instituts versucht, den tieferen Ursachen dieses Fehlschlags nachzugehen und kommt dabei zu folgender Erkenntnis: »Kabelfernsehen ... ist wie andere Medien in unserer Gesellschaft Opfer eines grundsätzlichen Mißverständnisses geworden, das auch bei der Beurteilung anderer Technologien auftritt. Technik existiert nicht in einem Vakuum und ist kein Zweck an sich, wie ›Media-Freaks‹ und Unternehmer uns glauben machen wollen. Es ist in eine alles umfassende wirtschaftliche Struktur eingebettet, deren Hauptziel die Maximierung von Gewinnen ist.« Es ist zu befürchten, daß die technischen Möglichkeiten von Video und Kabel-TV zu einer weiteren Verstärkung und genauerem Beschuß potentieller Konsumenten mit Reklame und Propaganda führen könnten. Aus diesen Gründen sehen Beobachter, die an zunehmender Demokratisierung interessiert sind, die Weiterentwicklung der elektronischen Medien eher als einen weiteren Schritt in Richtung auf eine Technokratie. Unter diesem kritischen Aspekt müssen auch die weiteren hier dargestellten Anregungen und Versuche gesehen werden. Sie könnten im Prinzip zwar Beginn vermehrter Anteilnahme für jedermann sein, bergen aber in der Praxis auch neue Möglichkeiten für Manipulation von oben in sich. Die demokratischen Möglichkeiten müßten von Anfang an entschieden gegen die Gefahren eines technokratischen Mißbrauchs gesetzlich abgesichert werden.

Ein weiteres Manko, das sich bei den bisherigen Versuchen mit Kabelprogrammen herausstellte: sie sollten sich nicht zu ausschließlich auf lokale Probleme beschränken, sondern auch versuchen, Fragen von nationaler und internationaler Bedeutung mit einer größeren Öffentlichkeit zu diskutieren.

Solche Gedanken wurden zuerst von dem amerikanischen Erfinder und Rundfunkchef V. Zworyikin geäußert. Er meinte, man könne an jedem Radio- oder Fernsehgerät eine Abstimmtaste anbringen. Differenzierte Meinungen sollten während und nach der Sendung über Telefon an die beteiligten Stationen durchgegeben werden. Diesen Gedanken nahm der amerikanische Systemanalytiker West Churchman im Verein mit den Bundesdeutschen Helmut Krauch und Horst Rittel auf und veranstaltete über eine kalifornische Radiostation in Berkeley eine Debatte zum Problem der amerikanischen Forschungsprioritäten.

Die Problemstellung lautete: Sollten wie bisher Milliarden in die Rüstungslaboratorien gesteckt werden, oder wäre es besser, sie zur Hebung des Wissens und des Lebensstandards in den Entwicklungsländern oder zur Lösung anderer ziviler Probleme auszugeben? Im Unterschied zu üblichen Rundfunkdebatten wurde zuvor eine »Datenbank« zusammengestellt, die Angaben über jüngste Rüstungsentwicklungen, die Zahl der verfügbaren Ingenieure bei den Weltmächten, das Bruttosozialprodukt verschiedener Länder, ihre Militärausgaben und noch viele andere Angaben enthielt.

Die Hörer, soweit sie sich aufgrund der Ankündigung dieser Diskussion gemeldet hatten, erhielten vorher eine schriftliche, möglichst objektive Darstellung der Streitfrage, umfangreiche statistische Angaben und sogar politische Karikaturen, die den Konflikt verdeutlichen sollten. Während der Sendung konnten sie anrufen und sagen, welchem Argument sie zustimmten. Diese Bewertungen wurden sofort von einem Computer zusammengerechnet und den Hörern noch während der Debatte laufend mitgeteilt. Ferner war es möglich, nach der Sendung telefonisch Fragen zu stellen und Meinungen kundzutun.

Krauch, der in Heidelberg die »Studiengruppe für Systemforschung« gegründet hatte, eine der ersten Institutionen für gesellschaftswissenschaftliche Problemlösungen, entwickelte diesen Ansatz weiter zum »ORAKEL«-System, das paradoxerweise gerade dadurch gekennzeichnet ist, daß es die selbstherrliche Verkündung höherer Eingebungen von Regierungsstellen aus der Politik verbannen und durch sachbezogene Debatten ersetzen will, die von breiten Bevölkerungskreisen getragen werden. Krauch erklärt:

»ORAKEL besteht aus einem
Organisierten Konflikt, einer
Repräsentativen Auswahl von Bürgern, die sich um die
Artikulation
Kritischer
Entwicklungs-
Lücken bemühen.«

Ein reichlich umständlicher Weg zu einem einprägsamen Schlagwort für eine Idee, die höchst einfach und einleuchtend ist. Anders als im Parlament, wo nach Ansicht von Krauch »manche Bevölkerungsteile schlecht oder gar nicht vertreten sind, andere dafür überstark«, werden in diesem Fall für die Fernsehdebatte »Vertreter aller direkt oder indirekt betroffenen Gesellschaftsgruppen beteiligt, die über ausreichenden Sachverstand und Fachwissen verfügen«.

Ich meine allerdings: Auf diese Weise wird wieder einmal die demokratiefeindliche »Qualifikationsschranke« heruntergelassen und ein beträchtlicher Teil der Betroffenen ausgesperrt. In der Debatte, die von Krauch »organisierter Konflikt« genannt wird (weil hier in aller Schärfe nach gewissenhaftester Vorbereitung einander klar entgegengesetzte Standpunkte vertreten werden sollen), können die Zuschauer ihre Meinung per Telefon fortlaufend an den Sender weiterleiten. Anrufer, die zuvor Geschlecht, Alter, Zivil- und Ausbildungsstand angeben, sollen nach fünf Ziffern »abstimmen«.

Dabei bedeutet:

5 starke Zustimmung,
4 Zustimmung,
3 Neutralität,
2 Ablehnung,
1 starke Ablehnung.

Werden die Leute mitmachen?

Nach drei Radiosendungen im Jahre 1969 über die Themen »Lange Haare der Jugendlichen«, »Frauenemanzipation« und »Datenbanken« wurde im Februar 1971 im Westdeutschen Rundfunk erstmals ein »Fernsehorakel« von zweieinhalb Stunden Dauer durchgeführt. Um die Zusammensetzung der Anrufer nicht ganz dem Zufall zu überlassen, wurde eine »repräsentative Bürgergruppe«, ein sogenanntes »Panel« von fünfundzwanzig Personen, hinzugezogen. Ein Zeichentrickfilm, der die Schwächen des deutschen parlamentarischen Systems illustrierte, leitete die Sendung ein. Zur weiteren Einstimmung folgte ein zwanzigminütiger Film über das Diskussionsthema »Umweltverschmutzung«.

Jetzt erst wurden an Diskutanten und Zuschauer drei Fragen gestellt, die je nach Ablauf der Debatte durch Zusatzfragen ergänzt werden konnten:

1. In welchem Umfang ist die Umweltverschmutzung der unvermeidbare Preis des Fortschritts?
2. Wie groß ist die Bereitschaft der Industrie, freiwillig Maßnahmen zur Eindämmung der Umweltgefährdung zu ergreifen?
3. Wie groß ist die Bereitschaft, maximal zehn Prozent mehr Steuern zu zahlen, wenn damit die Probleme der Umweltverschmutzung gelöst werden könnten?

Wesentlich war, daß im Hintergrund der Debatte als »Schiedsrichter« eine mit zahlreichen Fakten gefütterte Datenbank zur Verfügung stand. Sie konnte Behauptungen bestätigen, Irrtümer sofort richtigstellen und Sachfragen beantworten.

Über den Verlauf des Experiments berichtete Krauch mit sichtlich starker Anteilnahme:

»Würde überhaupt jemand anrufen? Die Leute vom Fernsehen waren sichtlich nervös und hofften, daß doch wenigstens einige gute Freunde anrufen würden. Der Industrievertreter fand die zweite Frage unfair und meinte, auch bei der dritten Frage sei es völlig klar, daß jedermann die gesamte Belastung doch nur der Industrie aufhalsen wolle. Doch dann hörte man – aus dem Rechenzentrum übertragen – das Klingeln von vielen hundert Telefonen. Da kam auch schon das Startzeichen für den organisierten Konflikt. Wie zu erwarten, wurde zuerst die Luftverschmutzung aufgegriffen. Der Industrievertreter beschuldigte die Konsumenten, die durch Autoabgase und Hausbrand weit mehr als die Hälfte der Luftverschmutzung verursachten. Die Datenbank konnte hier nicht widersprechen. Der Vertreter des Staates berichtete frohgestimmt über zahlreiche, von seinen Ministerien bereits eingeleitete Maßnahmen, der linke Poet verwies auf hohe Unternehmergewinne, und der Systemanalytiker versuchte auf den Zusammenhang zwischen Konsum und Werbung zu verweisen. Der Medizinprofessor vom staatlichen Gesundheitsdienst fand den Industrievertreter persönlich sehr sympathisch und schloß sich weitgehend seiner Meinung an. Dafür erntete er auch prompt den ersten Rüffel aus dem Panel. Er solle gefälligst die Interessen der gesamten Gesellschaft und nicht nur die der Industrie vertreten, denn er werde ja schließlich aus der Staatskasse bezahlt ...«

Das Interesse der Zuschauer, die sich schon während des »Konflikts« über dreißig bereitgestellte Leitungen zu Wort meldeten, war so groß, daß noch lange nach Mitternacht Anrufe eingingen. Besonders Engagierte, die mehrmals das Besetztzeichen bekommen hatten und nicht allzuweit vom Kölner Funkhaus wohnten, fuhren im eigenen Wagen oder im Taxi zum Sender und versuchten, ins Studio zu gelangen. Andere riefen die Privatnummer des Intendanten und des Programmdirektors an.

Am nächsten Abend wurde die Debatte fortgesetzt. »Diesmal riefen sogar mehr als tausend Zuschauer an«, erinnert sich

Krauch. »Davon hatten siebenhunderteinundvierzig die Sendung am Vortag gesehen. Aber auch von der zweiten Gruppe wollten viele gerne beim nächstenmal wieder mitmachen. Sie hatten offenbar im Bekannten- und Verwandtenkreis über ORAKEL diskutiert und konnten sich auf diese Weise ihre eigene Meinung bilden. Insgesamt waren fast dreitausend Anrufe beim Sender eingegangen.«

Der elektronische Liebesakt

In einer Sondernummer der Zeitschrift »Radical Software«, die den demokratischen Möglichkeiten des Kabelfernsehens gewidmet war, fand sich inmitten zahlreicher begeisterter Stellungnahmen auch eine warnende Stimme:

»Jede Kommunikationstechnik wird schließlich auch von Militär und Polizei angewandt. Die Telefonüberwachung macht uns doch heute schon Sorge. Man stelle sich aber einmal vor, wieviel Kontrolle erst über das Kabelfernsehen möglich ist! Die Telefongesellschaft besitzt heute schon, auch wenn ihr nicht abgehört werdet, eine genaue Aufstellung über alle Ferngespräche, die ihr von zu Hause aus führt. Wenn einmal alle Informationen, die eine Person bekommt, über Kabel in ihr Heim gehen, wird man sich nur noch voller Nostalgie daran erinnern, daß es einmal so etwas wie ein Privatleben gab. Durch Druck auf den Knopf mit der Aufschrift *Retrieval* (Wiederauffinden) werden die Kontrolleure erfahren, welche Filme du zur Ansicht ausgewählt hast, welche Bücher und Zeitschriften du hast kopieren lassen, bei welchen Nachrichten du abgedreht hast, mit wem du (über das Bildtelefon) in eine Konferenz eingeschaltet warst und was dein Gesichtsausdruck über deine Ansichten aussagen könnte ... «

Diese pessimistische Vision einer möglichen Medienzukunft bringt in ihrer Überspitzung eine berechtigte Sorge zum Ausdruck, die gegenüber jeder technischen Einrichtung angebracht ist: Sie kann leicht manipuliert und für Absichten verwendet werden, die den Zielen ihrer Schöpfer entgegengesetzt sind.

Ich habe einige Versuche geschildert, die Informationstechnik für die Wiederbelebung und teilweise Verbesserung demokratischer Prozesse zu verwenden. Trotzdem kann ich den Jahrtausendmenschen nicht so sehen wie manche Elektronikenthusiasten: stundenlang mehr oder weniger allein an Fernsehschirm und Eingabegerät sitzend und »mitregierend«. Nicht nur wäre es für die Zukunft der menschlichen Freiheit bedenklich, wenn viele oder fast alle Mitteilungen über technische Systeme laufen müßten, es würden darüber hinaus gerade diejenigen Wesenszüge verkümmern, die »Menschlichkeit« ausmachen: Spontaneität, Phantasie, Wärme, Nähe, Intimität.

Wie die »totale Information« in der Vorstellung derer, die alles für technisch machbar halten, aussehen könnte, geht aus folgender Mitteilung eines japanischen Kybernetikers namens Kenzotaki über sein Mensch-Maschine-System »Intersex« hervor, die in der englischen Zeitschrift »Architecture and Design« publiziert wurde und in der Folge den Weg in die Weltöffentlichkeit fand. Es heißt dort:

»Der Gegenstand dieser Versuche besteht darin, Daten für ein System zu sammeln, durch das es möglich werden soll, durch ›feedback communications technology‹ (Rückmeldetechnik) sexuelle Erlebnisse vollständig zu übertragen. Jeder Partner sieht den anderen über verschiedene, in einem Netz zusammengeschaltete Fernsehkameras, spürt die Gefühlsempfindungen des anderen durch ein System von Sensoren, kann mit ihm über Telefonleitungen verbale Mitteilungen austauschen und die Manipulationsgeräte des Partners durch telechirische (fernhandliche) Übermittlung seiner eigenen Körperbewegungen beeinflussen. Durch ein PCM (Pulsecoded-Manipulation-System) können die vier visuellen Kanäle, die telechirischen Instruktionen und die sensorischen Informationen durch zwei Sechs-Megahertz-Leitungen gleichzeitig in beide Richtungen übertragen werden. Wir hoffen, das auf ein einziges Sechs-Megahertz-Band reduzieren zu können, so daß wir dann Standardmikrowellenleitungen und vielleicht auch Satellitensendungen benutzen können. So können Partner, die physisch getrennt sind, ihre intimen Beziehungen fortsetzen.«

Man muß nicht auf die weiteren Ausführungen dieses Erfinders der Fernkopulation eingehen, der noch detailliert von der Konservierung taktiler Erfahrungen auf Magnetbändern oder »Fühlplatten« und daraus entstehenden »Beziehungen« mit elektronisch aufgezeichneten Sexstars berichtet, um zu erkennen, daß hier bewußt Absurdes vorgetragen wird, um die mechanistische, antihumane Wurzel mancher kybernetischen Entwicklungen freizulegen.

Die Mischung von Faszination und Horror, die das Lesen dieser Schilderung hervorruft, war vermutlich genau das, was der eigentliche Verfasser – der kein Japaner, sondern wahrscheinlich der Bankier Oliver Wells ist – provozieren wollte. Sein Hobby, das bald zum Hauptberuf wurde, sind Spekulationen über die Kybernetik und ihre philosophischen Grundlagen, Folgen und mögliche Weiterentwicklung. Er hätte die möglichen Grenzüberschreitungen der Informationstechnik kaum deutlicher anprangern können als mit dieser Story in ihrer gefühllosen technischen Sprache. Bevor sie von größeren Publikationen übernommen wurde, ist sie in seiner für einen kleinen esoterischen Kreis namens »Artorga« (von »artificial organism«) bestimmten Publikation ohne jeden Kommentar erschienen. So nahmen sie nicht wenige für bare Münze, statt über ihren Inhalt nachzudenken.

Ein Marktplatz für Informationen

Wie die Liebe braucht die Demokratie unbedingt direkte Begegnungsmöglichkeiten, deren »Botschaft« vom Medium nicht verflacht und verfälscht werden darf. Die Kameras, das elektronische Spektrum, Satelliten, Kabel, Magnetkerne, Datenbanken, Empfangsgeräte – sie alle sind nur Transportmittel und Behälter von Nachrichten und dürfen nicht deren Inhalt bestimmen. Die freie Kreation gesellschaftlicher Konzepte, die Formulierung von Plänen, die offene Beratung darüber, ob und wie sie angewendet werden sollen, kann in der Konversation zweidimensionaler Schatten nie ganz gelingen. Der »elektronische Marktplatz« und das »globale Dorf« werden nur dann humane Vorstellungen sein, wenn sie nicht den wirklichen Marktplatz, die wirkliche Gemeinde, den wirklichen Kontakt zwischen Menschen ersetzen, sondern ihm höchstens Hilfestellung geben.

Sicherlich wäre es aber möglich und empfehlenswert, durch Informationsspeicherung, Informationsvergleich und Informationskombination die Kenntnisse und Urteilsmöglichkeiten jedes einzelnen sowie jeder Gruppe von Bürgern um ein Vielfaches zu vergrößern und ihnen auf diese Weise die Möglichkeit zu geben, mit der zunehmenden Undurchsichtigkeit der Verhältnisse fertig zu werden.

- J. R. Schade schlägt vor, in der Nähe jeder menschlichen Behausung einen »Gesundheitskoordinator« aufzustellen, vergleichbar etwa mit dem System der Feuermelder, ein mit einem Datenspeicher verbundenes Eingabegerät, das auf dringende Fragen im Fall plötzlicher Erkrankung Auskünfte für »Erste Hilfe«, Hinweise auf die nächstgelegene geöffnete Apotheke, den nächsten ordinierenden Arzt, das nächste Krankenhaus mit freien Betten geben könnte. Eine weiterentwickelte Version würde es ermöglichen, von jedem Telefon aus einen solchen Informationsspeicher anzurufen, der dann imstande sein sollte, auf persönliche Anfragen auch jeweils individuell abgestimmte Antworten zu geben. Ähnliche Einrichtungen könnten auch erste Informationen über Rechtsfragen, Hilfe beim Einkauf und andere Unterstützung gewähren.
- Nicholas Negroponte (MIT) hat eine von ihm selbst so benannte »Architekturmaschine« gebaut, einen mit zahlreichen Informationen und Vorschlägen gefütterten Computer. Ein Laie, der am Eingabegerät sitzt, kann seine Wohnwünsche mit ihr diskutieren; sie vermag seine unbeholfenen Zeichnungen zu korrigieren, in Berechnungen umzusetzen und macht ihm sogar die Vor- und Nachteile klar, die seine Vorstellungen und Entwürfe zur Folge hätten.
- Professor J. Salmona vertritt die Ansicht, eine offene, weitgehend computerisierte Staatsverwaltung, wie sie in einer Demokratie zu wünschen wäre, könnte jedem Abgeordneten zu möglichst allen Informationen der Exekutive und ihres Apparats unmittelbaren Zugang gewähren. Es wäre denkbar, dieses Konzept auf alle Bürger auszudehnen, um dadurch eine allmähliche Entmachtung der auf »ihren« Papieren sitzenden Bürokratie herbeizuführen.
- Der Anthropologe und Kybernetiker Maguroh Maruyama meint sogar, es wäre mit Hilfe von Funk und Computern möglich, nichthierarchische nichtautoritäre Formen politischer Entscheidungen herbeizuführen, wie sie noch heute bei den Navajos und den Eskimos in gemeinsamen Beratungen erzielt werden, die stets in einmütigen Beschlüssen enden.

Bisher ist die Entwicklung der Informatik allerdings in die andere Richtung, auf eine noch größere Zentralisierung der Information und Konzentration der Macht hinausgelaufen. Auf diese gefährliche Tatsache wies besonders Professor Robert M. Fano (MIT) hin, der in einem Gespräch mit mir beklagte, die Computerfirmen forcierten in erster Linie große und ganz große Datenverarbeitungsanlagen, die sich fast nur Ministerien oder das Management von Konzernen leisten können. Hier bestimmten die technischen Mittel das Vorgehen derer, die mit ihnen umgehen. Ein Beispiel dafür war die Strategie des Vietnamkrieges, in dem sich Politiker wie Militärs so sehr auf ihre Datenbänke verließen, daß sie darüber den Blick für die Wirklichkeit verloren und »die Verantwortung für Entscheidungen an eine Technik abtraten, die sie nicht verstanden«.

Dieses Zitat stammt aus einem Vortrag von Professor Joseph Weizenbaum, einem engen Mitarbeiter Fanos. Er schilderte auf einer Tagung in Wien, wie den nach Computerprogrammen handelnden Generälen die ursprünglichen Absichten »abhanden kamen«, die das Pentagon durch die Bombardierung »besonders lohnender« Ziele verfolgt hatte. Weizenbaum erklärte: »Diese gigantischen Systeme werden von Programmiererteams entwickelt, die oft jahrelang daran gearbeitet haben. Aber wenn diese Systeme dann angewendet werden, sind die ursprünglichen Programmierer nicht mehr zugegen oder haben ihre Aufmerksamkeit anderen Aufgaben zugewendet. Genau gesagt: Wenn diese Pläne in die Praxis umgesetzt werden, versteht keine einzige Person und auch kein Team mehr, wie sie eigentlich funktionieren. Diese Situation hat zwei Konsequenzen. Erstens werden Entscheidungen aufgrund von Regeln und Kriterien getroffen, die niemand genau begreift, und zweitens wird dieses System immun gegen Veränderung. Denn wenn man nicht weiß, wie es *innen* zusammengesetzt ist, kann schon die kleinste Veränderung das Ganze unanwendbar machen. Im Endresultat ist kein Mensch mehr für das verantwortlich, was die Maschine sagt.«

Eine ähnliche Warnung kommt von Rex Malik, einem kritischen englischen Publizisten, der sich vor allem mit gesellschaftlichen Problemen beschäftigt, die durch das Vordringen der Computer entstehen. Er schlägt daher vor, den ausgedruckten Ergebnissen jeder Computerbefragung folgende einschränkende »Gebrauchsanweisung« beizugeben: »Nicht alle, die etwas von dieser Materie verstehen, sind der Ansicht, daß die Angaben stimmen, auf denen diese Schlüsse beruhen.«

Nicht unerwähnt soll in diesem Zusammenhang Henry Matusow bleiben, ein Jazzmusiker mit einigen wissenschaftlichen Kenntnissen, der aus politischen Gründen aus den USA nach England emigrierte und dort eine »Gesellschaft gegen den Mißbrauch von Computern« gründete. Anfangs konzentrierte er sich darauf, Vorschläge für die technische Sabotage von Datengeräten zu verbreiten. Als ihm dies unmöglich gemacht wurde, fand er andere Methoden, die zwar harmlos, aber wirksam seien, wie er mir versicherte:

»Ein großer Teil der Mitteilungen, Aufforderungen, Fragebogen, die jeder Bürger heute erhält, ist bereits das Ergebnis von Computerberechnungen. Wenn Leute mich mit Fragebogen und anderen Formularen beehren, die ich ausfüllen soll, sende ich ihnen einen eigenen Fragebogen und bitte sie, mir zu sagen, wer sie eigentlich seien, wie sie dazu kämen, sich an mich zu wenden, und wofür sie die Auskünfte, die sie von mir verlangen, benutzen wollten. Meist kommt daraufhin gar keine Antwort mehr, und man läßt mich in Ruhe.«

Kongresse im eigenen Wohnzimmer

Das ist eine originelle, auf die Dauer aber wohl kaum erfolgversprechende Methode, Computereinflüsse einzudämmen.

Es wird vielleicht ähnlich dem Beruf des vereidigten Rechnungsprüfers ein Stand der vereidigten Computerprogrammprüfer entstehen müssen. Vor allem dürfte es auf die Dauer notwendig werden, den Computernetzen des Staates und der Industrie »Bürgernetze« gegenüberzustellen, die eigene Daten aufgrund anderer Voraussetzungen, anderer Interessen und Zielsetzungen sammeln und kombinieren. Parlamentarische Datenbänke werden unter anderem mit Informationen gefüttert sein, die in den Informationsanlagen der Ministerien nicht zu finden sind. Jede gesellschaftlich interessierte Gruppierung wird sich wohl dieses neuen Instrumentariums bedienen müssen, wenn sie sachlich auf der Höhe der Diskussion stehen und sich nicht einfach als »zuwenig informiert« beiseite schieben lassen möchte.

Neben dem kritischen Journalisten, der für Zeitung, Funk, Fernsehen oder das aktuelle Taschenbuch arbeitet, wird bald der kritische Berichterstatter treten, dessen »Medium« eine Datenbank ist. Denn die Fülle der Fakten, die bei politischen Entscheidungen berücksichtigt werden müssen, findet in den

Organen der Publizistik, die stets unter Raum- oder Zeitknappheit leiden, längst nicht mehr genügend Platz. Erst mit Hilfe unabhängiger oder oppositioneller Informationsspeicher, die von ihren Korrespondenten laufend ergänzt werden, können die Bürger ihre Pflicht der Kritik und Kontrolle in einer »Informationsgesellschaft« wirkungsvoll wahrnehmen.

Schon seit einiger Zeit ist es auch möglich, kombinierte Fernseh-EDV-Debatten über Hunderte und Tausende von Kilometern hinweg zu führen. Fünfzehn amerikanische Computerforschungszentren, die dem dem Pentagon unterstehenden ARPA (Advanced Research Project Agency) angehören, arbeiten bereits so eng zusammen, als seien alle Teilnehmer der täglichen Arbeitskonferenzen um einen einzigen grünen Tisch herum versammelt. In Wirklichkeit aber sitzen im Stanford Institute for Research – an der Westküste der USA – einige Mitarbeiter vor einem großen Bildschirm, andere im Lincoln-Laboratorium bei Boston an der Ostküste und ein drittes Team im mittleren Westen, an der Universität von Illinois.

Was diese Gespräche von üblichen Telefonkonferenzen unterscheidet, ist vor allem die Tatsache, daß die Unterlagen jeder Gruppe durch Zusammenkopplung der verschiedenen Datenbanken einander ergänzen und verstärken. Innerhalb von Sekunden holen sie die für eine Besprechung benötigten Informationen aus ihren Speichern und projizieren sie auf die Monitoren. Mitarbeiter, die sonst nur eine Auswahl ihrer Papiere und Pläne in der Aktentasche mitgebracht haben, können jetzt durch Knopfdruck über ihr ganzes Archiv verfügen. J. C. R. Licklider, der mit Doug Engelbard und Robert W. Taylor dieses System entwickelte, meint, es werde auf diese Weise schon bald möglich sein, über den ganzen Planeten hinweg eine enge und ständige Arbeit wissenschaftlicher Teams zu beginnen, die dann über ihre kombinierten Informationsquellen verfügen.

Eine solche »Informationsgemeinschaft« wäre zwar örtlich weit voneinander getrennt, durch das Interesse am gleichen Thema aber eng miteinander verbunden. Ihre Mitglieder stünden zueinander in weit intensiverem Kontakt, als es durch gelegentliche telefonische Anrufe, Telegramme oder Fernschreiben möglich ist. Laboratorien der Kernphysik, Sternwarten, sozialwissenschaftliche Experimentatoren, Universitätsinstitute vieler Länder könnten sich immer leichter und öfter zu globalen Projekten zusammenfinden.

Aber auch für den weltweiten Kontakt der Bürger eröffnen sich hier erstaunliche Perspektiven. Der phantasievolle Architekt Yona Friedman vertritt die Ansicht, man werde noch vor Beginn der Jahrtausendwende Weltkongresse abhalten, ohne daß die Teilnehmer überhaupt ihren Wohnort verlassen müßten: Man treffe sich dann zu Hause im jeweiligen elektronischen Kommunikationsraum. Und Peter C. Goldmark, langjähriger Leiter der Versuchsabteilung der »Columbia Broadcasting System«, arbeitete einen genauen Entwurf aus, wie die Bürger des Staates Connecticut elektronisch mit ihrem Arbeitsplatz kommunizieren könnten, statt jeden Morgen und Abend über vollgestopfte Straßen in ihre Büros zu fahren. Auch ein »elektronisches Rathaus« ist bereits von einer Planungsgruppe des »Center for Policy Research« unter der Leitung von Amitai Etzioni und Eugene Leonard skizziert worden. Ihr »Participatory Technology System« trägt den Titel MINERVA und sieht ständige Beratungen räumlich getrennter Bürger über spezielle Funk- und Fernsehkanäle vor.

Neue Mittelpunkte der Gemeinden

Aber alle elektronischen Hilfsmittel können nicht über die Tatsache hinwegtäuschen, daß der Bürger in seiner Gemeinde oder Stadt von heute immer weniger Plätze findet, an denen er mit anderen Bürgern auf zwanglose Weise zusammenkommen kann. Der Marktplatz, die Piazza, der Korso sind noch nicht durch andere Treffpunkte ersetzt worden. Wenn es mehr Demokratie geben soll, werden viele neue Gelegenheiten für Begegnungen zu schaffen sein.

Fußgängerbereiche, Spielstraßen, Freizeitzentren werden schon jetzt in immer mehr Städten geplant. Wo sie bereits verwirklicht wurden, wie in Rotterdam und Dronten oder München und Frankfurt, zogen sie bisher vor allem Spaziergänger und Händler an, zur »Agora« im athenischen Sinn, auf der über öffentliche Angelegenheiten debattiert worden war, wurden sie nicht. Was diesen »Freiräumen« vorläufig abgeht, ist jene höhere Sinngebung, die einst von der Kirche oder dem Rathaus ausstrahlte.

Das Neuerwachen des Bürgersinns, das überall in den Wellen der Bürgerinitiativen, der Straßendemonstrationen und improvisierten Diskussionen zu verspüren ist, sollte, wenn es stark genug ist, auch in gemeinschaftlichen Bauten und Einrichtungen Ausdruck finden müssen. Dort ist »Jedermann« nicht mehr wie heute noch in so vielen städtischen oder staatlichen Institutionen nur geduldet, ständig durch Vorschriften gelenkt und von strengen Beschützern »öffentlichen Eigentums« zu »ordentlichem Benehmen« angehalten, dort kann er sich frei fühlen wie der »Herr im Hause«.

Es werden in den nächsten Jahren die verschiedensten Anlagen eingerichtet werden, in denen sich die Befreiung der Geister, die Betätigung und Bestätigung ihrer erweckten Kreativität, ihr Recht und ihre Fähigkeit, über ihr Schicksal zu entscheiden, entfalten können:

- öffentliche Mediatheken, wie es sie in Stockholm schon gibt und in Frankfurt bald geben wird;
- Maisons d'Art (Kunsthäuser) wie in Caen oder »offene Museen« wie das vorbildliche Louisiana-Museet in Kopenhagen, das »Museum of Modern Art« in New York oder das »Museum des 20. Jahrhunderts« in Wien, in denen der »Betrachter« immer häufiger in einen »Macher« verwandelt wird;
- »Kulturläden« in Wohnvierteln, die der Bürger ohne Schwellenangst betreten kann (zuerst von Glaser und Kett in einer Arbeitergegend von Nürnberg verwirklicht);
- ständige Plätze und ohne Miete bespielbare Häuser für Schauspielergruppen, Musikbands, Laientheater;
- Diskussionsecken in belebten Stadtgegenden;
- Informationszentren, in denen kritische und unabhängige Beobachter des Zeitgeschehens in Wort und Bild, unter Umständen gestützt auf die volkseigenen Datenbänke, Darstellungen aktueller Vorgänge präsentieren können, die von den über die anderen Organe der Öffentlichkeit verbreiteten abweichen;
- »Community Information Expositions«, wie sie 1972 von T. V. Vonier und R. A. Scribner in Washington, D. C., unter dem Titel »Capital City Readout« modellhaft erprobt wurden. Ihr Ziel: Ausstellungen in Museen, Parks, Fußgängerzonen, leeren Straßenläden, in denen aktuelle gesellschaftliche Probleme plastisch dargestellt, diskutiert oder in Planspielen begreiflich gemacht werden;

- Volksfeste – einmal oder mehrmals jährlich – wie das regelmäßige Altstadtfest in Hannover, das unter dem Motto: »Mitmachen, spielen, erleben, anfassen, essen, trinken, fühlen, hören, riechen, sehen, schmecken« die Bürger auf spielerische Weise wieder in Kontakt bringen will.

Bei der Gründung solcher neuer Öffentlichkeitsbereiche wird zumindest anfangs die Anwesenheit von »Animatoren« wichtig sein, die den passiv gewordenen Bürgern erst wieder beibringen müssen, sich auszudrücken und sich selbst zu bestätigen. Wenn sie mit so viel Temperament, Liebenswürdigkeit, Witz und psychologischer Einfühlungsgabe vorgehen wie die »gentils animateurs«, die der Club Mediterranée in seinen Ferienzentren beschäftigt, könnten sie, wie sich gezeigt hat, die Eingeschüchterten, Erlahmten und Verstummten bald aktivieren.

Einrichtungen, die geistige Bedeutsamkeit und emotionelle Ausstrahlung erlangen könnten, wie sie den heutigen Gemeinden ohne Mittelpunkt noch fehlen, wären eigene »Häuser unserer Zukunft«, in denen die Bürger direkt über ihre Hoffnungen und Befürchtungen, ihre Ideen, Vorschläge und Pläne sprechen könnten.

Dort würde man Ausstellungen zeigen, in denen Laien, Künstler, Fachleute ihre Prognosen und Visionen der »Welt von morgen« vorstellen. Es werden »Simulationen« künftiger Zustände mit verteilten Rollen gespielt, und dann wird darüber debattiert. Ständig sollten neue Ideen und neue Erfindungen in dieser Institution eingereicht, vorgestellt, beurteilt, ihre möglichen Folgen geprüft und öffentlich besprochen werden. Es gäbe dort zum Beispiel auch Arbeitsräume für die »Planungszellen«, in denen sich Bürger mit langfristigen Problemen auseinandersetzen können, wie sie zuerst Peter C. Dienel, Pädagogische Hochschule Wuppertal, vorschlug.

Kinder, Schüler und Studenten würden in diesen Stätten nicht nur zugelassen, sondern sogar bevorzugt behandelt. Es wäre ein Ort, in dem keine Vorstellung von vornherein als »unmöglich« zurückgewiesen, als »verrückt« verketzert, als »unvernünftig« mit falschen Maßstäben gemessen würde. Das noch nicht Akzeptable würde hier belohnt werden. Die Regel wäre hier nicht Anpassung, sondern Mut, nicht der Einklang mit dem Bestehenden, sondern seine Herausforderung im Geiste des Kommenden.

Wie anregend eine Beschäftigung der Bürger mit der von ihnen erdachten und gewünschten Zukunft sein kann, habe ich erlebt, als in Honolulu unter dem Titel »Hawaii 2000« eine solche auf das Kommende gerichtete Konferenz veranstaltet wurde. Sechshundert interessierte Bürger aller Rassen und Klassen hatten vorher in zehn Arbeitsgruppen ein halbes Jahr lang über die Politik, die Kultur, die Wirtschaft des Inselstaates debattiert. Der Einfluß dieser Gespräche auf die weitere Entwicklung des Inselstaates war unverkennbar, und der Wunsch, diese temporäre Form der Bürgeraussprache zu einer ständigen Einrichtung zu machen, ist immer wieder laut geworden. Daß man ihm »oben« nicht nachgegeben hat, beweist nur jene Furcht vor der Befreiung sozialer Phantasie, die bereits geschildert wurde.

Wenn man an die Erneuerung, Erweiterung, Belebung der Demokratie denkt, wird man es nicht bei spontanen Bürgerinitiativen, Fernseh-Guerillas, gelegentlichen ORAKEL-Sendungen und Bauforen belassen können, sondern darüber hinaus an derartige ständige Institutionen zu denken haben, in denen »das große Bild« durch Übersicht und Voraussicht von allen, die es interessiert, erfaßt, besprochen und durch eigene Ideen bereichert werden kann. Sonst bleiben alle diese Demokratie-Experimente nur Spezialanliegen, die in Provinzialismus und Oberflächlichkeit steckenbleiben. Sie werden zu politischen Modespektakeln von kurzer Laufzeit, die ihre wichtigste Aufgabe versäumen: möglichst viele denkende und schöpferische Menschen an den unablässigen Prozeß einer humanen Veränderung der Gesellschaft heranzuführen.

V. DER OFFENE MENSCH

Die große Umpolung

Darstellungen, die den Zukunftsmenschen zeigen, verleihen ihm meist nichtmenschliche Züge. Sein Gesicht verschwindet hinter einer Schutzmaske, wie sie Feuerwehrleute, Schweißer, Polizisten, Tiefseetaucher und Astronauten tragen. Auch der Körper in seiner beweglichen Lebendigkeit ist nicht mehr wahrnehmbar. Er steckt in unförmigen Panzern, die von Ritterrüstungen fast nur durch neuartiges Herstellungsmaterial, durch Kabelanschlüsse und Antennen unterschieden sind. Dieses sorgfältig eingesperrte Wesen muß seinen Kerker selbst mit sich herumtragen. Vertauschen kann es ihn nur gegen qualvoll enge Behälter wie Tanks, U-Boote oder Raumkapseln. Denn nur so – beschützt und gefangen zugleich – vermag es in einer feindlichen Umwelt zu überleben.

Dieses Bild verrät jedoch mehr über die jüngste Vergangenheit als über die nächste Zukunft. Es ist geprägt vom aggressiven und defensiven »Homo technologicus« der Jahrhundertmitte, der immer mehr Außenseiter werden dürfte: Überbleibsel eines Zeitalters gewaltsamer Vorstöße und Eroberungen, »Don Quichotte« eines neuen Zeitalters, das für den Heroismus dieser Art nicht mehr viel übrig haben wird. Vermutlich wird sich der Mensch der Jahrtausendwende äußerlich nicht wesentlich vom heutigen »Mann von der Straße« unterscheiden. Möglicherweise wird man sich bunter und einfallsreicher anziehen als heute. Trotz seines größten Interesses an öffentlichen Aufgaben wird jedoch das Individuum seine Besonderheit nicht durch Uniformierung verleugnen, sondern eher noch unterstreichen, sich ungehemmter und natürlicher geben. Masken aller Art werden durchschaut.

Trotz mancher Rückschläge, die hier und dort sogar in vermehrtem Terror und verstärkter Aggression zum Ausdruck kommen, ist auf der ganzen Welt ein langfristiger Trend zur Umpolung der bisher gültigen Werte und Ziele im Gang:

- von der Abschließung zur Offenheit,
- von der Eroberung zur Erweiterung,
- vom Erzeugen zum Erleben,
- vom Leistungszwang zur freien Entfaltung,
- von hart zu weich,

- von starr zu beweglich,
- von zweckbestimmt zu spielerisch,
- von todbringend zu lebensfördernd.

Man erprobt neue Formen der Zusammenarbeit, die den anderen nicht mehr als Konkurrenten, sondern als Verstärker ansehen. Weniger die Erhöhung von Kraft und Geschwindigkeit wird angestrebt, als vermehrte Empfindlichkeit und vertiefte Einsicht. Verlangen, die gestern (vielleicht auch heute noch) als leicht lächerliche Wünsche »kleinbürgerlicher Ästheten« verspottet wurden, wie die Sehnsucht nach Ruhe und Schönheit, werden Massenbedürfnis. Der Psychologe Richard E. Farson, Lehrer an der California School of Arts, verlangt als verfassungsmäßig festzulegende neue Grundrechte unter anderem: das Recht auf Muße, das Recht auf Wahrheit, das Recht auf sexuelle Erfüllung, das Recht auf Frieden, das Recht auf Einzigartigkeit.

Nicholas Rescher und Kurt Baier von der Universität Pittsburgh versuchen den spürbaren Wandel, den sie in ihren Arbeiten auf dem Gebiet der »Wertforschung« konstatierten, mit Hilfe folgender Gegenüberstellung klarzumachen:

Werte im Rückgang	*Werte im Anstieg*
Persönliche Rücksichtslosigkeit	Gemeinschaftsgefühl
Nationalismus (Patriotismus, Chauvinismus)	Menschheitsorientierte Haltungen (Humanismus, Internationalismus, Achtung vor dem Leben)
Häusliche Tugenden (Sparsamkeit, Familienzugehörigkeit, Vorsicht)	Intellektuelle Fähigkeiten (Intelligenz, Kreativität, geistige Beweglichkeit)
Individuelle Verantwortlichkeit und Zuverlässigkeit	Persönlichkeitswerte und -rechte in vernünftiger Begrenzung
Selbstgefühl und Selbstgenügsamkeit	Bemühen um Gruppenzugehörigkeit
Aufstiegsstreben und wirtschaftliche Sicherheit	Wohlfahrt der Gesamtgesellschaft, der man sich verantwortlich fühlt
Privatbesitz	Gerechte Ordnung und Dienst für die Öffentlichkeit
Fortschrittsvertrauen und blinder Optimismus	Ästhetische Werte (z. B. Schönheit der Umwelt, Originalität)

Die Hinwendung zur Gemeinschaft, die in diesem Katalog zum Ausdruck kommt, darf nicht als Abkehr von individuellen Hoffnungen und Zielen gesehen werden. Es ist vielmehr die Ansicht junger Gesellschaftswissenschaftler (wie z. B. der Gruppe, die sich um den politischen Ökonomen H. Gintis an der Harvard-Universität gebildet hat), daß die geistige und kulturelle Entwicklung des einzelnen erst in einer solidarischen Gemeinschaft verwirklicht werden kann, die egoistische Strebungen wie Karrierismus, Profitjagd und Konsumleidenschaft entschieden ablehnt. Die echte Höher- und Weiterentwicklung des einzelnen geht langsam und unauffällig vor sich, sie verlangt Opfer an Geld und Zeit, die in einer vorwiegend auf materielle Leistung hin orientierten Gesellschaft nur schwer, meist aber gar nicht erübrigt werden können. Dazu kommt, daß vorwiegend an Produktionssteigerung interessierten »Ordnungen« in ihrer westlichen wie in ihrer östlichen Ausprägung den sich entfaltenden und damit unberechenbar werdenden Menschen trotz gegenteiliger Versicherung im Grunde gar nicht wollen. Denn er stört die geplante Entwicklung, er ist – wie Ernst Fischer in seinem Kommentar zur Okkupation der Tschechoslowakei denen, die hüben wie drüben ihre Normen setzen, in den Mund legte – »eine zu gefährliche Erfindung: Er leidet an Phantasie.«

Trotz seiner Verzweiflung über die brutale Niederschlagung des Prager Experiments sprach Fischer die Hoffnung aus: »Aber der Mensch ist nicht so leicht abzuschaffen ... (Er) beginnt, sich gegen die Entmenschung aufzulehnen.«

Diese Auflehnung hat viele Facetten. Bleibt sie in der Negation des Abgelehnten stecken, so kann sie bald zu ihrem seitenverkehrten Abbild werden. Notwendig sind daher Vorstöße in ganz andere Richtungen. Und hier scheinen mir besonders die verschiedenen Ansätze beachtenswert, die auf die Gefährdung der Spezies mit der Gründung einer neuen, umfassenden »Wissenschaft vom Menschen« zu antworten versuchen.

Anfänge einer »Wissenschaft vom Menschen«

Vom Pazifischen Ozean her gesehen wirkt das auf Meeresklippen gelegene »Institute for Biological Studies« in La Jolla, Kalifornien, mit seinen hohen grauen Betonmauern wie der Kommandobunker einer militärischen Verteidigungslinie. Erst wenn man näher kommt, zeigen sich Bemühungen, diesem heroischen Baustil entgegenzuwirken. Eine winddurchwehte Piazza öffnet sich. Sie ist als Treffpunkt für die hiesigen Forscher gedacht. Am Tag, als ich zu Besuch war, blieb der Platz leer, und man erzählte mir später, das sei meist so. Die gleiche Menschenöde auf den langen Gängen und hinter den großen Fenstern, durch die man Laboratoriumsgeräte sieht. Sogar in der Bibliothek keine einzige Seele.

Der Gründer, Leiter, Inspirator dieses verwunschenen Forschungsstützpunkts ist Jonas Salk, Erfinder des Serums gegen Kinderlähmung, Nobelpreisträger, Philanthrop und Philosoph. Er glaubt an eine »biologische Revolution«, aus der im kritischen Augenblick der Geschichte die notwendige lebensorientierte Verwandlung der Menschheit hervorgehen könnte. Ein Leitmotiv seiner Lebensarbeit lautet:

»In mancher Hinsicht ist der Mensch noch unvollendet, sowohl in seinem Selbstverständnis wie in seiner Entwicklung ... Es gibt noch Räume im Innern des Menschen und in den Beziehungen der Menschen zueinander, die unerforscht sind ...«

Ein Blick in die Jahresberichte des Salk-Instituts korrigiert den ersten Eindruck der Verlorenheit, Abwehr und Isolation. Innerhalb eines Jahrzehnts gingen von diesem Zentrum aus zahlreiche Anregungen und Anstöße in alle Welt. Salk versteht es, neben Biologen und Genetikern hervorragende Persönlichkeiten der verschiedensten Geistesrichtungen und Disziplinen an sich zu ziehen: Szilard begann in La Jolla seine letzten Arbeiten; Marcuse, der unweit in einem bescheidenen Reihenhaus an der »beach« wohnt, kommt zum Diskutieren; Monod schrieb hier an seinem später so erfolgreichen und umstrittenen Buch »Der Zufall und die Notwendigkeit«. Edgar Morin, seit langem auf der Suche nach einer neuen Fundierung und Erweiterung der Soziologie, durfte in diesem »Blockhaus von Sinai«, wie er es nennt, wieder zum Lernenden werden. Biologie, Anthropologie, Kybernetik erweitern seinen Gesichtskreis: Die Anfänge einer grundlegenden »Wissenschaft vom Menschen«, die alle Forschungsrichtungen, welche sich mit der »Conditio humana« beschäftigen, einigt, gedeihen hier am südlichen Zipfel von Kalifornien. Sie führten über verschiedene Zwischenstadien schließlich im November 1972 in der alten Abbaye de Royaumont bei Paris zur Gründung eines internationalen »Centre pour une science de l'homme«, dem in der intellektuellen Entwicklungsgeschichte einmal eine ähnliche Antriebsrolle und Schlüsselfunktion zukommen könnte wie dem Cavendish-Laboratorium in Cambridge, wo Rutherford die Grundlagen der modernen Atomforschung legte.

Die Zuspitzung der kritischen Lage, in der sich der »Homo sapiens« an der Schwelle des neuen Jahrtausends befindet, wird mit ziemlicher Sicherheit dazu führen, daß viele Institute, Seminare, Projektgruppen und Experimentierfelder entstehen, die dem intensiven Studium des Menschen und der möglichen Verbesserung seiner Chancen gewidmet sein werden. Es werden erst in zweiter oder dritter Linie jene genetischen Versuchsanstalten sein, die den Menschen als Wesen aus Zellen beeinflussen und verändern wollen. Der Akzent dürfte in erster Linie auf der Untersuchung und Entwicklung derjenigen Fähigkeiten liegen, welche dieses Wesen von allen anderen unterscheiden. Morin ist zum Beispiel der Ansicht, daß imaginäre Aufschwünge, wie sie sich bereits in den Höhlenzeichnungen manifestieren, das Naturwesen Mensch auszeichnen. Auch seine Beziehung zur Zeit heben seine Besonderheit heraus, denn er vermag über die eigene Lebensspanne hinauszudenken, wie bereits die frühen Begräbniskulte zeigen. Und das, was ihn besonders gefährdet, die »Unvernunft«, kann ihn unter besonderen Umständen auch retten, denn sie bewahrt ihn vor den Fallen einer oft zu eng gewordenen Vernunft.

Dieses »offene System« Mensch wird, so meine ich, besonders in »Mind Laboratories« (Geisteslaboratorien) immer neu geprüft, immer neu entwickelt werden. Sie werden vermutlich für das einundzwanzigste Jahrhundert bald eine ähnliche Bedeutung erlangen wie die Experimentierstätten der Physik und Chemie für unsere und die unmittelbar vorhergegangene Zeit. In diesen Versuchsstätten wird die Trennung der Disziplinen eine immer geringere Rolle spielen. Der Geist der Abgrenzung, der Ängstlichkeit und der Rechthaberei, der heute so typisch für viele wissenschaftliche Einrichtungen und Versammlungen ist, kann sich unter den neuen kooperativen Bedingungen kaum mehr halten. Man wird auf Kongressen nicht mehr längst fertige, Monate zuvor eingeschickte »Papiere« verlesen, die anschließend unter Wahrung der »beruflichen Höflichkeit« zerpflückt werden, sondern neue, noch nicht zu Ende gedachte Ideen mitbringen, die dort in Zusammenarbeit mit anderen Geistern vorangebracht werden können. Bei diesen Vorstößen in unbekanntes Gebiet werden vermutlich die Künstler ihre

Kräfte mit denen der Forschung verbinden. Aus dem viel engeren Kontext verschiedener Kulturzweige, ohne den das Erkennen und Lösen komplexer Zusammenhänge gar nicht mehr möglich ist, könnte ein Typ des transdisziplinären Pioniers hervorgehen, der, auf mehreren Spezialgebieten bewandert, heute noch unbekannte Fähigkeiten der Synergie (»Zusammenwirken«) und der Synthese entwickelt.

Eine bedeutsame Rolle werden in diesem Zusammenhang auch Informatiker und Kybernetiker spielen. Die einen durch ihre Fähigkeit, die wachsende Menge der Daten zur schnellen Verfügung zu halten, die anderen durch ihre Versuche, Informationen miteinander in immer andere Verbindungen zu bringen und auf diese Weise völlig neue »Muster« noch unerforschter Zusammenhänge zu entwerfen. So könnten auch erweiterte Modelle von Persönlichkeitstypen »kombiniert« werden, die es bis dahin nicht gibt. Bei solchen Simulationen des »Systems Mensch« würde der Computer zum Entdecker noch unbekannter »weißer« Stellen auf der Karte des inneren Universums werden, zum Vorbereiter eines »Superman«.

Daß die »Wissenschaft vom Menschen« ausgenutzt und mißbraucht werden kann, daß Übergriffe und Zerstörungen denkbar sind, die ebensosehr, ja in mancher Hinsicht noch mehr als die physischen Bedrohungen des Lebens zu fürchten sind, ist all denen, die an solchen riskanten Arbeiten beteiligt sind, heute schon völlig klar. Sie meinen allerdings aus dem Schicksal der Atomforscher gelernt zu haben und auf Versuchungen und Gefahren besser vorbereitet zu sein als seinerzeit die Physiker.

Hier ist Zweifel am Platz. Und es war wohl dieser Zweifel, der mir das Institut des Doktor Salk trotz all der großen Gedanken und Zielsetzungen, die von dort ausgehen, unheimlich machte.

Denn die »Avantgarde«, nicht nur in der Forschung, sondern auch in der Kunst und Literatur, ist heute, von wenigen Ausnahmen abgesehen, noch so isoliert, daß ihr diese Abgeschnittenheit zum Verhängnis werden muß. Demokratisierung der Kultur bedeutet nämlich nicht nur Öffnung zu den vielen, die aktiven Anteil an ihr nehmen sollten, sondern bietet auch Schutz vor einseitiger Nutzung im Interesse weniger. Wenn die aussichtsreichen und zukunftsträchtigen Bemühungen um menschliche Entwicklungen zur angestrebten »Vermenschlichung« statt zu »Menschenzucht« führen sollen, dann werden die Pioniere der Humanforschung die Fehler anderer Forscher vermeiden und »zum Volk gehen« müssen. Dieser Schritt erscheint vielen Intellektuellen immer noch als »Zeitverlust«, als mögliche Unterwerfung unter den »Geist der Mittelmäßigkeit«. Gerade solche tiefsitzenden elitären, vom Vorurteil geprägten Haltungen machen die Erforschung der Zusammenarbeit zwischen Persönlichkeiten verschiedener Schichten um so dringlicher für die »Wissenschaft vom Menschen«. Hochmut, wie »vernünftig« und »faktisch belegt« er auch auftreten mag, erweist sich immer deutlicher als eines der größten Hindernisse auf dem Weg zu einer echten, dem Menschen bekömmlichen Weiterentwicklung.

Stadtluft macht traurig

»Im Grunde ist doch jeder von uns vereinsamt.« Das war nicht die Meinung eines alten Menschen, sondern einer jungen gutaussehenden Frau, die auf Befragen erzählte, sie sei Ärztin und vor Jahren schon aus der Tschechoslowakei nach München zugewandert. In dem jedermann zugänglichen Diskussionskreis, der sich während der Olympischen Spiele 1972 täglich am Rande der »Spielstraße« traf, stimmten alle zu. Die Teilnehmer an diesen Gesprächen waren ganz zufällig zusammengekommen. Passanten auf dem Weg von oder zu den Wettkampfstätten hatten sich neugierig der um einen der vielen Flaggenmasten versammelten Gruppe genähert, hörten zu und gingen dann meist wieder weiter. Aber wer sich für das Thema, das gerade besprochen wurde, interessierte, setzte sich zu den anderen ins Gras und redete mit.

Eigentlich sollte bei diesen Begegnungen über die Welt von morgen debattiert werden. Sie fanden meist im Anschluß an die provokatorische Show der Berliner Mixed-Media-Gruppe »Olympia – Richtung 2000« statt und sollten auf die dort dargestellten erschreckenden Visionen reagieren. Aber ohne daß es geplant war, verdrängte das Thema der sehr gegenwärtigen Isolation und Beziehungslosigkeit des Menschen immer wieder die großen Zukunftsthemen. Wenn ich diese mir ganz unbekannten Menschen aus allen Schichten, allen Teilen Deutschlands und anderer Länder fragte, was sie sich am meisten wünschten, dann wurde nicht ein einziges Mal eine technische

Erfindung verlangt. Oft dagegen interessante und sinnvolle Arbeit, noch öfter Verteilung von Besitz und Verantwortung, vor allem aber: mehr Begegnung, mehr persönliche Nähe, mehr menschliche Wärme.

Ich glaube, daß die Stärke dieses Begehrens und die Tiefe der Not, der es entspringt, von den Gesellschaftsdiagnostikern längst nicht ernst genug genommen wird. Die Städte der Gegenwart sind nicht nur »unwirtlich«, wie Mitscherlich feststellte. Das ist eigentlich ein noch viel zu zahmes, auch in der Negation noch gemütlich klingendes Wort. Der Stil unserer »Wohnsilos«, der »Gefängnisse mit Fernseh- und Fernsprechanschluß«, der »Parkhäuser für Menschen« ist Ausdruck einer ernsthaften sozialen Erkrankung, für die es zwar zahllose Diagnosen, aber bisher nur wenige erfolgreiche Therapien gibt.

»Stadtluft macht frei!« hieß es einmal. Heute muß es heißen: »Stadtluft macht einsam«, »Stadtluft macht traurig«, »Stadtluft macht krank«. Deshalb sind die Tausende von Gemeinschaftsexperimenten, von der angeblich aus Sparmotiven gebuchten Gesellschaftsreise über Gruppentherapie und Sensitivitätstraining bis zu Elternschulen, Bürgerinitiativen, Wohngemeinschaften, Großfamilien notwendige, wenn auch oft noch hilflose Versuche, den verlorenen Kontakt zum Mitmenschen wiederherzustellen. Aber die meisten Teilnehmer müssen danach wieder zurück in ihre »Isolierzellen«, in ihre »Berufsrollen«, in das sogenannte »normale Leben«, das einem schon nach einer gelungenen Woche »human potential training« (Training menschlicher Möglichkeiten) in der Gruppe so »verrückt« erscheinen kann, wie es eben wirklich ist. Jane Howard, eine Reporterin der amerikanischen Zeitschrift »Life«, schilderte ihre Rückreise vom Gruppenleben ins Büro so:

»Am Flughafen von Boston erschienen mir die Buchungsbeamten so unpersönlich wie Roboter, die Gepäckträger waren habgierig, die Frau am Zeitungsstand schlecht gelaunt. Meine Mitreisenden sahen alle so entsetzlich angestrengt aus. Ihre Schultern waren eingezogen, ihre Stirn gerunzelt. So hätte ich wohl auch ausgesehen, wenn ich nicht gerade acht Tage gesteigerte Empfindlichkeitsübungen hinter mir gehabt hätte. So aber war ich unerhört empfänglich für die Menschlichkeit all dieser Kreaturen. Ich mußte mich davor zurückhalten, ihnen besorgt in die Augen zu schauen oder den Müden und Verkrampften Rückenmassagen anzubieten. Wäre ich diesem mir jetzt so selbstverständlich gewordenen Impuls anheimgefallen, hätten sie mich vermutlich gleich in eine Anstalt gebracht. So soll es übrigens einem Mädchen auf der Busstation von San José ergangen sein. Sie kam gerade von so einem Gemeinschafts-Workshop.«

Die »neue Offenheit«

Die Tatsache, daß die Industrie sich intensiv mit der Erforschung und Anwendung der »Gruppendynamik« befaßt, die der aus Deutschland emigrierte Kurt Lewin gegen Ende des Zweiten Weltkrieges in den USA begründete, wird von »Progressiven« als Beweis dafür angesehen, daß hier nicht ein Schritt in Richtung auf vermehrte Humanität erprobt wird, sondern eine »sich ständig weiterentwickelnde Technologie, um die Leistung, die Verwertbarkeit des Menschen und den Profit der Kapitalisten zu erhöhen«. Dem läßt sich jedoch entgegenhalten, daß die als Folge solcher Methoden erhöhte Leistung im Büro oder in der Fabrik nicht nur dem Unternehmen Gewinn bringt, sondern auch dem Arbeitnehmer. Aber nicht etwa nur in Form einer möglichen Lohnerhöhung, sondern in der Zunahme von Verbundenheit mit seinen Kollegen. In Betrieben, wo man sich vor der Einführung gruppendynamischer Methoden nur oberflächlich kannte, wurden durch »Begegnungsgruppen«, deren Teilnehmer gezwungen waren, ihre »Panzer« abzulegen, oder in »Projekt-Teams«, die lernten, gemeinsam an einer solchen Aufgabe zu arbeiten, oft erstmals Voraussetzungen für solidarisches Handeln geschaffen. Diese neue Intimität, anfangs aus Verlegenheit spöttisch abgewertet, war letzten Endes häufig tiefer und fester verankert als die vorherige, oft recht brüchige materielle Interessengemeinschaft.

In den letzten Jahren ist es auf der ganzen Welt zu zahlreichen neuen Gruppenbildungen gekommen, die neben den üblichen Zusammenschlüssen, wie Glaubensgemeinschaften, Fachverbänden, Vereinen, Parteien und Gewerkschaften, entstanden und neue Funktionen übernahmen. Da ich ein Übersichtsschema bisher nirgendwo gefunden habe, aber meine, daß es sich hier um ein bedeutsames Phänomen im Bemühen der Menschen um ihre Weiterentwicklung handelt, versuche ich eine Gruppierung der neuen Gruppen nach ihren verschiedenen Hauptmotiven:

I. *Vorwiegend materielle Motive*
a) Miet- und Hausgemeinschaften, Nachbarschaftsgruppen
b) Einkaufsgemeinschaften
c) Autogemeinschaften (car pools)
d) Feriengemeinschaften
e) Kindergärten

II. *Vorwiegend seelische Motive*
a) Therapeutische Gruppen
b) Gruppenehen
c) Begegnungs-(Sensitivitäts-)Gruppen
d) Meditationsgruppen
e) Zum gegenseitigen Schutz nach innen gekehrte Kommunen (»Inseln«)

III. *Politische und weltanschauliche Motive*
a) Bürgerinitiativen
b Kader- und Aktionsgruppen
c) Sozialistische Kommunen als Beispiele und »Brückenköpfe«
d) Kinderläden
e) Landwirtschaftliche Kommunen
f) Ad-hoc-Vereinigungen für solidarische Hilfe

IV. *Vorwiegend berufliche Motive*
a) Planerbüros
b) Medienproduktionsgruppen
c) Ärztliche Gruppenpraxen
d) Arbeitsgemeinschaften von Rentnern

In allen diesen Fällen versucht man Lücken der zu groß und unpersönlich gewordenen sozialen Systeme auszufüllen. Aber darüber hinaus gibt es ein Charakteristikum, das allen diesen, aus so ganz verschiedenen Anlässen begonnenen Zusammenschlüssen gemeinsam ist, eine zeittypische Verhaltensweise, die überraschend schnell fast selbstverständlich wurde: Ich meine die ungewöhnlich große Offenheit, die zwischen den einzelnen Teilnehmern herrscht. »Geheimnisse«, die man sich oft nicht einmal selbst gestand, die früher höchstens einem Familienmitglied, einem nahen Freund, einem Priester oder Arzt anvertraut wurden, brechen nun vor einem Kreis von Menschen auf, die in den meisten Fällen bis gestern noch Fremde waren.

Diese »neue Offenheit« ist durchaus nicht nur auf therapeutische Treffen, Begegnungs- oder Sensitivitätsgruppen beschränkt, sondern gehört, bald schwächer, bald stärker, auch zum Stil anderer derartiger Gemeinschaften. Die in solchen Zusammenhängen vermutete sexuelle Promiskuität wird sicherlich stark überschätzt, der Grad seelischer Intimität hingegen eher unterschätzt.

Für eine Humanprognose muß dieses Phänomen von größter Bedeutung sein. Denn wenn solch rücksichtslose, verletzende, selbstbefreiende Offenheit immer mehr Individuen zur Selbstverständlichkeit wird, wenn das Spielen von Rollen, das Tragen von Masken, das Geheimhalten von Schuld, das Verbergen von Begierde, wenn die tägliche Selbstzensur, die lebenslange Scham, der stillschweigend geduldete gegenseitige Betrug und die scheinbar unausrottbare Heuchelei wirklich den Rückzug antreten, dann setzt ein Wandel von enormer Bedeutung ein.

Einwände liegen nahe, Skepsis ist angebracht. Eine Wendung, die gegen so tief wurzelnde Gewohnheiten und Instinkte verstößt, kann nicht plötzlich, nicht ohne Rückfälle, nicht ohne Irrtümer vollzogen werden. Vor allem darf man sie nicht »von oben« oder »von außen« forcieren. Dann führt sie nur zu neuartigen Taktiken des Versteckens und der Flucht, einem »prometheischen Verhalten«, wie es Forscher der Universität von Michigan einmal als die für heute typische Reaktion gegen das Eindringen öffentlicher Instanzen in private Sphären erkannten.

Aber ein solcher Zwang liegt ja bisher bei der »neuen Offenheit« in den verschiedensten Gruppen nicht vor. Das »Auspacken«, das »Bekennen«, das Durchschauen der Lebenslügen und das Niederreißen repressiver Hindernisse, zuerst von der Psychoanalyse in jahrelangen Gesprächen zwischen Patient und Arzt geübt, wird nun in der Gemeinschaft mit einer brüsken Entschiedenheit angepackt, die nicht nur den Fachmann bedenklich stimmen muß. Bringt solch seelisches »Striptease« nicht mehr Unheil als Hilfe? Werden hier vielleicht nur neue Rollen der Verstellung, neue Formen der Heuchelei und ein falscher Freimut erprobt?

Die Zweifel sind berechtigt. Doch ändern sie nichts daran, daß sich durch diese Versuche allmählich das Lebensklima verändert, so daß Akte der Selbstentblößung immer weniger den früheren Charakter des Besonderen, Schockierenden und dadurch Gefährlichen tragen. Die beginnende Öffnung des Menschen liegt auch durchaus auf der Linie der historischen Entwicklung. Einst schien es undenkbar, ohne Waffe vor die Schwelle der eigenen Behausung zu treten. Heute ist es in den meisten zivilisierten Ländern selbstverständlich. Auch Mauern, Zäune und Grenzen gibt es trotz mancher Rückfälle immer seltener. Die Gesellschaft erfand Sicherungen, die eine weniger ängstliche und freiere Lebensweise als in früheren Jahrhunderten ermöglichen.

So ist es durchaus möglich, daß der »offene Mensch« trotz vieler gegenläufiger Tendenzen in den nächsten Jahrzehnten seine Chance erhält und zum weiteren Abbau von Repressionen aller Art beiträgt. Dafür ist allerdings doch mehr als nur Spontaneität notwendig. Es wird vielmehr durch und mit Gruppen, die an Zahl und Verschiedenheit noch entschieden zunehmen dürften, jahrelange behutsame Kleinarbeit geleistet werden müssen. Darüber hinaus aber wird das Verhalten großer wie kleiner Gruppen Gegenstand zahlreicher Untersuchungen von Ethnologen, Sozialpsychologen, Anthropologen, Gesellschafts- und Friedensforschern sein müssen. Die Bemühungen um ein offenes, menschliches Miteinander ohne die ständige Befürchtung, überwältigt zu werden oder ins Hintertreffen zu geraten, stehen noch ganz am Anfang. Dieser Problemkreis muß dringend genauer untersucht werden.

Das Streben nach einer »brüderlichen Gesellschaft«

Als Beispiel für jene, die vorwiegend durch praktisches Gruppentraining an diesem offenen Menschen und einer nur mit ihm zu verwirklichenden »brüderlichen Gesellschaft« arbeiten, möchte ich vor allem Richard Hauser nennen, der mit seiner Frau, der Pianistin Hepzibah Menuhin (einer Schwester des bekannten Violinvirtuosen), seit Jahren vor allem mit sozial Benachteiligten eine offene und solidarische Auseinandersetzung versucht, die nichts verbirgt. Die Biographie dieses durch Leben und Leistung beispielhaften »Jahrtausendmenschen« verdient, in Stichworten wiedergegeben zu werden.

1911 in Wien geboren. Dort Studium der Soziologie und Psychologie. 1938 nach England emigriert. Aufbau und Leitung einer Sozialhochschule in Rom. Während der fünfziger Jahre Arbeit mit Körperbehinderten und mit Einwanderern in Australien, wohin die meisten Antinazimigranten während des Zweiten Weltkrieges gebracht wurden. In England Sozialerziehung bei Gefangenen und ihrem Personal, in Sonderschulen und bei westindischen Minoritäten. Beratung von Negerführern, Vermittlungstätigkeit. Seit 1962 Impulse für die Obdachlosenarbeit in der Bundesrepublik Deutschland.

Was an Hausers Publikationen über seine Gruppenerfahrungen besticht, ist das Bemühen, nicht für die »Fachleute« zu schreiben, sondern »für Leute, die gerne etwas ausprobieren, für solche, die feige, furchtsam, schüchtern, unter- und übergebildet, nicht sehr ausgeglichen sind ... mit anderen Worten: für normale Personen«. Und er beklagt mit vollem Recht: »Angelegenheiten, die uns alle lebhaft interessieren, werden dem Zufall oder der Entscheidung von Computern überlassen, während die Spezialisten Beratungen abhalten und trockene Berichte veröffentlichen. Es gibt keine *Verallgemeinerer,* die sich der stetigen Entwicklung des ganzen Menschen widmen, keine Sozialerzieher, die ihm helfen, seine Angst zu verlieren, jenen lähmenden Erzfeind von Toleranz und Fortschritt. Es gibt weiterhin keinen verantwortlichen Katalysator, der es dem Menschen ermöglicht, seine höchste Leistungsfähigkeit zu entwickeln. Schließlich gibt es niemanden, der ihn für sein künftiges Leben vorbereitet, ihn zur Reife bringt und ihm hilft, zur rechten Zeit ein Lehrer von Lehrern zu werden. Der *gewöhnliche* unterwiesene Mensch ist weder an Methodik interessiert noch von den Mysterien der geheiligten technischen Sprache beeindruckt. Er hat es jedoch oft verzweifelt nötig, die Weisheit, den Gerechtigkeitssinn, die Güte, die tief in ihm sind, hervorzubringen. Ihm dazu zu verhelfen ist Hebammenarbeit im sokratischen Sinn.«

Nun, wenn es doch Menschen gibt, die solche Arbeit leisten, dann sind es Richard Hauser und seine Helfer. Der Unermüdliche schreibt, spricht, leitet Reformen ein, gründet und animiert immer neue Gruppen. Hundertfach bemüht er sich, die Sprachlosen zum Sprechen zu bringen, die Vereinzelten zusammenzuführen und ihnen »sowohl Zentralheizung wie menschliche Wärme« zu verschaffen. Vor allem anderen aber sollen sie bei ihm das Fragen lernen. Denn: »Warum?« so lehrte er sie, »ist für uns das wichtigste Wort in jeder Sprache.«

Hauser stellt die Praxis weit über jede Theorie. Als ich ihm einmal vor Jahren schrieb, um Unterlagen über seine Arbeiten zu erbitten, antwortete er sinngemäß: »Lesen und schreiben genügt nicht. Helfen Sie lieber mit!« Ein notwendiger Rat, den ich auf meine Weise befolgt habe. Er legte für mich die erste Bresche in die Mauer, die den Intellektuellen von denen trennt, für die er arbeiten sollte.

Viele Augen sehen besser

Gerade auf dem Gebiet der Erforschung der Gemeinschaften wird es neben zahlreichen existentiellen Gruppenversuchen weitaus intensivere und mit Geldmitteln auch unvergleichlich besser unterstützte wissenschaftliche Anstrengungen geben. Sie müssen im Hinblick auf die Weiterentwicklung einer bedrohlich schnell zunehmenden Menschheit, die sowohl auf Kooperation wie auf gegenseitige Duldung angewiesen ist, besonderen Vorrang beanspruchen. Diese Studien reichen heute schon von Experimenten, wie sie Calhoun und Leyhausen über die Wirkung des »crowding« (Zusammengedrängtsein) machten, über die Aggressionsforschung biologischer wie psychologischer Orientierung bis zur Beobachtung und Deutung der Zusammensetzung und des Verhaltens verschiedenster Gruppen unterschiedlichster Entstehung und Größe. Hier öffnet sich ein gewaltiges Arbeitsfeld.

Als eine von vielen Stimmen, die auf den bisherigen Rückstand und die Einseitigkeit solcher gerade zum jetzigen Zeitpunkt dringlichen Studien hinweist, sei eine Äußerung des Verhaltensforschers Eibl-Eibesfeldt zitiert: »Es wird unendlich viel über den Menschen und seine Aggressionen ... gesprochen, aber die elementarsten sozialen Verhaltensweisen sind bis heute nicht untersucht worden ... Zum Beispiel fehlen Untersuchungen an europäischen Kindern, wie sich Trösten entwickelt; wie sich Mitleid entwickelt; wie sich Schlichten entwickelt; wie kommt es, daß ein Dritter einschreitet, wenn zwei miteinander streiten? Meine persönliche Auffassung ist, daß wir zeigen können, daß es Vorprogramme gibt, aber daß diese Vorprogramme keineswegs ausschließlich im Bereich der Aggression liegen, sondern uns sehr viele Anlagen zum Guten angeboren sind, die sich besonders in der Friedensforschung nutzbringend anwenden lassen. Es kommt darauf an, daß wir die Mechanismen durchschauen: *Wieso ist der Mensch verführbar, wieso ist er aggressiv?*«

Einige der wichtigsten Erkenntnisse der letzten Jahre auf

dem Gebiet des menschlichen Zusammenlebens trugen »kritische Anthropologen« bei, die zeigen konnten, wie die bisherige, mit dem Anspruch der »Objektivität« auftretende Völker- und Menschenkunde sich einseitig an westlichen Werten, Ansichten und Maßstäben orientierte. Dadurch wurden ihre Resultate erheblich gefärbt. Die zum Teil darauf beruhende Praxis des Zusammenlebens zwischen weißen und farbigen Völkern beruhte oft auf Fehlurteilen der Weißen, die zu Spannungen, Reibungen, Kriegen führen mußten, zumal diese Mißverständnisse bekanntlich noch durch ökonomische und andere Interessengegensätze verschärft wurden.

So ist nach Ansicht dieser Forscher zum Beispiel die Figur des »Indianerhäuptlings« erst als Reaktion der Rothäute auf ihre weißen Feinde entstanden, die – eigenen Mustern folgend – nach einem »verantwortlichen Führer« verlangten, wenn sie mit den ursprünglich in führerloser Gemeinschaft lebenden Stämmen verhandeln wollten.

Maguroh Maruyama, ein in den USA lebender Japaner, plädiert daher für die »Poly-Ocular Anthropology« (vieläugige Anthropologie), in der nicht mehr nur westliche Forscher mit ihren ganz anderen Anschauungsweisen, anderer Logik und anderer Methode so gut wie allein »gültige« Aussagen über den Lebensstil, die Ansichten und die Hoffnungen anders entwickelter Völker machen. An die Stelle dieser vermeintlichen, in Wirklichkeit irreführenden »Objektivität« solle nunmehr die vergleichende Debatte treten.

Besonders interessant wird es sein, zu erfahren, wie nichtwestliche Beobachter unsere Gesellschaftsformen sehen. Ein erster Versuch, der in diese Richtung ging – es wurden Videofilme über die »Sitten und Gebräuche der Bewohner im Innersten Chicagos« weißen wie farbigen Fachleuten zur Beurteilung vorgelegt –, führte bereits zu fruchtbaren Debatten und Verständigungsbemühungen.

Die Erkenntnis, daß Zusammenarbeit und Zusammenleben nicht durch »Befriedigung«, Verschleierung oder Unterdrückung von Gegensätzen, sondern nur durch die offene Klärung, Anerkennung und die gemeinsame Bemühung zur Konfliktlösung entstehen können, kommt in der Tatsache zum Ausdruck, daß Friedensforschung sich heute meist als Krisen- und Konfliktforschung versteht.

Für den Laien ist es allerdings schwierig, dynamisch-mathematische Modelle, wie ich sie zum Beispiel beim »Center for Peace Research and Conflict Resolution« (Zentrum für Friedensforschung und Konfliktlösung) in Ann Arbor kennenlernte, als konkreten Friedensbeitrag zu verstehen. Aber ich bin durchaus geneigt, meinem damaligen Gesprächspartner Glauben zu schenken, der behauptete, durch derartige diffizile Abstraktionen und Kalküle – abgesehen von ihrer grundsätzlichen Bedeutung – seien auch bereits »hinter den Kulissen« praktische Wirkungen ausgeübt worden. Er vertrat die Ansicht, diese Analysen hätten auf manche Pentagonstrategen »wie das Röntgenfoto einer Raucherlunge auf einen Kettenpaffer« gewirkt. Solche Bremseffekte, die der Öffentlichkeit bisher nicht bekannt wurden, sind vielleicht von einigen angesehenen Instituten für Friedensforschung – besonders von der durch das schwedische Außenministerium unterstützten Stockholmer Forschungsanstalt oder dem Londoner »Institute for Strategic Studies« – ausgegangen. Erst spätere Memoiren werden einwandfrei klären, ob das nun nur budgetlockende Legenden oder historische Wahrheiten sind.

Ein anderes greifbares Ergebnis der Gruppen- und Friedensforschung dürfte schon in den nächsten Jahren in dem verstärkten Einfluß derjenigen Persönlichkeiten spürbar werden, die man zur Zeit als Friedenslehrer verschiedenster Prägung ausbildet. Sie werden in Schulen, in Betrieben, in der politischen Arena und bei zahlreichen anderen Anlässen auftauchen, um Krisen zu diagnostizieren, Übereinstimmungsmöglichkeiten und Konfliktsituationen zu prüfen, Stufenpläne für Veränderungs- und Verständigungsprozesse auszuarbeiten, sich als geübte Vermittler und Wiederanknüpfer zu betätigen. Es hat stets Menschen gegeben, denen solche Fähigkeiten schon angeboren waren; sie werden durch solche kundigen und geübten Friedensstifter nicht ersetzt, aber ergänzt werden.

Zur Ausbildung dieser wichtigen Berufsgruppe sollten nach Ansicht humanistischer Psychologen nicht nur intellektuelle Fächer gehören, sondern auch Übungen, die ein Verständnis für körperliche Stauungen und ihre Folgen vermitteln können. Sie treffen sich in diesem Punkt mit der Ansicht des französischen Neomarxisten Henri Lefebvre, der in seinen Studien über Revolution und Krieg folgende, zum Nachdenken provozierende Bemerkung machte:

»Unsere Zivilisation, unsere Kultur, unsere Gesellschaft, der

Staatskapitalismus und auch der Staatssozialismus sind immer noch auf der Verachtung, auf dem Verschwinden des Körpers aufgebaut: Der Körper wird nicht nur als Ware angesehen. Er ist im wahren Sinne des Wortes verschwunden. Aufgelöst in Bilder, sichtbar, lesbar, aber nicht fühlbar.«

Der wiederentdeckte Körper

Ein Kreis von Menschen sitzt auf einer Wiese. In der Mitte des Zirkels liegt ein Brot. Nach kurzer Zeit des Schweigens nimmt es einer der Anwesenden auf, wägt es in seiner Hand, führt es zu seiner Nase, betastet die Kruste, reicht es schließlich weiter. Sobald der Laib die Runde gemacht hat, bricht einer ein kleines Stück ab, gibt den Rest an den Nebenmann weiter. Die Krumen werden langsam mit geschlossenen Augen zerbissen. Erst wenn sie sich ganz aufgelöst haben, schluckt man sie. Alle öffnen die Augen und sehen einander wortlos an.

Das ist eine der vielen Übungen, mit deren Hilfe die Teilnehmer von Kursen im Esalen-Institut bei Big Sur am Ufer des Stillen Ozeans ihre stumpf gewordenen Sinne wieder zum Leben bringen wollen. Auch die Bedeutung des Brotes, die Handlungen des Teilens, die Vereinigung in der Mahlzeit werden mit dieser Zeremonie angesprochen. Das Hauptziel solcher und Hunderter anderer Exerzitien ist eine Erweckung all der Gefühle – körperlicher wie seelischer –, die eine zu einseitig auf den »Kopf«, auf Analyse, Abstraktion, Intellekt ausgerichtete Zivilisation verdrängt hat.

Diese Bemühungen sollen zuerst einmal die Hemmungen, Gewohnheiten und Verbote, die den modernen Menschen panzerhaft umschließen, auflösen. Das geschieht durch das Wort, das oft aggressiv, schamlos, verletzend eingesetzt wird, um die Verschanzten aus ihrer Reserve zu locken, durch das Ablegen der Kleider bei Spiel, Tanz, gemeinsamem Bad, gegenseitige Massage, durch das Wecken unterdrückter Emotionen, die sich im Schreien, Weinen, Schlagen, Lachen lösen, durch das Üben des Schweigens, des in sich Hineinhorchens, des seiner selbst Gewahrwerdens.

So »amerikanisch« manche dieser Methoden in ihrer gelegentlichen, durch sensationelle Gerüchte und Berichte noch vergrößerten Übertreibung anmuten, sie kommen im Grunde aus der »Alten Welt«, aus Asien und Europa, und kehren nun

– wie so vieles andere – auf dem Umweg über die USA wieder an ihren Ausgangsort zurück.

Ausschlaggebende Bedeutung kommt in diesem Kontext dem Deutschland und ganz besonders dem Berlin der Jahre vor Hitlers Machtantritt zu, denn von dort gingen zahlreiche Initiativen aus, die erst viel später Beachtung fanden: Der Psychoanalytiker Wilhelm Reich erkannte die Zusammenhänge von körperlicher und seelischer Verkrampfung als neurotische Verteidigungsposition und die Ursachen der Unfähigkeit zum vollen sexuellen Orgasmus. Der noch wenig beachtete H. J. Schultz entwickelte seine Methode des »autogenen Trainings«. Graf Dürkheim mit seinen Schülern machte, angeregt durch Japanstudien, auf die Bauchregion, »das Hara«, als das vitale Zentrum des Menschen aufmerksam. Wolfgang Köhler lehrte an der Humboldt-Universität die von ihm mit Bühler, Koffka und Wertheimer entwickelte »Gestaltpsychologie«, Kurt Lewin legte die geistige Basis zu seiner Gruppendynamik. J. Moreno übte mit seinen Schülern im »Soziodrama« das Hineinschlüpfen in verschiedene Lebensrollen und nichtverbale Ausdrucksformen.

Abseits stand damals Heinrich Jacoby, ein Musikerzieher, der seine bedeutsamen Forschungen über die Förderung von Begabungen auf die bewußte Beeinflussung von Ausdrucksmöglichkeiten des Sprechens, der Bewegung, der bildnerischen Gestaltung übertrug. Dabei ging sein Bemühen stets dahin, den Lernenden von seinem eigenen »Innengefühl« her an seine Aufgaben heranzuführen. »Werden Sie erfahrbereit«, hieß eine der Vokabeln, mit denen seine enge Mitarbeiterin, die Gymnastikerin Elsa Gindler, ihre Schüler dazu anhielt, sich körperlich aufzuschließen, wach zu werden, »ganz dazusein«.

Es ist schwer zu erklären, was in diesen Kursen eigentlich genau »getan« wurde. Körperliche Übungen, die sich nur in kraftvollen, anstrengenden, aber letztlich äußerlich bleibenden Bewegungen erschöpfen, gab es in diesen ungewöhnlichen Stunden nicht. Man legte sich auf den Boden, schob einen Besenstiel unter die Wirbelsäule, bemühte sich, dieses störende Objekt ganz genau zu spüren, schob es wieder weg und versuchte nun, von der Störung befreit, sich ganz der tragenden Erde zu überlassen, zu fühlen, wie sie einen hielt, den ganzen Körper wahrzunehmen, von den Zehenspitzen bis in jede Fingerspitze hinein, vom Bauch in den Brustkorb, in die Schultern, hinauf bis zum Kopf. Dann die Augen öffnen, das Licht empfangen, als sähe man es zum erstenmal, nicht nach ihm »greifen«, nur aufgeschlossen sein, aktiv warten auf eine Begegnung mit der Umgebung, mit sich selbst.

Während ich das niederschreibe, beginnt der vor Jahrzehnten »eingeübte« Mechanismus der erhöhten Wahrnehmung sofort wieder zu spielen. Bis vor einer Minute achtete ich gar nicht darauf, wie ich sitze, gingen die Fingerkuppen über die Tasten der Schreibmaschine, ohne daß ich den Gegendruck spürte. Jetzt berührte mich der leichte Wind, der vom Fenster her kommt. Er war sicherlich die ganze Zeit da, aber ich hatte ihn »ausgesperrt«. Ich spüre Nacken, Rücken, Füße. Und in den beiden großen Zehen hat es zu kribbeln begonnen. Natürlich! Auf die »Erweckung«, das »Lebendigmachen« der Füße hatte es Frau Gindler besonders abgesehen. Sie zeigte uns, wie man diese »toten Klumpen« ohne eine einzige Bewegung, nur durch genaues »Durchfühlen« in warme pulsierende Teile des physischen Selbst verwandeln kann.

Solche »sensory awareness« (sinnliches Bewußtwerden) brachten Schüler der Gindler in den dreißiger Jahren nach den USA. Das war die Initialzündung des neuen »Trends«: »Sinnlichkeit« wurde inzwischen zu einem der Hauptziele der amerikanischen Gegenkultur. So sehr, daß jetzt sogar junge amerikanische Forscher versuchen, die aus dem Laboratorium ausgeschlossene unmittelbare sinnliche Wahrnehmung und Empfindung zu einer »komplementären Erweiterung der Wissenschaft« wieder einzulassen.

»Narren fühlen nicht«, heißt ein hebräisches Sprichwort. Ich habe es in einer Schrift von Moshé Feldenkrais gefunden, ursprünglich Physiker, der nach jahrelanger Zusammenarbeit mit Frédéric Joliot-Curie zur Verhaltensphysiologie »umschaltete« und begann, sich mit »Erfahrungen am eigenen Leib« zu beschäftigen. Für ihn ist das »Innewerden« des Menschen die Voraussetzung für eine Wiederbelebung von Körper und Geist. Durch eine neuartige, dem modernen Menschen angepaßte Selbsterziehung der physischen Funktionen, deren Grundlagen er an einem eigenen Institut in Tel Aviv lehrt, will Feldenkrais »den schlafenden Kutscher« aufwecken, der am Bock des »Wagens Mensch« eingenickt ist.

Sein Credo des »aufrechten Ganges« weist jedoch über das Körperliche hinaus. Doch »daß einer sich seiner organischen

Bedürfnisse innesei, bildet die Grundlage, auf der er sich kennenlernt. Wird er sich der Beziehung inne, welche diese Triebe mit ihrem Ursprung in der Entstehung menschlicher Kultur verbindet, so bietet ihm dieses Innesein potentielle Mittel, um sein Leben zu lenken, wie sie bisher nur von wenigen erkannt worden sind. Ich glaube, wir leben in einer kurzen Übergangszeit, die das Heraufkommen des *Homo humanus,* des wahrhaft ganzen Menschen, ankündigt. Es scheint nicht ausgeschlossen, daß wir ihn noch erleben.«

Können Ärzte die Gesellschaft verändern?

Die Wiederentdeckung des Körpers kann abgefangen, banalisiert, unschädlich gemacht werden, so wie das Erwachen der Natursehnsucht bei den ersten Nachfahren der in die Stadt abgewanderten Bauern bald zur Karikatur der Schrebergärten herabgewürdigt und das erste Aufbegehren der überflüssig gewordenen Muskelkraft auf die Sportplätze verbannt wurde. Aber inzwischen sind solche Taktiken der Ablenkung durchschaubar geworden, und es ist daher wahrscheinlicher, daß diese Impulse wie beabsichtigt im weiteren Rahmen wirksam werden können, daß auch sie dazu beitragen, eine dem Menschen gegenüber feindliche oder gleichgültige Gesellschaftsordnung zu verändern.

Am deutlichsten und am unumstrittensten dürfte die beginnende Aufkündigung des jahrhundertealten Verrats am Körper über die Ärzte in die Gesellschaft hineinwirken. Obwohl die meisten Mediziner als politisch gemäßigt bis konservativ gelten, zwingt sie das, was sie täglich in ihren Sprechzimmern erleben, zu einer gesellschaftskritischen Diagnose, die sich nicht länger auf den Kranken allein beschränken kann, sondern überprüfen muß, inwieweit er das Opfer gesundheitsschädigender Allgemeinbindungen ist.

Der Versuch, diese Konditionen durch Medikamente und andere Verschreibungen auszugleichen, kann nur vorübergehend und teilweise gelingen. Notwendig wird in jedem Fall eine gesundheitliche »Systemanalyse«, die den Patienten in Gesamtbezügen sieht. Nur durch Bestandsaufnahme, Untersuchung und Heilvorschlag auf öffentlicher Ebene kann der einzelne für die Dauer gesund werden.

Die Chance, daß Streß, Umweltverschmutzung, Neurose

und Psychose durch ärztlichen Protest auf ihre gesellschaftlichen Ursachen hin untersucht und entschieden bekämpft werden, selbst wenn man dadurch wirtschaftliche und politische Privilegien verletzt, erscheint mir besonders groß. Denn der »Mann im weißen Mantel« wird fast immer gehört. Auch wenn er in seiner Sprache und mit seinen Argumenten etwas im Grunde ganz Ähnliches fordert wie die »bösen Feinde der bestehenden Ordnung«, denen man sich von Anfang an verschließt.

Im Versuch, die gesundheitsfeindlichen Einflüsse der modernen Industriegesellschaft zu bekämpfen, werden sich die Ärzte – wie eine Studie des Internationalen Roten Kreuzes über Zukunftstendenzen der Medizin zeigte – mehr und mehr der vorbeugenden Krankheisverhütung widmen. Neben die Wiederherstellung der Gesundheit dürften immer eindeutiger Bemühungen um ihre präventive Sicherung treten. Dafür muß allerdings der Arzt viel stärker als bisher an gesellschaftspolitischen Entscheidungen beteiligt werden. Vorbeugung setzt nicht nur eine erweiterte Ausbildung, sondern auch andere Vorstellungen vom Berufsbild und der Laufbahn des Mediziners voraus.

Schon heute gibt es in vielen Ländern zu wenige Ärzte. Bei der notwendigen zusätzlichen Beanspruchung der Mediziner durch gesamtgesellschaftliche Aufgaben wird diese Knappheit noch spürbarer werden, falls nicht rechtzeitig vorausgedacht und vorausgeplant wird. Dazu würde zum Beispiel eine Lockerung des »Numerus clausus« und eine Erweiterung der Ausbildung vom Arztberuf auf eine Fülle von »Gesundheitsberufen« gehören.

Fruchtbar könnten sich in dieser Hinsicht vor allem zwei Versuche erweisen, die bereits in China und der Sowjetunion erfolgreich erprobt worden sind:

erstens: die vermehrte Zuziehung von Frauen zu Heilberufen; zweitens: die intensivere Erziehung und Ausbildung von Laien.

Die allgemein beginnende Umpolung kann als eine Abwertung von bisher als »typisch weiblich« und gleichzeitig eine Abwertung von als »typisch männlich« angesehenen Haltungen und Werten verstanden werden. Kraft, Aggression, Leistungsstreben, Körperferne verlieren an Notwendigkeit und Geltung; Zärtlichkeit, Einfühlungsgabe, Nestbau und Sinnlichkeit werden hoch geschätzt. In den Heilberufen, für die sie sich ganz besonders eignen, sind Frauen lange auf die Pflegeberufe verwiesen worden; Erfahrungen der jüngsten Jahre in den Ländern des Ostblocks zeigten aber, daß sie für alle Sparten der Gesundheitspflege besonders geeignet sind. Heute schon ist die Zahl der weiblichen Ärzte in der Sowjetunion weit größer als die der männlichen, und es sind vor allem militärische Überlegungen, die einen noch stärkeren Zuzug der Frauen zu diesen Berufen bremsten. Man versucht daher, durch Prüfungsbedingungen, die weitaus schärfer sind als bei Männern, eine noch größere »Feminisierung« der Medizin zu verhindern.

In den westlichen Ländern besteht hier aber noch ein enormer Nachholbedarf, der durch bewußte Förderung des ärztlichen Studiums für Frauen ausgeglichen werden könnte. Der Zugang zu diesen Berufen könnte durch vermehrte und verbesserte medizinische Erziehung sowohl in den Schulen wie in der Erwachsenenerziehung erleichtert werden. Die Schaffung einer breiten Basis von »paramedizinischen Kräften«, wie sie von den Chinesen und den Vietnamesen mit der Heranbildung von »Barfußdoktoren« für jedes Dorf und jeden Betrieb begonnen wurde, hat durchaus auch für hochindustrialisierte Länder beispielgebende Bedeutung.

Die bisherige, kaum mehr verantwortbare Vernachlässigung der medizinischen Information für Laien – eine Lücke, die von der illustrierten Massenpresse weidlich ausgenutzt wird – dürfte vor allem auf die Haltung eines Teils der Ärzteschaft zurückzuführen sein, die im Grund einen Mißbrauch medizinischer Kenntnisse befürchtet, aber oft auch durch eine ärztliche Breitenbildung ihre Autorität gefährdet sieht. Das Verhalten vieler Ärzte, die den Kranken in Unwissenheit über das halten, was sie über ihn wissen und was sie mit ihm tun, ist einer der vielen noch vorhandenen Reste elitärer Haltung, die auch hier schon im Rückgang begriffen sind und hoffentlich spätestens mit der nächsten Ärztegeneration verschwinden werden.

Genauere Kenntnis von Bedingungen, die Krankheit und Heilung ermöglichen, ist ein starker Anstoß zu veränderndem Denken und Handeln. Die Geduld, mit der die körperlichen Opfer forcierter Industrialisierung bisher viele, oft nicht mehr gutzumachende Schädigungen ihrer physischen Existenz hinnehmen, wurde weitgehend durch ihr mangelndes Wissen und die ungenügende Beachtung gesundheitsschädlicher Nebenwirkungen von Chemie, Technik, Städtebau und Arbeitsstreß bestimmt. Jetzt findet die seit Jahren betriebene Aufklärung auf diesem Sektor endlich das Gehör der »Betroffenen«.

Es ist schwer vorstellbar, daß die Wiederentdeckung des Körpers und die dadurch ausgelöste »Gesundheitswelle« rückgängig gemacht werden können. Auch Scheinlösungen durch medikamentöse Betäubung oder scheinheilige Beruhigungspropaganda dürften kaum dauerhaft anschlagen. Die Öffnung zum Körper hin zieht ein Öffnen körperfeindlicher gesellschaftlicher Strukturen fast unweigerlich nach sich.

Wenn die Haut zu »hören« beginnt

Seit Beginn der Debatte über die Grenzen des materiellen Wachstums wird immer häufiger die Frage gestellt, in welche anderen ungefährlicheren Richtungen sich der menschliche Entwicklungsdrang bewegen könnte. Vermutlich werden bei diesen Versuchen zur Neuorientierung nicht nur die Bemühungen um eine Zunahme körperlichen Wohlbefindens, sondern darüber hinaus die Steigerung der sinnlichen, der geistigen und seelischen Fähigkeiten des Menschen eine zentrale Bedeutung erlangen.

Es treffen in diesen Bestrebungen verschiedene Motive zusammen. Eines davon hat Lawrence J. Fogel, San Diego, ein Spezialist für das Studium von Mensch-Maschinen-Systemen, genannt. Er befürchtet vor allem, der Mensch werde immer abhängiger von seinen zunehmend empfindlicheren, genaueren und mächtigeren Werkzeugen, so daß schließlich »die intelligente Benutzung des Menschen durch seine Maschinen« die Regel werden könnte. Um so notwendiger erscheint ihm die Verstärkung des Humanfaktors durch die ständige Verbesserung der »Kanäle«, mit deren Hilfe der Mensch Informationen aus der Umwelt aufnimmt – Sehen, Hören, Fühlen, Schmecken und Riechen –, die mögliche Optimierung der Art und Weise, wie diese »Eingabe« vom menschlichen Gehirn zu Entscheidungen und Handlungen verarbeitet wird, und schließlich die möglichst schnelle, komplette, reibungslose und genaue Weitergabe dieser mentalen Vorgänge »nach außen«.

John Platt, Ann Arbor, Michigan, machte sich ähnliche Gedanken. Ist es nicht so, daß die Fülle von Eindrücken, Mustern,

Empfindungen, Gedanken, die in jedem Augenblick von uns empfangen werden und uns »durch den Kopf gehen«, nur zu einem Bruchteil im geschriebenen oder gesprochenen Wort Gestalt gewinnen können, weil wir eigentlich über zu wenige »output channels« (Kanäle nach außen) verfügen: den sprechenden Mund und die schreibenden Hände? Wäre es möglich, diese »Flaschenhälse« der Informationsweitergabe eventuell durch Öffnen anderer Wege zu entlasten?

Eine mögliche Methode könnte man den Taubstummen abschauen, die mit vielfältigen Bewegungen der Hände und Finger Nachrichten weitergeben. Platt fragt: »Könnten wir nicht über die linke Hand eines Kindes einen Gummihandschuh ziehen und ihm beibringen, seine dort gelegenen Muskeln bewußt wie ein Geiger oder Pianist zu bewegen, so daß verschiedene elektrische Kontakte in dem Handschuh diese feinen Muskelsignale präzis empfangen würden? Die Hand hat neunzehn Knochen mit entsprechenden Muskelpaaren. Das würde uns neunzehn Leitungen geben, die dann von einem kleinen Sender am Handgelenk des Kindes ausgeschickt werden. Ein Lehrer oder ein anderes Kind, mit einem ähnlichen Handschuh ausgerüstet, könnte die Signale empfangen. In elektrische Schwingungen verwandelt, würden sie dann mit Hilfe von neunzehn kleinen Elektroden auf dem Handrücken als ein Prickeln empfunden werden. Mit einem solchen System könnte ich meine Finger auf eine bestimmte Weise krümmen und vielleicht in einer einzigen Geste ... einen ganzen Satz oder Ideenzusammenhang auf einmal mitteilen.«

Gelänge es, eine solche neue Sprache in früher Kindheit zu lernen, so würden vermutlich viele Gedanken und Vorstellungen geboren werden, die wir ausfiltern und gar nicht an die Oberfläche unseres Bewußtseins dringen lassen, weil wir wissen, daß wir sie doch nicht verarbeiten können. Würden auf diese Weise nicht Zusammenhänge herausgestellt werden, die wir nur deshalb in Hunderte von Informationen zerteilen müssen, weil wir bisher noch nicht fähig sind, sie »auf einmal« zum Ausdruck zu bringen? Und welche neuen Perspektiven würden sich erst eröffnen, wenn nicht nur die von Platt genannten zusätzlichen neunzehn »Leitungen« der Hand, sondern darüber hinaus andere Stellen des Körpers »Empfänger« und »Sender« werden könnten? »Möglicherweise könnte uns das weit über die Sprache hinausführen«, spekulierte Platt, »so wie seinerzeit die Sprache das bloße Ausstoßen von Knurrtönen ersetzte. Gruppen von Denkenden könnten mit einer neuen Leichtigkeit der Kommunikation und Interaktion zusammenarbeiten. Ein ganz neues Niveau von Gruppenkreativität wäre denkbar. Alle Möglichkeiten sind wahrscheinlich in unserer gegenwärtigen Sprache nicht auszudrücken, sowenig wie in der vorverbalen Sprache unartikulierter Töne das ganze Spektrum unserer verbalen Verständigungsweise deutlich gemacht werden konnte.«

Anfänge eines intensiven Studiums der Haut als »Sprachorgan« sind schon seit Jahren im Gange. Bereits Rousseau hatte festgestellt, daß man durch das Berühren einer Geige aus den durch die Fingerspitzen übertragenen Schwingungen schließen könne, ob eine Melodie in Dur oder in Moll gespielt wird. Frank E. Geldard entwickelte seit 1962 in seinem »Cutaneous Communication Laboratory« (Laboratorium für Hautkommunikation) in Princeton, USA, bereits das Alphabet einer »Körpersprache«, deren »Zeichen« durch Vibratoren auf bestimmte Körperstellen übertragen werden und bei einiger Übung vom Gefühl schneller entziffert werden können als Morsesignale durch das Gehör.

Im ersten Stadium seiner Arbeiten entwickelte er das »Vibratese«-System. Fünfundvierzig Signale konnten gesendet und empfangen werden. Sie unterschieden sich durch drei verschiedene Intensitätsgrade (schwach, mittel, stark), drei unterschiedliche Zeitlängen (kurz, mittel, lang) und haben verschiedene Bedeutung, je nachdem, an welcher von fünf zuvor als besonders empfindlich ausgemachten Stellen der Brustregion sie »ankommen«.

Danach wurden aufgrund sorgfältiger Versuche noch fünf weitere besonders günstig gelegene »Fühlpunkte« ausgewählt. Mehr heranzuziehen erscheint vorläufig unzweckmäßig, weil es dann bei den Versuchen immer wieder zu Überlagerungen der Empfindungen kam, wie bei einem Rundfunkgerät, das zwar viele Stationen empfangen kann, aber nur eine gewisse Anzahl von Sendungen trennscharf wiederzugeben vermag.

Einen großen Fortschritt auf dem Gebiet der »body language« (Körpersprache) bedeutete die Entwicklung eines besseren Eingabegerätes, des »Optohapt«. Dieser Apparat ist an eine Schreibmaschine angeschlossen und verwandelt die dort angeschlagenen Buchstaben in fotoelektrische Impulse, die in

Vibrationen umgesetzt werden und auf verschiedenen Stellen der Haut »wie auf einem Klavier spielen«. Wie sich die neue Sprache anfühlt, beschreibt Geldard folgendermaßen: »Manche dieser Muster zwingen dich geradezu, ihnen Aufmerksamkeit zu schenken. Der Buchstabe ›W‹ zum Beispiel überläuft dich von der Schulter zum Fußknöchel und nochmals von der Schulter herunter bis zum Knöchel. Wie ein taktiles Neonsignal zuckt das.«

Am Stanford Research Institute, Palo Alto, arbeitet eine Gruppe für »Bioinformation« an der Schärfung und Steigerung aller menschlichen Sinneseindrücke. Nicht nur das Fühlen, auch das Hören, das genauere und besser unterscheidende Sehen, sogar die Wahrnehmung der Kreislaufvorgänge werden hier erforscht und eingeübt.

Wie ist dieses Interesse einer so bekannten »Denkfabrik«, die seit 1946 Millionenprojekte für die Flotte, die Armee und fast alle Großkonzerne durchführte, zu erklären? Man spricht von »besseren Verständigungsmöglichkeiten für Blinde und Taube«, aber das Hauptmotiv auch hier: Kriegsforschung. In Korea und Vietnam konnten Piloten häufig die für sie bestimmten Botschaften wegen Lärms, Scheinwerferlichts der Flugabwehr und aus zahlreichen anderen Gründen nicht empfangen. So wurde darüber nachgedacht, ob man sie in solchen Fällen nicht über die Haut, genauer gesagt, »über ihren Hosenboden« erreichen könne.

Und auch in diesem Fall: die Versuche einer Steigerung sensorischer Fähigkeiten brechen aus dem militärischen Rahmen aus. Forscher, die nicht mehr »Kopflanger« der Rüstung bleiben wollen, »steigen aus« und nehmen Kenntnisse mit, um in zivil orientierten Versuchsstätten weiterzuforschen.

Vom Nutzen der Nutzlosen

Es entspricht der neuen Entwicklung, daß der Körper nicht nur als Mittel zur weiteren Steigerung von Leistung und Macht, sondern vor allem auch als spielerisches Instrument an Bedeutung gewinnt. Die Erweiterung und Intensivierung von Erlebnissen erscheint vielen jungen Menschen heute schon meist wichtiger als Herstellung und Erwerb von Produkten. Sie sind dabei, das vernachlässigte und unterentwickelte Territorium der Sinne in Musik und Tanz und vor allem in einer neu entstehenden »Ars amandi« kennenzulernen, die ohne Angst und Gewissensbisse, ohne Grobheit und Hast eine erweiterte und verfeinerte Skala der Zärtlichkeit entwickelt.

Denn Spiel in allen seinen Formen und Möglichkeiten wird nicht nur im sensuellen Bereich zu einem Charakteristikum des sich öffnenden und entfaltenden Menschen der Jahrtausendwende; es dringt auch in Sphären ein, die bis dahin allein vom Nutzen beherrscht waren. Ein Besuch im Pariser Atelier von Nicholas Schoeffer, der Elektronik und Licht zur »Herstellung« von Überraschung, Verwunderung und ästhetischem Vergnügen verwendet, eine Begegnung mit Jean Tinguely und seinen glücklichen, grotesken Maschinen, die, statt nützliche Dinge hervorzubringen, zwecklos stampfen, formen, sich drehen und sich damit ad absurdum führen, vermitteln dem Betrachter über das ästhetische Erlebnis hinaus Gefühle der Befreiung von den Zwängen der technischen Welt und ihrer streng vorgeschriebenen Ziele.

Eine ganze Generation von Künstlern widmete sich, den Spuren dieser beiden Pioniere folgend, dem Spaß mit Drähten und Kabeln, Lötkolben und Schweißbrennern, Mikrofon und Mikroschaltung, Lichtzellen und Computern. Für sie gilt auf einer neuen Stufe der Entwicklung ähnliches, wie es ein Spruch aus dem japanischen »Buch vom Tee« zum Ausdruck bringt: »Der Mensch der Urzeit, der das erste Blumengewinde band, unterschied sich damit vom Tier. Er wurde Mensch, weil er der Natur mehr als nur die unmittelbaren Lebensnotwendigkeiten abverlangte. Er trat ins Reich der Kunst ein, als er den Nutzen des Nutzlosen erkannte.«

Obwohl dieses Spiel, das oft mit technischen Elementen durchsetzt ist, nur wie ein Spaß wirkt, steckt dahinter etwas Bedeutsames: Die Künstler weisen ihre stets nach »Nutzwerten« fragenden Zeitgenossen darauf hin, daß der Mensch Erfinder, Gestalter, Partner seiner Maschinen sein darf, nie aber Handlanger und Sklave ihrer Mechanik. Damit erfüllen sie, die in den Augen der meisten »verrückt« sind, die Funktion des Zurechtrückens. Mehr noch: Sie gestalten die notwendigen Visionen völlig verschiedener Verhaltensweisen und Ereignisse. Daher ist aus ihren Happenings, Aktionen, Projekten, Erfahrungsspielen, Explosionen, Medienvermischungen, optischen, haptischen, akustischen Farcen und Scherzen vermutlich mehr über die »ganz andere Zukunft« zu erfahren als in den rigoros logischen Extrapolationen und Prognosen der sich wissenschaftlich gebenden Futurologen.

Mir wurde diese prophetische Funktion der Künstler zum erstenmal deutlich, als ich kurz nach dem Zweiten Weltkrieg in den Trümmern von Berlin stand. Die Marmorköpfe preußischer Könige und Kaiser, die abgehackt vom Bombenhagel im wuchernden Gras am Rand der Siegesallee lagen, Moos in den Augenwinkeln, Unkraut in zersprungenen Mündern, wo hatte ich das schon einmal gesehen? Ja – nur ein paar hundert Meter und etwa zwanzig Jahre von genau dieser Stelle entfernt – im Tiergartenviertel in der Surrealisten-Ausstellung einer Avantgarde-Galerie der zwanziger Jahre.

Die zukunftsgerichtete Sensibilität der Künstler und Dichter konfrontiert Menschen und Gesellschaft stets mit ihren noch nicht erfüllten Möglichkeiten. Da ist zum Beispiel Raymond Moretti, Sohn eines nach Frankreich geflüchteten italienischen Anarchisten, der seit Jahren Tag und Nacht an einem Kunstwerk ohne Ende baut: Formen aus Plexiglas, Holz, Metall, Farben, Orgeltönen, Jazzrhythmen, Chiffren erfundener Sprachen, Lichtskalen – ein Zaubergarten, eine magische Stadt, die niemals fertig werden wird. Picasso, der Moretti liebte und förderte, stand bewundernd davor und soll gefragt haben: »Wie willst du denn dieses Monstrum je verkaufen?« Gerade diese Unverkäuflichkeit aber ist ein charakteristisches und prophetisches Merkmal des täglich wachsenden Werks: Hier produziert ein Mensch nicht mehr Ware für den Kunsthandel, sondern verwirklicht einen gewaltigen Traum voll Ängsten, Hoffnungen, Einbildungen und Vorstellungen. Roger Garaudy, der mich einmal zu später Nachtstunde zu Morettis improvisiertem Atelier in einer der früheren Pariser Markthallen geführt hatte, meinte: »Hier entsteht eine Ordnung, die mich manchmal an eine Kathedrale des einundzwanzigsten Jahrhunderts denken läßt. Sie ist keinem Kult, sondern der Lobpreisung des Menschen gewidmet.«

Bevorzugte Stätten dieser Befreiungsspiele mit den Elementen und menschengemachten Materialien einer Umwelt, die oft zu monoton, zu linear, zu bedrohlich wirkt, sind immer häufiger die Museen: Sie bewahren nicht nur Zeugnisse der Vergangenheit auf, sondern werden zu Freistätten der spielerischen Phantasie. Auf den riesigen Sprungmatratzen der »Cooperative Himmelblau« im Wiener Museum des zwanzigsten Jahrhunderts verlieren Kinder ihr Gleichgewicht und Erwachsene ihre eingeübte Würde. Körper fliegen, taumeln, sausen durch die Luft, wenn die rheinischen »Babbelplast«-Erfinder irgendwo ihre pneumatischen Tummelplätze aufbauen. Im New Yorker Jewish Museum spielen, erfinden und gestalten Kybernetiker, Künstler und Besucher mit den Geräten der modernen Informatik. Worte und Zeichen, die dem mit einem Piano verbundenen »Composer« eingegeben werden, verwandeln sich in Töne, Dissonanzen und Akkorde. Sogar die Sonne, die über Solarzellen auf dem Dach des Museums mit den großen vibrierenden Glasscheiben des Erdgeschosses verbunden ist, »tönt«, wenn Wolken vorbeiziehen. Filmbilder werden über Vibratoren auf die Haut übertragen. Ein Raum mit weiß angestrahlten leeren Wänden ist, wie ein Anschlag besagt, mit intensiven ultrasonischen Wellen erfüllt.

Wer mitspielen will, kann aktiv und passiv an einem »thermalen Versuch« teilnehmen: Er wird – Anfänge einer »Fühlkunst«! – in rhythmischer Abfolge zahlreiche Flächen von verschiedensten Wärmegraden berühren. Etwas später überreicht man ihm einen Meßstreifen, auf dem die Temperaturen seiner Körperteile während dieses Spiels registriert wurden.

Als Indiz der neuen Haltung, die durch Künstler ihren Ausdruck erhält, beeindruckte mich am meisten das »Cremation Piece« (Einäscherungsstück) von John Baldassari. Er hatte ein erregendes Foto züngelnder Flammen aufgestellt, das einer abstrakten Grafik glich. Darunter stand geschrieben: »Für dieses Projekt verbrannte ich alle meine seit Jahren angesammelten Bilder ... Werde ich mein Leben retten, indem ich es verliere? Wird ein Phönix aus der Asche steigen? Werden die Malereien, nachdem sie Staub geworden sind, wieder Kunstmaterialien werden? Ich weiß es nicht. Aber ich fühle mich jetzt besser.«

Alles fließt

Ein neues Leben beginnen. Aufgeben, was bisher war. Tun, was man eigentlich vorhatte. Selbst steuern, statt getrieben zu werden. Sich zurückziehen. Sich sammeln. Nachdenken. Reisen irgendwohin, ohne vorherbestimmtes Ziel, in der Hoffnung, eine Richtung zu finden. Mit der Welt und sich selbst ins reine kommen. Man müßte. Man sollte.

Stichworte von Wünschen – tausendfach gehört. Signale des inneren Aufruhrs, der längst nicht mehr Privileg der Auserwählten, der Überempfindlichen, der Gefährdeten ist, sondern alle erfaßt hat. Wenn man sich die Mühe nimmt, ihnen zuzuhören, wenn sie sich die Zeit nehmen, Vertrauen fassen, beginnen, sich auszusprechen, dann kommen von Taxichauffeuren, Programmierern, Sekretärinnen, Postbeamten, Metallarbeitern, Verkäuferinnen, Bauern, Zimmermädchen Bekenntnisse, die »man« ihnen nicht zugetraut hat. Dann werden Bedürfnisse laut, die gerade noch der Mittelklasse zugebilligt werden, aber nicht »dem Volk«.

Irrtum! Was von den Fachleuten schön säuberlich als »Entfremdung« etikettiert und dann unter »E« abgelegt wird, ist nicht nur ein »gesellschaftliches Phänomen«. Sie ist ein ganz persönlicher Schmerz, der jeden quält und im Hintergrund immer spürbar bleibt. Sie ist ein Herd von Unruhe, Sehnsucht, Ängsten, zaghaften Antrieben und unzähligen Tagträumen.

In diesen Seiten war viel von äußeren Krisen die Rede und zuwenig von inneren, die schwer zu dokumentieren sind, weil jede ihre eigenen, ganz persönlichen Entwicklungen kennt, ihre »Hochs« und »Tiefs«, ihre Schrecken, Besänftigungen, Betäubungen und gelegentlichen Durchblicke. Seit ich mir angewöhnt habe, mit den »Leuten« zu sprechen, wo immer es sich ergibt, die eigene und die fremde Scheu zu überwinden, weil sich erst dahinter Horizonte öffnen, merke ich, daß die »Revolutionäre« zuwenig von dem wissen, was diejenigen bewegt, für die sie die Welt verändern wollen. Es geht doch jedem vor allem darum, sich selbst zu entdecken. Aber die Alltagswirklichkeit läuft noch auf den alten Geleisen, macht diese Wendung zu langsam mit. Wer nicht warten will und auf eigene Faust Selbstverwirklichung sucht, hat es schwer, stößt sich wund, wird als Flüchtling gebrandmarkt, der die Gemeinschaft »verrät«.

Der hervorragende amerikanische Wissenschaftsphilosoph Thomas Kuhn hat das im Grunde ganz einfache und außerordentlich fruchtbare Konzept des sogenannten »Paradigma« entwickelt, des umfassenden Bezugsrahmens, der die Einzelphänomene des Geisteslebens ganzer Epochen so lange sicher umspannt, bis mehr und mehr Einsichten, Erlebnisse und Erkenntnisse neu auftauchen, die mit dem gültigen Schema in Widerspruch geraten und mit den bis dahin als richtig geltenden Ansichten nicht mehr vereinbar sind. Dann kommt es plötzlich – oft mit einer einzigen, andere Maßstäbe setzenden geistigen Tat (wie bei Galilei, Kopernikus, Einstein, Planck) – zu einem »paradigm shift« (Paradigmaverschiebung), der das Widersprüchliche in neuer Sicht miteinander versöhnt. Ich erwähne diese Entwicklungstheorie, weil ich meine, daß an dieser Jahrtausendwende die unerträglich gewordenen Gegensätze zwischen äußeren und inneren Ansprüchen, zwischen Daten und Ereignissen, zwischen der Gemeinschaft und dem einzelnen einen Wandlungsprozeß durchmachen. Das, was uns heute noch zu zerreißen droht, mag sich bald in einem anderen Rahmen zu einem neuen Zusammenklang finden. Katalysator dieser Verschiebung ist eine neue Auffassung von dem, was ist, und von dem, was wird, von Gegenwart und Zukunft, von Festem und Fließendem.

Tatsachen werden von nun an als Teilchen sich ständig wandelnder Prozesse gesehen. Nicht mehr statische Zustände, sondern dynamische Vorgänge charakterisieren vielgesichtige, in unaufhörlicher Veränderung begriffene Wirklichkeiten. Genau bestimmte, festlegbare Fakten erweisen sich als Konvention, auf die man sich immer nur vorübergehend einigen kann, wissend, daß die Entwicklung inzwischen wieder weitergegangen ist, daß der niemals stillstehende Film des Geschehens längst die Momentaufnahmen, mit denen wir uns jeweils noch beschäftigen, hinter sich gelassen hat.

Das ständig sich ausweitende Universum der modernen Kosmologie, die kernphysikalischen Auffassungen vom bewegten Raum-Zeit-Kontinuum, die biologischen Erkenntnisse über niemals ruhende Lebensvorgänge auf der Ebene des Allerkleinsten haben bisher das geschichtliche, politische und gesellschaftliche Leben kaum berührt, das weit hinter dem Erkenntnisstand der Naturforschung zurückblieb. Nun aber beginnt allmählich die neue Weltauffassung auch auf diesem Niveau zu wirken.

Das würde bedeuten: Abwertung aller starren Gesetze, Trennungen und Grenzen. Ständige Erneuerung, kontinuierlicher Wandel, hohe Beweglichkeit, »floating« nicht nur für Währungen, sondern als weit umfassendere und auf viele Gebiete des sozialen Lebens anwendbare Haltung. Nicht das Festklammern an versinkende Wracks bringt Sicherheit, sondern das »Schwimmen« über »Wellen«, die nicht umwerfen, sondern weitertragen.

Da Kollektive, selbst wenn sie sich bemühen, weit empfangsbereiter und beweglicher zu werden als bisher, kaum jenen Grad an Erlebnisfähigkeit erreichen werden, der notwendig wäre, müssen Individuen als Vorreiter und Experimentierende, als Erfahrende und Mitteilende die Rolle von Sensoren und Antennen übernehmen. Dazu können sie nur fähig sein, wenn sie individuelle Ergründung, Erweiterung und Vertiefung als eine Aufgabe sehen, die sowohl ihrer eigenen Verwirklichung dient als auch ihrer Gesellschaft entscheidende neue Impulse gibt. Selbstentdeckung ist dann nicht Flucht vor der Gemeinschaft, sondern zugleich eine Expedition im persönlichen wie im öffentlichen Interesse. Zu diesem Vorgang der Selbstbesinnung gehört auch, wie Reimar Lenz, Berlin, betonte, die notwendige Bemühung des Ichs, »unserem verstreuten Wissen versammelnd gegenüberzutreten« und »potentielle planetarische Merkzentrale« zu sein; wir müssen »das Wissen, das wir über uns haben, überhaupt erst einholen, verarbeiten, synthetisieren, erlebbar machen«. Doch das kann nur eine Etappe auf dem Weg des Jahrhundertmenschen sein. Zu versuchen ist das Weiterschreiten, Weiterspringen, Tiefersinken und Höhersteigen mit dem Sturm und dem Strom der Ereignisse. So oft wie möglich sogar einen Steinwurf weit voraus.

Die Abenteuer der Selbstentdeckung

Der Name John Lilly ist im Bewußtsein der Öffentlichkeit mit seinen Versuchen verbunden, zu den Delphinen, jenen vermutlich intelligentesten nichtmenschlichen Wesen, eine sprachliche Verbindung herzustellen. Aber fast von einem Tag auf den anderen gab er diese noch längst nicht abgeschlossenen Forschungen auf: Er ließ die Versuchstiere, die ihm zu Freunden geworden waren, aus dem großen Becken, in dem er und seine Mitarbeiter jahrelang mit ihnen gespielt und schließlich sogar gesprochen hatten, zurück in den weiten Ozean schwimmen. Seine Begründung: »Wenn das, was ich von den Delphinen annehmen mußte, zutraf, dann hatte ich kein Recht, sie für meine wissenschaftlichen Zwecke in einem Konzentrationslager festzuhalten. So beschloß ich, das Projekt abzubrechen.«

Jetzt begann der Psychoanalytiker und Physiologe seine geschulte wissenschaftliche Beobachtungsgabe voll und ganz einer anderen Kreatur zuzuwenden – sich selbst. Die Delphine waren nur eine Art Umweg zur Selbsterkenntnis gewesen. Im Jahr 1954 hatte Lilly am »National Institute for Mental Health« (Nationales Institut für geistige Gesundheit) in Washington seine ersten Versuche auf dem Gebiet der »Sensory Deprivation« (Entzug von Sinneswahrnehmungen) gemacht, um damit der Frage näherzukommen, aus welchen Energiequellen das Gehirn gespeist werde. Wie weit hängt es von den Reizen ab, die es aus der Außenwelt empfängt? Würde ein völliger Entzug aller sinnlichen Stimuli wie Licht, Druck, Geräusch und Geruch zum Einschlafen führen? Auf dem Gelände des Instituts in Bethesda ließ er sich in einem völlig schalldichten und dunklen Wassertank einschließen und verbrachte darin viele Stunden in einer Art Schwebezustand. In diesem künstlichen Mutterleib erlebte Lilly ein neues Wachstum, eine neue Geburt. Er begann, wie er sagt, in »Räume« einzudringen, die er nie zuvor gekannt hatte. Bald waren sie voll seltsam erregender Bilder, bald erfüllt von einem inneren Licht, wie es Ekstatiker und Mystiker zu beschreiben versucht hatten.

Es begann jetzt eine Periode, in der Lilly die Überzeugung gewann, er könne sich wie ein weitreichender und empfindlicher Empfänger in die »Sendenetze« anderer Zivilisationen in anderen Galaxien einschalten. »Ich machte die Erfahrung«, sagt er darüber, »daß ich meinen Körper wie ein Auto parken und mich frei von ihm an andere Orte begeben konnte.«

Denen, die ihn aufgrund seiner Erzählungen darauf aufmerksam machten, seine Erlebnisse ähnelten den Berichten Schizophrener, antwortete Lilly: »Der Versuch, alle mystischen, transzendentalen und ekstatischen Erfahrungen, die nicht in die übliche Vorstellung von der Realität hineinpassen, als psychotisch zu bezeichnen, ist eine ängstliche Selbstbegrenzung der Wahrnehmung, die einem ehrlichen, unvoreingenommenen Forscher nicht angemessen ist. Ich weiß schließlich eine Menge von der Welt der Geisteskranken. Ich habe eine komplette Lernanalyse durchgemacht, ich habe meine möglichen psychotischen Anlagen überprüfen lassen und selber mit katatonischen und schizophrenen Patienten gearbeitet. Ich wollte herausfinden, wie wir unsere Anschauungsweisen programmieren und welche Grenzen wir dem setzen, was wir aufgrund dieser Annahmen wahrnehmen und erfahren können ...«

Zehn Jahre lang meditierte Lilly immer wieder in seinem lichtlosen Wassertank. Dort kam er auf die Idee, mit den Delphinen zu experimentieren, deren Gehirngröße auf besonders hohe Intelligenz hinweist, in der Hoffnung, auf diese Weise aus dem »Kerker« der menschlichen Bedingtheit in ein ganz anderes Bewußtsein hineinzusehen und es zu verstehen.

Erst nach Freilassung der Delphine begann er mit Drogen wie LSD zu experimentieren, die seine Kollegen am »Mental Health Institute« schon längst benutzt hatten. Das, was er von diesen »Trips« an Erzählungen über Erlebnisse mit »zwei Führern« zurückbrachte, die ihm zuerst in Todesgefahr, später vor jeder wichtigen Entscheidung begegnet sein sollen, das, was er über Terrorgefühle, Panik, unerträgliche Schmerzen, Sklaverei im Dienste einer »kosmischen Verschwörung«, über Vereinigungen mit der toten Mutter, mit dem gefürchteten Vater, mit allen Liebespartnerinnen aus der Vergangenheit und seine Abenteuer mit »extrem schönen Frauen« – die, wie sich dann herausstellte, Roboter waren – berichtete, all das klingt wie schlechte »Science-fiction« und war vermutlich auch nichts anderes als Abfall aufgewirbelter Erinnerungen und Phantasievorstellungen vieler Jahre. Lilly löste sich zeitweise von den Drogen und begann, erst am Esalen-Institut und dann im chilenischen Hochland, mit einem »Guru« namens Oscar Ichazo an strengen Meditationsübungen zu arbeiten. Aufgrund dieser Exerzitien behauptet er, zweimal bis ins »Zentrum des Zyklons« gelangt zu sein, zum Zustand höchsten Glücks, in dem er »das Essentielle« seines Wesens mit dem »Essentiellen« all jener Wesen des ganzen Universums vereint habe, denen es gelungen sei, bis in die Region vorzustoßen, wo das Innere und das Äußere eins werden.

Nach dem Erlebnis notiert er: »Wir schaffen Energie, Materie, Leben an jener Linie, wo die Leere und die Schöpfung zusammentreffen ... Ich bin selbst ein Schöpfungsvorgang, unglaublich stark, unglaublich mächtig.«

Auf Alpha- und Theta-Wellen

Ich muß gestehen, daß mir solche Schilderungen mystischer Erlebnisse so peinlich sind und mich so verlegen machen wie billige Heiligenbilder und kitschige Naturgemälde. Darin liegt keine Abwehr gegen die großen und erhebenden Inhalte, die solche Machwerke inspiriert haben, sondern gegen die Unangemessenheit der Darstellung. Aber ich werde dieses Gefühl einer Entweihung selbst dann nicht los, wenn formal Hochbegabte wie Baudelaire, de Quincey, Lautréamont, Huxley,

Michaux, Castaneda oder Ernst Jünger schildern wollen, was ihnen auf ihren »inneren Reisen« begegnete.

Die jüdische Tradition verlangt, daß man den Namen des Höchsten nicht nennen sollte. Man hat gemeint, dieses Gebot sei aus Furcht vor einem eifersüchtigen, rächenden Gott verkündet worden. Mir scheint der wirkliche Grund im Wissen um die Unbeschreiblichkeit zu liegen: Das Einzigartige läßt sich nicht in vorhandene Formen pressen. Kommunikation beruht weitgehend auf Konventionen, auf gemeinsamen Vokabularien. Wie könnte damit je das Außerordentliche erfaßt werden? Vermutlich nie.

Wohl aber ist es möglich, sehr genau die Vorbedingungen zu schildern, die Wahrnehmenserweiterung ermöglichen, die Techniken zu erforschen, zu vergleichen und zu beschreiben, mit denen verschiedene Kulte ungewöhnliche und andersartige Zustände des Bewußtseins herbeiführen. Aufgrund solchen Wissens, das nicht hinter den Schleiern einer priesterlichen Esoterik versteckt werden sollte, und mit Hilfe geübter Beobachter wäre es möglich, noch weitaus tiefer in den Innenraum vorzudringen als bisher.

Gelingt es auch auf diesem Gebiet, Geheimnistuerei, Esoterik, Prüfungen, Karriereregeln und die Hierarchien der »Eingeweihten« durch mehr Offenheit, Empfindlichkeit, Einsicht zu ersetzen, dann werden viel mehr Menschen als bisher diese Quellen unbeschreiblicher Erlebnisse aufsuchen. Der Inhalt der Erfahrungen, die so gewonnen werden, wird voller Überraschungen und Wunder sein, die Einübung des Verhaltens aber, das zur Bewußtseinserweiterung führt, muß von keiner mystischen Aura umgeben sein. Sie ist für jedermann verständlich und erlernbar.

Der »Weg nach innen« wird zahlreichen Menschen bald durch eine kleine Apparatur weit geöffnet werden. Es handelt sich um den sogenannten »Biofeedback-Trainer«, ein tragbares elektronisches Gerät, das bereits in Massenproduktion hergestellt wird. Es ermöglicht innerhalb weniger Tage den Zugang zu meditativen Zuständen und gelegentlich auch zu phantastischen inneren Vorstellungswelten, wie sie bisher nur den Benutzern von Drogen zugänglich waren.

Der Entdecker dieser Technik ist Dr. Joe Kamiya, der sich im Jahre 1958 an der Universität Chicago mit Forschungen über die Natur der verschiedenen, in einem Enzephalogramm feststellbaren elektrischen Ströme zu beschäftigen begann. Bisher wurden aufgrund einer ursprünglich von dem deutschen Neurophysiologen Dr. Berger entwickelten Methode vier verschiedene Muster – Alpha-, Beta-, Delta- und Theta-Wellen – festgestellt, aus deren Verlauf der Diagnostiker, ähnlich wie der Herzarzt durch ein Elektrokardiogramm, Rückschlüsse auf das Funktionieren des Gehirns ziehen kann.

Könnte es sein, so fragte sich Dr. Kamiya, der in seiner japanischen Heimat auch Zenpriester zu Freunden hat, daß im Zustande der Versenkung gewisse Wellenarten stärker hervortreten als andere? Diese Vermutung bestätigte sich tatsächlich. Messungen mit dem EEG-Gerät bei meditierenden Mönchen zeigten eine auffallende Vermehrung der Alpha-Wellen. Bei Versuchspersonen, die sich in einem LSD-Rausch befanden, überwogen dagegen die Theta-Wellen.

Bei Experimenten in Chicago und später in San Francisco konnte Kamiya zeigen, daß Versuchspersonen, die im Halbdunkel auf einen bequemen Fauteuil gesetzt wurden, schon nach einigen Stunden Training willentlich Alpha-Wellen herstellen konnten und dann jene inneren Zustände erlebten, die mit den bis dahin üblichen Methoden der meditativen Übung erst nach geraumer Zeit und durchaus nicht regelmäßig eintraten.

Wie gehen diese Exerzitien vor sich? Sobald der Übende, der oft gar nicht weiß, wie er das eigentlich macht, sich zu der richtigen »Welle« vorgefühlt hat, erklingt ein mit dem Enzephalographen gekoppeltes Tonsignal. In den ersten Sitzungen lernt er, diesen Ton und damit auch den entsprechenden Zustand immer länger zu halten. Aber oft schon nach einigen Tagen kann er auf das Gerät ganz verzichten. Es gelingt ihm jetzt ohne mechanische Hilfe, den »Alpha-Zustand« herzustellen.

Ich habe selbst bei einem Schüler von Dr. Kamiya und Professor Neil Miller an der New York State University von Long Island diesen Versuch gemacht, und es ist mir, ohne je vorher meditiert zu haben, schon beim ersten Versuch gelungen, den »Alpha-Ton« für mehrere Minuten hervorzubringen und den damit verbundenen Zustand der Versenkung zu erleben.

So kann ich bestätigen, was Dr. Kamiya über seine Versuchspersonen berichtete: Sie können zwar oft mit fast hundertprozentiger Korrektheit sagen, ob sie gerade »Alpha-Wellen« hervorbringen, aber sie waren nicht fähig, den damit einhergehenden inneren Zustand genau zu beschreiben. Es ist wirklich ein Erlebnis jenseits aller Worte!

Versuche mit der Einübung auf Theta-Wellen, wie sie besonders Elmer Green im Laboratorium für Psychophysiologie der Menninger-Stiftung unternahm, sind zwar noch nicht so erfolgreich wie die Alpha-Wellen-Experimente, doch sind auch dort deutliche Fortschritte festzustellen. Die Konsequenzen scheinen klar: Rauschgiftsüchtige können die Droge durch Biofeedback-Übungen ersetzen. Alpha-Training bringt nicht nur Entspannung und geistige Vertiefung, sondern soll nach bisherigen Ergebnissen eine deutliche Steigerung der geistigen Leistungsfähigkeit herbeiführen. Studenten konnten nach einer solchen Erfahrung bis zu acht Stunden fast ohne Nahrungseinnahme intensiv arbeiten. Der »Weg nach innen«, der so oft zum »Weg ohne Rückkehr« wurde, muß den Meditierenden nun nicht mehr von der Gesellschaft wegführen. Er kann gestärkt in die Welt und zu seinen Mitmenschen zurückkehren.

Optimismus als Herausforderung

Die Schilderung einer Maschine, die der Übung und Erweiterung innerer Fähigkeiten des Menschen dient, nicht ihrer Lenkung und Unterdrückung, steht nicht zufällig am Ende dieser Chronik. Im Jahre 1955 schrieb Erich Fromm in den letzten Zeilen seines einflußreichen Buches »The Sane Society« (»Der Mensch und seine Zukunft«): »Heute sind die Dinge im Sattel und reiten den Menschen. Unsere Zukunft hängt davon ab, ob es dem Menschen – dem ganzen, schöpferischen Menschen – gelingt, sich in den Sattel zu setzen.«

Ich habe versucht, Materialien und Erfahrungen zusammenzutragen, die Grund zur Hoffnung geben, daß diese Umwälzung in der Tat gelingen könnte. Doch dieser zugegebenermaßen etwas forcierte Optimismus soll nicht beruhigen, sondern herausfordern. Er geht absichtlich gegen die Stimmung der Abdankung und Verzweiflung an. Es mehren sich nicht nur die Gefahrensignale, sondern auch die Anzeichen, daß die Krise der Menschheit und die Krise des Einzelmenschen schließlich ohne Katastrophe und ohne neue Tyrannei überstanden werden kann.

Technische Patentlösungen – »technological fixes« nennt sie Alain Weinberg, Direktor des Laboratoriums von Oak Ridge – allerdings werden nicht dauerhaft genug sein. Die große Hoffnung liegt in der Wandlung des Menschen.

Aus religiösem und ethischem Wollen erwuchs sie bisher nicht. Gesellschaftliche und politische Revolutionen machten sie nicht sichtbar.

Aber die Notwendigkeit des Überlebens erzwingt diese Transformation. Der Jahrtausendmensch wird leben, wenn er seine Chancen erkennt und sie ergreift.

NACHWORT
UND ER BEWEGT SICH DOCH

Es ist dunkler geworden, seit ich die vorhergehenden Kapitel, Seiten und Zeilen schrieb. Überall auf dem Erdball sind in jüngster Vergangenheit die Lichter der Hoffnung schwächer geworden:

- Viele neue Schulprojekte versagten oder mußten aus Mangel an finanzieller und moralischer Unterstützung eingestellt werden.
- Versuche, die Arbeitswelt zu humanisieren, wurden oft als zu kostspielig und unpraktisch (»inefficient«) wieder aufgegeben.
- Die Bemühungen um eine »neue Technik« sind – von einigen Ausnahmen wie der Förderung von Sonnenenergie abgesehen – von marginaler Natur geblieben.
- Die rasch gewachsene Sorge um die Zerstörung der Umwelt hat sich allzu rasch beruhigt.
- Offene Menschen verschließen sich wieder, weil sie verletzt oder ausgenutzt wurden.

Diese Mißerfolge haben bei vielen Gefühle tiefer Resignation ausgelöst. Sie meinen, daß die Versuche einer friedlichen Transformation der Gesellschaft endgültig gescheitert seien. Manche ziehen daraus die Konsequenz, sich ganz auf sich und ihre privaten Interessen zurückzuziehen, andere erwarten katastrophale Ereignisse wie Kriege oder blutige Revolutionen als – wie sie meinen – einzige Möglichkeiten, um den Weg zur notwendigen tiefgreifenden Wandlung freizulegen.

In dieser Situation ist es dringlicher denn je, den »Modellen der Verzweiflung« mögliche »Modelle der Hoffnung« entgegenzustellen.

Die geistige Vorarbeit, die zur Schaffung von Visionen und Konzepten einer humanen Gesellschaft geleistet werden muß, wird in Zeiten des Rückschlags, wie der gegenwärtigen, von besonderer Wichtigkeit. Die erlittenen Niederlagen können zur Entmutigung, sie können aber auch zu einer Verbesserung früherer Modelle führen, deren Fehler in den vorhergehenden Tests deutlich geworden sind. Ein hohes Maß von Selbstkritik, eine umfassendere Analyse der äußeren Schwierigkeiten, die

Steigerung der Fähigkeit, Probleme zu lösen und Alternativen zu finden, nicht zuletzt aber der bewußte Einsatz der Hoffnung als unentbehrlicher und unerschütterlicher Antriebskraft der Veränderung charakterisieren heute alle Individuen und Gruppen, die nicht aufgegeben haben.

W. W. Harman (Center for the Study of Social Policy, Menlo Park, Kalifornien), der in seiner großangelegten Studie »Changing Images of Man« (Mai 1974) anhand einer Überfülle von Materialien darauf hingewiesen hatte, daß sich die radikale »Transformation« von Mensch und Gesellschaft in dieser Jahrtausendwende durch zahlreiche Zeichen ankündige und »unvermeidlich« sei, meinte, als ich ihn einige Monate später auf die vielen rückläufigen Entwicklungen ansprach, die echten Innovatoren hätten keineswegs resigniert. Sie teilten sich nur viel seltener – falls überhaupt – der Öffentlichkeit mit und arbeiteten in der Stille, nicht länger abgelenkt durch das oft verfrühte Interesse für ihre Versuche, intensiver denn je an der Vorbereitung des Neuen. Ein vorübergehender Rückzug, der an die Katakomben der frühchristlichen Zeit erinnert.

Angesichts dieser Lage stellt sich immer brennender die Frage, ob alle bisherigen Versuche, den gefährlichen Kurs der menschlichen Geschichte zu verändern, nicht zu schwach sind und zu spät kommen. Das ist eine berechtigte Sorge, der man nicht mit unbegründeten Trostsprüchen begegnen kann. Dies um so weniger, weil die ersten deutlichen Mangelerscheinungen in der entwickelten Welt keineswegs, wie es anfangs wohl hier und dort aussah, zu einer ernsten Veränderung der Ansprüche und Lebensgewohnheiten geführt haben. Der »Energieschock« scheint sehr schnell vergessen worden zu sein, und heute treibt man trotz aller Warnungen »business as usual« zu inflationär angehobenen Preisen (und Profiten).

Bei genauerem Betrachten der Gesamtlage erweist sich aber dieses Bild als zu oberflächlich. Zwar haben sich die Beziehungen der Zeitgenossen zum Energieverbrauch tatsächlich nicht so dramatisch verändert, wie man annahm, aber eine ganze Reihe von Maßnahmen, deren Wirkungen erst in den kommenden Jahren jedermann deutlich erkennbar werden dürften, wurde eingeleitet. So zum Beispiel:

- die Erschließung neuer Energiequellen und die damit begonnene Umstellung von Erdöl auf andere Energiearten,

- die Beschäftigung mit den langfristigen Aussichten der Energieversorgung durch nationale und internationale Gremien, wie sie zum Beispiel in den Arbeiten der von West und Ost beschickten Studiengruppen des »International Institute for Applied Systems Analysis» auf Schloß Laxenburg (Österreich) betrieben wird,
- die andauernde kritische Diskussion über diese Themen in der Weltöffentlichkeit, bei der auch erstmals die bedenkliche Rolle der großen Ölkonzerne für Millionen transparent gemacht wird.

Noch ist es allerdings selbst denjenigen, die eingesehen haben, daß die bisherige Energieverschwendung gebremst werden muß, oft nicht möglich, ihre Erkenntnis in die Praxis umzusetzen, weil die notwendige Umstellung von energieverschwenderischen auf energiesparende Systeme nicht durch einzelne Verzichtleistungen ersetzt werden kann. Zahllose einschneidende Konsequenzen für Verkehr, Arbeitsplätze, Siedlungsformen wären da zu erwarten, die nicht in Monaten, sondern nur in Jahren oder Jahrzehnten zu bewerkstelligen sind.

Gewiß versuchen bei diesem Wandel, wie bei jeder grundlegenden Neuerung, die Kräfte der Beharrung mit besonderer Intensität das Alte zu verteidigen. Dabei tun sie oft so, als gäben sie den neuen Einsichten nach, während sie in Wahrheit echte Änderungen zu sabotieren versuchen. Aber das sind Rückzugsgefechte, auch wenn die Kräfte, die eine fundamentale Wende zu verhindern versuchen, zur Zeit noch fast unüberwindlich scheinen. Aber sie sind nun einmal in die Verteidigung gedrängt. Noch halten sie zwar die Machtstellungen, aber jene quantitativ zwar nicht erfaßbare, aber doch deutlich wahrnehmbare und schließlich unwiderstehliche Strömung, die wir »Zeitgeist« nennen, ist gegen sie und unterhöhlt ihre Positionen.

Die zur Gewohnheit gewordene Ungeduld des mit technischen Apparaturen aufgewachsenen Zeitgenossen kann nur schwer begreifen, daß sich das Licht einer neuen Wahrheit nicht so plötzlich anschalten läßt wie das Licht in seinem Wohnzimmer. Gesellschaftliche Wandlungen, Veränderungen des Lebensstils und der Lebensgewohnheiten, neue Sitten, neue kulturelle Auffassungen und neue wissenschaftliche Paradigmata, die radikale Wandlungen des Weltbildes nach sich ziehen, müssen sich zäh und hartnäckig in einem langen Kampf durchsetzen, bei dem bereits gewonnenes Terrain oft genug, zumindest vorübergehend, wieder verlorengeht.

Den schwersten Stand haben die anfangs stets sowohl an Zahl wie an Macht unterlegenen Vorkämpfer des Neuen gegen die sogenannten »Realisten«, die als »real« nur anerkennen, was bereits Geltung hat und die gegenwärtige Szene beherrscht. Solche »Realisten« haben ihren ungenügenden Realitätssinn bewiesen, als sie zur Zeit der letzten Jahrhundertwende die Befreiungsversuche der Frauen als lächerlich und die Befreiungsversuche der »Eingeborenen« als unbedeutend ansahen. Ähnlich urteilen sie heute über die meisten in diesem Buch geschilderten Bemühungen, weil sie nicht begriffen haben, daß neben dem Seienden, dem schon Anerkannten das Werdende, das Wachsende erst die volle Realität ausmacht.

Es ist allerdings die Frage aufzuwerfen, ob eine reifere Menschheit neugeborenen gesellschaftlichen Konzepten nicht ebensoviel Schutz und Hilfe gewähren müßte wie ihrem biologischen Nachwuchs. Würden sie und ihre Vorkämpfer mit Nachsicht und Zuneigung behandelt, statt belächelt, verleumdet und zerstört werden, läge den Arrivierten daran, das erst Tastende, Versuchende, noch Unsichere in seinen Anfängen zu schützen und zu unterstützen, weil sich dort vielleicht die künftige Antwort auf die eigenen ungelösten Probleme entwickelt, dann wäre in vielen Fällen Rettung möglich.

Aber so wie die Dinge heute noch stehen, werden wir uns bestenfalls nur mit »piecemeal salvation« begnügen müssen, das heißt, es werden viele Krisen, Zusammenbrüche und Katastrophen oft erst dann aufgehalten werden, wenn sie bereits vermeidbare Opfer gekostet haben.

Es ist bitter zu denken, daß die Menschen neue Wege nur zu gehen wagen, wenn die Not sie dazu zwingt. Denn deshalb müssen Neuerungen größeren Stils oft unter denkbar schlechten Anfangsbedingungen erprobt werden, die zu zahlreichen Abstrichen und selbstverleugnerischen Konzessionen führen. Fast noch mehr als verfrühtes Mißlingen müssen neue Konzepte Verzerrung und Entstellung fürchten, die sie zu Karikaturen oder Monstren machen.

Es könnte allerdings auch geschehen, daß eine Menschheit, die ihre bisherigen Fehlleistungen in kritischen Situationen nicht nur genauer als bisher zu diagnostizieren versteht, sondern daraus auch therapeutische Rezepte zu entwickeln weiß, die zu erwartenden Leiden ohne schwere Operationen kurieren kann. Heute entwickelt sich – das ist in dem vorliegenden Buch bereits angedeutet worden – erstmals ein Wissen um große, dynamische Systeme und Subsysteme, ihre Anatomie, ihre Pathologie sowie die wechselvollen Bedingungen ihrer Existenz, das sowohl genau dosierte wie exakt gezielte Eingriffe ermöglicht.

Aber wie der Arzt weiß, daß er ohne die Mitarbeit und den Heilungswillen des Patienten nicht auf Erfolg rechnen kann, so werden auch diejenigen, denen das Überleben einer gefährdeten Menschheit anvertraut ist, sich die aktive schöpferische Teilnahme möglichst vieler lebendiger »Zellen« in diesem System sichern müsse. Nicht Befehle und Zwangsprogramme, sondern nur Ratschläge und Empfehlungen werden die zu »Ärzten der Gesellschaft« aufgestiegenen Politiker und Staatsmänner von morgen ausgeben können. Die letzte Entscheidung über das künftige Schicksal der Menschheit liegt bei einem höherentwickelten »Jedermann«.

Das Folgende ist nicht als wissenschaftliche Bibliographie mit »Belegen« gedacht, sondern soll ein Versuch sein, den Leser für eine Weiterbeschäftigung mit der Thematik, für Kontakte mit anderen Menschen und für veränderndes gesellschaftliches Handeln Informationen als Werkzeuge an die Hand zu geben.

Vermutlich wird es mehr Spaß machen, in diesem »Kasten« zu stöbern, als ihn wie einen Text zu behandeln, den man hintereinander liest.

Das Zeichen TB bedeutet, daß das betreffende Werk auch als Taschenbuch erschienen ist.

Werkzeugkasten

Anregungen, Informationen, Kontakte, Materialien, Notizen, Quellen, Zitate

Kritik an Forschung und Technik

Vor und nach Hiroshima

Die vorwiegend konservative Technikkritik früherer Jahre, die besonders in der »alten Welt« beheimatet war – Georges Bernanos, Georges Duhamel, Friedrich Georg Jünger –, weitete sich unter dem Eindruck sprunghaft wachsender technischer Macht ab 1945 zur Kritik an der Wissenschaft (als Grundlage technischer Erfindungen) und an der Gesellschaft (als mitbestimmend für wissenschaftliche Zielsetzungen) aus. Den wichtigsten Anstoß zu einer marxistischen Betrachtungsweise der Forschung und ihrer gesellschaftlichen Bedingtheiten gab

J. D. Bernal, *The Social Function of Science,* London 1939, deutsch Wissenschaft, Hamburg 1970,

ein monumentales Werk, das erst nach dem Zweiten Weltkrieg eine starke Wirkung auszustrahlen begann. Entschiedene Selbstkritik und ein Hinweis auf mögliche Gefährdungen finden sich aber bereits in

R. Merton, *Science and the Social Order,* 1938, und *Science and Democratic Social Structure,* 1942.

Unter dem Eindruck von Hiroshima und Nagasaki wird die Gewissenserforschung zu einer Art eigenen wissenschaftlichen Disziplin, die aber wiederum von verschiedenen Standpunkten aus und unter divergierenden Gesichtspunkten betrieben wird:
A) Kritik an den Zielen und der Abhängigkeit der Technik;
B) Kritik an Dogmatismus und Machtstreben der Technik.

A) Kritik an den Zielen und der Abhängigkeit der Technik

Hier steht zunächst die in den Jahren des Zweiten Weltkriegs und unmittelbar danach enorm angewachsene direkte oder indirekte Abhängigkeit von der Rüstung im Vordergrund.

Zeitschriften

- Die Zeitschrift *The Bulletin of Atomic Scientists,* Chicago, und deren Chefredakteur Eugene Rabinowitch beginnt ab 1945 die Debatte über diese Probleme vom liberalen Standpunkt aus. Sie existiert heute noch unter dem Titel *Science and Public Affairs* und hat inzwischen ihre Thematik auf alle öffentlichen

Angelegenheiten ausgeweitet, die mit der Forschung zusammenhängen.
- In Deutschland wird im Anschluß an die »Kampagne gegen den Atomtod« 1958 die Zeitschrift *Atomzeitalter* gegründet, die in den folgenden Jahren unter der Leitung ihres hervorragenden Herausgebers Claus Koch zu einem Kristallisationspunkt gesellschaftlicher Neubesinnung auf diesem Gebiet wird. Leider verschwindet sie Ende der sechziger Jahre von der Bildfläche, weil der Absatz nicht groß genug ist und die Gewerkschaft IG Metall ihre Subventionen einstellt. Im Jahre 1973 wurde eine »Auferstehung« der Zeitschrift unter dem Titel *Leviathan*, Bertelsmann Universitätsverlag, versucht.
- In den USA erscheint ab 1968 alle zwei Monate eine Publikation, die weit kritischer und radikaler als das *Bulletin* auftritt: *Science for the People*, 9 Walden Street, Jamaica Plain, Massachusetts, USA, Organ der Vereinigung SESPA, Anfangsbuchstaben von »Scientists and Engineers for Social and Political Action«, die auf die »Aktivisten« verschiedenster, aber vorwiegend linker Ausrichtung zielt.
- Eine Reihe von wissenschaftskritischen Zeitschriften in den USA ist speziellen Forscher- und Technikersparten gewidmet:
The Insurgent Sociologist, University of Oregon;
Rough Times, früher *Radical Therapist*, W. Sumerville, Massachusetts;
Physics Free Press, Boston;
Interrupt – Computer People for Peace, Brooklyn, New York.
Außerdem erscheinen regelmäßig aktuelle Sonderpublikationen zu bestimmten Themenkreisen. Beispiel: Um die Zusammenhänge von Universitätsinstituten und Rüstungsforschung aufzuzeigen, wurde 1972 von Studenten und Professoren der Harvard-Universität *The University-Military Complex* herausgegeben.
- In England erscheint alle zwei Monate die Zeitschrift *Science for the People*, London W 1, 9 Poland Street, das Organ der »British Society for Social Responsability in Science«.
- Auch die in beträchtlicher Auflage verbreitete Wochenzeitschrift *New Scientist*, ein in der ganzen Welt unerreichtes Beispiel für zugleich aktuellen, seriösen und engagierten Wissenschaftsjournalismus, wurde seit Beginn der siebziger Jahre zunehmend gesellschafts- und wissenschaftskritischer.
- In Frankreich wurde im Juli 1970 die von C. Chevalley und A. Groethendieck herausgegebene Zeitschrift *Survivre*, 1, rue de Prony, Paris 19ème, mit folgender Absichtserklärung gegründet: »Eine Gruppe von Wissenschaftlern ist sich klar dar-

über geworden, daß der gemeinsame Kampf für das Überleben Wissenschaftler und Nichtwissenschaftler aller Länder mit dem Ziel einer Erneuerung des Lebens zusammenführen muß.«
- In der Bundesrepublik Deutschland erscheint seit Februar 1975 das Magazin »*Technologie und Politik*« in Taschenbuchform, Herausgeber: Freimut Duve, TB Reinbek bei Hamburg.

Bücher

Die fundierteste Übersicht über die Selbstbesinnung der Wissenschaft wurde geschrieben von
Jerome R. Ravetz, Leeds University, *Science and Its Social Problems,* London 1871, deutsch: *Die Krise der Wissenschaft,* Neuwied 1973.
Die Abhängigkeit der Forschung wie auch der Technik von Industrie und Regierung wurde besonders eindrücklich aufgezeigt von:
H. L. Nieburg, *In the Name of Science,* Chicago 1966; D. S. Greenberg, *The Politics of Pure Science,* New York 1967;
S. Melman, Herausgeber, *The War Economy in the United States,* New York 1971;
–, *The Permanent War Economy,* New York 1974.
Eine große Reihe von Büchern wurde in den USA und England der Rüstungsforschung und Kriegstechnik gewidmet. Eine Auswahl:
R. Clarke, *We All Fall Down,* London 1968,
über biologische und chemische Waffen;
–, *The Science of War and Peace,* London 1971;
N. Calder, Herausgeber, *Unless Peace Comes,* London 1968, deutsch *Eskalation der neuen Waffen,* München 1969;
eine Sammlung von Aufsätzen über künftige Rüstungsmöglichkeiten:
F. Lapp, *Arms Beyond Doubt,* New York 1971;
über die Tyrannei der Rüstung.
Ein Verteidiger der »alten Haltung«, der ein offenes Bekenntnis zur zentralen Rolle der Technik als entscheidendem Element im modernen Krieg abgibt, ist
S. T. Possony, *The Strategy of Technology,* Cambridge, USA, 1971.
Schließlich
J. Rotblat, *Pugwash – the First Ten Years,* London 1967;
ein etwas trockener, aber vollständiger Bericht über die dem Frieden und der Abrüstung gewidmeten Ost-West-Konferenzen der Wissenschaftler.
I. Herbig, *Kettenreaktion,* München 1976; eine eindrucksvolle

Analyse der politisch-gesellschaftlichen Zwänge, unter denen die Atomforscher handelten.

Artikel

Paul Doty, *The Community of Science and the Search of Peace,* in *Science,* Washington, 10. Sept. 1971.
Gegen die technische Innovation als Antrieb einer in ihren inhumanen Grundbedingungen unveränderten Gesellschaft nimmt der folgende wichtige Aufsatz Stellung, den der Autor zu einem Buch erweitern will:
J. McDermott, *Technology – the Opium of the Intellectuals,* in *New York Review of Books,* Juli 1969,
eine scharfe Auseinandersetzung mit der technischen Intelligenz, die der »Laisser-faire«-Doktrin als modernisierte Version das Prinzip des »laisser innover« beigestellt hat.
J. M. Caull, *The Politics of Technology,* in *Environment,* St. Louis, Mississippi, März 1970,
eine Polemik gegen die Unterwerfung von Forschung und Technik unter die Ziele erhöhter Produktion und ein Nützlichkeitsprinzip, das materielle Gewinne mit menschlichem Wohlbefinden gleichsetzt.

Aktionen

Es entstanden in aller Welt Vereinigungen kritischer Forscher und Techniker. In der Bundesrepublik Deutschland:
Gesellschaft für die Verantwortung der Wissenschaft;
Verein der Wissenschaftler;
Technikergruppe »Katalyse«, Essen, Wittenbergstr. 14
Die Leistung eines »Ingenieurseids«, vergleichbar dem hippokratischen Eid, der das ungeschriebene Gesetz des Arztberufs ist, schlägt M. W. Thring vor in der Zeitschrift *New Scientist: A Hippocratic Oath for Applied Scientists,* London 7.1.1971, und in seinem Buch
M. W. Thring, *Man, Machines and Tomorrow,* London 1973. Die von ihm selbst vorgeschlagene Kurzfassung lautet:
»Ich gelobe in meiner Arbeit folgendes anzustreben:
das Zusammenleben aller Menschen in Frieden und menschlicher Würde, mit allem, was unbedingt zu einem erfüllten Leben gehört, befreit von Furcht, Überanstrengung, Häßlichkeit, Verschmutzung und Lärm.«

B) Kritik an Dogmatismus und Machtstreben der Technik

Doch die Kritik bleibt bei einem Teil der Forscher und Ingenieure nicht bei den Zielsetzungen stehen, sondern bohrt, besonders seit den sechziger Jahren, tiefer und fragt sich, ob der »Sündenfall« von Wissenschaft und Technik nicht hauptsächlich in ihrem eigenen Denkstil und Vorgehen, ihrer engen dogmatischen Haltung gegenüber anderen Auffassungen, Lebensformen und Werten zu suchen sei.

Die an Umfang kleine (acht Druckseiten), aber außerordentlich gehaltvolle und einflußreiche Zeitschrift *Manas,* die seit dem Ende des Zweiten Weltkrieges in Los Angeles erscheint, P. O. Box 32 112, El Sereno Station, äußerte diese Kritik, als die Betroffenen die Gründe für ihr Dilemma noch ausschließlich »draußen« bei »den anderen« suchten, die als Versucher und Verführer der »reinen Wissenschaft« und der »guten Technik« aufgetreten seien.

Unter den *Büchern* kommt den Werken des amerikanischen Historikers und Kulturphilosophen Lewis Mumford eine bahnbrechende Rolle zu:

Lewis Mumford, *Technics and Civilization,* New York 1934;
–, *The Condition of Man,* New York 1944, deutsch *Die Verwandlungen des Menschen,* Berlin o. J.;
–, *The Myth of the Machine,* New York 1966;
–, *The Pentagon of Power,* New York 1970.

Mumfords Darstellung vom Verhältnis des Menschen zu seinen Werkzeugen, die schließlich durch ihre Mechanisierung nicht nur ihn versklaven, sondern auch die Welt zerstören, gipfelt in der Hoffnung auf eine »Biotechnik«:

»Wenn wir die Megatechnik hindern wollen, weiterhin jeden Aspekt der menschlichen Kultur zu kontrollieren und zu entstellen, werden wir dazu nur instande sein mit Hilfe eines radikal anderen Vorbilds, das nicht von Maschinen, sondern direkt von lebenden Organismen und organischen Komplexen (Ökosystemen) abgeleitet wird. Sobald sich erst einmal ein organisches Weltbild durchzusetzen beginnt, wird es das Ziel einer humanen Ökonomie sein, die Maschine nicht mehr mit menschlicher Arbeit zu füttern, sondern die unergründlichen menschlichen Möglichkeiten der Selbstverwirklichung und Selbsttranszendenz zu entwickeln.«

Keinerlei solche Hoffnung bietet Jacques Ellul an, ein französischer protestantischer Theologe, dessen 1954 erschienenes Buch *La technique ou l'enjeu du siècle* zunächst kaum besonderes Aufsehen erregte, aber nach seiner Entdeckung und Übersetzung durch den amerikanischen Historiker und Philosophen John Wilkinson unter dem Titel *The Technological Society,* New York

1964, zu einem vieldiskutierten Standardwerk wurde. Ellul beschreibt, wie die Tyrannei der Technik, die nicht nur eine physische, sondern vor allem eine geistige Macht sei, Leben, Menschlichkeit, Freiheit unaufhaltsam erobert. Was bleibt, nachdem schließlich auch der Instinkt und der Geist integriert worden sind?
»Die technische Gesellschaft ... wird kein universelles Konzentrationslager sein, denn sie wird sich keiner Grausamkeit schuldig machen. Sie wird nicht wahnsinnig scheinen, denn sie wird gut geordnet sein, und die Schatten der menschlichen Leidenschaft werden sich im Glanz des Chroms verflüchtigen. Wir werden nichts mehr zu verlieren und nichts zu gewinnen haben. Unsere tiefsten Instinkte und verborgensten Leidenschaften werden analysiert, ausgebreitet und ausgebeutet.«

Im deutschen Sprachraum versuchte nur Günther Anders eine so tiefreichende Kritik des Phänomens Technik. Aus seinem Buch *Die Antiquiertheit des Menschen,* TB Nachdruck München 1968, kann ein »ruchloser Optimist« wie der Autor dieses Buches immerhin die Hoffnung schöpfen, daß es dem heute noch in »prometheischer Scham« hinter der »Perfektion seiner Maschinen« zurückbleibenden Menschen doch einmal gelingen könnte, durch »Exerzitien der moralischen Phantasie« seine Gebilde wieder einzuholen und zu zähmen.

Mit einer Fülle von Fakten, die gegen zu optimistische Erwartungen auf eine Wandlung der Technik sprechen, wartet das folgende umfangreiche Werk auf:

F. Wagner, *Die Wissenschaft und die gefährdete Welt,* München 1964.

Die Jugendbewegung der sechziger Jahre stellte die der modernen Forschung und Technik zugrundeliegenden Wertsysteme meist nur spontan und ohne tiefere Analyse in Frage. Eine Ausnahme ist Theodore Roszak, der in zwei Werken, *The Making of a Counterculture,* New York 1968, deutsch *Gegenkultur,* Düsseldorf 1971, TB München 1973, und *Where the Wasteland Ends,* New York 1971,

den erkenntnis- und lebensfeindlichen »Mythos der Objektivität« als Wurzel wissenschaftlicher Sichtweise und technokratischer Herrschaft identifiziert. Er schreibt:

»Es gibt nur einen einzigen Zugang zur Wirklichkeit – so unterstellt der Mythos –, und der besteht darin, einen Zustand des Bewußtseins herzustellen, der von allen subjektiven Verzerrungen, von jeder persönlichen Beteiligung gereinigt ist. Was aus diesem Zustand des Bewußtseins hervorgeht, qualifiziert sich als Erkenntnis. Dies ist der Grundfels, auf dem die Naturwissenschaften gebaut haben; und unter ihrem Einfluß streben alle Wissensbereiche danach, naturwissenschaftlich zu verfahren. Die Erforschung des Menschen in seinen sozialen, politischen, wirtschaftlichen, psychologischen, geschichtlichen Beziehungen – dies alles muß ebenfalls objektiv werden; rigoros und auf das gründlichste objektiv. Auf jeder Ebene menschlicher Erfahrung treten sogenannte Wissenschaftler auf, den *Mythos des objektiven Bewußtseins* zu erhärten, um sich auf diese Weise selbst als Experten auszuweisen. Und weil sie wissen, wir aber nicht, unterwerfen wir uns ihrer Führung.«

In einem Aufsatz, *The Autopsy of Science,* in *New Scientist,* 11.3.1971, kommt Roszak zu folgendem Urteil über diese veränderte Einstellung der Jugend:

»Wir erleben zur Zeit, daß die Wirklichkeit, welche die Wissenschaftler meinen, nur mehr als ein Teilabschnitt eines viel breiteren Spektrums gesehen wird. Die Wissenschaft, die uns so lange das angeblich einzige gültige Bild der Welt vermittelte, erweist sich jetzt als eine *Schule;* eine bestimmte Bewußtseinsschule, neben der nun auch andere Wirklichkeiten ihren Platz erhalten.«

Die »New Science Group«, die zu Beginn der siebziger Jahre an der Universität von Michigan – um John Platt, Don Michael, Peter Harper, Robert Olson und Mark Berg – entstand, versucht, die »Krise der Wissenschaft« als vorbereitende Periode für eine erweiterte Wissenschaft zu begreifen. In einer vervielfältigten Darstellung ihrer Debatten heißt es: »Indem wir von *neuer Wissenschaft* sprechen, suchen wir nach etwas, das man doch noch *Wissenschaft* nennen könnte. Sie würde mit der *alten Wissenschaft* gewisse grundlegende Züge gemeinsam haben und andere ... nicht mit ihr teilen.«

Die Gründe für die Zweifel der Gruppe an der Rolle von Wissenschaft und Technik sind folgende Punkte:

- das Versagen der Technik, bestimmte Probleme zu lösen, unvorhergesehene Nebenwirkungen; die Unfähigkeit, solche Wirkungen auf allen Ebenen vorherzusagen;
- die Tatsache, daß gewisse Probleme sich bei scheinbar unvernünftigem Verhalten leichter wie gewünscht lösen lassen (der Kybernetiker Gregory Bateson machte darauf aufmerksam, daß biologische Prozesse niederer Ordnung günstiger verlaufen, wenn man sie sich selbst überläßt. Gute Gärtner – und Ärzte! – erzielen auf diese Weise oft bessere Erfolge);
- der Verdacht, daß es soziologische, psychologische und logische Grenzen der wissenschaftlichen Erkenntnis geben könnte.

Bewertung und Kontrolle der Technik

Das »Office of Technology Assessment« des US-Kongresses

Am 13. Oktober 1972 wurde das Gesetz über die Errichtung eines parlamentarischen Amtes für die vorausschauende Beurteilung geplanter technischer Neuerungen nach Annahme durch beide Häuser des amerikanischen Kongresses unterzeichnet. Dieses »Office of Technology Assessment« (OTA) erhielt für die Steuerjahre 1973 und 1974 ein Budget von jährlich fünf Millionen Dollar zugestanden. Vierzig bis sechzig Fachkräfte sind angestellt.

Die Hauptaufgaben der neuen Stelle werden so umrissen:

- Feststellung bestehender oder wahrscheinlicher Wirkungen der Technik;
- Nennung alternativer technischer Methoden zur Durchführung bestimmter Vorhaben;
- Schätzung und Vergleich der Wirkungen verschiedener Methoden und Programme;
- Vorlage der Resultate an die zuständigen gesetzgebenden Körperschaften.

Kritisch zu vermerken ist:

- Die Veröffentlichung aller Resultate und der zugrundeliegenden Informationen ist gesetzlich nicht verankert. Sie hängt jeweils von der Zustimmung des »Technology Assessment Board« ab, eines Direktoriums, dem dreizehn Mitglieder angehören, sechs Senatoren, sechs Mitglieder des Repräsentantenhauses und der Direktor des OTA.
- Das neue Amt hat lediglich beratende, keinerlei kontrollierende Funktionen.
- Die Studien werden »außer Haus« vergeben. Es besteht die Wahrscheinlichkeit, daß die hinzugezogenen Experten oft die gleichen Personen sind, die an der Durchsetzung einer neuen Technik besonders interessiert sind. Bisherige Erfahrungen mit Fachkommissionen, die sich mit Problemen der Luftfahrt und des Autos sowie mit dem wissenschaftlichen Beratungsdienst (Congressional Research Service) zu beschäftigen hatten, zeigten eine unkritische Abhängigkeit von Fachleuten, die häufig auch für die Industrie arbeiteten.
- Da das OTA nur unter großen Schwierigkeiten und gegen starke Widerstände durchgesetzt werden konnte, wird es zunächst wahrscheinlich »heiße« Probleme (zum Beispiel die Bevorzugung öffentlicher Verkehrsmittel gegenüber dem Auto) vermeiden und sich technischen Zukunftsmöglichkeiten zuwenden, die noch nicht umstritten sind, z. B. biologischen und ge-

netischen Eingriffen oder den Konsequenzen einer friedlichen Anwendung der Kernverschmelzung.

Internationale Ausbreitung des »technology assessment«

Das wachsende Interesse an TA zeigt sich an der Tatsache, daß allein im Jahr 1973 drei internationale Tagungen in Gargano (Italien), Salzburg und Den Haag die neue Thematik diskutierten. Der Europarat versucht, ein europäisches Amt für antizipatorische Technikbewertung zu gründen. In Holland, Frankreich, Schweden, der UdSSR, Kanada und Japan wird die Einrichtung solcher Behörden vorbereitet.

In der Bundesrepublik Deutschland verbreitete Dr. Weyand vom Fachbereich »Wissenschaftliche Dienste, Arbeit, Sozialpolitik, Wissenschaft« des Deutschen Bundestags im Januar 1973 ein Memorandum über die »Notwendigkeit, Aufgaben und Arbeitsweise eines Amtes für die systemanalytische Bewertung von naturwissenschaftlichen und technischen Entwicklungen beim Deutschen Bundestag«. Zur Begründung führte er unter anderem an:

- »der Verkehr in der Bundesrepublik ... droht zu einer nationalen Katastrophe zu werden;
- es liegen Hinweise vor, daß die Aufteilung der Förderung der Bundesregierung auf die verschiedenen naturwissenschaftlichen und technischen Schwerpunkte nicht den Wertordnungen der Gesellschaft der Bundesrepublik entspricht;
- während auf seiten der Exekutive im Bereich von Naturwissenschaft und Technik eine zunehmende Anzahl von Beamten, Angestellten und Sachverständigengremien mitarbeiten, ist der Ausbau der Kontrolle durch die Legislative vernachlässigt worden.« (Quelle: Dokument mit Reg.-Nummer WF VI-23/73).

Im April 1973 brachte der CDU-Abgeordnete Lenzer einen entsprechenden Gesetzesantrag ein.

Öffentliche Beteiligung

Tay Wilson, Nipissing College, Ontario, Kanada, startete bei der Bevölkerung der Kleinstadt auf eigene Faust eine Rundfrage über die vermuteten Wirkungen der Abschaffung öffentlicher Verkehrsmittel. Die Resultate veranlaßten die Regierung, diesen Schritt zu unterlassen. (Quelle: Protokoll der International Society for Technology Assessment in Den Haag, Mai 1973.)

Anthony Benn, früherer Labour-Minister, jetzt Sprecher der Opposition im Unterhaus, plädiert in folgenden Worten für eine stärkere Beteiligung der Bürger an technischen Entscheidungen (*New Scientist,* London 4.5.1973):

»Die Probleme der technologischen Bewertung sind nicht dadurch zu lösen, daß man Computer mit wirtschaftlichen, gesellschaftlichen und psychologischen Daten überfüttert, die speziell dafür recherchiert wurden. Selbst wenn jeder Einzelfaktor eingefüttert und – ein Ding der Unmöglichkeit – entsprechend gewichtet werden könnte, würden die Menschen die sich ergebende Lösung nicht akzeptieren, einfach deswegen, weil sie keinen direkten Anteil daran hatten, wie sie zustande kam. Wenn wir von Partizipation oder *Bewertung im Licht eines breiten Untersuchungsspektrums* sprechen, bedienen wir uns des Managementjargons mit all den Gefahren menschlicher Manipulierung, die er mit sich bringt. Eine solche *Mitbestimmung* ist kein Ersatz für demokratische Kontrolle ...
Es gibt keine vorbestimmte Zukunft, mit der wir uns abzufinden haben, und ebensowenig kann irgendein Experte ein Wissensmonopol reklamieren und uns sagen wollen, wie sie aussehen wird. Es stimmt auch nicht, daß die zunehmende Enthüllung der Naturgesetze durch Wissenschaft und Technik, die uns hilft, sie zu nutzen, automatisch dazu führe, daß unsere Freiheit und unser Glück sich im gleichen Maß wie Wissen oder materielle Macht vermehren. Es könnte sein, daß sich das genaue Gegenteil ergibt. Mit der wachsenden Macht der Technik wird die scheinbare Eroberung der Natur durch den Menschen vielleicht neue Organisationen der Tyrannei zur Bewältigung dieser *Eroberung* hervorbringen, und diese Gebilde würden sich dann möglicherweise auch die Mitmenschen unterwerfen ...
Viele technologische Entscheidungen sind praktisch irreversibel, wenn sie einmal getroffen worden sind, und wahre Demokratie ist erst dann möglich, wenn wir alle ungerechtfertigte Geheimhaltung abschaffen.«

Bereits durch TA behandelte Themen

Studien über die Lage von Atomkraftwerken, Schweden;
Studie über einen dritten Londoner Flughafen, England;
Studie über den Bau von Hochhäusern in einem erdbebengefährdeten Land, Japan;
Studie über Folgen kybernetischer Lehrmethoden, Japan;
Studie über künstliche menschliche Organe, Japan;
Studie der MITRE-Corporation, »Denkfabrik« der US-Regierung, über Auto-Auspuffkontrolle, Computer- und Kommunikationsnetze, industrielle Verwendung von Enzymen, Marikultur (Ozeanfarmen), Wasserverschmutzung;
Studien über die Folgen der Verwendung von Antibiotika in der Landwirtschaft, England;

Studien über Wirkungen des Kabelfernsehens, USA;
Studien über neue Nahrungsmittel wie Algen usw., USA.

Literatur über TA

- Ein unentbehrliches Stück Vorgeschichte zu TA bringt das Handbuch, mit dessen Argumenten der Kampf gegen das Überschallflugzeug geführt wurde
  W. A. Shurcliff, *S/S/T and Sonic Boom Handbook,* TB New York 1970;
- Marvin J. Cetron, Herausgeber, *Technology Assessment in a Dynamic Environment,* 42 Aufsätze internationaler Experten, New York 1972;
- die Zeitschrift *Technology Assessment* erscheint seit 1972 im Verlag Gordon and Breach, New York, London. In Band 1, No. 1, S. 75–83, ist eine ausführliche Bibliographie zu finden;
- einen guten Überblick über die Problematik des TA gibt die besonders diesem Thema gewidmete Ausgabe des *New Scientist,* London, vom 24.5.1973 in mehreren Artikeln;
- einen kritischen Einblick in die Schwierigkeiten, die TA durch Geheimhaltung von privater Seite entgegengesetzt werden, gibt Professor M. S. Baram, MIT, in seinem Aufsatz *Technology Assessment and Social Control in Science,* Washington, 4.5.1973;
- über Geschichte und Aussichten des OTA informiert ausgezeichnet ein Artikel von Anne H. Cahn, MIT, und Joel Primack, Harvard, in *Technology Review,* Cambridge, USA, März/April 1973;
- unkritisch ist die Sondernummer des *Futurist,* Washington, Dezember 1971, unter dem Titel *Can Man Control His Machines?*
- ernste Bedenken über TA äußert Harold Green, *Technology Assessment and Democracy,* in der Zeitschrift *Business and Society Review,* Boston, Frühjahr 1973; seine Hauptthese: Dank TA werden vermutlich in den frühen Anfängen die Vorteile einer neuen Technik überschätzt und die Risiken unterschätzt. So könnte es genau die umgekehrte Wirkung haben, die beabsichtigt war: Potentiell gefährliche Entwicklungen erhalten durch die Vorprüfung der Experten einen offiziellen »Gütestempel«. Verhindert könne diese Verkehrung nur werden, »wenn die Resultate des ›technology assessment‹ der Öffentlichkeit in einer Sprache zugänglich gemacht werden, die allgemein verständlich ist und alle Aspekte einer Frage behandelt, so daß eine gesunde öffentliche Debatte darüber möglich wird«.

Neue Technik

Sanfte Technik

Der Russe Kropotkin und der Amerikaner Thoreau sind die geistigen Väter der »sanften Technik« oder »weichen Technik«. Ein heute noch lebender Vorläufer ist der aus Holland stammende Peter van Dresser. Er schrieb bereits im Jahre 1938 in *Harper's Magazine,* New York, unter dem Titel *New Tools for Democracy* einen heute vielzitierten Aufsatz, der entwickelt, wie Forschung und Technik helfen könnten, die Übergriffe einer Mensch und Umwelt gefährdenden Technik wieder zu beseitigen und eine »nichttechnokratische Zukunft nach menschlichem Maß« vorzubereiten.

Daß die Vorstellungen von einer »alternativen Technik« allmählich ernst genommen werden, geht daraus hervor, daß die von der UNESCO herausgegebene Zeitschrift *Impact,* Oktober bis Dezember 1973, die auf englisch und französisch in Paris erscheint, dem Thema eine Sondernummer widmete, an der Robin Clarke (England), Peter Harper (England), Mansur Hoda (Indien), Josefina M. Abraham (Mexiko), Philippe Arrêteau (Frankreich) und Robert Jungk (Österreich) mitarbeiteten.

Zeitschriften, die sich besonders mit »sanfter Technik« und anderen umweltfreundlichen Formen der Technik beschäftigen, sind:
A. S. E. – *Alternative Sources of Energy,* Minong, Wisconsin, Box 36B, USA. Ausdrücklicher Hinweis in jeder Nummer: »A. S. E. ist *nicht* durch Copyright geschützt«;
Mother Earth News, Madison, Ohio, USA;
The New Alchimy Institute Bulletin, Woods Hole, Massachusetts, USA;
Resurgence, Kingston on Thames, Surrey, England;
Undercurrents, London, N. W. 6, England; diese Zeitschrift veröffentlicht regelmäßig Informationsblätter mit Adressen von »soft technologists« in aller Welt.
Artikel über das Thema finden sich besonders häufig in Umweltzeitschriften wie
Architectural Design, London W 1, England;
The Ecologist, Richmond, Surrey, England;
Environment, St. Louis, Mississippi, USA;
Le Sauvage, Paris, Frankreich;
Umwelt, Düsseldorf.
Eine interessante **Auseinandersetzung** in zwei Aufsätzen, die pro und kontra »sanfte Technik« eintraten, findet sich in *New Scientist,* London, vom 11.11.1973.
Die bisher gründlichste, in selbstkritischem Ton abgefaßte **Dar-**

stellung der »sanften Technik«, ihrer Probleme und Aussichten verfaßte Peter Harper, 17 Brunswick Place, Hove, Sussex, England, für eine Tagung der UNESCO-Jugendorganisation unter dem Titel *Soft Technology. A Proposal for Alternatives under Conditions of Crisis,* Paris 1972, vervielfältigtes Manuskript. Harper will dieses »Papier« zu einem Buch erweitern. Die Prokol-Gruppe (Berlin) schrieb unter dem Titel: »Der Sanfte Weg« den Entwurf einer »soft technology«-Kommune, Stuttgart 1976; ferner: Robin Clarke (Hg.), *Notes for the Future,* London 1975.
Broschüren wurden von verschiedenen, mit »soft technologies« arbeitenden Gruppen in Kalifornien, Neumexiko, Costa Rica und Neuschottland herausgegeben.
Besonders zu erwähnen sind die detaillierten **Erfahrungsberichte** von John Todd, Cape Cod, USA – sein Motto: »Das Land wiederherstellen, die Meere schützen, die Steuermänner des Planeten Erde informieren« –, und in Skandinavien von Ingenieur B. Eriksson, Bybaken 1, Värmdö, Schweden.
Einen lesenswerten Entwurf für die von ihnen und ihren Freunden inzwischen verwirklichte »Biotechnische Gemeinschaft«, der ihre grundsätzlichen Gedanken weitergibt, veröffentlichen Clarke und seine Frau Janine im Juni 1972 in der Zeitschrift *Futures,* London. Hier als Zitat die folgende gekürzte Fassung:
»... Zukunftsutopien sind gern urbanistisch, im Politischen höchst zentralistisch, technokratisch, komplex und in zunehmendem Maß international und homogen ... Wir möchten darauf hinweisen, daß es eine Alternative gibt, die ebenfalls praktisch zu verwirklichen ist und nach unserer Ansicht den Vorzug verdient. Im wesentlichen beruht *diese Möglichkeit auf der Kombination politischer Dezentralisierung mit einer neuartigen dezentralistischen Technologie.* Sie führt zu einem Gesellschaftstypus, der nicht städtisch, sondern essentiell ländlich ist und dessen Umweltprobleme auf die einzig mögliche Weise gelöst werden: durch die Reintegration der Menschen in die natürlichen Systeme, auf die sie angewiesen sind. Ein wichtiger Input für dieses Modell besteht darin, daß *die umweltfreundlichen Technologien, nach denen wir heute streben, möglicherweise nur in einem kleinen, dezentralisierten Maßstab durchzuführen sind ...*
Die Vorstellung einer biotechnischen Gemeinschaft birgt eine Fülle sozialer, politischer und ethischer Konsequenzen, die weit über die reine technische Praxis hinausreichen ... Deshalb sind Zentren notwendig, wo alle diese Auswirkungen zugleich praktisch erprobt und bewertet werden können ...
Wir gehen davon aus, daß eine biotechnische Gemeinschaft es ihren Mitgliedern ermöglichen sollte, eine Lebensweise anzuneh-

men, die *Erfüllung gewährt und ökologisch gesund ist; die sich mit der Natur in Einklang und engem Kontakt befindet und die besser imstande ist, Grundbedürfnisse zu stark reduzierten Kapitalkosten und mit einem Arbeitsaufwand zu erfüllen, der sich mit den Wertbegriffen der neuen Lebensform vereinen läßt.* Letztere bestehen nach allgemeiner Ansicht in der Freiheit von einer stets wiederkehrenden Plackerei mit langweiligen Arbeiten, als Entgelt für anstrengende, aber befriedigende und abwechslungsreiche Betätigungen, die einen Teil des Tages eines jeden Individuums – aber nicht mehr – in Anspruch nehmen.

Ein Modell einer solchen utopischen Gesellschaft ließe sich theoretisch entwickeln. Allerdings würde man damit die Grundforderung außer acht lassen, daß *Theorie und Praxis künftig nie mehr voneinander getrennt sein sollten* ...«

Es ist bemerkenswert, daß sich in allerneuester Zeit – vermutlich unter dem Eindruck der Umweltkrise – auch in den **Staaten des Ostblocks** der 1968 in der CSSR begonnene und dann unterbrochene Prozeß einer kritischen Bewertung der Technik wieder zu entwickeln beginnt. Der Soziologe A. Sicinski, Mitglied der polnischen Akademie der Wissenschaften, führte in einer Arbeit, die Ende September 1973 einem internationalen Kongreß für Zukunftsforschung in Rom vorgelegt wurde, aus:

»Es wäre vielleicht zu optimistisch, zu behaupten, daß der Mensch seine Haltung gegenüber der Technik ändern *muß*. Aber man kann mit Recht behaupten, daß die Menschen die Notwendigkeit dafür verspüren und eine gewisse Wandlung in dieser Richtung bereits festgestellt werden kann.«

Er zitiert zustimmend den in Krakau lebenden Psychiater A. Kepinski, der in seinem 1972 erschienenen Buch *Rytm zycia* (Rhythmus des Lebens) folgende Aussage macht:

»Der Mensch erobert die Welt. Oft gelten Maschinen als wichtiger denn der Mensch, als alleiniger Maßstab seiner Leistungen. Die Umwelt verwandelt sich in eine emotionale Wüste oder sogar in einen Feind, mit dem man nach Belieben verfahren kann, je nachdem, wie die augenblickliche Bedürfnislage beschaffen ist. Und da die Welt des Menschen in erster Linie eine soziale Welt ist, wird diese Einstellung in der Folge auf Individuen und ganze Gemeinschaften angewandt. Der Mensch wird zu einem mehr oder weniger effizienten Rädchen in der Maschinerie, ein Teil, das von Zeit zu Zeit Erholung oder Erneuerung braucht. Man sieht in der Gesellschaft einen komplexen Mechanismus aus Millionen von Rädern und Getrieben (den Individuen), die uneingeschränkt arrangiert, gesteuert oder stillgelegt werden können. Es liegt auf der Hand, daß eine derartige Auffassung der menschlichen Welt – ja der Natur überhaupt – einfach nicht der Wahrheit entspricht.«

Mündliche Mitteilungen lassen mich hoffen, daß auch in der Sowjetunion und Ungarn Bestrebungen zur Förderung »alternativer Technik« im Gange sind. Ein Hinweis findet sich in dem erwähnten Buch des polnischen Nervenarztes:

»Man kann sagen, daß bis vor kurzem die Technik in einem aktiven Gegensatz zur Natur stand. Sie versuchte, sich die Kräfte der Natur zu unterwerfen; dank der Technik hat sich der Mensch die Herrschaft über seine natürliche Umwelt verschafft und eine künstliche Lebenssphäre geschaffen, in der er sich nicht wohl fühlt. Er hat nunmehr einen Punkt erreicht, an dem er aufhören muß, diese Herrschaft über die Natur auszuüben, und vor der Forderung steht, die Haltung der Technik gegenüber der Natur aus einer antagonistischen in eine symbiotische zu verändern. Eine Symbiose von Technik und Natur wird die Umwelt des Menschen weniger künstlich und einförmig machen und ihr einen individuellen Hauch verleihen. Die ersten Anzeichen einer solchen Zusammenarbeit sind bereits festzustellen. Wir haben endlich begonnen, die Technologie nach dem Vorbild der Natur auszurichten ...«

Alternative Technik in Entwicklungsländern

Hinweise auf den anderen Stil der Industrialisierung in **China** – Dezentralisierung, Selbstherstellung von Werkzeugen und Maschinen usw. – finden sich in den zahlreichen Berichten westlicher Reisender der letzten Jahre, zum Beispiel von G. Goodman in *New Statesman,* London 15.6.1973. Auf der Stockholmer Umweltkonferenz hielt besonders die mit dem Weltbund für Wiederversöhnung verbundene westliche Umweltvereinigung »Dai Dong« engen Kontakt mit der chinesischen Delegation und veranstaltete ein Treffen mit ihren Sprechern. Auch in der wegen ihres Propagandakauderwelsch leider nur schwer lesbaren Zeitschrift *Peking Review,* die im Westen abonniert werden kann, gibt es zahlreiche Hinweise auf diese Entwicklung.

Professor Ernst Florian Winter, Schloß Eichbüchl bei Wiener Neustadt, studierte die Umweltfrage während eines längeren China-Aufenthaltes besonders und schreibt ein Buch über den »chinesischen Weg«. L. A. Orlans und R. P. Stuttmeier veröffentlichten unter dem Titel *The Mao Ethic and Environmental Quality* in *Science,* Washington, 11.12.1970, einen Artikel, der bis jetzt noch die beste im Westen vorhandene Quelle zu diesem Problem darstellt.

Informativ ist auch die im Band
Teach-in for Survival, London 1973,
abgedruckte Rede *Lessons We Can Learn from China* von Derek

Bryan. Daß die Weisheit, mit der die chinesischen Kommunisten ihre technische Entwicklung anpacken, auf historische Tradition zurückgeht, zeigt das monumentale Geschichtswerk des englischen Historikers
J. Needham, *Science and Civilization in China,* Cambridge, England, 1952–1970.
Die Arbeiten des in Paris lebenden polnischen Ökonomen Ignacy Sachs und die Studien der Gruppe für **Entwicklungsländer** am »Institut für das Studium der Lebensbedingungen in der wissenschaftlich-technischen Umwelt«, Starnberg, versuchen neue, den wirklichen Notwendigkeiten der »Dritten Welt« entsprechende Lösungen zu finden.
Die negativen Wirkungen des blinden wissenschaftlichen und technischen »Fortschritts« auf die Entwicklungsländer schilderte Giovanni Rossi in seinem Aufsatz *La science des pauvres* in *Recherche,* Paris, 30.1.1973, eindrücklich:
»Die systematische Anwendung von Wissenschaft und Technik auf die Herstellungsvorgänge hat eine bedeutsame Erhöhung der Produktivität in den kapitalistischen Ländern bewirkt, während die Situation in den zurückgebliebenen Ländern stationär blieb. Allein durch die Zunahme der Kunststoffproduktion (synthetischer Gummi von 0,6 Prozent im Jahre 1938 auf 56 Prozent im Jahre 1965!) wurden zahllose Menschen in den Rohstoffländern arbeitslos.«
Also Industrialisierung der »Dritten Welt«? Hohe Patentgebühren sind an den Westen abzuführen. Aber darüber hinaus handelt es sich bei diesem technologischen Transfer um eine »Gefangennahme«. Die neuen, in der Dritten Welt angesiedelten westlichen Industrien werden finanziell und technisch (Ersatzteile!) vom Westen abhängig. Daher ist der scharfe Angriff, den René Dumont in *L'utopie et la mort,* Paris 1973, gegen diese als Hilfe verkleidete Form der Eroberung führt, verständlich.
So bietet sich neben der »sanften Technik« die *angepaßte Technik* deshalb als Lösung an, weil sie Arbeitslosigkeit vermindert und Unabhängigkeit verstärkt. Der Gründer der »Intermediate Technology Development Group«, E. F. Schumacher, schreibt darüber in seinem Buch *Small Is Beautiful,* London 1973, u. a.:
»Wie Gandhi sagte, ist den Armen dieser Welt nicht mit Massenproduktion, sondern nur durch Produktion durch die Massen zu helfen. Das System der *Massenproduktion,* das auf einer verfeinerten, höchst kapitalintensiven, vom Energie-Input abhängigen, menschliche Arbeitskraft sparenden Technologie beruht, setzt vorhandenen Reichtum voraus, denn es bedarf einer hohen Kapitalinvestition, um auch nur einen einzigen Arbeitsplatz zu schaffen. Das System der *Produktion durch die Massen* mobilisiert die

unschätzbar wertvollen Ressourcen, die allen Menschen gehören, ihre geistigen Kräfte und geschickten Hände, *und verschafft ihnen erstklassige Werkzeuge.* Die Technik der Massenproduktion ist inhärent gewalttätig, umweltfeindlich, selbstschädigend, weil sie Ressourcen verbraucht, die nicht zu erneuern sind, und den Menschen verdummt. Die Technik der *Produktion durch die Massen,* die sich des modernen Wissens- und Erfahrungsstandes optimal bedient, ist der Dezentralisation förderlich, vereinbar mit den Gesetzen der Ökologie, schonend in der Nutzung knapper Ressourcen und darauf ausgerichtet, dem Menschen zu dienen, statt ihn zum Sklaven von Maschinen zu machen. Ich habe ihr die Bezeichnung *angepaßte Technik* gegeben, was zeigen soll, daß sie der primitiven Technologie früherer Zeiten weit überlegen, zugleich jedoch ungleich einfacher, billiger und freier als die Supertechnologie der Reichen ist. Man könnte sie auch Selbsthilfe- oder Volkstechnologie nennen – eine Technik, an der alle teilhaben können und die nicht nur den bereits Reichen und Mächtigen vorbehalten ist ...« Eingeborene Entwicklungshelfer werden entweder von der I.T.D.G. in England ausgebildet, oder es werden Berater entsandt, die dort aber nicht »Brückenköpfe« westlicher Industrien bilden, sondern sich so bald wie möglich wieder zurückziehen sollen. Schumacher beschreibt ihre Tätigkeit:
»Wir verfügen natürlich über Kenntnisse der Organisation und Systematisierung von Wissen und Erfahrung; wir besitzen durchaus die Möglichkeiten, fast jede Aufgabe zu lösen, vorausgesetzt, daß wir ein klares Bild haben, worum es geht. Handelt es sich beispielsweise darum, ein brauchbares Handbuch über Methoden und Materialien für kostensparendes Bauen in tropischen Ländern zusammenzustellen und mit Hilfe eines solchen ›Führers‹ einheimische Bauhandwerker in Entwicklungsländern in den entsprechenden Technologien und der erforderlichen Methodik auszubilden, so sind wir dazu zweifellos in der Lage, beziehungsweise wir können zumindest unverzüglich die notwendigen Maßnahmen treffen, um diese Aufgabe in zwei oder drei Jahren durchführen zu können. Ähnlich liegen die Dinge, wenn wir klar sehen, daß in zahlreichen Entwicklungsländern die Wasserversorgung eines der Grundprobleme ist und daß es für Millionen Dorfbewohner eine gewaltige Hilfe wäre, wenn systematische Kenntnisse über billige Selbsthilfemethoden zu Erhaltung, Speicherung und Transport von Wasser usw. zur Verfügung stünden – wenn dies klar erkannt wird als Problem, das es zu lösen gilt, so sind wir zweifelsohne in der Lage, die benötigten Informationen bereitzustellen und weiterzugeben.« Die I.T.D.G. ist sich auch über ihre eigenen Möglichkeiten und Begrenzungen klar. Ihr Gründer E. F. Schumacher sagt dazu folgendes:

»Die angepaßte Technologie ist natürlich nicht universell anwendbar. Es gibt Produkte, die ihrerseits typische Resultate der hochkomplizierten modernen Industrie sind und nur von ihr hergestellt werden können. Zugleich aber werden diese Erzeugnisse von den Armen nicht dringend benötigt. Die Armen brauchen vor allem einfache Dinge – Baustoffe, Bekleidung, Haushaltsgüter, landwirtschaftliche Geräte – und ein besseres Entgelt für ihre eigenen Agrarprodukte. Darüber hinaus haben sie einen dringenden Bedarf an Bäumen, Wasser und Lagerungseinrichtungen für die Ernten. Die Lage der Bevölkerung in den meisten Gebieten mit vorwiegender Agrarstruktur würde sich gewaltig verbessern, wenn schon dort die Grundverarbeitung der Landwirtschaftserzeugnisse erfolgen könnte. All dies stellt ein ideales Gebiet für den Einsatz der angepaßten Technologie dar.«

Auf ähnliche Weise geht John Morgan vor. Sein »Village Technology Innovation Experiment«, Addis Abeba, P. O. Box 31, gibt vor allem nützliches Wissen weiter. Er hat einen *Almanach für den äthiopischen Bauern* herausgebracht, Bibliotheken mit Handbüchern in verschiedenen Dörfern gegründet und Prototypen technischer Kleingeräte zusammen mit den Abessiniern entwickelt (Bratofen, Wasserheizer mit Sonnenenergie betrieben, Wasserreservoire usw.).

Zusätzliche Literatur zum Thema »Technik und Dritte Welt«:
I. Sachs, *La découverte du tiers monde,* Paris 1971;
R. Dumont, *L'utopie ou la mort,* Paris 1973:
I. Illich, *Tools for Conviviality,* London 1973, deutsch »Selbstbegrenzung«;
A. Wedgwood Benn, *China – Land of Struggle, Criticism and Transformation,* in *New Scientist,* London, 6.1.1972;
Chi Wei, *Turning the Harmful into the Beneficial,* in *Peking Review,* 28.1.1972.

Evolutionäre Technik

In seiner allgemeinverständlichen Darstellung der Kybernetik als der *Technik des Lebendigen,* Stuttgart 1970, die geradezu als Musterbeispiel eines Brückenschlags vom Fachmann zur Öffentlichkeit angesehen werden kann, macht Felix von Cube die Voraussage: »Zweifellos wird schon in nächster Zukunft der Mensch immer mehr organische Techniken erforschen und maschinell nachahmen. Man weiß heute, daß die belebte Natur ein ungeheuer großes und vielseitiges Potential an bisher unbekannten Techniken enthält. Die Kybernetik hat in der Eroberung dieses Potentials einen enormen Fortschritt erzielt. Weitere Ergebnisse bis hin zu künstlicher Intelligenz oder gar künstlichem Leben können durchaus erwartet werden.«

Diese Forschungsrichtung erhält durch das Bemühen um eine evolutionäre Verwandlung der Technik, die den Gegensatz zwischen dem Menschen und seinen Instrumenten verringern könnte, zusätzliche Bedeutung.
Die Grundlagen zu dieser Entwicklung wurden vor allem von Norbert Wiener, Warren McCulloch, Gordon Pask, Heinz von Foerster und Walter Rosenblith gelegt.
Grundlegende Literatur dazu u. a.:
G. Pask, *An Approach to Cybernetics,* London 1961;
G. Simondon, *Du monde d'existence des objets techniques,* Paris 1958;
H. v. Lier, *Le nouvel age,* Lüttich 1962;
W. Brodey, *Biotopology 1972,* in: *Radical Software,* New York Sommer 1971.
Wenig bekannt sind die bahnbrechenden Aufsätze, die Warren M. Brodey zusammen mit dem Wissenschaftsjournalisten Nilo Lindgren in der Fachzeitschrift der amerikanischen Elektroingenieure, *IEEE Forum,* New York, publizierte:
Human Enhancement through Evolutionary Technology, September 1967, und
Human Enhancement. Beyond the Machine Age, Februar 1968.
In ihnen wurde die Absicht, intelligentere, flexiblere, lebendigere Maschinen zu entwerfen und zu bauen, mit folgenden Sätzen begründet:
»Unser Interesse an evolutionären Maschinen gründet in unserer Sorge um das, was mit den Benutzern dieser Maschinen geschah, heute geschieht und vermutlich weiter geschehen wird. Wir sehen *evolutionäre Maschinen* aller Arten, große und kleine, als eine Vorbedingung für *menschliche Verstärkung* (human enhancement) an ...
Es gibt noch keine Wissenschaft der Interaktion von Menschen und Maschinen, von der Art und Weise, wie sie gemeinsam voneinander lernen und gemeinsam miteinander wachsen könnten ... Solche evolutionären Instrumente könnten aus jungen Menschen bessere Wissenschaftler, bessere Ärzte oder bessere Psychologen machen ... Richtig angewendet, können sie der Ingenieurkunst neue Schönheit und echte Sachlichkeit bringen, könnten zwischen uns und den unangenehmen automatischen Wirkungen unserer gegenwärtigen Technik vermittelnd eingreifen ... Diese Arbeit hat erst begonnen. Sie verlangt nach der Energie aller Ingenieure.«
Diese Hoffnungen erfüllten sich bisher nicht. Brodeys eigene Versuchsstätte »Electronic Tools and Toys«, Armory Road, Milford, New Hampshire, wurde aus Geldmangel vorübergehend geschlossen. Aber Versuche gehen weiter. Am besten gedeihen sie

bisher bei den **Architekten,** die lebendigere, biologischere Bauweisen erproben, wie zum Beispiel:

- bei der Architecture Machine Group, MIT, über deren Arbeit in den Büchern von Nicholas Negroponte nachzulesen ist, z. B. *The Architecture Machine,* Cambridge 1969;
- im Institut für leichte Flächentragwerke, Prof. Frei Otto, in Stuttgart. Siehe Frei Otto, *Biologie und Bauen* in der Zeitschrift *Der deutsche Baumeister,* Februar 1973, sowie die Publikationen des Instituts, das eng mit dem Institut für Biologie und Anthropologie, Prof. J. G. Helmcke, der TU Berlin zusammenarbeitet. Dem Auge sonst verborgene Strukturmuster von Kieselalgen, die stereoskopisch fotografiert wurden, dienen als Anregung und Vorlage für neue Konstruktionsprinzipien.
- Rudolf Doernach, Stuttgart, arbeitet an neuen Biobaustoffen, die nach den Entstehungsprinzipien von Mikroorganismen entworfen wurden.

Ingo Rechberg und sein Team (TU Berlin) versuchen Prinzipien und Prozesse der biologischen Evolution auf technische Entwicklungen anzuwenden. Siehe I. Rechberg, *Evolutionsstrategie,* Stuttgart 1973;
Ein anderes Gebiet, auf dem die »lebendige Technik« Fortschritte macht, ist das der *Medizin.* Aufschlüsse darüber sind u. a. zu finden in folgenden Aufsätzen:
Designing Better Heart Valves in *New Scientist,* 11.1.1973; erfolgreiche Versuche an der Universität Utah, künstliche Herzklappen zu verbessern;
Enfin une vraie main artificielle! in *Science et Vie,* Paris, Februar 1973; über die gelungenen Experimente von Schmidl, Zarotti und Zagnoni in ihrem Institut von Vigorso di Budrio, Italien, die schwache Muskelelektrizität des Menschen so zu verstärken, daß sie eine mechanische Hand mit Tausenden Bestandteilen speisen kann;
Visionary on a Golden String, in *Fortune,* New York, Juni 1973;
über die erfolgreichen Versuche der Entwicklungsfirma Alza, Palo Alto, Kalifornien, miniaturisierte Hilfsinstrumente in den menschlichen Körper einzubauen, um physische Ausfallserscheinungen auszugleichen oder z. B. Arzneimittel direkt ohne Umweg über die Blutbahnen oder den Verdauungstrakt gezielt dem leidenden Organ zuzuführen;
und mit zahlreichen Beispielen in dem hochinteressanten Buch des Wissenschaftsredakteurs der *Financial Times,*
David Fishlock, *Man Modified,* London 1969.

Die Fortschritte der Mikroelektronik, der Membranforschung, vor allem aber das Studium, wie die einzelnen Organe des feinorganisierten, komplizierten »Systems Mensch« und anderer Lebewesen zusammenwirken und einander ergänzen, werden die Technik von morgen immer stärker beeinflussen.

Eine Rolle spielt heute bereits in den Debatten über besonders wichtige technische Einrichtungen, deren Ausfall fatal wäre, wie z. B. der E-Werke, die Vorstellung, daß in diesen Fällen nach dem Vorbild einiger wichtiger Organe des menschlichen Körpers (Nieren, Lungenflügel) eine Verdoppelung notwendig wäre. Dann könnte das versagende technische »Organ« sofort durch das zweite zumindest teilweise ersetzt werden.

Eine Technik, die auf der Logotherapie von V. Frankl, Wien, aufbaut und kreative Arbeit ermöglichen soll, entwickelt

E. Matchett, *Towards a New-World Technology,* Bristol 1973.

Die Firma Matchett Training, Bristol, 14 Montrose Avenue, berät Firmen bei der Einführung von F. D. M. (Fundamental Design Method) und Logosynthesis-Methoden.

Schließlich seien aus der wachsenden Literatur, die sich mit dem »Design« neuer Technik beschäftigt, zwei Publikationen genannt, die mir besonders interessant und fruchtbar erscheinen:

V. Papanek, *Design for the Real World,* New York 1970, deutsch *Das Papanek-Konzept,* München 1972,

und der gedruckte Bericht über eine Konferenz, die 1971 in Manchester stattfand, um Möglichkeiten demokratischer Beteiligung an technischen, urbanen und anderen öffentlichen Entwürfen zu diskutieren:

N. Cross, Herausgeber, *Design Participation,* London 1972.

Gesteuerte Technik

Im Juli 1967 publizierte der amerikanische Nationalökonom R. Heilbronner in der Zeitschrift *Technology and Culture* einen Artikel mit dem bezeichnenden Titel *Do Machines Make History?* In diesen wenigen Worten ist der Trend der damaligen Debatten über dieses Thema zusammengefaßt. Sie gehen von der Auffassung aus, daß die Technik und ihr wachsender Einfluß die Entwicklung weitgehend bestimmen oder sogar dominieren. Vier Jahre später veröffentlicht die politisch und ökonomisch eher konservative OECD eine von einer internationalen Kommission verfaßte Studie über die »sozialen Kosten des schnellen wirtschaftlichen Wachstums«, in der mit aller Entschiedenheit die Forderung erhoben wird, die Gesellschaft habe die Entwicklung der Technik zu steuern. Bei der Überlegung, welche technischen Entwicklungen zu fördern seien, genüge »der Beweis technischer

Machbarkeit und kommerzieller Aussichten« nun nicht mehr. Bericht und Kommentar in *Scientific America,* August 1971.
Marxistische Kritiker meinen, daß nur einer sozialistischen Gesellschaft diese Zähmung der Technik gelingen könnte. Diesen Standpunkt entwickelt überzeugend David Dickson, *Alternative Technology and the Politics of Technical Change,* TB London 1974.
Die Überzeugung, daß die Technik zu steuern sei, daß es gelingen könnte, sie ohne allzu tiefgreifende Veränderungen der jeweilig bestehenden Herrschaftsstrukturen künftig auf »beneficial goals« hinzulenken, wird heute vor allem im Westen für möglich gehalten. Das Credo, daß die Zukunft – und damit auch die Zukunft der Technik – zu steuern sei, formuliert der führende amerikanische Zukunftsforscher Olaf Helmer – damals seiner Zeit voraus – in seinem Buch *Social Technology,* New York 1966, folgendermaßen:
»Die fatalistische Einstellung, daß die Zukunft unvorhersehbar und unabwendbar sei, wird aufgegeben. Mehr und mehr wird anerkannt, daß es eine Vielfalt von möglichen Zukünften gibt und daß die Wahrscheinlichkeit des Eintretens dieser oder jener Variante durch unser Eingreifen verändert werden kann. Die Erforschung der Zukunft sowie von Methoden, ihre Richtung zu beeinflussen, wird daher zu einer Tätigkeit von hoher gesellschaftlicher Verantwortung erhoben. Das ist nicht nur eine akademische Verantwortung, und wenn wir ihr mehr als äußerlich gerecht werden wollen, dürfen wir uns nicht bloß als Zuschauer der ablaufenden Geschichte betrachten, sondern müssen mit Entschlossenheit an der Gestaltung der Zukunft teilnehmen. Um eine bessere Welt zu schaffen, werden Weisheit, Mut und ein richtiges Gefühl für menschliche Werte erforderlich sein.«
Zum zentralen Problem wird nun aber die Frage, welche *Prioritäten* gesetzt werden, und es ist bezeichnend, daß 1972 diesem Problem eine eigene neue Zeitschrift gewidmet wurde, *National Priorities,* New York.
Welchem massiven Interessendruck die Diskussion über Prioritäten in den USA ausgesetzt ist, wird mit einer Fülle von Material analysiert in
U. Rödel, *Forschungsprioritäten und technologische Entwicklung,* TB Frankfurt 1972, mit ausführlicher Bibliographie.
Schon in diesem Buch werden prinzipielle, nicht nur für die USA zutreffende Mechanismen diskutiert. Dies trifft in erhöhtem Maß zu für
J. Hirsch, *Wissenschaftlich-technischer Fortschritt und politisches System,* TB Frankfurt 1970.
Es zeigt sich aber zum Beispiel bei den in der Bundesrepublik im

Regierungsauftrag gemachten Untersuchungen der »Gruppe für Systemforschung«, Heidelberg, daß die Bürger ganz anderen Forschungs- und Entwicklungsaufgaben den Vorrang geben als die Regierungen. Bei den Bürgern stehen Forschungen für die Verbesserung von Gesundheit, Bildung, Umwelt in der Wunschskala weit höher, als es die wirkliche Rangfolge der Budgetausgaben (Atomforschung, Rüstung!) ausweist. Bei den Überlegungen des Staates, wofür er seine Gelder ausgeben soll, stehen eben noch andere Überlegungen im Vordergrund.

Die zahlreichen, zum Teil schon jetzt als unrichtig erwiesenen Prognosen über die Technik der Zukunft zeigen, daß eine Lenkung der technischen Entwicklung folgende, bisher ungenügend beachtete Faktoren ins Spiel bringen müßte:

- Den Einfluß einer aufgeklärten Öffentlichkeit, die bei der Prioritätendebatte mitsprechen und mitentscheiden müßte;
- die Möglichkeit, auch technische Planungen und Entwicklungen so offen und flexibel zu halten, daß nicht durch Planungen der Gegenwart die Zukunft verbaut werden kann;
- die weitaus stärkere Beachtung des »menschlichen Faktors«, der weitgehend unberechenbar ist.

Gedanken, die in diese Richtung gehen, wurden bei einer Tagung der Evangelischen Akademie Loccum im Frühjahr 1972 formuliert. Ihr Hauptthema war die Einleitung einer »zweiten Phase der Futurologie«, die sich stärker als bisher humanen und sozialen Zielsetzungen verpflichtet fühlt. Vorträge und Diskussionen wurden in dem Band D. Pforte und O. Schwencke, Herausgeber, *Ansichten einer künftigen Futurologie,* TB München 1973, veröffentlicht.

Krisenforschung

Bestandsaufnahme der Probleme

Daß in der gefährlichen Zeitspanne der Jahrhundertwende eine spezielle Erforschung der Krisen notwendig ist – mit Hilfe der Gründung eines oder vieler diagnostischer Zentren für die Leiden der Welt –, wurde seit Beginn des Jahrhunderts – vor allem durch den englischen Schriftsteller H. G. Wells – als Idee verkündet, aber erst in Ansätzen verwirklicht.

Die Regierungen einzelner Staaten, die Spezialabteilungen der Vereinten Nationen, Berufsvereinigungen, aber auch internationale Großkonzerne veranlaßten solche Krisenstudien. Aber das große Datennetz für soziale und wirtschaftliche Fragen als permanentes globales »Vorwarnsystem«, das

K. Boulding, University of Colorado, in seinem Aufsatz *A Data-Collecting Network for the Sociosphere* in *Impact,* UNESCO, Paris April–Juni 1968,
vorschlug, ist nicht einmal in Ansätzen verwirklicht. Die große Umweltkonferenz in Stockholm im Juni 1972 beschloß, ein weltweites Informationssystem über Umweltentwicklungen zu schaffen. Als Vorbild dienen die Arbeiten einer interdisziplinären Forschergruppe des MIT:
Man's Impact on the Global Environment, Cambridge 1970.
Die zahlreichen Studien des »Club of Rome«, die große weltweite Studie des International Labor Office (ILO), die 1973 in Genf veröffentlicht wurde, weisen in die gleiche Richtung.
Angestrebt wird ein weltweiter Verbund aller Informationsquellen, wie ihn die Internationale Atombehörde auf ihrem Spezialgebiet schon weitgehend verwirklichte und die UNISIST-Gruppe der UNESCO trotz zahlreicher Schwierigkeiten nicht nur politischer, sondern auch technischer Art unter der Leitung von Harrison Brown, National Academy of Science, USA, spätestens 1978 praktisch durchzusetzen hofft. Dazu kommen private Projekte, wie zum Beispiel die von der Initiativgruppe »Mankind 2000«, Brüssel, seit Anfang 1973 versuchte Bestandsaufnahme aller Weltprobleme, nicht nur der ökonomischen, sozialen, ökologischen und politischen, sondern auch der psychologischen und vor allem der vielen »nicht beachteten« Schwierigkeiten. Jedes Jahr soll ein von A. Judge und J. Wellesley-Wesley herausgegebenes *Jahrbuch der Weltprobleme* publiziert und dadurch die Beteiligung der Öffentlichkeit an Lösungsversuchen angeregt werden.

»Social Indicators«

Wie schwierig es aber ist, Daten zu erfassen, bei denen es um etwas geht, das nicht so konkret greifbar ist wie die Mengen von Stahl oder Energie, erfuhren besonders diejenigen, die sich bemühen, soziale Kennziffern verbindlich zu fixieren. Da die Krisenstimmung durch das wachsende Unbehagen an der »Qualität des Lebens« besondere Nahrung erhält, müssen sich jetzt Krisenstudien dieses Problems annehmen.
In den wenigen Jahren seit 1965, dem Beginn der Sozialindikatorenbewegung, sind bereits Hunderte von Arbeiten zu diesem Thema erschienen. Hier seien in erster Linie genannt Andrew Shonfield and Stella Shaw, Herausgeber, *Social Indicators and Social Policy,* London 1972, mit einer reichen Bibliographie von 174 Titeln; Stanford Research Institute, *Toward Master Social Indicators,* Menlo Park 1969;
J. Delors, *Les indicateurs sociaux,* Paris 1971,

das infolge der einflußreichen Stellung seines Verfassers im französischen Regierungsapparat die größte Chance hat, vom Wort zur Tat zu führen, und

R. Bauer, Herausgeber, *Social Indicators,* Cambridge, USA 1966, eine Aufsatzsammlung, die eine heute schon historische Pionierrolle spielte;

und ein Aufsatz, der die Weiterentwicklung, aber auch die Schwierigkeiten dieser Bemühungen zeigt:

E. B. Sheldon and K. C. Land, Russel Sage Foundation, New York, *Social Reporting for the 1970's in Policy Sciences,* Amsterdam, Juli 1972.

In Frankreich beschäftigt sich besonders die von B. de Jouvenel herausgegebene Zeitschrift *Analyse et Prevision* mit den sozialen Kennziffern, in England die 1971 gegründete Zeitschrift *Social Trends,* Herausgeber Claus Moser.

In der Bundesrepublik Deutschland fanden unter Leitung von W. Zapf unter Beihilfe der Werner-Reimers-Stiftung seit 1975 in Bad Homburg mehrere Seminare zum Thema *Sozialindikatoren* statt.

Aus dem wachsenden Presseecho über »social indicators« schließlich noch der besonders informative Artikel:

R. Breitenstein, *Wegweiser zur Qualität des Lebens,* in *Arbeiterzeitung,* Wien. 3. August 1973.

Die Räte für dringende Studien

Besonders konkrete und umfassende Vorarbeiten wurden von den »Councils of Urgent Studies« geleistet, die Richard A. Cellarius und John Platt in *Science,* Washington, 25. August 1972, vorschlugen.

Waren in der Studie von

H. Ozbekhan, *Toward a General Theory of Planning:* in E. Jantsch, Herausgeber, *Prospectives of Planning,* OECD, Paris 1969,

nur etwa 30 »continuous critical problems« aufgeführt worden, so ist die Zahl der untersuchungswürdigen Fragen bei Cellarius und Platt bereits um das Vielfache höher.

Es soll hier der größere Teil dieser Liste wiedergegeben werden, weil nur so eine Vorstellung von der Weite dieses dringlichen Vorhabens entstehen kann.

»Im folgenden geben wir eine mögliche Klassifizierung dringender Forschungsuntersuchungen nach Projektgebieten.

I. *Physikalische Technologie und Maschinenbau (krisenbezogen)*
1. *Energiequellen*
   Durch Kernenergie versorgte agrarindustrielle Komplexe (»Nuplexe«)

      Beseitigung radioaktiver Stoffe
      Kleine tragbare Geräte: Nuklearbatterien ...
   Andere Quellen und Energieumwandlungen
      Energie aus Wind- und Gezeitenbewegung, geothermische Energie
      Sonnenenergie
      flüssiger Wasserstoff als Treibstoff für Fahrzeuge
      neue Batterien und Brennstoffzellen
      Speziallösungen für arme Länder
   Rationalisierung von Produktion und Anwendung
      Nutzung von Abwärme
      Standort von Kraftwerken: multiple Funktionen
   Lokale und globale Begrenzungen der Energieproduktion

2. *Materielle Ressourcen*
   Wasserversorgung
      Konservierung: regionale Ökologie; Managementplanung
      Nukleare Entsalzung ...
   Mineralien
      Wiederverwendung; reduzierter Abbau
      Ersatzmöglichkeiten: Notwendigkeit unter Berücksichtigung der Interessen von Rohstoffländern
   Bodennutzung
      Klassifizierung: multiple Nutzung
      Verwaltung der Bodenressourcen
      Wiederherstellung ...

3. *Bauten und Ersatz von Bausubstanzen* ...
   Neubauten, zugleich schnell errichtbar und schön
   Speziallösungen mit raschem Bautempo und niedrigen Kosten, Architektur von Laien ausgeführt, billige Kuppelkonstruktionen (Buckminster Fuller)...

4. *Transportwesen*
   Auto:... neue Motoren und Treibstoffe
   Luft: Bequemlichkeit; Sicherheit; kurze Starts und Landungen
   Schiene: Bequemlichkeit für Fahrgäste; Geschwindigkeit; Qualität
   Städtische Massenverkehrsmittel: Bautempo; Service und Komfort
   Schiffahrt: neue Geräte zur Verbesserung von Geschwindigkeit und Wirtschaftlichkeit
   Neuartige Lösungen: Minibusse; Selbstbedienungsbusse; Systemmethode

5. *Elektronik und Nachrichtenverbindungen*
   Billigere Fernmeldeverbindungen und Fernseheinrichtungen für Entwicklungsländer ...

Neue Kommunikationsmedien und Druckmethoden: Mikrobibliotheken ...
Wissensspeicherung, Organisation und Wiederauffindung; Zugang für die Welt ...
Spezielle Anwendungsarten: interpersonale Kommunikation; Medizin; Automation im Haushalt; Identifizierung und Kreditwesen
6. *Allgemeine Probleme*
Ressourcen im Meer und ihre Nutzung
Katastrophenforschung ...

II. *Biotechnologie*
7. *Bevölkerungsprobleme*
Bessere Methoden der Empfängnisverhütung ...
Mobilität von Bevölkerungen: städtisch – ländlich; unbebaute Bodenflächen; Einwanderung
Forschung über Bevölkerungsdruck ...
8. *Ernährung und Unterernährung*
Neue Getreidesorten und Landwirtschaft
Alternativen für Kunstdünger
Mikrobiologische Nahrungsquellen: Nahrung aus Erdöl
Nahrung aus dem Meer: Fischfarmen; Nahrungsmittelgewinnung aus den Ozeanen
Genetische Tierzucht zur Erzielung höherer Erträge
Neuartige Quellen: Verarbeitung von Gras; neue Biologie; Systemmethode ...
9. *Umweltprobleme*
Ökologische Steuerung: verbesserte Methoden im landwirtschaftlichen Bereich; Fischfang; Jagd
Ökologische Erziehung und Philosophie: ressourcensparende Landwirtschaftsbetriebe und Städte ...
10. *Gesundheit – Grundlagenforschung*
Mikrobiologie ...
Altern
Neurologie, Biopsychologie und Verhalten
Optimale Umwelt; zu enges Aufeinanderleben ...
Biotechnische Prognosen
Medizinische Ausbildung: weltweite medizinische Erziehung und Versorgung
11. *Gesundheit – Therapie*
Krankheitsforschung und -heilung; Krebs; Herztod; neurologische Fragen; Altern
Einzeldiagnose; Systemmethode; kontinuierliche Gesundheitsoptimierung

Künstliche Organe und Transplantate
  Psychopharmakologie und Drogen ...
  Langzeitwirkungen; Gifte
  Psychiatrie und geistige Gesundheit; Sanatorien; neue Therapien
  Medizinische Notversorgung
  Ernährung: Maßeinheiten; pränatale Periode und Kleinkind
  Öffentliche Gesundheitsversorgung: Massenmethoden; medizinische Betreuung; Krankenhäuser; Situation Stadt – Land ...

III. *Verhalten und menschliche Beziehungen*
12. *Verhaltensforschung*
  Untersuchungen von Verhaltensänderungen: gesellschaftliche und politische Wirkungen; ethische Probleme
  Kindliche Entwicklung und Erziehung: frühe Bereicherung durch mehr Erfahrung und Lerninhalte ...
  Verhaltensänderung und Lernen durch zwischenmenschliche Spiele
13. *Erziehung*
  Schulunterricht: neue Materialien und Methoden
  Programmierter Unterricht und Computereinsatz beim Lernen, pädagogische Testverfahren ...
  Universitäten: Erziehung für verschiedene Berufe und Vorbereitung auf häufigen Berufswechsel ...
14. *Kleingruppen*
  Methoden reaktiven Lebens
  Familien- und Nachbarschaftsbeziehungen: neue Gemeinschaftssiedlungen und Institutionen
  Gruppeninteraktionen: Schulen; Kirchen; Kleinbetriebe ...
  Experimente des Zusammenlebens in der Gruppe: religiöse Verhaltenstheorie; Wirtschafts- und rechtliche Gruppenbeziehungen
  Kinderfürsorgegemeinschaften: Slums; Vorstädte; Unterkunft und Organisation
  Theorie und Philosophie von Individuum-Gruppe-Beziehungen, emotionale Gesundheit
  Neue Spezialrollen: Vertrauter; wirtschaftlicher Berater; Gruppentherapeut; Ombudsmann (Volksanwalt)

IV. *Sozialstrukturen in den einzelnen Ländern*
15. *Wirtschaft*
  Inflation: Beseitigung ohne Arbeitslosigkeit ...

Unterstützung für städtische Umstrukturierung: eigene Stadtentwicklungsabteilungen ...

Unterstützung für Arme: garantiertes Einkommen; Negativsteuer

Umfassende, langzeitliche Analyse und Theorie: Simulation; Normenbildung

16. *Organisation*

Neue Managementmethoden ... Demokratisierung

Verbesserung des Umgangs mit Informationen und von Entscheidungen ...

Probleme der Mitbestimmung und Humanisierung von Organisationen ...

17. *Massenmedien*

Presse: Kontrolle; Rechte der Journalisten; Recht auf Privatsphäre; Untergrundpresse

Rundfunk und Fernsehen: Kabelfernsehen; nationales Erziehungsfernsehen; Gewalttätigkeit: öffentliches »feedback«; Kinderprogramme; Nachrichtensendungen

Neue Medien: ... Publikationen mit kleiner Verbreitung und Gruppen-Schriften

Mechanismen zur Erweiterung von Vielfalt und Freiheit

Massenmedien als Erziehungsmittel für Gemeinschaften und globales Bewußtsein

Verändernde Funktion: ... Leitbilder für Veränderung und Zukunft; Bekanntmachung von Krisensituationen

Prognostik von Veränderungen

18. *Politik*

Verbesserungen in öffentlicher Verwaltung und staatlichem Management

Beteiligung der Bürger: Volksanwälte; Mitbestimmung; Eltern und deren Kontrolle ...

Parteistrukturen: Rolle der Minderheiten; Instabilität ...

Verminderung von Feindseligkeit in der Gemeinschaft ... Erziehung zu Toleranz und Demokratie

Informationsnutzung vor und während Krisen

Schlichtung und Krisensteuerung ...

Mechanismen von Stabilität und Veränderung

Verfassungsumgestaltung ... öffentliche Fürsorge

Systemanalyse und Theorie: langfristige Planung

19. *Städtische und ländliche Probleme*

Strukturen: Wohnungsbau; Straßen; Verkehrswesen; Gliederung in Zonen; Planung

Zustrom und Abfluß: Menschen; Nahrungsmittel; Wasser; Müll und Abwässer; Nachrichtenverbindung

Schaffung neuer Städte: Regionalplanung ...
Probleme der ländlichen Bevölkerung: Wanderungsbewegungen; Wirtschaft; Lebensqualität ...
Ästhetische und kulturelle Notwendigkeiten: finanzielle Ausstattung; kulturelle Vielfalt ...

20. *Veränderungen im Großmaßstab*
Bevölkerungsdruck: Wanderungsbewegungen; Nutzungsformen; Anreize zur Umverteilung
Lebensqualität: Erholung; Ästhetik; Differenzierung; Minderheiten
Sozialindikatoren
Systemanalyse: Prognosen; Theorie der Veränderung; Megalopolis – Ökumenopolis ...
Systemanalyse gesellschaftlicher Muster mit Belohnungen statt Strafen ...
Belohnungen für Erfindungen und Verbesserungen im sozialen Bereich

V. *Weltstruktur*
21. *Struktur der Friedenserhaltung*
Eventualpläne für mögliche neue friedenserhaltende Mechanismen
Methoden der Vermittlung und Kontrolle bei lokalen Kriegen: Rüstungsabbau
Militärisch-industrielle Hemmungen für politisches Handeln: Umstellung auf neue Rollen
Systemanalyse alternativer Weltstrukturen

22. *Wirtschaftliche Entwicklung*
Mechanismen von Investition und Wachstum
Internationale Währungsstabilisierung ...
Übergang zu gleichbleibendem Verbrauch: Entwicklungsreduktion ...
Arbeitslosigkeit

23. *Entwicklungsländer*
Erziehung im Großmaßstab: örtliche und Weltsprache; Fernsehen
Erleichterung des Übergangs: Erhaltung von Werten; Unabhängigkeit
Dämpfung rassischer und nationaler Feindseligkeit: Erziehung, Handelsvergünstigungen
Umstrukturierung in Regierung und Politik
  Mechanismen der Veränderung
  technologischer Druck
  Erziehung zu demokratischem Management ...

VI. *Verbesserungen der Effektivität*
24. *Politische und wirtschaftliche Unterstützung dringender Forschungsarbeiten*
    Fallstudien sozialer Innovationen ...
    Organisation interdisziplinärer Zentren für dringende Forschungen ...
    Technische Beratungstätigkeit für Gesetzgebung, Industrie und öffentliche Gruppen
    Forschungsentwicklungen, die sich selbst tragen: neue Geschäfts- und Industriezweige
    Kontakte und Erziehung zu breiter öffentlicher Unterstützung der Forschung ...
25. *Systemanalyse*
    Einteilung von Problemgebieten und Untersuchungen: Ressourcen; Fortschritt; »feedback«
    Theorie der Organisation, der Struktur und des Wachstums dringender Untersuchungen
    Umfassende, langfristige Systemanalyse: globale Dynamik; hierarchische Sprünge; das globale Ökosystem
    Ausrichtung von Innovationen auf langfristige Zielsetzungen und Selbstbestimmung
    Demokratische Theorie von Gruppen- und Gesellschaftsentscheidungen und Sicherungen und Gegengewichte im Prozeß komplexer Veränderung
    Philosophie zum Begreifen dieser Veränderungen und Untersuchungen: langfristig evolutionär; normativ; persönliches Verhalten; menschlicher Ertrag und Selbsterfüllung

Kreativität

Überblicke über das Themengebiet

Die Publikationen über das Thema Kreativität sind bezeichnenderweise seit 1950 an Zahl so stark angewachsen, daß Versuche, eine Übersicht zu schaffen, in diesem Fall von besonderer Bedeutung sind. Deshalb sollte die Lektüre des Buches von
Gisela Ulmann, *Kreativität – Neue amerikanische Ansätze zur Erweiterung des Intelligenzkonzepts,* Weinheim 1968,
am Anfang einer Beschäftigung mit dem Thema stehen. Dort findet sich auch eine ausführliche Bibliographie. Eine ähnliche Rolle kommt dem Werk von
Erika Landau, *Psychologie der Kreativität,* München–Basel 1969,
zu. Dort ist auch eine Liste vor allem der wichtigsten amerikanischen Forschungszentren zum Thema Kreativität mit Kurzbe-

schreibungen zu finden. Es werden mehr als ein Dutzend Universitätsinstitute genannt und kurz auch einige Industrieseminare und private Zentren, wie Synectics, erwähnt. Aber selbst dieser Katalog ist noch unvollständig. So fehlt die Erwähnung des sehr aktiven und einflußreichen »Creative Science Program« der New York University unter Leitung von Myron A. Coler und des »Creative Problem Solving Program« der University of California, Los Angeles, unter Leitung von Marvin Adelson.
Eine hervorragende Sammlung von 27 Aufsätzen und Selbstzeugnissen ist der zuerst in den USA erschienene, dann auch als Taschenbuch veröffentlichte »Reader«:
P. E. Vernon, Herausgeber, *Creativity,* London 1972;
Geschichte, Theorie, persönliche Kreativität und Methoden zur Erweckung schöpferischen Denkens werden in diesem Band beispielhaft abgehandelt.
Einen *kritischen Überblick* über die Kreativitätsforschung aus marxistischer Sicht gibt
E. Rauch und W. Anzinger, *Wörterbuch Kritische Erziehung,* Starnberg 1972.
Kritisch setzte sich vor allem auch
D. Kerbs, Pädagogische Hochschule Berlin, in der Zeitschrift *Kunst + Unterricht,* Velber, März 1970, sowie in verschiedenen Aufsätzen und Vorträgen mit der Benutzung von Kreativität im Dienst des industriellen Managements auseinander.
Zusammenfassende Bibliographien zur Kreativitätsforschung werden regelmäßig in der Zeitschrift *Journal of Creative Behavior,* Buffalo, USA, herausgegeben.
Zuwenig beachtet wird der wachsende Beitrag **französischer Forscher** und Praktiker zur Kreativitätsliteratur. Sie bringen oft völlig neue – kreative! – Ansichten in dieses vom angelsächsischen Denkstil beherrschte Feld. Einige Beispiele:
Henri Laborit, *L'homme imaginant,* Paris 1970;
der Beitrag eines Arztes und Biologen, der betont, »wenn der Mensch seine Hoffnungen nur auf die allerdings unentbehrliche Veränderung seiner sozioökonomischen Umwelt setzt, wird er das Problem der Entfremdung nur unvollkommen lösen ... Der Mensch muß von jetzt an seinen Blick nicht nur nach außen, sondern auf sich selbst richten.«
Ferner
L. Astruc, *Créativité et sciences humaines,* Paris 1970;
G. Bachelard, *L'intution de l'instant,* Paris 1966;
M. Demarest et M. Druel, *Psycho-pédagogie de l'invention,* Paris 1970;

A. Moles, *La création scientifique*, Paris 1966, deutsch *Informationstheorie und ästhetische Wahrnehmung*, Köln 1971.

Kreativitätsforschung im Osten

Leider ist mir nur wenig über die Kreativitätsforschung in den **sozialistischen Ländern** bekannt geworden. Auf meine Anregung hin wurde das Thema »Kreativität der Massen« auf das Programm der 3. internationalen Konferenz für Zukunftsforschung in Bukarest 1972 gesetzt. Aber es kamen keine wesentlichen Beiträge aus den sozialistischen Ländern.

Acta Psychologica vom August 1959 deutet auf intensive Studien über »ch'uang-tsao-hsing« (Fähigkeit des Erfindens) in **China** hin. Es heißt dort: »Nachdem die Psychologen die Gesetze des schöpferischen Denkens untersucht haben, konnten sie die Häresie der bürgerlichen Psychologie widerlegen, die die Schöpfungs- und die Erfindungsgabe als Erzeugnisse zufälliger Inspiration oder plötzlichen Begreifens versteht ...« In der gleichen Zeitschrift vom September 1959 wird erklärt: »Die Ergebnisse der Forschungen von Arbeitswissenschaftlern haben die bürgerlichen Irrtümer über Schöpfung und Erfindung zerschlagen. Diese spiritualistischen Psychologen hatten behauptet, daß Schöpfung und Erfindung die Privilegien einiger ›Genies‹ seien und daß Einfälle von Inspirationen kämen, die man finde und nicht suchen müsse.« 1966 wurde in der chinesischen Presse hervorgehoben, daß Arbeiter in Produktion und eigener Forschung zahlreiche Erfindungen gemacht hätten. So habe ein Tischler nicht weniger als 97 technische Neuerungen vorgeschlagen.

In der **DDR** gibt es bekanntlich eine stark entwickelte »Neuerer«-Bewegung mit eigener Zeitschrift, in der das betriebliche Vorschlagswesen gepflegt wird.

Der Neuerer, monatlich,

sowie die Broschüre

H. Bauerfeld u. E. Weiß, *Aktuelle Probleme der Neuererbewegung,* Berlin 1972.

Eine Analyse der Neuererbewegung in der DDR wird im Ansatz versucht von Lauterbach und Söder in *Planung, Wissenschaft oder Spekulation,* Berlin 1965.

Es liegen auch mehrere ausführliche DDR-Studien über Kreativität vor:

G. Tobien, *Erziehung zur schöpferischen Arbeit,* Berlin 1969;

H. Weck, *Selbständiges Problemerkennen und Problemlösen,* Berlin 1968.

Kreative Persönlichkeiten

Über **Leo Szilard** sind zahlreiche Magazinartikel erschienen. Die beste Würdigung enthält
J. Platt, *The Step to Man,* New York 1966, deutsch *Programme für den Fortschritt,* München 1971.
Sein eigenes Buch wissenschaftlich-futuristischer Parabeln, *The Voice of the Dolphins,* New York 1961, gibt dem Nichtwissenschaftler einen besseren Einblick in seine originelle Denkweise als die
Collected Scientific Papers, Cambridge, USA, 1972.
Aber das Beste von Szilard ist stets gesprochen, nicht geschrieben worden.
Von **Adrien Turel** empfehle ich zum Thema »Kreativität« besonders die Selbstbiographie
Ecce Homo, Zürich 1963, und *Geschichte unserer Zukunft,* Zürich 1963.
Aber schon 1944 schrieb Turel, in *Maß – System historischer Werte,* Zürich, mit Bezug auf den Kreativitätsverlust marxistischen Denkens: »Vielleicht kann sich eine an die Realität, an die Weltfläche unendlicher Gegenwart herandrängende Theorie überhaupt nur durch Erfolg erledigen. Solange sie zurückschlagen wird, bleibt sie, federnd und ausweichend, immer wiederkehrend, unermüdlich neue Angriffe vorbereitend, als potentielle *Drohung* lebendig. Sie bleibt eine ungeborene Seele, die geboren werden will. Durch ihre sieghafte Inkarnation erfüllte sie sich. Sie schlägt aus der unberechenbaren *Zukunft* in die beherrschte Vergangenheit um. Die Religion wird zur Kirche. Eben dadurch wird sie bündnisfähig, daß sie zukünftig an ganz bestimmte Gefälle gebunden ist.«
Der persönliche Umgang mit **F. Zwicky** ist so schwierig, daß er selbst erzählt, man habe vorgeschlagen, eine neue Maßeinheit »Zwicky« für die Messung charakterlicher Widerborstigkeit einzuführen. Auch in seinen Büchern gibt er sich oft ungebärdig, übertrieben ungerecht und selbstbewußt. Aber sie sind so voller Ideen, daß auch ihre mehrmalige Lektüre immer wieder neue Anregungen vermittelt:
Morphologische Forschung, Winterthur 1959;
Entdecken, Erfinden, Forschen im Morphologischen Weltbild, TB München 1971;
Jeder ein Genie, Berlin 1971.
Daraus ein Zitat:
»Die Eigenart jedes Menschen ist sogar so individuell ausgeprägt, daß, zugespitzt ausgedrückt, jeder Mensch potentiell ein Genie ist.

Es kann in der Tat prinzipiell und erfahrungsmäßig gezeigt werden, daß jeder Mensch ohne Unterschied zu geistigen und physischen Leistungen fähig ist, die ihm kein anderer nachmachen kann.
Meine eigenen Erfahrungen zu dieser Frage sind die folgenden:
Erstens: Nur wenige Menschen sind davon überzeugt, daß sie in dem von uns beschriebenen Sinne potentielle Genies sind.
Zweitens: Noch sehr viel weniger Menschen sind sich darüber klar, worin ihr Genie besteht.
Drittens: Nur sehr wenigen Menschen ist es im Laufe der Geschichte gelungen, ihr Genie zu erkennen, zu entfalten und es voll auszuleben.«
Eine der Hauptregeln, die Zwicky seinen Schülern mitgibt, lautet:
»Keine Negation ohne darauf folgende Konstruktion.«
Arthur Koestler widmete dem Thema »Kreativität« im Rahmen seiner Bemühungen, divergentes Denken zu fördern, stets seine besondere Aufmerksamkeit. Sein Werk
The Act of Creation, London 1964, deutsch *Der schöpferische Funke,* Bern 1966,
besitzt als Standardwerk eines Nichtwissenschaftlers, der aber hier wie auch bei anderen Gelegenheiten eigene wissenschaftliche Entwürfe präsentiert, eine besondere Bedeutung, weil es nicht nur belehrt, sondern auch inspiriert.
Koestler hat sich über seine persönlichen schöpferischen Vorgänge sehr interessant in einem Interviewband geäußert, in dem auch sehr aufschlußreiche Gespräche mit anderen Schriftstellern und Künstlern veröffentlicht sind:
S. Rosner und L. E. Abt, *Creative Experience,* New York 1970.
Zu denen, die hier Aussagen darüber machen, wie sie »auf Ideen kommen«, gehören unter anderem: Howard Shapley (Astronom), H. Bentley Glass (Biologe), Naom Chomsky (Linguist), W. Penfield (Hirnforscher, Medizin), Aaron Copland (Musik), Edward Steichen (Fotografie), Neil Simon (Theater).
Besonders informativ ist auch der ausführliche Bericht über die Vorträge und Diskussionen, die bei einer Tagung des Centre Culturel International de Cerisy-la-Salle bei Paris im September 1970 abgehalten wurden:
Art de science de la creativité, Paris 1972.

Umweltbedingungen der Kreativität

In der – neben Vernons Übersichtsband – eindrucksvollsten angelsächsischen Aufsatzsammlung über Kreativität,
H. H. Anderson, Herausgeber, *Creativity and Its Cultivation,* New York 1959,
schreibt der amerikanische Psychiater Carl Rogers über den nicht

seltenen Fall, daß Wissenschaftler oder Künstler, die in ihren Denkgewohnheiten ihrer Zeit voraus sind, im Konflikt mit der gestörten Umwelt nicht nur verketzert werden, sondern ihre abweichende Haltung unter Umständen sogar mit dem Tode bezahlen müssen.
Der amerikanische Molekulargenetiker Gunther S. Stent hat dieses Thema der Vorzeitigkeit und Einzigartigkeit wissenschaftlicher Entdeckungen weiterentwickelt:
G. S. Stent, *Prematurity and Uniqueness in Scientific Discovery,* in *American Scientist,* Dezember 1972.
Er entwickelt die Idee, daß vorzeitig geborene Gedanken vor allem deshalb nicht aufgenommen werden, weil sie in die bestehenden geistigen Strukturen nicht hineinpassen. Der Vorläufer bleibt außer Hörweite, und seine Stimme wird erst vernommen, wenn die anderen ihn eingeholt haben.
Die Frage, ob sich die Umwelt gegenüber dem Neuen, ihr zunächst nicht Glaubhaften und seinem Schöpfer nicht anders verhalten sollte, wird kaum mehr zur Ruhe kommen. Zu oft haben die Lebenden das Mittelmäßige für originell und das wirklich Neue für falsch oder gar verrückt gehalten. Das ist auch heute noch so. Erst kürzlich wurde der im Kernforschungszentrum CERN hospitierende angesehene Physiker Professor F. auf Veranlassung seiner beunruhigten Kollegen, denen seine Ideen »wahnsinnig« erschienen, mit Gewalt in eine Genfer Nervenklinik geschafft und erst nach drei Tagen wieder freigelassen. Er gilt heute wieder als »normal« und hält regelmäßig seine Vorlesungen. Er hat gelernt zu schweigen. Dieser »Fall« sei als Tropfen Wermut in den Wein der folgenden Studie gegossen, auf die in diesem Buch ausführlich zurückgegriffen wurde:
K. W. Deutsch, John R. Platt, D. Senghaas, *Major Advances in Social Science since 1900: An Analysis of Conditions and Effects of Creativity,* Ann Arbor, Michigan, 1970,
denn sie spricht ja nur von denjenigen Neuerungen, die sich durchgesetzt haben, nicht von denen, die behindert oder gar verhindert wurden.
Über die »Innovationswege der modernen Großforschung« ist bereits im Jahre 1964 ein in der Bundesrepublik längst nicht genügend beachtetes Werk erschienen:
H. Klages, TU Berlin, *Rationalität und Spontaneität,* Bielefeld 1964, mit sehr umfangreicher Bibliographie.
Schließlich die umfassende Artikelsammlung:
M. A. Coler, Herausgeber, *Essays on Creativity in the Sciences,* New York 1963.
In Colers Institut fand ich die größte aller Institutsbibliotheken

zum Thema »Kreativität« (Adresse: Number One Fifth Avenue, New York).
Donald Schon zeigte in *Technology and Change – The New Heraclitus,* New York 1967, welche Hindernisse besonders die Industrie dem Neuerer in den Weg legt. In einem Aufsatz für die fortschrittliche Zeitschrift *Innovation,* Nr. 11, 1970, schrieb Robert Young, *No Room for the Searcher,* weshalb besonders große Firmen mit ihrer Schwerfälligkeit und der mit der Schwere der Verantwortung zusammenhängenden Tendenz, keine zu großen Risiken zu erlauben, den beunruhigenden Innovator und radikalen Erfinder nicht lange in ihrer Mitte ertragen können. In der gleichen Zeitschrift wurde ein Jahr zuvor der Aufsatz
W. Brodey, *Building a Creative Environment,* New York 1969,
veröffentlicht, in dem der Kybernetiker vorschlug, Forschungsstätten zu erfinden und zu bauen, die es dem Sucher erlauben, »mit Ideen zu spielen«. Dazu sind die im Zigarrenkistenstil der »Neuen Sachlichkeit« gebauten Laboratorien von heute gewiß nicht geeignet.
Eine scharfe Attacke ritt
V. A. Thompson, *Bureaucracy and Innovation,* University of Alabama Press 1970,
gegen die kreativitätsfeindliche staatliche und industrielle Machtelite. Er nennt sie die »econologians«, weil sie das Neue stets zuerst mit ökonomischen Maßstäben der Gegenwart messen, statt seine künftigen Möglichkeiten zu bedenken.
Am gründlichsten wurde das Verhältnis von Innovation und Industrie behandelt in dem umfangreichen Bericht
The Rate and Direction of Inventive Activity: Economic and Social Factors, Princeton University Press 1962.
Daß es sich hier in erster Linie um ein politisches Problem handelt, weil die heutigen Politiker die Schaffung einer schöpfungsfreundlichen Umwelt entweder vernachlässigen oder gar nicht wollen, wurde in einem Aufsatz über *Kreativität und Bildung* mit besonderer Betonung von Georg Picht entwickelt in dem Sammelband
Zukunft aus Kreativität, Düsseldorf 1971;
»Pädagogik, die sich um kreative Bildung bemüht, gerät unter die Räder eines gesellschaftlichen Mechanismus, der von den Schulen erwartet, daß sie die Jugend *richtig* programmieren ... Von der politischen Kreativität der heute herrschenden Generation hängen die schöpferischen Möglichkeiten unserer Kinder und unserer Enkel ab.«
Über die entscheidende Rolle der Erziehung bei der Erweckung von Kreativität weiter unten unter dem Stichwort »Neue Pädagogik«.

Ein ehemals einflußreicher amerikanischer Politiker verkündete, nachdem er aus der Regierung Kennedy ausgeschieden war, seine Einsichten über die Notwendigkeiten einer sich ständig erneuernden Gesellschaft, die den Innovator nicht von sich stößt, sondern als wertvollsten Mitbürger erkennt, in einer Broschüre beredt:
John W. Gardner, *Self-Renewal,* New York 1963.
Aus ihr seien zum Abschluß dieses Stichwortes noch einige Sätze zitiert:
»Eine Gesellschaft, deren Reifung einfach darin besteht, daß sich ihr Handeln in starren, festgelegten Bahnen vollzieht, geht dem Grab entgegen – selbst wenn sie lernt, mit immer größerem Geschick zu handeln. *In der sich ständig erneuernden Gesellschaft entwickelt sich ein Rahmensystem zur Reife, innerhalb dessen kontinuierlich Innovation, Erneuerung und Wiedergeburt stattfinden können.*
Unser Denken über Wachstum und Niedergang ist beherrscht vom Bild der Lebensspanne eines Tieres oder einer Pflanze. Sämling, blühende Blume und Tod. *Die Blume, die einstmals geblüht, stirbt für immer.* Aber das Bild für eine Gesellschaft, die sich immer wieder erneuert, ist ein immergrüner Garten, ein Aquarium mit den verschiedensten Bewohnern oder sonst ein Ökosystem. Während das eine geboren wird, steht das andere in Blüte, und wieder anderes stirbt – aber das System lebt weiter.
Die Jahrhunderte hindurch lautete die klassische Frage jeder Sozialreform: *Wie können wir diesem oder jenem spezifizierbaren Übelstand abhelfen?* Heute aber müssen wir eine andere Frage stellen: *Wie können wir ein System entwickeln, das sich kontinuierlich selbst reformiert (d. h. erneuert), beginnend mit heute spezifizierbaren Mängeln und fortschreitend zu solchen, die heute noch nicht vorauszusehen sind?«*

Soziale Phantasie, soziale Experimente

Von der Utopie zum Entwurf

Schon in Platts Krisenstudien wird immer wieder auf die entscheidende Rolle der – lange Zeit zugunsten wissenschaftlicher und technischer Imagination vernachlässigten – »sozialen Phantasie« hingewiesen. Herausgefordert von der schwierigen Lage der Menschheit, sollte sie sich nun kräftig entwickeln.
Die utopische Literatur – auf die ich wegen ihrer Fülle hier nicht besonders eingehen kann – hat weiter gesteckte und weniger konkrete Ziele als die soziale Phantasie, die sich als Herstellerin wünschbarer und in nicht allzu ferner Zeit auch verwirklichbarer

Entwürfe – »konkreter Utopien«, wie Ernst Bloch sie nennt – versteht.

Dies war mein eigener – durch die Lektüre des Aufsatzes von D. Gabor, *Inventing the Future,* in *Encounter,* London 1958, angeregter – Einstieg in die Zukunftsforschung. Von den zahlreichen Aufsätzen, die ich über das Thema geschrieben habe, will ich nur erwähnen

R. Jungk, *Plädoyer für die soziale Phantasie,* in *Modelle für eine neue Welt,* München 1963;

–, *Imagination and the Future,* in *International Social Science Journal,* Nr. 4, 1969;

–, *The Role of Imagination in Future Research,* in *Challenges from the Future,* Tokio 1970.

Erst später lernte ich das zweibändige Werk des Holländers Fred Polak kennen:

F. Polak, *The Image of the Future,* New York 1961,

das bereits 1951 begonnen wurde und zeigt, wie die Zukunftsvorstellungen einer Gesellschaft deren gegenwärtiges tägliches Leben beeinflussen.

Elise Boulding, University of Colorado, schilderte in einer wichtigen Studie, die sie dem »Symposium on Cultural Futurology« der amerikanischen anthropologischen Gesellschaft für November 1970 vorlegte:

E. Boulding, *Futurology and the Imaging Capacity of the West,* Minnesota University Press 1971,

Polaks kritische Position in wenigen Worten so:

»Nachdem er dargelegt hatte, wie kühne zeitliche Sprünge zu den Höhen der Renaissance, der Aufklärung und der frühen industriellen Ära geführt hatten, wandte er sich zornig der Gegenwart zu und hielt dem Menschen der Mitte unseres Jahrhunderts den Spiegel vor, wie er, ganz im Banne des Augenblicks, sich verzweifelt an das Heute klammert, aus Furcht, was das Morgen bringen mag.

Er war zornig, weil er sah, daß seine Mitmenschen ein Talent ungenutzt ließen, das sie zwar noch besaßen, aber bald verlieren könnten, wenn sie es brachliegen ließen. Der Verzicht darauf, mit der Phantasie andere und bessere *Zukünfte* zu schaffen, werde zu endlosen Projektionen heutiger Entwicklungstrends und einer armseligen Entfaltung technologischer Möglichkeiten führen, die den Menschen schließlich verkrüppeln ließen.«

Genannt seien aus der großen Zahl der nun folgenden **Auseinandersetzungen** um die Erfindung alternativer Zukünfte – dieser ungrammatische Plural wurde eingeführt, um die notwendige

Vielzahl der Möglichkeiten gegen eine vorprogrammierte totalitäre Einheitszukunft abzugrenzen –
O. K. Flechtheim, *Futurologie,* Köln 1970,
dem ich neben Gabor die entscheidenden Anstöße für die eigene Arbeit verdanke.
Ferner
Y. Dror, *Alternative Futures and Present Action,* in *Ventures in Policy Sciences,* New York 1971;
B. Fritsch, *Die vierte Welt,* Stuttgart 1970;
J. Galtung, *Pluralism and the Future of Human Society,* Tokio 1970, *Modelle zum Frieden,* Wuppertal 1972;
R. Garaudy, *Estéthique et invention du futur,* Paris 1968;
–, *L'alternative,* Paris 1972, deutsch *Die Alternative,* Wien 1973;
H. Klages, *Soziologie zwischen Wirklichkeit und Möglichkeit,* Köln–Opladen 1968;
–, *Planungspolitik – Probleme und Perspektiven umfassender Zukunftsgestaltung,* Stuttgart 1971;
–, *Measuring Social Innovations,* in *Sociologia Internationalis,* Berlin 1970, Heft 1;
G. Picht, *Prognose – Utopie – Planung,* Stuttgart 1968;
D. Gabor, *Innovations – Scientific, Technological and Social,* London 1970;
D. Stuart Conger, *Social Inventions,* Prince Albert, Sasketchewan, Kanada, 1974.
An **konkreten Utopie-Entwürfen** möchte ich vor allem erwähnen
N. Calder, *The Environment Game,* 1967, deutsch *Vor uns das Paradies?,* TB München 1968;
I. Illich, *Deschooling Society,* New York 1971, deutsch *Die Entschulung der Gesellschaft,* München 1972;
R. Schwendter, *Modelle der Radikaldemokratie,* Wuppertal 1970, und vor allem die zum Teil erschreckenden Vorstellungen japanischer Futurologen wie
Y. Masuda, *Computopia,* Tokio 1972, Kurzfassung in *Exchange,* Juli–August 1973, Zeitschrift der Fa. Diebold Europe, Frankfurt, und K. Tateisi, M. Yamamoto, I. Kon, *Sinic Theory,* Tokio 1970.
Dies ist eine der Arbeiten über die »Multi Channel Society«, eine Bezeichnung, welche die Vereinigung der japanischen Zukunftsforscher der Gesellschaft von morgen gibt. Sie ist vor allem deshalb interessant, weil sie auch Vorstellungen von einer nachtechnischen Gesellschaft entwickelt. Ich möchte folgende Ausschnitte aus dieser Zukunftsvision zitieren:
»Bis 2005:
Öffnung der höheren Stufen des Bildungssystems für die gesamte Gesellschaft.

Zunehmende Ausrichtung der Aktivitäten der Großindustrie auf soziale Bedürfnisse.
Einführung von automatisierten Fabriken, die den Menschen von einfacher Arbeit befreien.
Von 2005 bis 2025:
Optimierung der gesamten Gesellschaft in Übereinstimmung mit den sich schnell entwickelnden und verändernden individuellen und sozialen Bedürfnissen; Verbesserung der Relation zwischen den individuellen Bedürfnissen und den objektiven Arbeitsangeboten unter immer stärkerer Gewichtung des Wissens; immer stärkere und umfassendere Planung der Gesellschaft im Hinblick auf die Herstellung eines allgemeinen Gleichgewichts zwischen Mensch, Gesellschaft und Umwelt.
Von 2025 bis 2033:
Zunehmende Autonomisierung des Einzelindividuums unter Verwendung einer höchstentwickelten *Superpsychologie (Metapsychonetics)*, welche u. a. telepathische Kommunikation erlaubt; endgültige Lösung aller Probleme des Gleichgewichts zwischen Mensch, Gesellschaft und Umwelt, Zurücktreten der Arbeit hinter freien Aktivitäten, zunehmend zentrale Stelle von *Frieden* und anderen humanen Lebenswerten im Wertsystem; starke Verlängerung des individuellen Lebens.
Nach 2033:
Transformation der Sozialstruktur zur ›family community‹, unbegrenzte Entwicklung von Vitalität und Lebensfreude aus der freien Beziehung zwischen Geist, Materie, Raum und Zeit.«

Gelebte Zukünfte

Es war eigentlich meine Absicht, hier eine Übersicht über die zahlreichen Versuche »gelebter Zukünfte« zu geben – Wohnkommunen, Großfamilien, Betriebsversuche usw. Aber sie wäre schon zum Zeitpunkt der Publikation dieses Buches überholt, da fast alle diese Experimente kurzlebig sind und es auch fast keine zuverlässige Dokumentation über sie gibt. Hier wäre – wie bereits im Text angeregt – ein *Jahrbuch für soziale Experimente* von größter Wichtigkeit.
Ansätze dazu bietet die Publikation von
Stan Windass, *Alternative Societies,* Oxford 1973, vervielfältigt, und die von Dick Fairfield herausgegebene Zeitschrift
The Modern Utopian, San Francisco, und die dazugehörigen *Newsletters.*
Darin werden Adressen und Nachrichten nicht nur über amerikanische, sondern auch über englische, holländische und deutsche Kommunen weitergegeben.

Besondere Beachtung verdient die Literatur über die holländischen »Provos« und ihre verschiedenen »sozialen Experimente«, die aber bisher leider nur von unkritischen Enthusiasten oder ungerechten Kritikern stammt.
Über Methoden des sozialen Experiments und dessen Anwendung erschien ein Buch von
G. W. Fairweather, *Methods for Experimental Social Innovation,* New York 1967,
in dem er auch die Gründung eines »Prospective Center for Experimentation« vorschlug. Anscheinend konnte dieser Plan nicht verwirklicht werden.
Über das Subventionsexperiment in New Jersey wurde berichtet von David N. Kershaw in *Scientific American,* New York, Oktober 1972, und in dem amtlichen Bericht
Income Maintenance Experiments, US Commission on Finance, Washington.
Empfehlenswerte gesellschaftskritische Literatur:
H. Bussiek, *Veränderung der Gesellschaft. Sechs konkrete Utopien* von M. Markovic (Gesellschaft), I. Fetscher (Arbeit), V. Gerdhardt (Bildung), K. H. Bönner (Sexualität), H. Maurer (Wohnen), S. Quensel (Verbrechen), Frankfurt 1970;
R. Theobald, *An Alternative Future for America,* Chicago 1969.
Den Plan einer »Kulturkommune« entwickelte
H. v. Gizycki, *Aufbruch aus dem Neandertal,* in *Frankfurter Hefte,* Dezember 1971,
ein Aufsatz, der auch als Ausdruck einer »neuen Haltung« höchst bezeichnend und lesenswert ist: ders., *Entwurf einer neuen Kommune,* Neuwied 1974.
Ein interessanter Sammelband ist
Frank Böckelmann, Herausgeber, *Befreiung des Alltags, Modelle eines Zusammenlebens ohne Leistungsdruck, Frustration und Angst,* München 1970.
Zum Thema »Wohngemeinschaften«: *Wohngruppe, Kommune, Großfamilie,* herausgegeben v. J. Feil, TB Reinbek bei Hamburg 1972;
Wohngemeinschaftsprojekt, Typoskript, Institut für Soziologie, Freie Universität, Berlin 1975, Herausgeber R. Waser, Meyer-Ehlers u. a., *Kollektive Wohnformen,* Wiesbaden 1973.

Simulationen

Kriegsspiele

Der Krieg ist der Vater jener »ernsthaften Spiele«, mit deren Hilfe komplexe Zusammenhänge erkannt und ihre möglichen künftigen Entwicklungen studiert werden. Erst spät erkannte man, daß solche »games« auch über andere, in ihren tiefen und vielfältigen Zusammenhängen sonst nicht erkennbare dynamische Systeme – wie die Gesellschaft oder die Geschichte – wertvolle Aussagen liefern können.

Eine ausgezeichnete Übersicht über die Entwicklung **militärischer Simulationen** vom preußischen »Kriegsspiel«, als dessen Erfinder Anfang des neunzehnten Jahrhunderts der Berliner von Reißwitz gilt, bis zur »Joint War Games Agency«, einer Sonderabteilung des US-Generalstabs, gibt der Militärkorrespondent des Londoner *Observer*

Andrew Wilson, *The Bomb and the Computer,* London 1968, deutsch *Strategie und moderne Führung,* München 1969.

Wer an Einzelheiten der »Kriegsspiele« seit ihren harmlosen Anfängen mit Computern interessiert ist, findet ebenso faszinierende wie – bei etwas eigenem Einsatz von Phantasie – grauenhafte Einzelheiten bei

H. Kahn, *On Thermonuclear War,* Princeton 1961;

M. G. Weiner, *An Introduction to War Games,* RAND Corp., Santa Monica 1959;

–, *War Gaming Methodology,* RAND Corp., Santa Monica 1959;

N. C. Dalkey, *Simulations and War Games in Computers and the Policy Making Community,* Englewood Cliffs, USA, 1968.

Systemtheorie – das Ganze sehen

Die Anwendung von Simulationen auf »zivile Probleme« hätte kaum einen solchen Umfang angenommen, wenn nicht zwei Entwicklungen der vierziger Jahre den Weg für eine neue ganzheitliche Betrachtungsweise geöffnet hätten, die heute schon neben der in Kapitel V geschilderten Entwicklung von der statischen zur dynamischen Sicht die Weise, wie wir die Welt erfassen, grundlegend verändert. Zur Kybernetik – und der damit zusammenhängenden Computerentwicklung – trat noch die

General System Theory von Ludwig von Bertalanffy, New York 1968,

deren Anfänge der Autor, ursprünglich Biologe, bereits im Wien der zwanziger Jahre entwickelte. In den vierziger Jahren formulierte er zum erstenmal aus zahlreichen Einzelerkenntnissen den ersten Umriß seiner Theorie, die sich auf die uralte Weisheit zurückführen läßt: »Alles hängt mit allem zusammen.«

Bei der wachsenden Spezialisierung der Forschung und der zunehmenden Atomisierung des Lebens sahen die Menschen vor lauter Bäumen den Wald nicht mehr. Die »Systemtheorie«,

von den meisten ihrer Priester mit Ausnahme des sehr bescheidenen und offenen Entdeckers höchst umständlich im Jargon einer Geheimwissenschaft vorgetragen, ist im Grunde eine ganz einfache und selbstverständliche Wiederentdeckung, die der einseitigen spezialistischen, nicht nach links und rechts schauenden »wissenschaftlichen Methode« von einst die Wirklichkeit in ihrer ganzen Komplexheit und Bewegtheit gegenüberstellt. Wer auf diese Realität einwirkt, muß daher in vielen Fällen mehr Übersicht und Einsicht in Zusammenhänge entwickeln als bisher. Hasan Ozbekhan zeigte in seinem Aufsatz
Planning and Human Action, in Paul Weiss, Herausgeber, *Hierarchically Organized Systems,* New York 1971,
an einem aktuellen weltpolitischen Beispiel:
»Die weltweite Hungerkrise, die für den letzten Teil unseres Jahrhunderts erwartet wird, ist ein Problem, das nicht einfach durch die Erzeugung von mehr Lebensmitteln gelöst werden kann. Sie kann auch nicht durch die Verbesserung der landwirtschaftlichen Methoden verhütet werden. Das Konzept *Landwirtschaft,* wie man es bisher versteht, genügt nicht mehr: Landwirtschaftliche Lösungen allein sind zuwenig. Sie gehen an dem Problem vorbei. Denn was wir unter *Welthungersnot* verstehen ... hängt mit Problemen der Gesundheit, der Erziehung, der Institutionen, der Bevölkerungszahl, der Technik und der Wissenschaft zusammen und verlangt nach einer Überprüfung der Herstellungs- und Verteilungssysteme, des Markt- und Preismechanismus usw.
Die gleichen Überlegungen treffen zu, wenn wir statt des Problems *Hunger* ein anderes auswählen: Erziehung, Politik, bestehende Wirtschaftsstrukturen ... Die Probleme fließen zusammen zu einer großen *Problematik*. Wir haben es mit einer Situation zu tun, deren Dimensionen eine ganz neue Größenordnung erreicht haben und deren Kompliziertheit immens ist.«
Diese Ausführungen treffen zwar in erster Linie auf ganz große »Systeme« zu, sind aber auch weitgehend für mittlere, ja sogar kleinere Zusammenhänge wie Städte, Firmen, Schulen und Familien gültig. Sie alle können nur unter ganzheitlichen Gesichtspunkten richtig erkannt und mit einiger Aussicht in ihrer Weiterentwicklung vorausgesehen werden.
Eine hervorstechende Position durch den Versuch, die Systemtheorie für eine humane Zukunftsentwicklung einzusetzen, schuf sich Ervin Laszlo (New York State University) mit seinen Werken: *The Systems View of the World,* New York 1973; *A Strategy for the Future,* New York 1974.

Ernste Spiele und ihre Entwicklung

In den Spielen werden solche Zusammenhänge aufgedeckt. Zu unterscheiden ist zwischen »man games« (Spiele mit Menschen) und »computer games« (Spiele mit Hilfe von Computern).
Vorwiegend über die »man games« gab zuerst in allgemeinverständlicher Form Auskunft
Clark Abt, *Serious Games,* New York 1970, deutsch *Ernste Spiele, Lernen durch gespielte Wirklichkeit,* Köln 1971.
Ihre Anwendung beim Durchspielen städtischer Probleme stellt besonders Peter House, *Environmetrics,* Washington 1968, dar.
Die heute in vielen Außenministerien und Diplomatenschulen praktizierte politische Variante der »games« wurde dargestellt von H. Goldhamer und H. Speier, RAND Corp., *Some Observations on Political Gaming,* in *World Politics,* London 1959, und vor allem von H. Guetzkow, *Simulation in International Relations,* Englewood Cliffs 1963
–, *Simulation in Social Science,* Englewood Cliffs 1962.
Eine Vielfalt von Erziehungs-, Lern- und Gesellschaftsspielen, »psycho games«, findet beim Publikum mehr und mehr Anklang. Sie sollen die Einfühlungsgabe und die Erkenntnis von Zusammenhängen trainieren. Ihre Beliebtheit mag zum Teil aber auch dadurch erklärt werden, daß sich viele Menschen aus ihrer sozial statischen Situation, aus ihrer »Gefangenschaft« im Beruf oder im System wenigstens spielend befreien wollen.

Immer mehr Simulationsthemen

Die *Computersimulationen* für »zivile Zwecke« wurden durch die großen »Weltmodelle« von
Jay W. Forrester, *World Dynamics,* Cambridge 1971, deutsch *Der teuflische Regelkreis,* Stuttgart 1972,
und die Arbeiten der »Limits of Growth«-Teams unter Meadows bekannt, Sie werden aber auch in wachsendem Maße für weniger umfangreiche, spezielle Problemlösungen und Ausbildungsaufgaben eingesetzt. Darüber – und auch über »man games« – wird besonders aufschlußreich und vielfältig berichtet in
M. Inbar und C. S. Stoll, *Simulation and Gaming in Social Science,* New York 1972.
Dort werden folgende, an keiner anderen Stelle zu findende Listen über »man simulations«, »computer simulations« und »man-machine simulations« zusammengestellt, die zeigen, wie weit der Themenkreis der Simulationen geworden ist:

Tabelle 1: *Überblick über ausgewählte Computer-Simulationen nach Disziplinen*

A. *Wirtschaftliche Prozesse*

Adelman und Adelman (1939)	Das Klein-Goldberger-Modell
Cyert u. a. (1959)	Duopoly und die Konservenindustrie
Duesenberry u. a. (1960)	Makroökonomie der USA
Cohen (1960)	Wirtschaftliche Gesichtspunkte der Schuh- und Häuteindustrie
Orcutt (1961)	Demographische Merkmale von Haushalten in den USA, 1950 bis 1960
Balderston und Hoggatt (1962)	Marktprozesse der Bauholzindustrie an der Westküste
Bonini (1963)	Eine hypothetische Firma
Holland und Gillespie (1963)	Eine vereinfachte unterentwickelte Wirtschaft
Amstutzt (1967)	Konkurrenzmärkte

B. *Politische Prozesse*

Raytheon (1968)	Der kalte Krieg
Benson (1961)	Internationale Beziehungen
McPhee (1961)	Wählerverhalten
Abelson (1963)	Gemeindeabstimmung über die Fluoridisierung von Trinkwasser
Pool u. a. (1964)	Präsidentschaftswahl 1960
Crecine (1968)	Städtische Haushaltsführung
Cherryholmes und Shapiro (1969)	Namensaufrufe im Repräsentantenhaus

C. *Soziologisch-sozialpsychologische Prozesse*

Hare (1961)	Entscheidungen in kleinen Gruppen
Gullahorn u. Gullahorn (1962)	Elementares Sozialverhalten
Coleman (1962)	1. Bezugsgruppenverhalten, 2. Interaktionen in Dreiergruppen
Ranio (1966)	Bildung von Freundschaften
Gilbert und Hammel (1966)	Verwandtschaftsstrukturen

Smith (1969)	Modelle von Wohnmobilität, militärischer Autorität, Gefängniskrawallen, gesellschaftlichen Störungen
Hannemann u. a. (1969)	Innovationsverteilung in einem Bauerndorf
Freeman (1969)	Segregation nach Wohngebieten
Findler und McKinzie (1969)	Verwandtschaftsstrukturen

D. *Psychologische Prozesse*

Newell und Simon (1963)	Problemlösungen
Feigenbaum (1963)	Verbales Rollenlernen
Clarkson (1963)	Entscheidungsprozesse von Investitionsberatern
Colby (1964)	Therapeutische Manipulierung von Patienten
Coe (1964)	Konflikte und Emotionalität
Reitman (1964)	Ein Hebbesches Denkmodell

Tabelle 2: *Ausgewählte Liste menschlicher Simulationen*

A. *Wirtschaftliche Prozesse*

1966 Verbraucher (Zaltman)	Lehrt: Der Konsument in der Wirtschaft (von der High School aufwärts)
1967 Wirtschaftssystem (Coleman, Harris)	Lehrt: Grundlagen der Volkswirtschaft (High School)
1967 Simulationsspiele ökonomischer Entscheidungen	Acht Simulationsspiele zu Elementen der Volkswirtschaft
1968 Handel und Entwicklungen (Livingston)	Internationaler Handel (Junior High School)
1969 Markt	Volkswirtschaft in einfacher Darstellung (Volksschule)

B. *Politische Prozesse*

1959 zwischenstaatliche Simulation (Guetzkow u. a.)	Forschungs- und Lehrspiel zu internationalen Beziehungen
1961 Diplomatie	Ursprünge des Ersten Weltkriegs

1962 Gesetzgebung (Coleman)	Lehrt: Gesetzgebungsprozeduduren (High School)
1965 Pläne (Boguslaw u. a.)	Untersuchung der Dynamik von Interessengruppen
1968 Simulation des amerikanischen Regierungsmechanismus	Lehrt: Politische Prozesse wie Budgetpolitik, Wahlkampfführung usw.

C. *Soziologische Prozesse*

1963 Lebensweg (Boocock)	Lehrt: Prozesse von Laufbahnentscheidungen
1964 SIMSOC (Gamson)	Lehrt: Sozialordnung in einer Gemeinschaft (College)
1965 Katastrophen (Inbar)	Lehrt: Dynamik der Kollektivreaktion auf Katastrophen
1966 Generationslücke (Boocock und Schild)	Interaktion Eltern–Kind: ein Lehr- und Forschungsspiel
1967 CLUG (Feldt)	Lehr- und Forschungsspiel Städtische Wirtschaftsprobleme, Ökologie und Entwicklung von Ausbildung und Planung
1968 Getto (Toll)	Lehrt: Mobilität und Laufbahnprobleme von Gettobewohnern

D. *Psychologische Prozesse*

1969 Simdream (Breznitz und Lieblich)	Ein theoretisches Modell von Traumvorgängen

Tabelle 3: *Ausgewählte Liste von Mensch-Maschine-Simulationen*

Carnegie technisches Management-Spiel (Cohen u. a. 1964)	Ausbildung zur Entscheidungsbildung leitender Angestellter
Leviathan (Rome und Rome, 1962)	Untersuchung über Kommunikation in formalen Organisationen
Metropolis (Duke, 1964)	Ausbildung zur Entscheidungsbildung innerhalb städtischer Verwaltungen
Surfboards Spielzeugladen, Sumerisches Spiel, Sierra Leone (Wing, 1966)	Wirtschaftslehre in Elementarschulen

Inter-Prozeß-Simulation (Smoker, 1969)	Untersuchung internationaler Beziehungen
METRO (Ray und Duke, 1969)	Entscheidungsbildung in Stadtverwaltungen für Ausbildung und Forschung
City I, II (Envirometrics, 1969)	Städtische Modelle für Forschung, Ausbildung und Planung

Warnung vor den »neuen Utopisten«

Über die Problematik der Simulationen als mögliches Instrument »der Herrschaft von Menschen über Menschen« schrieb Robert Boguslaw, St. Louis, *The New Utopians,* Englewood Cliffs 1965. Er arbeitete selbst lange bei der Systems Development Corporation, einer Schwesterorganisation der RAND Corporation in Santa Monica, und führte dort Computerspiele verschiedenster Art durch, bis er sich fragte: »Für wen und für was?« In seinem Buch, das er nach seinem Übergang ins Universitätsleben schrieb, zeigt er die Abhängigkeit der »neuen Utopisten«

- von dem Kunden, der die Simulation in Auftrag gibt und sie durch ganz bestimmte Wünsche zu beeinflussen weiß,
- von den Systementwerfern und Programmierern, die unbedingt »klare Resultate« und »eindeutige Entscheidungen« herausarbeiten wollen, auch wenn die schillernde Natur des Themas solche Antworten nicht zuläßt,
- von den Computerherstellern, die durch Bauweise und Bestandteile die Art der Daten, die der Computer erfassen und verarbeiten kann, beeinflussen.

Er plädiert für eine Demokratisierung der Simulationen. Die Öffentlichkeit müßte die gestellten Aufgaben beeinflussen können und die Technik, die heute »verschleiert« wird, verstehen lernen. Eine ähnliche Haltung nimmt einer der Pioniere der Datenverarbeitung in den USA, E. C. Berkeley, ein, dessen kritische Zeitschrift *Computers and Society* sich bisher gegen allen Druck halten konnte. Dazu kommen die bereits früher von Karl Popper, Karl Deutsch und anderen ausgedrückten Zweifel an der Unfähigkeit, »Qualitäten« in mathematischen Symbolen auszudrücken.

J. Wilkinson, *Retrospective Futurology,* Santa Barbara 1972, behauptet, daß es mit Hilfe der von Prof. Bellman, University of South California, gefundenen Methode der methodischen Programmierung möglich sei, diese Schwierigkeit zu überwinden. Erweiterte Fassung J. Wilkinson, R. Bellman und R. Garaudy,

The Dynamic Programming of Human Systems, Santa Barbara 1973.
Vorläufig überwiegen noch die Zweifel, wie sie z. B. Georg Picht in seinem Aufsatz *Die Bedingungen des Überlebens – Von den Grenzen der Meadows-Studie,* in *Merkur,* März 1973, besonders beredt und überzeugend zum Ausdruck bringt. Wegen seiner Wichtigkeit zitiere ich ausführlich:
»Warum sind in dem Modell der MIT-Studie alle jene Parameter ausgeklammert worden, die sich auf menschliches Denken oder Bewußtsein und auf die inneren Veränderungen der Gesellschaften beziehen? Die Antwort ist einfach: Sie lassen sich – trotz aller Versuche einer angeblich empirischen Sozialwissenschaft, uns vom Gegenteil zu überzeugen – nicht quantifizieren. Die zukünftige Entwicklung von Wissenschaft und Technologie ist ebenso unkalkulierbar wie die Entwicklung des politischen Bewußtseins in den Industrienationen und in der Dritten Welt. Selbst ein Minimum an historischer Bildung kann uns schon darüber belehren, daß der reale Gang der Geschichte stets von Faktoren abhängt, die sich nicht berechnen lassen. Adolf Hitler ließ sich ebensowenig vorauskalkulieren wie Einstein. Aber die Welt, in der wir leben, wird von einem Aberglauben beherrscht, dem sich die Politiker ebenso unterworfen haben wie die Wissenschaftler: dem Aberglauben, daß nur real sei, was quantifiziert werden kann. Alle systemanalytischen Schwächen der Meadows-Studie haben in diesem Aberglauben ihre Wurzeln. Diese Feststellung hat einen tragischen Aspekt; sie zeigt, daß die Studie mit ihrer Methode denselben Irrweg fortsetzt, der uns in die Sackgasse geführt hat, die sie sichtbar macht. Wer sich durch die Studie veranlaßt sieht zu untersuchen, warum die Evolution der Menschheit in eine so katastrophale Richtung getrieben wurde, wird sich der Erkenntnis nicht entziehen können: jene Naturwissenschaft und Technologie, durch deren Erfolge die Meadowsschen Trends in Gang gesetzt wurden, verdankt ihre Triumphe der Einseitigkeit, mit der sich der menschliche Geist auf quantifizierende Analysen konzentriert hat. Diese Einseitigkeit hat jene Asymmetrie in der Evolution des Menschen erzeugt, von der ich zu Beginn gesprochen habe. Sie hat die Rückständigkeit unseres moralischen und politischen Bewußtseins verursacht, die im Zentrum der Gefahren steht, von denen die Menschheit heute bedroht wird ...
Auch die Versuche, das Modell zu verbessern, beschränkten sich meistens darauf, daß man wie spielende Kinder mit ihren Bauklötzen herumprobiert, welche Parameter man noch zusätzlich einführen könnte. Es läßt sich voraussagen, daß diejenigen Parameter bevorzugt werden, die quantifizierbare Aussagen erlauben; damit

wird die Fehlorientierung des ganzen Modells verstärkt. Eine Systemstruktur in ihrer Totalität und die Struktur des ihr entsprechenden Modells läßt sich nur in einer Metasprache, sie läßt sich nicht in quantitativen Aussagen beschreiben. Aber sämtliche quantitativen Aussagen innerhalb des Modells sind von seiner Systemstruktur abhängig. Eine der wichtigsten Bedingungen für das Überleben der Menschheit wird deshalb sein, daß wir uns von Modellvorstellungen befreien, die auf denselben methodischen Fehlern beruhen wie jene, die uns schon bisher in die Irre geführt haben.«
In diese Richtung zielt auch die humane Kritik am Meadows-Modell der Psychologin
Marie Jahoda, *Postscript on Social Change,* in *Futures,* Guilford April 1973.

Spiele der Stadtbürger

Praktische Vorschläge zur Einbeziehung des Publikums in Simulationen öffentlicher Dienstbetriebe entwickelte Robin Roy, Open University, Bletchley, England, in einem »paper« für die Konferenz »Assessment and the Quality of Life«, Salzburg, September 1972, unter dem Titel
Assessing the Impact of Future Socio-technical Systems by Simulation.
Er testete im Design Research Laboratory der Universität Manchester unter Beteiligung künftiger Benutzer vier verschiedene neue Transportsysteme, indem er verheiratete Paare mit jedem der neuen Vehikel auf eine mit Hilfe von Lichtbildern simulierte »Reise« schickte. Das Warten an der simulierten »Busstation«, die Länge der »Fahrt«, der »Lärm«, die »Hindernisse«, die unerwartet auftretenden »Zwischenfälle« auf dieser Fahrt wurden möglichst naturgetreu gespielt.
Es fragt sich, ob das »Durchspielen« zahlreicher künftiger Entscheidungen in einer Zusammenarbeit erfahrener Theaterleute und Bürger nicht eine ebenso informative wie interessante Form demokratischer Beteiligung und Freizeitbeschäftigung werden könnte
R. Jungk, *Zukunfts-Spiele, Zukunfts-Simulationen, Zukunfts-Szenarios.* Die Rolle des Dramas in der Prognose, Dramaturgische Gesellschaft Berlin, Jahresbericht 1970

Ganz andere Schulen

Das wachsende Interesse für Erziehungsprobleme

Kein anderer Teil meines Werkzeugkastens ist so überfüllt wie das »Fach« Pädagogik. Ich sitze hier in einer Ecke meines Arbeitszimmers wie der Zauberlehrling, der sich vor der Flut retten muß: Bücher, Broschüren, Ausschnitte, Zeitschriften. Und alles über das Thema Schule. Wie kann ich mit dieser Überfülle fertig werden, ohne den Leser zu langweilen oder ihm gar das Gefühl zu geben, ich wollte nur mit meinem Informationsreichtum prahlen? Erstaunlich dieses plötzliche weltweite Interesse für pädagogische Fragen. Die Faszination für Erziehung ist ebenso plötzlich wie sprunghaft gewachsen wie nach dem Krieg das Interesse an der Technik. Das könnte ein Zeichen sein. Oder ist es nur eine Mode? Vielleicht hängt diese intensive Wißbegierde damit zusammen, daß wir wie der englische Anthropologe E. Leach und seine amerikanische Kollegin M. Mead spüren, daß die Jungen mehr von dieser erregenden und kritischen Zeit wissen als wir selbst und sie deshalb zu unseren Lehrern werden. Das Interesse an Problemen und Versuchen der Erziehung wäre dann vor allem ein Interesse an der Jugend und der »Präfiguration« (Mead) der Zukunft, die sich in ihrem Verhalten ankündigt. Ein Überblick, der mir half, ist der allgemeinverständliche und daher geradezu spannende Bericht von

H. Matthiesen, *So lernen unsere Kinder morgen,* Hamburg 1971.

Ein anderes Buch eines Journalisten begeisterte mich, als es in den USA herauskam, heute stehe ich ihm skeptischer gegenüber – vermutlich, weil ich seither die »kritische Pädagogik« kennenlernte:

G. B. Leonard, *Education and Ecstasy,* New York 1968, deutsch *Erziehung und Ekstase,* Hamburg 1973;

und das dritte Buch, das mich wie zahllose andere für das gestern noch nach Staub und Kreide riechende Thema »Schule« gewann, war A. S. Neill, *Summerhill,* London 1962, deutsch München 1965, TB Hamburg 1969,

und die nachfolgenden Publikationen dieses Pioniers der antiautoritären Erziehung.

Von den zahlreichen Publikationen über das Summerhill-Experiment erschien mir besonders interessant die Artikelserie von

R. W. Leonhardt in *Die Zeit,* 1–3, 1971, Hamburg,

und der Aufsatz von

E. Bernstein in *Psychology Today,* Del Mar, USA, Oktober 1968, der über den weiteren Lebensweg von ehemaligen Schülern Summerhills und anderer Experimentierschulen berichtet:

»Zwischen 1933 und 1941 wurden in der Studie von Aiken 1500 ehemalige Schüler von 30 Versuchsschulen in den USA ... mit 1500 Absolventen von kontrollierten Schulen verglichen. Dabei wurde darauf geachtet, daß nicht nur Alter, Noten und Intelligenzquotienten einander möglichst ähnelten, sondern auch gesellschaftliche und wirtschaftliche Lage, Größe der Heimatgemeinde und geographische Region. Dreihundert Hochschulen – einschließlich der führenden Universitäten Harvard, Princeton und Yale – nahmen Studenten dieser manchmal ohne Zeugnisse arbeitenden Schulen auf deren Empfehlung hin auf. Studenten von den Experimentalschulen hatten im College in jeder Hinsicht größere akademische Erfolge zu verzeichnen. Ihre Noten waren besser, ihre Beteiligung intensiver, ihre Berufswahl überlegter. Und die Forscher fanden heraus, daß die Leistung an der Universität um so besser war, je experimenteller die Sekundarschule gewesen war.«

Kritische Erziehung

Auch hier seien zuerst drei Publikationen erwähnt, die einen Überblick vermitteln:
Wörterbuch Kritische Erziehung, Starnberg 1972,
aus marxistischer Sicht;
die Sondernummer des
Harvard Educational Review, August 1972, unter dem Titel *Alternative Schools,*
die allerdings vor allem den amerikanischen Versuchen gewidmet ist. Wie die amerikanische Gegenkultur Erziehung sieht, erfährt man in dem Katalog
Big Rock Candy Mountain, Ressources for Our Education, Menlo Park, Kalifornien.
Daß die geistigen Wurzeln der antiautoritären Schule in der vorstalinistischen Sowjetunion, in der Weimarer Republik und in der ersten Österreichischen Republik der zwanziger Jahre liegen, wird oft vergessen.
Deshalb ist es höchst aufschlußreich, die beiden folgenden Publikationen zu konsultieren:
Vera Schmidt, Moskau, *Psychoanalytische Erziehung in Sowjetrußland,*
Bericht über das Kinderheim Laboratorium in Moskau, Leipzig 1924, 1968 als Raubdruck erschienen;
J. R. Schmid, *Freiheitspädagogik – Schulreform und Schulrevolution in Deutschland 1919–33,* Hamburg 1973.
Weiteres aus dem überreichen Angebot an Publikationen über »kritische Erziehung«, das mir auffiel
H. v. Hentig, *Cuernavaca,* München 1971;
–, *Die Wiederherstellung der Politik, Cuernavaca revisited,* München 1973;
I. Illich, *Deschooling Society,* New York 1971, deutsch *Entschulung der Gesellschaft,* München 1972;

E. Reimer, *School Is Dead,* New York 1971, deutsch *Schafft die Schule ab!* TB Reinbek bei Hamburg 1971.
H. Dauber/Etienne Verne (Hg.), *Freiheit zum Lernen,* TB Reinbek bei Hamburg 1976.
E. Seiffert: *Pädagogik der Sensitivierung,* Lampertheim 1975.

USA
Paul Goodman, *Growing up Absurd,* New York 1960, deutsch *Aufwachsen im Widerspruch,* Darmstadt 1971;
R. und B. Gross, *Radical School Reform,* London 1971;
H. R. Kohl, *The Open Class Room,* New York 1969, deutsch *Antiautoritärer Unterricht in der Schule von heute,* Hamburg 1971;
Kozol, *Death at an Early Age,* New York 1968;
N. Postman und Ch. Weingartner, *Teaching as a Subversive Activity,* 1969, deutsch *Fragen und Lernen,* Frankfurt 1972.

Italien
H. Boehncke/J. Humburg, *Wer verändert die Schule? Schulkämpfe in Italien,* TB Reinbek bei Hamburg 1973.
Scuola di Barbiana, *Die Schülerschule,* Berlin 1967.

England
P. and J. Ritter, *The Free Family,* London 1959.

Frankreich
J. Celma, *Journal d'un éducateur*
Kollektiv »*l'école émancipée«. La repression dans l'enseignement,* Paris 1972.

Norwegen
M. Jorgensen, *Schuldemokratie – keine Utopie. Das Versuchsgymnasium in Oslo,* Hamburg 1973.

Bundesrepublik Deutschland
A. J. Breitenreicher u. a., *Kinderläden,* TB Hamburg 1972;
G. Fischer und Mitarbeiter, *Gesellschaft und Politik,* Stuttgart 1971;
A. Friedl, *Demokratisierung der Schule,* Frankfurt 1972;
H. J. Gamm, *Kritische Schule – eine Streitschrift für die Emanzipation von Schülern und Lehrern,* München 1970.

Deutsche Demokratische Republik
H. Stolz, A. Hermann, W. Müller, *Beiträge zur sozialistischen Erziehung.*

Zeitschriften

betrifft: erziehung, Weinheim. Eine unentbehrliche Lektüre, um über die Entwicklung der kritischen Erziehung auf dem laufenden zu bleiben.

Kursbuch Nr. 24, *Schule, Unterricht,* Berlin Juni 1971;
Ästhetik und Kommunikation, Sonderheft *Schule,* Frankfurt April 1971 und Dez. 1975, Feb. 1976;
und das besonders informative
Times Educational Supplement, London;
Saturday Review, New York, *Alternatives to the System of Education,* 20.6.1970;
Saturday Review, Education, 1972–73.
Über die Motive und treibenden Kräfte der Schulreform klären auf E. Jouhy, *Das programmierte Ich – Motivationslernen in der Krisengesellschaft,* München;
P. Büchner, *Schulreform durch Bürgerinitiative,* München 1972.
Schließlich darf die bahnbrechende Rolle der auf den Lehren von Rudolf Steiner gegründeten Pädagogik nicht vergessen werden. Sie gründete und entwickelte schon lange, bevor »neue Erziehungsmethoden« Mode wurden, gegen alle unkenden Fachleute ihre Schulen. Dazu
R. Steiner, *Die Erziehung des Kindes vom Gesichtspunkte der Geisteswissenschaft,* 1907;
J. Kiersch, *Die Waldorfpädagogik,* Stuttgart 1971.
Die Schriftenreihe *Menschenkunde und Erziehung,* Stuttgart, führt in Einzelfragen der anthroposophischen Pädagogik ein. Besonders hervorzuheben
K. J. Fintelmann, *Die Hiberniaschule als Modell einer Gesamtschule des beruflichen Bildungswesens.*

Schöpferische Erziehung

Durch die englische Zeitschrift *Where* wurden Kinder aufgefordert, Ideen für Vorrichtungen zu entwickeln, mit deren Hilfe man Hund und Katze daran hindern könnte, aufeinander loszugehen. Über die Resultate, die er in seinem Buch
E. de Bono, *Children Solve Problems,* London 1972,
vorstellt, kommt der Verfasser zu dem Urteil:
»Wir können viel von Kindern lernen, besonders wenn wir sie beim Denken beobachten. Kinder können glänzende Denker sein. Als man Kindern die *politische* Aufgabe gab, einen Hund und eine Katze daran zu hindern, einander anzugreifen, kamen Vorschläge heraus, die weit über das hinausgingen, was Politiker sich einfallen lassen. Es ist nicht so, daß wir Kinder wohlwollend beurteilten; sie zeigen eine größere Gewandtheit im Erfinden. Und diese Gewandtheit gibt den Kindern gegenüber Erwachsenen eine Überlegenheit im kreativen und lateralen Denken. Ich habe wiederholt bei Vorträgen das Publikum – hochgebildete und hochbezahlte Angehörige der Intelligenz – aufgefordert, eine Ma-

schine zum Abrichten von Hunden zu entwerfen. Sie nehmen die Aufforderung zwar gutwillig hin, aber die Vorschläge, die sie machen, lassen sich nicht mit denen von Kindern vergleichen.

Wenn Kinder schon in diesem Alter so gut denken können, dann müßte sich, sollte man meinen, diese Begabung in den langen Jahren der Erziehung zweifellos zu einem hohen Niveau entwickeln lassen. Aber dem ist nicht so. Wenn die Erziehung von Kindern abgeschlossen ist, läßt sich keine Verbesserung der Denkfähigkeit konstatieren – im Gegenteil sogar eine Verschlechterung. Diese Feststellung wird von Experimenten gestützt, die an mehreren tausend Personen, sämtlich mit höherer Bildung, vorgenommen wurden. Diese Ansicht wird anscheinend auch von anderen geteilt, die sich mit dieser Sache befaßt haben. Woher kommt es, daß die Erziehung diese Wirkung auf die Denkfähigkeit hat?

Die Erziehung hat immer ihre Hauptaufgabe darin gesehen, Wissen weiterzugeben, und wer dieser Einstellung skeptisch gegenüberstand, wurde gewöhnlich durch die praktische Verantwortung, die Prüfungen mit sich bringen, eines Besseren belehrt.

Lehrer sind sich bei der Aufgabe der Wissensvermittlung deutlich bewußt, daß das einzig gültige Erfolgskriterium darin besteht, daß der Output der Schüler dem Input der Lehrer entspricht. Wenn auch das Extrembeispiel dafür – mechanisches Lernen – heute ausstirbt (freilich langsamer, als viele sich vorstellen), so liegt doch nach wie vor das Hauptgewicht darauf, die Dinge zu tun, *wie sie getan werden sollten.* Diese Einstellung macht nicht nur das Denken unnötig, sondern ist auch gefährlich für den Schüler, der sich erlaubt, eine neue, nicht akzeptable Ansicht zu äußern. Aus Fairneß sollte man vielleicht hinzufügen, daß diese Methode der Wissensvermittlung mitunter recht wirkungsvoll ist – falls man dieses Ziel hat –, aber das vermittelte Wissen überlebt möglicherweise nicht die Prüfungen, für die es angesammelt wird.«

De Bono gründete eine eigene Stiftung, »The Cognitive Trust«, die seine Ideen über das spielerische Denken verbreiten und vor allem Lehrer ausbilden soll, die kreative Kräfte wecken, statt sie abzutöten.

Das Ziel, kreative Lehrer auszubilden, setzen sich auch in ihrem mit zahlreichen Beispielen gefüllten Buch

L. and V. Logan, Brandon University, Manitoba, Kanada, *Design for Creative Teaching,* Toronto 1971.

Grundsätzlich mit der Frage der Kreativität, ihrer Erhaltung und Erweiterung mit Hilfe der Erziehung setzen sich siebzehn Autoren auseinander in

J. Kagan, Harvard University, *Creativity and Learning,* Boston 1968.

Einer der in diesem Sammelband vertretenen Forscher kann als der Vater kreativer Erziehung in den USA angesehen werden. Von seinen zahlreichen Büchern und Aufsätzen sei als bester Überblick genannt
E. P. Torrance, *A New Movement in Education: Creative Development,* Boston 1965.
Gedanken darüber, wie Lehrer in der Schule ein »kreatives Klima« schaffen können, entwickeln
F. E. William, *Classroom Ideas for Developing Productive Divergent Thinking,*
M. B. Miles, *The Development of Innovative Climates in Educational Organizations,* Stanford Research Institute, Menlo Park, USA, April 1969.
Daraus ein anregendes und weiterführendes Zitat:
»Stellen wir uns einmal vor, daß in Schulen, Betrieben usw. Innovation als Regel begünstigt werden würde. Die Menschen würden sich ermutigt fühlen, etwas Neues vorzuschlagen, ja, sie würden denken, daß sie erneuern, kreieren, experimentieren *sollen,* wenn sie sich in der Gruppe ihrer Mitarbeiter behaupten wollen ... Solche Regeln sind nicht nur theoretisch möglich, Newcomb, Flacks und Warwick (in *Persistance and Change,* New York 1967) untersuchten das Bennington College zu Beginn der sechziger Jahre und fanden heraus, daß Kreativität als Norm in der Studentenschaft eine zentrale Rolle spielte, und zwar so sehr, daß gewöhnliche, ordentliche, brave und konventionelle Studenten als *Abweichler* behandelt wurden.«
Über ihre »kreativen Arbeitsgruppen« mit Kindern berichtete E. Landau, *On Developing Creative Behaviour,* Tel Aviv 1969. In deutscher Sprache ist folgender aus dem Amerikanischen übersetzte Sammelband zu empfehlen:
G. Mühle und C. Shell, Herausgeber, *Kreativität und Schule,* München 1971.
In deutscher Sprache ist besonders lesenswert der Bericht G. Wollenschläger, *Kreativität und Gesellschaft – Neue pädagogische Methoden am Beispiel der Jugendkunstschule Wuppertal,* Wuppertal 1971, TB Frankfurt 1972.
M. Kuhn, *Kreative Kommunikation in der Gruppe,* Ravensburg 1975.
Die Schweiz gilt bekanntlich als »Holzboden« für schöpferische Geister. Daß diese Klischeevorstellung nicht zutrifft, zeigt das außerordentliche Interesse, das die vom 16. Januar bis 12. März 1972 jeden Sonntagnachmittag im Kunsthaus Zürich stattfindenden Veranstaltungen »Kind und Kreativität« für Kinder und ihre Eltern fanden. Der Andrang war außerordentlich groß. Während

die Kinder – es kamen 300 statt der erwarteten 80 – mit Mal- und Bastelmaterialien in den »Aktionsräumen« unbeaufsichtigt spielten, diskutierten die Eltern mit den Veranstaltern über das Problem der besonders in der Stadt gehemmten Kreativität, das in folgender These entwickelt wurde:
Weder im privaten noch im schulischen Bereich besteht die Möglichkeit, die Kreativität ganz zu entfalten, die in jedem Menschen angelegt ist. Die meisten Wohnungen sind durch Hausordnungen und durch ungenügende Räumlichkeiten so beschränkt, daß sie kinderfeindlich sind. Die heute meistvertriebenen Spielsachen sind ungeeignet, die Phantasie anzuregen. Die Spielplätze sind starr, unveränderbar, sauber, geordnet; auf den Straßen läßt sich schon lange nicht mehr spielen. Das Zeichnen in der Schule steht allen anderen meist unkreativen Fächern nur als Randerscheinung gegenüber, und auch hier muß der Lehrer Noten geben, die kaum der Tätigkeit der Kinder gerecht werden können. Dies alles sind Voraussetzungen, die die Entwicklung der in jedem Menschen angelegten Kreativität verhindern.
Es wurde eine Dokumentation unter dem Titel
K und K – Kind und Kreativität, Aktionen im Kunsthaus Zürich, 1972,
veröffentlicht. Aber die Museumsräume stehen nicht mehr zur Verfügung, und Ersatzräume, die angeboten wurden, genügen nicht.
Doch der Impuls wirkte weiter. Es wurde im Februar 1971 eine Privatschule gegründet, die sich vor allem um die Erweckung der *Schöpferkraft Ewachsener* bemüht: F + F Schule für experimentelle Gestaltung, Sekretariat R. Pestalozzi, Park im Grünen, CH-8803 Rüschlikon.
Im Laufe von fast zwei Jahren besuchten 1153 Schüler die Kurse dieser Tagesschule, an deren Leitung sich neben den ständigen Lehrern auch Persönlichkeiten aus den Bereichen des Theaters, der Musik, des Films, der Grafik beteiligten.
Da diese Schule ein Modell für schöpferische, durch keinerlei »Qualifikationsschranke« behinderte Erwachsenenbildung praktiziert, sei zur Anregung möglicher Nachahmer folgendes aus ihrem Prospekt zitiert:
»Die F + F setzt sich zum Ziel, möglichst breite Schichten zu schöpferischer Tätigkeit anzuregen. Es ist ihr Anliegen, die Schule nach neuzeitlichen pädagogischen Methoden zu führen, den Anschluß an die aktuellen Ereignisse im kulturellen Bereich zu finden und selber kreative Impulse zu vermitteln.
Leitbild der F + F ist – um es paradox auszudrücken – die Praxis von übermorgen. Das bedingt: eine dynamische Schule mit größtmöglicher Flexibilität.

Die F + F will keine Fertigkeiten vermitteln. Die Lehrer sind nichts anderes als Katalysatoren im Entwicklungsprozeß der Schüler – ihre Rolle beschränkt sich auf Anregung, Verknüpfung von Theorie und Praxis, fachliche Beratung. Grundlage der Arbeitsweise ist das Experiment. Mit dem Ziel, die Schüler zur vollen Entfaltung ihrer schöpferischen Möglichkeiten zu führen, werden die Aufgaben so gestellt, daß die Lösung in bezug auf Medienwahl und Technik ein möglichst breites Spektrum zuläßt. Neben flächiger und räumlicher Gestaltung werden auch verbale und akustische Mittel eingesetzt.

Wer kann die F + F besuchen?

Grundsätzlich jedermann. Wir glauben an die schöpferischen Kräfte in jedem einzelnen. Wir glauben nicht, daß diese schöpferischen Kräfte meßbar sind. Deshalb setzen wir für den Besuch unserer Kurse keine besondere Vorbildung, keine Altersgrenze, keine *Begabung* voraus. Kontakt, Anregung, kreative Arbeit – individuell oder in Gruppen – kennzeichnen das Klima unserer Kurse. In diesem Klima soll jeder seine schöpferischen Möglichkeiten selber erproben können. Das Kursgeld kann auf schriftliches Gesuch hin ermäßigt werden.«

Schließlich sei noch ein Experiment erwähnt, das Uli Weyland machte. Er befragte 1500 Kinder in zwölf Hamburger Schulen, darzustellen, »was anders werden würde, wenn sie in ihrer Stadt regierten«:

U. Weyland, *Wenn Kinder wählen dürften,* in *Die Zeit,* Magazin vom 11.11.1972.

Ergebnis: »Viel weniger als erwartet träumen die Kinder in ihren Aufsätzen und Bildern von jener Märchenwelt, in der sie – den Vorurteilen der Erwachsenen gemäß – leben. Kaum einer von den 1500 kleinen Bürgern würde die Position des Bürgermeisters dafür benützen, um sich märchenhafte Wünsche zu erfüllen oder phantastische Vorstellungen zu verwirklichen. Sie entwerfen lieber das Konzept einer schönen neuen Welt ...«

Erziehung und Zukunft

Die Debatte um die Chancengleichheit

Das Interesse an der Zukunft der Erziehung und der Erziehung für die Zukunft stieg in den letzten Jahren so stark an, daß allein die Literatur der angelsächsischen Länder bis zum Jahre 1971 auf rund 800 verschiedene Buch- und Aufsatztitel angewachsen war. Das geht hervor aus einer Bibliographie des Educational Research Center in Syracuse, New York:

M. Marien, *Alternative Futures for Learning. An Annotated Bibliography,* Syracuse 1971.

Selbst ein Auszug, der sich auf die »essentielle Literatur« zum Thema beschränkt und vom gleichen Autor verfaßt wurde, bringt immer noch zweihundert Titel.

Während anfangs die Überlegungen und Vorstellungen, *wie* die Erziehung von morgen aussehen würde oder sollte, die Literatur beherrschten, ist in letzter Zeit die Frage danach, für *wen* die künftigen Bildungsbemühungen geleistet werden können, in den Vordergrund gerückt.

Auf der Seite der Pessimisten steht zum Beispiel

Th. Green, *The Dismal Future of Equal Educational Opportunity,* in *Futures,* Guilford bei London 1972,

der die Verwirklichung des Traums von der Gleichheit der Erziehungschancen vor allem aus politischen Gründen für unmöglich hält. Dagegen vertreten zwei Berichte, der erste nach langjährigen Studien im Auftrag der UNESCO verfaßt, der zweite im Auftrag der Europäischen Kulturstiftung – als Teil ihres »Projekts 2000« –, die Auffassung, daß Chancengleichheit nicht nur ein notwendiges, sondern auch ein mögliches gesellschaftliches Bildungsziel darstelle:

E. Faure, Herausgeber, *Apprendre à être,* Paris 1973;

B. Schwartz, *L'éducation demain,* Paris 1973.

Doch werden diese Vorstellungen in jüngster Zeit von mehreren amerikanischen und englischen Forschern von verschiedenen Seiten als illusorisch angegriffen:

- Jensen, Herrnstadt und Eysenk vertreten aufgrund ihrer Studien die Ansicht, daß Erziehungserfolge und -mißerfolge wesentlich durch die Erbanlage vorbestimmt sind;
- Coleman behauptet aufgrund einer der umfangreichsten Sozialstudien, die je unternommen wurden – 600 000 Schüler, 60 000 Lehrer und 4000 Schulen waren einbezogen –, daß nicht so sehr die Schulerziehung, sondern das familiäre Milieu entscheidend für die Entwicklung der Kinder sei;
- Jencks, Gintis und Bowles versuchten zu zeigen, daß die Klassenstruktur der Gesellschaft durch Chancengleichheit in der Erziehung nicht wettgemacht werden kann. Schulen seien »marginale Institutionen«, und »wenn wir über diesen traditionellen Zustand hinausgelangen wollen, müssen wir politische Kontrollen über die wirtschaftlichen Strukturen einführen, die unsere Gesellschaft bestimmen«.

Ein neuer Hebel zur Veränderung: Zukunftserziehung

Die zukunftsorientierten Pädagogen wollen aber solche Hindernisse nicht als determinierend akzeptieren. Sie sehen, wie zum Beispiel
Jane Gaughan, *Futuristics as a Subversive Activity,* in *Trend,* Frühling 1971, Amherst, USA,
Erziehung für die Zukunft als eine Möglichkeit, den Gedanken der Gesellschaftsveränderung zu einer Selbstverständlichkeit zu machen. Ein ausführlicher Bericht von
H. G. Shane, *The Educational Significance of the Future,* Indiana University 1972,
der im Auftrage der Regierung gemacht wurde, zeigt, wie stark sich die Beschäftigung mit der »anderen Zukunft« Hand in Hand mit einer Kritik der Gegenwart an amerikanischen Schulen und Universitäten durchgesetzt hat. Der Bericht bringt im Anhang einen Überblick über die neueste Literatur zum Thema »Erziehung und Zukunft«.
Es ist durchaus denkbar, daß die wachsende Unterstützung, welche die Zukunftsforschung in den pädagogischen Institutionen der USA findet, die Jugendrevolte der Vietnamjahre auffangen und ihr die Spitze abbrechen soll. Es ist aber fraglich, ob nicht gerade auf diese Weise viele junge Amerikaner, die sich bisher von dem Jargon der »campus revolutionaries« eher abgestoßen fühlten, zu Gesellschaftsveränderern werden.
Hier noch eine kurze Liste wichtiger Publikationen zu diesem Thema
M. Abrams, *Mass Views of the Future,* in *Futures,* Guilford, Juni 1971;
der Autor berichtet über eine Meinungsumfrage der niederländischen Stiftung für Statistik, deren Teilnehmer gefragt wurden, welche Zukunftsveränderung sie am meisten wünschten und erwarteten. Dabei stand an erster Stelle mit 91 Prozent die »Verringerung der Klassendifferenzen«, an zweiter mit 90 Prozent der Wunsch nach mehr Arbeiterstudenten an den Universitäten.
H. v. Foerster, *Perception of the Future and the Future of Perception,* in *Instructional Science,* Amsterdam März 1972,
über die »Blindheit« derer, die nicht sehen wollen.
B. Hayward, *The Human Development Goal: Psychic Underdevelopment and the Future of Education,* in *Futures,* 1972;
die Grundidee: Bisher wurde die Chancengleichheit vor allem dazu benutzt, »für mehr Menschen die Möglichkeit zum Schmieden sozialer Waffen« zu schaffen, mit deren Hilfe sie dann bessere Stellungen in der gesellschaftlichen und wirtschaftlichen Rangordnung

zu erkämpfen versuchen. Erziehung sollte statt dessen künftig eine führende Rolle in der Bemühung um mehr Zusammenarbeit und den Abbau von Aggressionen einnehmen. Anstelle der heute vorherrschenden »seelischen Unterentwicklung« wären höhere Grade seelischer Entwicklung anzustreben, die von fast allen Menschen, wo immer sie geboren sind, erreicht werden könnten.

A. Toffler, *The Psychology of the Future,* in *Learning for Tomorrow,* TB New York 1974, New York 1973,
plädiert für die Verbindung von »Lernen und Aktion«, die zu Veränderungen führen kann.

J. Coleman und eine Kommission von Experten kam in einer Studie über die Zukunft der Erziehung von Minderheiten zu einem ähnlichen Schluß: »Die heutige Jugend wird überfüttert mit Information und hungert nach Erfahrungen ... Sie sollte mehr Möglichkeiten haben, abwechselnd zu studieren und zu arbeiten.« Coleman schlägt vor, künftig »Arbeitsgemeinden« zu schaffen, die alle Altersstufen umfassen sollten. In einer solchen Gemeinschaft von tausend Menschen sollten 90 Kinder unter vier Jahren leben, 180 im Alter von fünf bis dreizehn Jahren und hundert Menschen, die über 65 Jahre alt sind. Quelle: *Time Magazine,* 27. August 1973.

Ferner: Ein Lesebuch für Zukunftserziehung entwickelten
M. Dunstan und P. W. Garlan, *Worlds the Making – Probes for Students of the Future,* Englewood Hills 1970.

Mehrere Berichte über Erziehungsmöglichkeiten der nahen Zukunft wurden gesammelt in
Europe 2000, Education, European Cultural Foundation, Amsterdam 1972.

Über Zukunftserziehung im Vorschulalter
R. Jungk, *Zukunftsorientierte frühkindliche Erziehung in der Vorschulzeit,* Weinheim 1972.

Über eine internationale Konferenz, die von der ISA (International School Association) 1972 veranstaltet wurde, berichtet der Protokollband
P. Scheid, G. Scheid, O. Lauinter, *Early Training for the Unknown, the Unexpected, the Possible,* Genf 1972.

Rebellion gegen die falsche Leistung

Nichtkarrieren

Sieht man sich genauer an, *wer* gegen »die Leistungsgesellschaft« rebelliert und *weshalb* diese Rebellion stattfindet, so zeigt sich, daß gar nicht gegen *die* Leistung protestiert wird, sondern gegen die falsche Leistung. Sehr oft – das schließe ich aus eigenen Un-

terhaltungen mit »drop outs«, die es in der Tretmühle nicht aushielten –, mußten sie gerade deshalb ausscheren, weil sie etwas leisten wollten. Die programmierte, mechanisierte, tyrannisch geregelte Arbeit verlangte etwas von ihnen, wozu sie sich nicht hergeben wollten und konnten: Sklavenjobs.
In Birmingham, England, gab ein junges Ehepaar, beide Wissenschaftler, nachdem sie ihre Prüfungen abgelegt hatten, ein Adreßbuch für alle diejenigen heraus, die genug von langweiliger, unintelligenter Plackerei hatten:
Ann und Martin Link, *Directory of Alternative Work,* TB Birmingham 5, Pershore Road 298 b.
Ihr Verlag hat den bezeichnenden Namen »Uncareers«. Dieser Stellenanzeiger erscheint periodisch. Er bietet nur Arbeit an, die interessant ist und den Arbeitenden weitgehend die Freiheit gibt, sich ihre Zeit selbst einzuteilen. Unter den Stellenangeboten finden sich: soziale Hilfsarbeit für Alte, Geisteskranke, Alkoholiker, Stellen an freien Schulen, Arbeit als Lehrer bei einem Zigeunerstamm, Mithilfe beim Hausbau, Arbeit in Fernsehstudios, Ferienjobs usw.
Es gibt immer mehr Menschen, selbst in »guten Jobs«, die lieber auf guten Verdienst verzichten, wenn sie dagegen mehr Zeit, frische Luft und eine Arbeit, »die Spaß macht«, eintauschen können. Im Jahre 1972 erschien im *Wall Street Journal,* New York, eine Artikelserie über solche »Berufsdeserteure«. Pierre Drouin berichtete in *Le Monde,* Paris, vom 10.2.1973 über das gleiche Phänomen in Frankreich. Er schreibt: »Die Vollbeschäftigung der Männer in der Produktion – fünfundvierzig bis vierzig Stunden pro Woche ... – ist nicht wirklich notwendig. Das Individuum kann sich bei Verzicht auf bezahlte Arbeit intellektuell bereichern, schöpferische und solidarische Fähigkeiten entwickeln. Die neue *Logik der Bedürfnisse* ... sollte uns zur Konstruktion eines Systems führen, in dem derjenige, der es akzeptiert, sein Lebensniveau dadurch herabsetzen kann, daß er auf eine Anzahl von Erzeugnissen der Konsumgesellschaft verzichtet (weil er sie sowieso für eine Befriedigung künstlicher Bedürfnisse hält) und dafür nur noch zwanzig Stunden pro Woche arbeitet. Man sieht *Teilzeitarbeit* für Frauen voraus. Weshalb eigentlich nicht auch für Männer?«
Die französische Jugend praktiziert das bereits, wie aus einer Studie des offiziellen »Centre d'études de l'emploi«, Paris, hervorgeht:
Jean Rousselet, *Bulletin d'information,* Paris, November 1972.
Viele junge Franzosen treten erst so spät wie möglich in den normalen routinierten Arbeitsprozeß ein. Sie verbringen oft Jahre mit »Marginalberufen«, als Filmstatist, Hilfsarbeiter bei Ärzten

und in Krankenhäusern, Meinungsumfrager, Wagenwäscher, Dolmetscher, Fremdenführer, Hersteller von handgemachtem Schmuck.
Nach einer Sendung des französischen Fernsehens, in dem die Geschichte eines Mädchens erzählt wurde, das aus der Stadt aufs Land geflohen war, um dort eine Arbeit als Schafhirtin zu finden, liefen beim Landwirtschaftsminister ca. 70 000 Briefe ein: Jugendliche wollten es ihr nachmachen und baten um Informationen, wie sie das anstellen sollten. Das Buch
Les metiers de la nature, Paris 1972,
in dem 233 Berufe vorgestellt wurden, die man »fern von der Stadt« finden kann, wurde zum Bestseller.
Über das geistige Erwachen und die schöpferische Entfaltung berufsverkrüppelter Menschen in den Dörfern des »Club Mediterranée« erschien bereits Anfang der sechziger Jahre eine große Reportage in der katholischen Monatszeitschrift *Esprit,* Paris. Ein Buch von
Christiane Peyre und Yves Renouard, *Histoire et legendes du Club Mediterranée,* Paris 1971,
bestätigt diese Angaben.
Freizeit wird dort sehr oft nicht nur passiv verbracht, sondern mit Abenteuern (Fahrten auf großen Segelschiffen zu einsamen Inseln), mit Entdecken (Tiefseetauchen), mit künstlerischen Leistungen (Malen und Bildhauern), mit interessanten Leuten (zum Beispiel mit dem Soziologen Edgar Morin). Dazu kommt eine durch die Badebekleidung mögliche Demokratisierung. Allerdings tat die schnelle Expansion des Clubs seinem berühmten »Esprit« nicht immer gut.

Die neuen höheren Bedürfnisse

Als Symptome der Unzufriedenheit mit Arbeit, die spezifisch menschliche Fähigkeiten nicht anspricht, ist es wichtig, die Erscheinungen der Rebellion und der Flucht vor dem langweiligen und gerade deswegen anstrengenden »Job« zu beobachten und zu registrieren. Auch hier beginnt die Kritik Früchte zu tragen. Die Welt der Arbeit wird vermutlich um die Jahrtausendwende zu einem der intensivsten Felder für Neuentwürfe und Experimente werden. Ein amerikanischer Psychologe der sogenannten »dritten Kraft in der Seelenheilkunde« (nach Freud und Jung) sah diese Entwicklung voraus:
A. Maslow, *Motivation and Personality,* New York 1960.
Er entwickelte in diesem Buch wie in seinen zahlreichen anderen Arbeiten das Konzept von der »Leiter menschlicher Bedürfnisse«. Der Mensch ist ein Wesen, dessen Wünsche stets über die

Stufe, die er erreicht hat, hinausführen. Sobald ihm ein Wunsch erfüllt worden ist, kann er sich dem nächsthöheren zuwenden. Auf der untersten Stufe stehen die leiblichen Bedürfnisse: Nahrung, physische Sicherheit, Unterkunft. Dann folgen die gesellschaftlichen »needs«: Anerkennung durch die anderen, Zusammengehörigkeitsgefühl, Geborgenheit. Schließlich – und das ist die Phase, die jetzt in einigen entwickelten Ländern erreicht ist – melden sich die Ichbedürfnisse: das Verlangen nach Selbstausdruck und Selbstverwirklichung, nach Weiterentwicklung der eigenen Fähigkeiten, nach eigenen kreativen Möglichkeiten.
So läßt sich erklären, was in dem Artikel
Martin Glaberman, *The Rise of Militancy in the Auto Industry,* in *Social Science and Modern Society,* New Brunswick, N. J., 11/12 1972,
als Paradox berichtet wird: »Der gleiche Arbeiter, der kaum den Augenblick erwarten kann, an dem er die Fabrik hinter sich lassen wird, verbringt dann seine Wochenenden damit, an seinem eigenen Auto herumzubasteln, und hält das für eine befriedigende Arbeit.«
Den Anlaß dieses wie zahlreicher anderer Aufsätze, die sich seit Ende 1972 in den USA mit der Rebellion in zahlreichen Produktionsbetrieben beschäftigen, bildeten vor allem die dauernden Sabotageakte in der weitgehend automatisierten, modernsten amerikanischen Autofabrik Lordstown, über die u. a. berichtet wurde von
E. Rothschild, *Automation und Arbeiter bei General Motors,* Übersetzung eines Artikels des *New Yorker Review of Books* vom 23.3.1972 in *Tagebuch,* Wien, Januar 1973.
Zwischen 1960 und 1969 stieg allein in den Werken der General Motors die Zahl der Beschwerden um mehr als das Doppelte, von 106 000 auf 256 000 pro Jahr, und seither, nach neuesten Schätzungen, um abermals hundert Prozent. Dazu kommt das nicht nur in den USA, sondern auch in Italien, Frankreich und der Sowjetunion feststellbare »Blaumachen«. Nach Aussagen von Generaldirektor Agnelli, Fiat, bleiben von einer Gesamtbelegschaft von 91 000 Arbeitnehmern täglich 14 000 zu Hause.
Besonders groß ist der Prozentsatz der jungen, besser ausgebildeten, selbstbewußteren und weniger »folgsamen« jungen Arbeiter. Darüber geben besonders gut Aufschluß
A. A. McLean and C. R. DeCarlo, *The Changing Concept of Work,* in der Managementzeitschrift *Innovation,* New York, Nr. 30, 1972.
Sie zeigen, daß besonders die jüngeren Arbeitnehmer nicht nur bessere Löhne und angenehmere Arbeitsbedingungen suchen,

sondern vor allem einen »Sinn« für ihre Arbeit. Vordringlich sei, daß die Manager das Streben nach »Selbstbestimmung, Selbstlenkung und die Sehnsucht, zu tun, was man selbst tun will« erkennten. Täten sie das nicht, müßten sie in den kommenden Jahren mit wachsenden Schwierigkeiten rechnen.
In ähnliche Richtung weist die aus dem Italienischen übersetzte Schrift: *Akkord, Lohn, Qualifikation als Kampfinhalte italienischer Arbeiter,* von M. Regin u. E. Reynieri, München 1973.
Der französische Arbeitswissenschaftler Dr. A. Laville vom Conservatoire Nationale des Arts et Métiers, Paris, erklärt zu den schlechten Arbeitsbedingungen, die auch heute noch in der Mehrzahl der französischen Werke vorherrschen: »Wir wissen bereits, daß sie zu Schädigungen und als Folge nervöser Erschöpfung zu tatsächlichen Persönlichkeitsveränderungen führen können«; zitiert im Artikel von
Daniel Garric, *Le travail contesté,* in *Le Point,* Paris, 30.4.1973.
Bitteren Humor, der Chaplins berühmten Film *Modern Times* up to date bringt, bietet ein Aufsatz von
Jason Ditton, *Absent at Work: or How to Manage Monotony* in *New Society,* London, 21.12.1972.

Die Arbeitswelt als Experimentierfeld

In einer ganzen Reihe von Untersuchungen der letzten Jahre wurden diese Erscheinungen verankert:
US Health Education and Welfare Department, *Work in America,* Washington 1971;
S. Marcson, Herausgeber, *Automation, Alienation and Anomie,* New York 1970;
M. Argyle, *The Social Psychology of Work,* London 1972, deutsch *Soziale Interaktion,* Köln 1972;
H. Kern und F. Schumann, *Industriearbeit und Arbeiterbewußtsein,* Frankfurt 1970;
drei Aufsätze in *Herausforderung an die Zukunft,* Herausgeber U. Greiwe, München 1970, nämlich von K. Horn, K. Heymann und K. Kullmann; ferner
K. H. Hörnig, *Der neue Arbeiter,* Frankfurt 1971.
Ein hervorragender »Reader« mit 29 Artikeln, beginnend mit den historischen Versuchen bis zu Überlegungen für die Zukunft, ist L. E. Davis und J. C. Taylor, *Design of Jobs,* London 1972.
Über die Experimente verschiedenster Art innerhalb der bestehenden Wirtschaftsstrukturen wird u. a. berichtet von
F. Herzberg, *Work and the Motivation of Work,* New York 1970;
–, *The Motivation to Work,* New York 1959;
Herzberg ist der Verfechter des »Job Enrichment«, das durch die

Ablösung der monotonen Arbeit den Beschäftigten größere Abwechslung und mehr Selbstbestimmung bei der Einteilung ihrer Arbeit zugesteht.

E. Jaques, *Work, Creativity and Social Justice,* London 1964;
ein Psychologe, der in Zusammenarbeit mit dem progressiven Direktor der »Glacier Works« bei London das sogenannte »Glacier Experiment« begann, das den Beschäftigten mehr Entwicklung von Initiative und Kreativität zusichern soll.

R. Poor, Herausgeber, *Four Days, Forty Hours,* London 1972, über die Viertagewoche.

Amerikanische Zeitschriften berichten laufend über Versuche der amerikanischen Industrie, ihren Arbeitsstil zu verändern, zum Beispiel in

Time, New York, vom 30.10.1972, wo aufgrund von Interviews mit führenden Firmen folgende neue, zum Teil bereits experimentell erprobte »Gebote« verkündet werden:

- Gebt den Arbeitern nicht Teilarbeit, sondern die Möglichkeit, alle Arbeitsgänge an einem Produkt durchzuführen;
- gebt das laufende Band auf und ersetzt es durch kleine Arbeitsteams;
- erlaubt den Arbeitern, sich ohne Kontrolle ihre Arbeit einzuteilen;
- gebt den Arbeitern die Möglichkeit, ihr Endprodukt zu sehen;
- behandelt Arbeitnehmer wie reife verantwortliche Erwachsene.

Business Week, New York, vom 12. Mai 1973 berichtet über *Ways to Make the Job Less Dull.*

The Atlantic Monthly, Boston, April 1973, bringt D. Jenkins, *Democracy in the Factory.*

Das interessanteste hier geschilderte Experiment wurde von dem bis dahin für sein »aggressives Management« bekannten Kosmetik-Großkonzern Procter and Gamble versucht. Hier ein Ausschnitt aus diesem Bericht:

»Das Grundprinzip besteht darin, daß der arbeitende Mensch ›wachstumsfähiges Potential‹ besitzt. Und Planung und Betrieb des Werks sind darauf ausgerichtet, dieses Wachstum durch keine Schranken einzugrenzen.

Ebenso wie es keine räumlichen Schranken gibt, gibt es auch keine zwischen einzelnen Tätigkeitsbereichen. Ja, es gibt überhaupt keine *Jobs* im gewohnten Sinn. Während eine herkömmliche Fabrik dieses Typs zwischen sechzehn und zwanzig verschiedene Beschäftigungsgruppen aufweist, gibt es im Werk Lima überhaupt keine solche Einteilung. Zwar kann nicht jeder jede Arbeit verrichten, aber jedes Mitglied der *Gemeinschaft* (wie Krone die Belegschaft nennt) erwirbt ständig wachsende Fertigkeiten auf irgendeinem Spezialgebiet. Krone sagt: *Jeder einzelne bestimmt selbst die Richtung, in der er mehr aus sich machen will.* Allerdings habe die *Gemeinschaft* beschlossen, daß jedes Belegschaftsmitglied weiterhin die Verantwortung für den täglichen Betrieb mittragen müsse. *Wenn einer ein Labortechniker ist,* sagt Krone, der Direktor der Fabrik, *so ist er trotzdem am Funktionieren des Betriebs beteiligt. Jeder trägt das gleiche Maß an Mindestverantwortung. Gleichgültig, welche Funktion einer hat, er muß immer an den Gesamtbetrieb denken – keiner kann ausschließlich Spezialist werden. Einer unserer Leute wurde ein sehr geschickter Maschinist und wollte sich ganz auf sein Spezialtalent konzentrieren – darum hat ihn die Gemeinschaft an die Luft gesetzt. Man hat ihm gesagt, dazu hätte er draußen massenhaft Gelegenheit. Unser System hat sich ganz natürlich nach den Wünschen seiner Mitglieder entwickelt – es wurde nicht verordnet.*

Was das Werk in Lima leistet, ist leicht zu erkennen. Obwohl die Entlohnung beträchtlich höher als üblich liegt, betragen die gesamten Betriebskosten nur annähernd die Hälfte dessen, womit eine herkömmliche Fabrik rechnen muß. Die Erklärung dafür liegt zum großen Teil im Einsatz moderner Technologien. Aber die Technik könnte nicht richtig funktionieren, wenn das Werk nicht zugleich über ein fortschrittliches Sozialsystem verfügte. Dies hat auch qualitative Auswirkungen. Krone erklärt mir: *Es (Lima) weist den höchsten Qualitätsstand aller unserer Fabriken auf – praktisch perfekte Qualität.*«

Doch alle diese Versuche haben einen Pferdefuß. Sie werden nur so lange am Leben gehalten, wie sie profitabel sind. Wenn aber eine Krise eintritt, bricht das Management sie ohne weiteres ab. Ein solches Beispiel wird berichtet:

Business Week, New York 20.1.1973, unter dem Titel *Where Being Nice to Workers Didn't Work.*

Die Elektronikfirma »Non Linear Systems« in San Diego probierte fast alle Rezepte moderner Arbeitspsychologen aus. Die Produktivität stieg um 30 Prozent. Absatz und Gewinne nahmen zu. Das Experiment wurde in zahlreichen Presseartikeln als bahnbrechend bezeichnet. Dann kam die Krise der Raumfahrtindustrie. Die Einkünfte fielen um die Hälfte. Der Besitzer verlor die Nerven. Jetzt war alles, was er vorher versucht und öffentlich gepriesen hatte, falsch: zuwenig Kontrolle, zuviel »Gerede«, zu hohe Gehälter, und die Arbeiter waren angeblich zum Teil dem »neuen Stil« nicht gewachsen. »Einige von ihnen brauchen Routinearbeit«, verkündet der Chef jetzt in ebenso überzeugendem Ton wie zuvor.

Menschenwürde im Betrieb

Der neue emanzipatorische Arbeitsstil darf, wenn er sich durchsetzen soll, nicht von Profitmotiven geleitet sein, sondern muß auf sozialen und ethischen Grundlagen beruhen. Diese Überzeugungen stehen zum Beispiel hinter dem Experiment, das Ernest Bader, ein 1920 nach England ausgewanderter Schweizer, in seiner chemischen Fabrik in Wollaston mit Erfolg versuchte. Zuerst hatte er probiert, seine Angestellten am Gewinn zu beteiligen. Aber in zwei Schritten, 1951 und 1963, machte er alle seine Mitarbeiter zu gleichberechtigten Mitbesitzern eines »Commonwealth«. Nicht nur sind in diesem Betrieb die Arbeitsbedingungen für alle Mitarbeiter menschlich, sondern sie haben sich auch humane Selbstbeschränkungen gegenüber sich selbst und der Umwelt auferlegt. Der Betrieb soll – auch bei gutem Geschäftsgang – nicht über 350 Mitarbeiter hinaus wachsen, um sein »menschliches Maß« zu behalten. Quellen:
Current Journal of Social Issues, Lakeside, USA, Winter 1971;
Small Is Beautiful, von E. F. Schumacher, London 1973, und F. H. Blum, *Work and Community,* London 1968.
Gemeineigentümer sind in Frankreich die Mitarbeiter der Fabriken von Marcel Barbu, in der deutschen Bundesrepublik der Firma Behrens, Ahrensburg, Photo-Porst, Nürnberg, und der Genossenschaftshütte Süssmuth, über deren »Fall« ausführlich berichtet wird in
Franz Fabian, *Arbeiter übernehmen ihren Betrieb,* Hamburg 1972.
Im März 1972 veranstaltete die Carl-Backhaus-Stiftung für Demokratie in der Wirtschaft, Ahrensburg, unter der Leitung von F. Vilmar eine Tagung, die unter dem Titel
Menschenwürde im Betrieb den Problemen und bereits bestehenden Modellen humaner Betriebe gewidmet ist, über deren Zielsetzung den Teilnehmern und Beobachtern folgendes mitgeteilt wurde:
»Es wird in diesem Land viel davon geredet, daß auch im Betrieb *der Mensch im Mittelpunkt stehe.* In der Praxis ist davon allerdings sehr wenig zu merken. Dabei sind es durchaus nicht die vielzitierten *Sachzwänge,* die unabweisbar autoritäre und monotone Arbeitsverhältnisse hervorbringen. Es existieren beachtliche Konzepte – teilweise schon mit Erfolg praktiziert –, auch unter privatwirtschaftlichen Produktionsbedingungen gleichwohl die industrielle Organisation demokratischer und humaner zu gestalten. Sie beweisen, daß die immer noch vorherrschende menschenunwürdige Fremdbestimmung und Monotonie in der industriellen Arbeitswelt (ebenso in den Verwaltungen) keineswegs unabänder-

lich sind, sondern abgebaut werden können. Mit dem Ziel, jede – private oder staatliche – Ausbeutung des Menschen abzuschaffen.« (In: Fritz Vilmar, Hg., *Menschenwürde im Betrieb,* TB Reinbek bei Hamburg 1973.)

Neue demokratischen Institutionen

Kann der Bürger mitreden?

Die Zunahme der Bürgerinitiativen in den Ländern der westlichen Welt sollte nicht nur anekdotisch und punktuell gesehen werden, sondern als Ausdruck echten Bedarfs. Der Bürger ist der bisherigen Praxis, die ihm außer seiner Stimmabgabe für Parteien und Kandidaten, auf die er wenig oder gar keinen Einfluß hat, müde geworden. Er will konkret mitsprechen. Aber wo und wie und mit wem?
Es gibt in den Städten zwar Rathäuser, aber keine Bürgerhäuser. Man sieht die Gesichter der Verantwortlichen, besonders auf dem Fernsehschirm, aber es gibt kaum Möglichkeiten der Begegnung. Es sind, wie schon
Jürgen Habermas (u. a.) in *Reflexionen über den Begriff der Beteiligung,* Neuwied 1961,
feststellte, »die Parteien ... Instrumente der Willensbildung, aber nicht in der Hand des Volkes, sondern derer, die den Parteiapparat beherrschen ...«. Sie begnügen sich damit, »Wähler als Privatleute temporär zu Akten kollektiver Akklamation zu mobilisieren, ohne an deren politischer Unmündigkeit etwas Wesentliches zu ändern«.
In Arbeiten aus neuerer Zeit von
G. Zimpel, *Selbstbestimmung oder Akklamation?,* Stuttgart 1972, und
H.-E. Bahr, Herausgeber, *Politisierung des Alltags,* Neuwied 1972, wird diese These durch aktuelle Reporte und Analysen bestätigt. Eine Erscheinung, die R. J. Pranger, *The Eclipse of Citizen Ship, Power and Participation in Contemporary Politics,* New York 1968,
auch in den USA, dem einstigen Land der »grass roots democracy«, konstatierte: Dieser Zustand wurde von verschiedenen Politologen – z. B. B. N. Luhmann und R. Löwenthal – als unvermeidliche Konsequenz der industriellen Gesellschaft beschrieben. Es wurde auch von
H. Klages, *Planungspolitik,* Köln 1971,
auf die »ungeheure Stärke der soziophysischen Fesseln, durch die der Riese *Bevölkerung* lahmgelegt« ist, hingewiesen. Die emanzipatorischen Kampagnen der »neuen Linken« zeugten, so meint

er, »von einer bedenklichen Unkenntnis der in allen sozialwissenschaftlichen Bibliotheken haufenweise herumstehenden Belege« für diese Humanbarriere.
Nun scheren sich die Bürger nicht um Seminarbibliotheken, sondern es bewegt sie ihre Not, die sie, auch ohne durch Sachverstand dazu befugt oder imstande zu sein, zum Ausdruck bringen und beseitigen wollen.
R. Gronemeyer, *Organisierter Alltag, Basisdemokratie oder Eliteherrschaft,* im Bahr-Sammelband, s. o.,
setzt sich mit N. Luhmann auseinander, der die konkrete Beteiligung aller einzelnen an den politischen Entscheidungsprozessen unter heutigen »Komplexitätsbedingungen« für eine Utopie hält. Er macht geltend:
»*Eliteherrschaft* mit dem Hinweis auf die Unfähigkeit des Bürgers zu begründen, wirkt beim gegenwärtigen Zustand der Gesellschaft nachgerade grotesk, wo es den *Eliten* nicht einmal gelingt – um nur ein Beispiel zu nennen –, den chaotischen Erstickungstod der Lebenszentren spätkapitalistischer Gesellschaften, der Städte, zu bewältigen. Die Unterstellung, dem Bürger könne die Last der Teilnahme nicht zugemutet werden, mag man deshalb umkehren zur Behauptung, daß – unter den Bedingungen der Komplexität – die Lawine gesellschaftlicher Probleme ohne Beteiligung der Bürger nicht mehr aufgehalten werden kann.«
Als Ziel nennt er »institutionell abgesicherte Partizipationserweiterung, nicht Teilhabe, die sich zufälliger Aktivität verdankt«, und faßt zusammen:
»Basisdemokratie ist kein vorindustrieller Romantizismus, längst überholt vom funktionalen Erfordernis der Entscheidungszentralisierung in komplexen Organisationen. Vielmehr verlangen die Probleme im Alltag der Produktion (z. B. Planungsorganisation) demokratisierende Partizipation. Ohne die Basis keine angemessene Problemlösung ... Wo Ohnmacht punktuell durchbrochen wird, setzen neue, folgenreiche Machterfahrungen ein: Wem man den kleinen Finger reicht, der will bald die ganze Hand.«
Einen konkreten Beleg für diese These gibt ein Münchner Erfahrungsbericht über eine öffentliche Planung unter Hinzuziehung der Bürger:
P. Hoffmann und N. Patellis, *Demokratie als Nebenprodukt,* München 1971.

Planung mit den Bürgern

Der verständliche und eingefleischte Widerstand gegen die hier ausgesprochene Perspektive von Bürgerinitiativen, die den Regierenden »zu weit gehen könnte«, dürfte tiefer sitzen als die

»Fesseln«, welche angeblich die Bürger hindern sollen, als vollwertige Partner am demokratischen Prozeß teilzunehmen.
Paul Davidoff, einer der führenden »advocacy planners«, und seine Studenten im Hudson College erzählten mir, wie schnell die »Betroffenen« bei Planungsdiskussionen selbst komplizierte Situationen verstehen lernen, besonders wenn sie einen für ihre Interessen kämpfenden Planer als »Advokaten« zur Seite stehen haben. Er schrieb mehrfach in der Zeitschrift des American Institute of Planners – *AIP Journal*. In der gleichen Zeitschrift berichtet
H. H. Hyman, *Planning with Citizen,* März 1969,
von den Arbeiten zweier unter Bürgerbeteiligung stattfindender Planungsgruppen in Boston. In etwa 150 öffentlichen Diskussionen konnte die zweite Gruppe, deren Leiter auf die Vorschläge der Bürger genau hörten und nicht von vornherein – wie es bei der ersten Gruppe geschehen war – ihre auf Sachverstand gründende Auffassung durchzusetzen versuchten, ein Ergebnis erzielen, das alle Beteiligten weitgehend befriedigte.
Die Erfahrungen von Paulo Freire, Ivan Illich, Danilo Dolci und vor allem der chinesischen Planer widerlegen ebenfalls die Legende von den demokratieunfähigen Bürgern. Notwendig sind echte Sympathie von seiten der nicht immer unbedingt besser, sondern nur anders informierten Intellektuellen, Geduld, Fähigkeit zum Zuhören und viel Zeit. Kann aber der Bürger diese Zeit aufbringen? Besitzt er am Ende eines anstrengenden Arbeitstages noch die Kraft, sich demokratischen Verpflichtungen zu widmen? Dafür machte Peter C. Dienel in der Zeitschrift *Bürger im Staat,* Nr. 3, 1971, in dem Aufsatz *Wie können Bürger an Planungsprozessen beteiligt werden?*
den diskutierfähigen Vorschlag, »Planungszellen« von Bürgern zu bilden und die Teilnehmer zu honorieren:
»Für die vollrepräsentative *Planungszelle* sind die heute für solche Gruppen gängigen, unter der Bezeichnung *Freiwilligkeit* zusammengefaßten Teilnahmemotivationen nicht mehr ausreichend. Hier muß der einzelne zur Teilnahme gesetzlich freigestellt und von der öffentlichen Hand vergütet werden, wie wir das beim Abgeordneten, beim Laienrichter, beim Wehr- und Ersatzdienstpflichtigen oder auch bei dem in Aussicht genommenen Bildungsurlaub kennen. Im genannten Fall würden sich die Kosten für vier Wochen *Planungsurlaub,* im Schnitt 1500,– DM pro Person gerechnet, auf 540 000,– DM belaufen. Der Vergleich mit anderen Ausgaben zeigt, daß es hier für ein Land gar nicht um ein finanzielles Problem geht. Die entsprechenden Versuche werden sich bald vervielfachen lassen.«

Die Auswahl der Teilnehmer soll nach Dienels Vorstellung folgendermaßen getroffen werden:
»Die Umformung der Menge generell Berechtigter in gesprächs- und arbeitsfähige Zellen ist mit Hilfe von Stichprobentechniken möglich, wie sie bei Meinungsumfragen üblich sind. Die Reduktion kann dabei nach unterschiedlichen Kriterien erfolgen. Wichtig ist, daß die Selektionskriterien richterlicher Überprüfung standhalten können. Sie müssen die Aufteilung des Gesamts in Teile ermöglichen, bei jedem einzelnen gegeben, projektneutral, eindeutig und nicht manipulierbar sein. Solchen Ansprüchen genügen Kriterien wie Geburtsdatum oder Anfangsbuchstabe des Familiennamens. Sie gestatten die Anwendung von Auswahltechniken, über die eine Einigung relativ leicht herzustellen ist. Bei Zugrundelegung eines Geburtstages pro Jahrzehnt läßt sich die Einwohnerschaft eines Landes wie Hamburg auf etwa 360 Berechtigte reduzieren, die zwölf Planungszellen à 30 Personen bilden.« Sollten sich dennoch zufällig Einseitigkeiten in der Zusammensetzung einer Gruppe ergeben, so kann dank der Existenz mehrerer Gruppen, die mit der gleichen Problematik beschäftigt sind, ein Ausgleich geschaffen werden.

Zu kritisieren an Dienels Vorschlag scheint mir allerdings seine Vorstellung, daß die Gruppen ihre Themen nicht selber formulieren, sondern vom Parlament auf Beschluß »zugewiesen bekommen«. Gerade die Entwicklung eigener Wünsche und Initiativen sollte doch wohl den Bürgern in vermehrtem Maße ermöglicht werden.

Siehe auch: Peter C. Dienel, *Zur Entwicklung eines Verfahrens geordneter bürgerlicher Planungsbeteiligung,* Referat auf dem Kongreß der Deutschen Vereinigung für Politische Wissenschaft, Duisburg, Oktober 1975.

In England wurde im März 1968 eine Regierungskommission unter Leitung des Abgeordneten M. A. Skeffington gebildet, deren Aufgabe es war, »die besten Methoden ... zu bedenken und darüber zu berichten, wie die Partizipation des Publikums in der *vorbereitenden* Phase von Entwicklungsplänen für ihre Region gesichert werden könnte«. Man ging von der richtigen Überlegung aus, daß bis dahin – wie auch heute noch fast überall in der Welt – die Bürger, wenn überhaupt, viel zu spät in den Entscheidungsprozeß eingreifen, nämlich erst dann, wenn es nur noch eine Wahl zwischen wenigen Vorschlägen gibt, die bereits vorher in langen Fachdiskussionen formuliert wurden.

Der Bericht
People and Planning, Her Majesty's Stationary Office, London 1969,

brachte eine große Anzahl ausgezeichneter Reformideen und wurde von der Öffentlichkeit als großer Fortschritt bezeichnet. Wie schwer allerdings die guten Absichten zu verwirklichen sein werden, weil bisher weder die Beamtenschaft noch die Bürger gelernt haben, ihr traditionelles Mißtrauen gegeneinander aufzugeben, zeigt die ausführliche Fallstudie über einen Versuch öffentlicher Planungsbeteiligung in dem Städtchen Milfield bei Sunderland:
Norman Dennis, *Public Participation and Planners' Blight*, London.
Zum Teil aufbauend auf den englischen Vorschlägen, aber zahlreiche eigene Ideen über neue demokratische Institutionen enthält
Rudolf Schilling, *Die Demokratie der Teilnahme, ein politisches Kochbuch*, Zürich 1973,
das gerade für Nichtschweizer besonders lesenswert ist.
Als anregungsreiche Selbstkritik eines nachdenkenden und phantasiereichen städtischen Beamten sei genannt
H. Glaser, *Jenseits von Parkinson, ein kybernetisches Modell für Verwaltung und Wirtschaft*, Köln 1972,
ferner Peter Oetze, *Institutionalisierung von Partizipation*, in *Nutzbeteiligung an Planungsprozessen*, Stuttgart 1972.
Den möglichen Mißbrauch des Partizipationsgedankens durch die Macht analysiert R. Gronemeyer, *Integration durch Partizipation*, TB Frankfurt 1973.

Foren für die heimatlosen Bürger

Im Jahre 1968 wurde in München das »Diskussionsforum für Entwicklungsfragen« gegründet, das sich als Ziel setzte, »Vermittlerstelle zu sein, in der Gedanken engagierter Bürger an die Öffentlichkeit kommen«. Es will allen Bürgern die Möglichkeit geben, ihre Vorschläge zur Stadtplanung in die Entscheidung der Verwaltung und des Stadtrats einfließen zu lassen. In Köln wurde dieses Beispiel nachgeahmt.
Ich habe in beiden Städten Menschen angesprochen und sie gefragt, wo ich das »Stadtforum« finden könnte. Nicht einer konnte mir eine präzise Auskunft geben, obwohl manche »gelegentlich etwas davon gehört hatten«.
Die dringende Aufgabe einer Wiederbelebung der Demokratie kann nur geleistet werden, wenn solche Foren so zentral liegen, so bekannt und so offen zugänglich sind wie früher der Marktplatz.
Es wird notwendig sein, Bürgerhäuser zu bauen, wie sie zum Beispiel der französische Künstler N. Schoeffer und der Holländer B. Constant vorgeschlagen haben.

In ihnen sollte es nicht nur Beratungssäle geben, Ausstellungen veranstaltet, politisches Theater gespielt werden, sondern auch das technische Instrumentarium vorhanden sein, das dem Bürger die gleiche »Informationsmacht« gibt wie der Regierung.
Eine konkrete Vorstellung davon, wie so ein Begegnungsort aussehen könnte, gibt
H. Hoffmann, *Plan für ein audiovisuelles Kommunikationszentrum,* in: H. Glaser, *Kybernetikon,* München 1972.
Über Datenbänke für die Bürger gibt es Informationen in:
H. Sackman, *The Information Utility and Social Choice,* Montval, New Jersey.
Über die Verringerung des Informationsvorsprunges der Exekutive gegenüber der Legislative durch die Möglichkeit des Kongresses, von nun an die im Computer zu speichernden Informationen der Regierung direkt vom eigenen Anschluß aus abzufragen – ausgenommen sollen nur Nachrichten der militärischen Geheimsphäre werden –, berichtet
J. S. Salomona, *System Politics,* Cambridge, USA, 1968.
Eine »totale Informationsgesellschaft«, die leicht zu einer totalitären werden könnte, wird entwickelt in:
The Plan for Information Society – a National Goal toward Year 2000, fehlerhafte englische Übersetzung des Final Report Computerization Committee, Tokio 1972.
In einer »offenen Demokratie« müßte dieses Recht nicht nur den Abgeordneten, sondern jedem Bürger offenstehen.
Doch mindestens so wichtig wie die Installation der neuesten Informationstechnik in den Bürgerforen wäre es, an diesem Ort ständig direkte persönliche Begegnungen (nicht Vorträge!) zwischen Bürgern und Politikern, Bürgern und Schriftstellern, Bürgern und Wissenschaftlern, Bürgern und Künstlern zu schaffen. Es sollte die Isolation der »Prominenz« durch häufige Kontakte mit der Öffentlichkeit ersetzt werden.
Ich habe diese zu schaffenden Bürgerforen »Häuser der Zukunft« genannt, weil ich hoffe, daß an diesen neuen Orten nicht nur über gegenwärtige Sorgen, sondern auch über Hoffnungen und Pläne für die Welt von morgen diskutiert würde. Wie ich mir solche »Zukunftswerkstätten« denke, in denen die Bürger Wünsche und Vorstellungen entwickeln können, ist skizziert in dem Aufsatz
R. Jungk, *Einige Erfahrungen mit »Zukunftswerkstätten«,* in *Analysen und Prognosen,* Berlin, Januar 1973,
und R. Jungk, *Die Entwicklung sozialer Phantasie als Aufgabe der Zukunftsforschung,* in: Pforte/Schwencke, *Ansichten einer künftigen Futurologie,* München 1973.

Informationssysteme

Technischer Optimismus – soziale Skepsis

Die immer schneller fortschreitende Entwicklung der Nachrichtenübermittlung und der Fernverbindungen wurde lange als gleichbedeutend mit einer Verbesserung demokratischer Möglichkeiten gesehen. Diese einseitig optimistische Beurteilung machte inzwischen einer differenzierteren und kritischeren Betrachtungsweise Platz. Es ist vielen klargeworden, daß die neuen technischen Mittel sowohl zu vielfältigeren Informations- und Verständigungsmöglichkeiten als auch zur Manipulation der Bürger verwendet werden können.

Besonders eindringlich brachte diese Tatsache zum Ausdruck Donald Michael, University of Michigan, *The Individual: Enriched or Impoverished? Master or Servant?* in dem Konferenzbericht *Information Technology – Some Critical Implications for Decision Makers,* The Conference Board, New York 1971.

Er vertritt die Ansicht, daß sich während der nächsten zwanzig Jahre nur ein Teil der Gesellschaft von der Erziehung und der gesellschaftlichen Lage her aktiv an der »informationsreichen Gesellschaft« beteiligen wird. Eine intensive Bemühung um die Einbeziehung dieser »Ablehner«, »Gleichgültigen« und »Nichtbefähigten«, die heute noch in der Überzahl sind, erscheint ihm wichtiger als die weitere Verbesserung der Informationstechnologie, die unter Umständen zur Zerstörung der Freiheit und des menschlichen Wachstums mißbraucht werden könnte.

Im gleichen Band gibt es auch einen hervorragenden Überblick über die zu erwartende Ausweitung der »Informationsumwelt« vom Leiter des »Center for Integrative Study« der State University of New York in Binghamton:
John McHale, *The Changing Information Environment.*

Für den Zeitraum bis zum Jahr 2000 wird von ihm aufgrund bereits angelaufener Arbeiten für die immer stärker aufeinander zusteuernden Entwicklungslinien der Computer- und Kommunikationstechnik u. a. folgendes vorausgesagt:

Computereingabe durch die menschliche Stimme, Computer in Aktentaschengröße, Computer lernen durch Erfahrung, künstliche Intelligenz wird praktisch anwendbar, differenziertere Information durch Massenmedien, die auf individuelle Wünsche eingehen, Dialog zwischen »Sender« und »Empfänger«, Kostensenkung auf allen Gebieten des Informationswesens – bei Computern bis auf ein Hundertstel!

Technische Optimisten und soziale Skeptiker kommen zu Wort in:

A. F. Westin, Herausgeber, *Information Technology in a Democracy*, Cambridge 1971.
In über fünfzig Aufsätzen wird hier die ganze Problematik des Verhältnisses der neuen Informationssysteme zu den alten demokratischen Institutionen aufgerollt.
In der amerikanischen Fachpresse, besonders in den Zeitschriften *Datamation* und *Electronics,* New York,
werden die technischen Fortschritte der Informationstechnik nach wie vor vorwiegend positiv beurteilt, auch wenn gewisse noch vorhandene technische Hindernisse, z. B. Überlagerung von Sendungen, zugegeben werden.
Typisch für die »erregenden Hoffnungen« auf eine »Kommunikationsrevolution« war das Sonderheft der Zeitschrift
International Science and Technology, New York, April 1968.
Hier entwickelte z. B. J. C. R. Licklider erstmals seine Idee von einer weltweiten wissenschaftlichen Teamarbeit über Computerkommunikationsnetze.

Technische Hilfe für demokratische Vorgänge

Die Idee, jeden Bürger durch Elektronik mit den Zentralen der politischen Macht zu verbinden und ihm dadurch ständige Rücksprachemöglichkeiten zu geben, wurde schon in den fünfziger Jahren geboren. Über diesen Gedanken berichtet
V. Zworyikin in *The World of 1984,* London 1964, deutsch *Unsere Welt 1984,* München 1965.
Labour-Minister Anthony Wedgwood Benn nahm die Idee auf und setzte sich im *New Statesman,* London, dafür ein. Aber konkrete Anwendungen der neuesten Kommunikationstechniken für demokratische Entscheidungsprozesse wurden erst erprobt und beschrieben in den Arbeiten von
H. Krauch, *Computerdemokratie,* Düsseldorf 1972,
wo seine Versuche in Fortführung früherer Arbeiten mit W. C. Churchman, University of California, geschildert werden,
Ahlborn v. Cube, Rudinger, Vollmann, *Das Publikum im Prozeß der Massenkommunikation,* Hamburg 1973,
A. Etzione, *Minerva – an Electronic Town Hall,* vervielfältigtes Manuskript, Columbia University New York;
S. Umpleby, University of Illinois, *Citizen Sampling – ein Weg zu demokratischer Planung,* in *Analysen und Prognosen,* Berlin, November 1970, und
V. C. Lamont, University of Illinois, *New Directions for the Teaching Computer: Citizen Participation in Community Planning,* Paper for the 3rd World Future Research Conference, Bukarest 1972.

Die Frage, wie das Kabelfernsehen Wirtschaft, Politik und Erziehung beeinflussen könnte, wird sehr sachlich und informativ behandelt in einem Artikel von
E. Parker und D. A. Dunn, *Information Technology – Its Social Potential,* in *Science,* Washington, 30.6.1972.

Elektronik gegen die Krise der Städte?

Eine besonders interessante Variante der Nutzung neuer elektronischer Kommunikationsmittel für gesellschaftliche Zwecke entwickelte der langjährige Leiter der Forschungsabteilung des Columbia Broadcasting System in einem Vortrag vor der ersten Tagung der World Future Society im Mai 1971:
Peter C. Goldmark, *New Applications of Communications – Technology for Realizing the New Rural Society,* in *Analysen und Prognosen,* Berlin, November 1971.
Er ist der Ansicht, daß durch die phantasiereiche Anwendung von »broadband communications systems« das beängstigende Wachstum der Städte und die Landflucht beseitigt werden könnten. Intensivere elektronische Kommunikation würde seiner Ansicht nach die physische Ballung der Menschen auf engem Raum zum Teil unnötig machen. Sie könnten dann auf dem Land leben und über die verschiedensten Nachrichtenkanäle handelnd oder empfangend am städtischen Leben teilnehmen.
Goldmark stellt sich das so vor:
»Wir wissen, daß die meisten Städte heute aus sozialen Kommunikationsnetzen bestehen und daß, wenn wir elektronische Kommunikationsnetze gedankenlos hinzufügten, Ballung und Komplexität des Ablaufs nur noch gesteigert werden könnten. Städte, die gebaut oder vergrößert werden sollen, müssen also gut geplant werden, damit ihr Wachstum auf einem geplanten Kommunikations- und Verkehrs-Versorgungsnetz basiert.
Neue Kommunikationsnetze könnten in interne und externe Systeme unterteilt werden. Das interne System, das sich innerhalb der Stadtgrenzen befindet, wird aus 5 Grundnetzen bestehen:

- Das erste ist das wichtigste Netz, das heute in Form des Telefons existiert. Nach diesen Plänen würde es auf ein jedermann zugängliches zweikanaliges Sende- und Empfangsnetz ausgebaut, durch das die Bewohner in der Lage wären, Gespräche, Daten und Fernsehbilder zu empfangen und selbst zu senden. Dies wäre das wichtigste städtische *Nervensystem,* und es wäre ebenso lebenswichtig wie Straßen, Wasser oder Strom. Der wichtigste Zweck dieses Systems wäre es, jedem einzelnen den Kontakt zu anderen innerhalb der Stadt zu ermöglichen, gleich-

gültig, wie dunkel die Straßen sind und wie stark der Verkehr ist. Durch Anschluß des Netzes an die Datenverarbeitung wird der Zugang von Mensch zu Maschine oder von Maschine zu Maschine ermöglicht. Man kann es auch so sehen, daß dieses System eine Leitung in alle Haushalte, Büros oder Büchereien schafft, durch die nicht nur gesprochen werden kann, sondern auch geschriebene Unterlagen, Bilder, Daten etc. vermittelt und empfangen werden können. Der wichtigste Beitrag dieses Systems ist die Möglichkeit, die Verbindung von jedem beliebigen Teilnehmer zum anderen zu schaffen.
- Das zweite Netz bestünde in einem AM-FM-Radio- und -Fernsehnetz, dessen Ausmaß davon abhängt, welche Kanäle für die jeweilige Gemeinschaft verfügbar sind. Es könnte aus einem oder mehreren Lokalsendern bestehen, möglichst mit Anschluß an andere Netze und Bildungsfernsehen.
- Das dritte interne Netz bestünde aus Breitbandleitungen, die eine Vielzahl von Fernsehkanälen in die einzelnen Haushalte bringen würden. Dieses Netz würde ein begrenztes Schmalbandrückrufsystem für Abstimmungszwecke oder Anfragen einschließen. Telegraphische Fernsehsysteme dieser Art für Sendung und Empfang werden heute bereits getestet. Wenn gewünscht, könnte dieses Kabelnetz auch die Ätherprogramme übermitteln, die entweder von lokalen Radiostationen oder von Satelliten kommen. Dieses Kabelnetz sollte so angelegt sein, daß es in der näheren Umgebung Unterzentren gibt, die das lokale Publikum mit eigenem Programmaterial versorgen könnten. Als Teil dieses Netzes würden allgemeine Informationsdienste den einzelnen Haushalten zur Verfügung gestellt. Ein wichtiges Beispiel wäre die Möglichkeit, bedeutende Veranstaltungen in der Stadt auszuwählen, wie z. B. Sitzungen der verschiedenen Ausschüsse für Ausbildung, Finanzen, Raumplanung, des Stadtvertreterrates etc. Durch die Abstimmungsmöglichkeit auf dem Sende- und Empfangsweg könnte man fast auf der Stelle die öffentliche Meinung zu dem jeweiligen Diskussionspunkt ermitteln. Durch das *Frame-Freezing-System* (Festhalten von Einzelbildern) könnten zahlreiche Informationen über Reisen, Wetter, Umweltverschmutzung, Einkaufsmöglichkeiten, Verkehr, verschiedene städtische und andere öffentliche Dienstleistungen, Verzeichnisse von kulturellen und unterhaltenden Veranstaltungen etc. ausgewählt und auf den häuslichen Fernsehschirmen betrachtet werden.
- Das vierte in der Stadt anzulegende Informationsnetz wäre wiederum ein Breitbandkabelsystem, das etwa 30 Sende- und Empfangsfernsehkanäle umfaßt, die die wesentlichen öffentlichen

Einrichtungen der Stadt miteinander verbinden würden, wie Rathaus (Zentrale und Unterbezirke), Krankenhäuser und Pflegeheime; Schulen und Colleges, Büchereien; Polizei- und Feuerwachen; Bus, Bahnhöfe und Flughäfen; sowie alle anderen städtischen Einrichtungen. Ziel dieser Anlage wäre es, die wichtigsten Institutionen und Beamten der Stadt mit Informationen für die reibungslose Abwicklung ihrer Tätigkeiten zu versorgen.

- Zusätzlich zu diesen vier Netzen würde ein städtischer Notdienst eingerichtet. Dieser würde das Notrufsystem für Polizei und Feuerwehr umfassen, ergänzt durch eine automatische Lokalisierung des Anrufers und ein System zur Lokalisierung von Fahrzeugen von Polizei, Feuerwehr, Ambulanz, von Versorgungsfahrzeugen und anderen großen Wagenparks.

Hier haben wir nun das interne Kommunikationsnetz beschrieben. Das externe System sähe folgendermaßen aus:

1. Eingehende Breitbandkabel- oder Mikrowellenkreise, die Firmen, Industrieunternehmen und Regierungsstellen der Stadt mit ihren Partnern in anderen Städten oder Ländern verbinden. Dies sind in der Hauptsache bestimmte Verbindungen von einem Punkt zum anderen.
2. Langstrecken-Breitband-Kreise, die den geschalteten Telefon- und Videophondienst der Stadt mit den entsprechenden geschalteten Einrichtungen in anderen Städten verbinden.
3. Öffentliche Breitband- und Schmalband-Einrichtungen, wie der U. S. Postal Service, Western Union, und andere, zur Übermittlung von Nachrichten, gedrucktem Material, Daten etc. von einer Stadt zur anderen und in andere Länder.
4. Leitungen für Zwecke von Ausbildung, Kultur und Erholung. Dazu würden gehören:
    a) Radio- und Fernsehschaltkreise sowohl für private als auch für öffentliche Ausstrahlung.
    b) Breitband-Bildungsfernsehen für Sendung und Empfang, das eine kleine lokale Studiengruppe mit der zentralen Universität des Bezirks verbindet.
    c) Breitbandkabelnetz als Teil eines nationalen, hochpräzisierten geschlossenen Fernsehnetzes, das Broadway-Veranstaltungen, Opern, Konzerte und Sportereignisse in speziell auf solche Vorstellungen abgestimmte Theater live überträgt. Dieses System würde Farbfernsehen mit stark gerastertem Bild von mindestens 1000 Zeilen verwenden mit Kameras und Projektoren, die speziell für Live-Aufnahmen und Projektion auf große Bildschirme entwickelt wurden. Die am besten geeignete Verteilermethode für Signale dieser Art

auf nationaler Ebene ist vielleicht die Synchronübertragung per Satellit von mehreren dieser hochpräzisierten TV-Signale und der Empfang durch örtliche Festantennen mit hohem Verstärkungsgrad.«

Untergrund bringt Gegeninformation

Informationsnetze werden bald den ganzen Erdball umspannen. Trotz großer Schwierigkeiten gelingt es allmählich, ein weltweites Wissenschaftsinformationssystem zu verwirklichen. In knapper Form wird darüber berichtet in:
UNISIST, Synopsis of the Feasability Study on a World Science Information System, UNESCO, Paris 1971.
Aber auch verschiedene Nationen, wie England, Japan, Frankreich sowie die Bundesrepublik Deutschland – laut Aussagen von Staatssekretär Hauff in einer Diskussion über »technology assessment« in *Bild der Wissenschaft,* Stuttgart, September 1973 –, sind mit Vorarbeiten für den Ausbau nationaler Informationsnetze beschäftigt. Die politischen Gefahren, die eine Beherrschung eines solchen Systems, das in jedes Heim hineinreicht, mit sich bringen könnte, besonders wenn es mit zentralen Datenbänken gekoppelt ist, die wiederum Dossiers über jeden Bürger speichern können, schildern
N. Calder, *Technopolis,* London 1969,
und
A. E. Miller, *The Assault on Privacy,* Ann Arbor 1971, deutsch *Der Einbruch in die Privatsphäre,* Neuwied 1973,
beredt.
Über die Notwendigkeit der Demokratisierung von Datengeräten sagt Prof. Robert M. Fano, MPT:
»Es besteht kaum ein Zweifel daran, daß die Gesellschaft Computersysteme immer stärker zur Bewältigung der wachsenden Komplexität ihres Lebens und ihrer Organisation heranziehen wird. Bei weitem nicht so klar ist jedoch die Frage, ob die Hilfeleistungen, deren Computer fähig sind, auch für den privaten Einzelmenschen ebenso wirksam und allgemein zur Verfügung stehen werden wie für den Staat und private Organisationen. Wissen ist Macht. Und Daten sind fast nutzlos ohne die Mittel zur Herausarbeitung der in ihnen enthaltenen relevanten Informationen. Die Aufrechterhaltung eines vernünftigen Kräftegleichgewichts in der Gesellschaft und damit der persönlichen Freiheit erscheint daher in Zukunft stark davon abhängig, ob die Dienstleistungen der mächtigen Computersysteme der Allgemeinheit praktisch und wirtschaftlich zur Verfügung stehen werden wie heute Telefon und elektrischer Strom.«

Wenn aber nicht jedermann Zutritt zu den neuen Informationssystemen gewährt wird, dann wird es – Anfänge sind bereits sichtbar – zur Gründung eigener »Netze« kommen.

Eine solche Entwicklung von Informationsnetzen und Datenbanken, die anderen gesellschaftlichen Kräften zur Verfügung stehen würden, erscheint heute noch als eine »abenteuerliche Idee«. Doch entspricht dies eigentlich nur der inzwischen längst als selbstverständlich hingenommenen Gründung einer eigenen kritischen Oppositionspresse im vorigen Jahrhundert.

Die Versuche, ein »alternatives« Fernsehen zu entwickeln, zeigte besonders eindrücklich die französische Filmreportage

C. de Givray und P. Schaeffer, *Vingt millions de cameras citoyens?*,

die beim »Prix Futura«-Fernsehwettbewerb in Berlin gezeigt wurde; gedrucktes Drehbuch liegt vor.

Gedanken einer Demokratisierung der elektronischen Massenmedien wurden bekanntlich schon von Bert Brecht entwickelt, von

H. M. Enzensberger, *Baukasten zu einer Theorie der Medien*, in *Kursbuch* 20, Berlin 1970,

fortgeführt und in der bahnbrechenden Veranstaltung der Stadt Nürnberg »Kybernetikon«, 1972, unter der Leitung H. Glasers und K. H. Stahls experimentell mit Publikumsbeteiligung erprobt. Auskünfte über Gedanken und Versuche auf diesem Gebiet sind zu finden

für **England** in

B. Jardine und M. Hickie über *The North Kensington Project*, in *Architecture and Design*, London, November 1972;

B. Groombridge, *Television and the People – A Programme for Democratic Participation*, London 1972;

J. Hopkins, *Video in Community Development*, London 1972;

für **Frankreich** in

P. Lewis, *Community TV – a New Hope*, in *New Society*, 9.3.1972;

P. Schaeffer, *Pouvoir et communication*, Paris 1972;

für **Kanada** in

Challenge for Change, Toronto 1971;

für die **USA** in

N. Johnson, *How to Talk Back to Your TV Set*, Boston 1970;

M. Hinshaw, *Wiring Megalopolis*, Annenberg Fd. 1972;

M. Shamberg, *Guerilla Television*, New York 1971;

M. Price, *Cable TV: a Guide for Citizen Action*, Philadelphia 1972,

sowie in der Zeitschrift

Radical Software, New York, wo auch ausführlich über kanadische Experimente berichtet wird, und

Prime Time, San Francisco, Box 630.

Wer an Austausch von Video-Aufzeichnungen interessiert ist, kann sich wenden an die »Cultural Data Bank« von Raindance Video Service, Post Office Box 5423, Cooper Station, New York 10 003.
Über die Widerstände gegen das Kabelfernsehen in den USA
S. P. Suchermann, *Cable TV: the Endangered Revolution,* in *Columbian Journalism Review,* Mai 1971;
T. Meehan, *Coming up on Channel C: You!,* in *Saturday Review,* New York, 9.9.1972;
für die **Bundesrepublik Deutschland** in der Zeitschrift »Medium«, Frankfurt.
Einen kritischen Bericht über audiovisuelle Möglichkeiten in der *Bundesrepublik* verfaßte das interdisziplinäre Team »Prokol« (Allesch, Müller, Owsianowski, Röck, Ziegler), Berlin 1971, im Manuskript, unter dem Titel *Hören + Sehen = Bewußtsein? Leitstudie zum Medienverbund.*

Das »Netz« der Gegenkultur

Die Veränderung des geistigen Klimas, die Durchsäuerung der Gesellschaft mit alternativen Gedanken und die daraus resultierenden veränderten Haltungen sind seit Mitte der sechziger Jahre immer deutlicher spürbar. Wie geht das vor sich? Auf welche Weise, durch welche Kommunikationsnetze? Dafür haben verschiedene amerikanische Autoren versucht, Erklärungen zu finden. Am besten gelingt es
D. Schon, *Beyond the Stable State,* London 1971, deutsch in der Reihe *Innovation* unter dem Titel *Die lernende Gesellschaft,* Neuwied 1973.
Er versucht klarzumachen, daß die zentral gelenkten Netze, bei denen laufend Anstöße und Anordnungen von einem Mittelpunkt aus an die Außenposten weitergegeben werden, nicht mehr fähig sind, die nicht nur vergrößerten, sondern vielfältigeren wirtschaftlichen und gesellschaftlichen Systeme des zu Ende gehenden zwanzigsten Jahrhunderts zu steuern.
Die »Bewegung« der amerikanischen Jugend gegen das ökonomische und technologische System ihrer Väter gilt schon als Modell der neuen Weise, wie sich Innovationsgedanken verbreiten. Es gibt nun nicht mehr ein dirigierendes Zentrum, sondern viele. Sie wechseln häufig, ihre Führung und ihre Zusammensetzung ändern sich oft, auch ihre Ideen sind nicht programmatisch festgelegt, sondern in ständiger Entwicklung begriffen. So entsteht ein lebendiges, wegen seiner Flexibilität überlebensfähiges und vor allem stets lern- und veränderungsbereites System, das sich zum Teil der technischen Infrastruktur von Nachrichtenwesen und

Verkehr (Fernsehen, Radio, Telefon, Ton- und Videobänder, Platten, Post) bedient, aber auch weitgehend auf persönlicher Begegnung, auf das von Mensch zu Mensch gesprochene Wort gründet.
Aus dem eigenen Erleben und täglichem Kampf heraus beschrieb diesen Vorgang eine der führenden Figuren des »movement«:
M. Rossman, *On Learning and Social Change,* New York 1972, besonders in dem Kapitel *A Communications Network for Change in Higher Education,* deutsch: *Lernen für eine neue Gesellschaft,* Weinheim 1974.
Der gleiche Autor stellte seine Gedanken über eine Weiterverbreitung der neuen Denkweise besonders überzeugend und knapp in einem Artikel der *Saturday Review,* New York, 19.8.1972, unter dem Titel *How We Learn Today in America* dar.
Um dieses »Netz« von sich ständig erneuernden, weitverstreuten »growth centers« überschaubar zu machen, sind verschiedene »Adreßbücher« erschienen, die durch ihre Kommentare eine Vorstellung von der Vielfalt des von Schon analysierten dezentralisierten Lernprozessen geben, zum Beispiel:
The People's Yellow Pages – nach den »gelben Seiten« in amerikanischen Telefonbüchern, in denen kommerzielle Unternehmen verzeichnet sind –, ein Katalog, der in der Region von Boston und Cambridge erscheint und nach seinen eigenen Angaben die Adressen von Einzelpersonen und Gruppen aufführt, die »ihre Dienste ohne Ausbeutungsabsicht« anbieten: Personen, die etwas von Musik, Tischlerei, Kunst, Medizin verstehen, Gruppen, die mit gewaltlosen Aktionen beschäftigt sind, Umweltschutzorganisationen, freie Schulen. Herausgegeben von »Vocations for Social Change«, 351 Broadway, Cambridge, Massachusetts.
Die meiner Ansicht nach beste Übersicht ist der
Source Catalog – Communications, P. O. Box 21 066 Washington, D. C. 20 009,
der von einem zuerst im Bus von Universität zu Universität reisenden Team der »Education Liberation Front« (ELF) zusammengestellt wurde, weil »wir zu viele Informationen gesammelt hatten, um sie von einem Bus aus zu verbreiten«. Geschulte Bibliothekare der amerikanischen »Counterculture« stellten dieses eindrucksvolle Mosaik aus Hunderten von kurzgefaßten Selbstporträts von Gruppen und Institutionen der »Counterculture« in vorbildlicher Weise zusammen. Ihr Motiv: »Wir brauchen Informationen über unsere Bemühungen, unsere Hilfsmittel, Projekte, Fähigkeiten und Träume, um Infrastrukturen der Hilfe zu kennen, die notwendig sind, damit dieses Land und wir selber uns befreien können.«

Aufgeführt werden die Nachrichtenagenturen der Untergrundpresse, Broschüren und Bücher über die Rolle der Massenmedien; Gruppen von Künstlern und Kunsthandwerkern. Beispiele:

- »*Intersection* ist ein Theater, ein Kaffeehaus, eine Kunstgalerie, die Redaktion eines ›newsletters‹. Offen für das Publikum und alle Kunstformen. Ideenaustausch, Konferenzen, Seminare, Workshops werden von Künstlern veranstaltet. Kämpft gegen den Merkantilismus in der Kunst, der nur einem Prozent aller Künstler Anerkennung bringt. Kontaktadresse: 765 Union Street, San Francisco.«
- »*The Laundromat* wurde von zehn Kunsthandwerkern gegründet ... Sie richteten ihre Kooperative in einem alten Laundromat (Selbstwaschladen) ein. Entlaufene Jugendliche werden aufgenommen und lernen Weben, Keramikarbeiten, Farbdruck, Adresse: 979 Peachtree Street N. E., Atlanta.«
- »*Berkeley Creators Association* versucht, Künstler und soziale Neuerer heranzuziehen. Im Sommer 1970 wurde an verschiedenen Stellen der Stadt öffentlich Kunstunterricht gegeben, Musik gemacht, Theater gespielt. Einnahmen wurden verwendet, um eine freie Gemeindeklinik einzurichten. Das Programm *Free Shop* hält Kontakt mit dem Gefängnis auf der Insel Alcatraz.«
- Unter der Rubrik Musik werden u. a. erwähnt:
  »*Elephants Memory* produziert politische Rockplatten unter dem Firmentitel *Auf die Straße gehen,* 148 W. 10th Street, New York City«;
- »*Leopold's* ist ein Plattengeschäft in Berkeley, das als Treffpunkt für Musikinteressierte dient. Die Hälfte der Einnahmen wird für gesellschaftliche Einrichtungen (Drogenklinik, Lebensmittelkooperative usw.) verwendet.«

Auf ähnliche Weise werden Theatergruppen, Film- und Videoteams, wenig bekannte Zeitschriften, Verlage, Buchläden, Gruppen von kritischen Computerprogrammierern wie »Computer People for Peace«, 137 14th Street, New York, und »Meta-Information« dargestellt. Über die letztere Gruppe erfährt man:

- »Sie versuchen einen humanen Gebrauch von Computertechnik zu entwickeln, studieren die politische Verwendung von Computern, helfen, die Büroarbeit von Kommunen zu vereinfachen. Leben von Annahme verhältnismäßig harmloser Beratungs- und Programmierjobs. Adresse: 875 West End Avenue, New York City.«
- Auch eine europäische Gruppe wird von »Source« erwähnt:

»Binary Information Transfer (BIT), London W 11, Westbourne Park 141, publiziert einen BIT *newsletter* und das Jahrbuch *A Book of Visions*. Funktioniert ohne Direktoren, Kommissionen, Kontrollen, teilt Interessenten mit: ›Wir können nicht mehr geben, als wir bekommen. Wenn Du einen Job, eine Wohnung, Informationen über einen neuen Film, Namen von Anwälten, Doktoren, Zahnärzten willst, können wir nur helfen, wenn uns jemand diese Informationen liefert.‹«

- In der **Schweiz** erschien 1974 der ALTERNATIV-KATALOG I im G.-Duttweiler-Institut, Rüschlikon bei Zürich.
- In **Frankreich** erschien 1975: *Le catalogue des ressources vol I.*, Librairie »Parallèles« Paris.
- In **England** erschien 1975: *Alternative England and Wales,* London SW 10, 65 Edith Grove.

»Unsichtbare Colleges«

Zum Abschluß dieser Angaben über »alternative Informationsnetze« möchte ich erwähnen, daß mich auf »Source« wie auf so vieles andere ein Mann aufmerksam machte, der als sehr ernst zu nehmendes Hobby seit Jahren ein eigenes weltweites Informationsnetz betreibt und erhält. John Dixon begann Mitte der sechziger Jahre als Abteilungsleiter für Erziehungsprojekte bei »Xerox« in Washington – wo er die Möglichkeit hatte, die Kopiermaschinen der Firma frei zu benutzen – an Persönlichkeiten und Freunde Ablichtungen von Artikeln aus Zeitungen und Zeitschriften zu schicken, die sich mit Zukunftsthemen beschäftigten. Er trug damit ganz wesentlich zur Entstehung einer internationalen Zukunftsforschung bei.

Denn es entstand auf diese Weise eines jener *»invisible colleges«*, die der amerikanische Historiker de Solla Price als entscheidend für den Fortschritt in den Wissenschaften bezeichnet. Durch Briefe, abgelichtete Manuskripte, in Telefongesprächen und auf Konferenzen bilden sich in fast allen Disziplinen »In-Gruppen« heran, die einander schneller über Ideen, Pläne, Arbeiten informieren, als es die Fachpresse kann. Auf diese Weise können die avanciertesten Forscher auf allen Gebieten wissen, was »vorgeht«, ohne in der Informationsflut des gedruckten Materials zu versinken. Ein eigenes hochinteressantes Buch über dieses Phänomen ist

Diana Crane, *Invisible Colleges: Diffusion to Knowledge* in *Scientific Communities,* Chicago 1972.

Menschliche Zukunft

Anfänge einer Humanvorschau

Die krisenhaften Folgen einer weitgehend ungesteuerten wissenschaftlichen und technischen Entwicklung waren Anlaß zu den Versuchen, eine »Zukunftsforschung« zu entwickeln. Dabei erwies sich der Mensch als eine schwer erfaßbare, vielleicht sogar unerfaßbare Größe. In den Artikeln

R. Jungk, *Human Futures,* in *Futures,* Guilford bei London, September 1968,

und

R. Jungk, *Imagination and the Future,* in *International Social Science Journal,* Bd. 21, Nr. 4, 1969, UNESCO, Paris,

versuchte ich bereits die Einseitigkeit und Unvollständigkeit einer Futurologie zu kritisieren, die dem Humanfaktor zuwenig Beachtung schenkte:

»Wir können uns nicht mehr damit begnügen, *menschlich* mit *ungewiß* gleichzusetzen und es dabei zu belassen. Der *Schöpfer Mensch,* der *Zerstörer Mensch* und nicht zuletzt das *Opfer Mensch* transzendiert alle Versuche, ihn zu quantifizieren. Dennoch wird kein Konzept, keine Vision der Zukunft stimmen, wenn wir nicht einen Weg finden, den Menschen einzubeziehen. Die Kurven der wirtschaftlichen und technologischen Vorausschau beschäftigen sich noch nicht genügend mit der Spezies, die schließlich auch diese Methoden der Zukunftsschau konzipierte. Solange wir nicht eine Art von *Humanvorausschau* (human forcecasting) entwickeln, die sich der Forschungen in Humanwissenschaften wie Soziologie, Psychologie, Anthropologie und Philosophie bedient, wird der Zukunftsforschung eine entscheidende Dimension fehlen.«

Teilhard de Chardin und Julian Huxley leisteten Pionierarbeit auf diesem Gebiet. Einen wichtigen Schritt stellt das Werk von

Pierre Bertaux, *Mutation der Menschheit,* Neuausgabe Bern 1967,

dar. In ihm wird vor allem auf die zunehmende Bedeutung der Gruppe gegenüber dem Individuum hingewiesen.

Erst mit dem Symposion »Cultural Futurology«, das im November 1970 als Teilveranstaltung der »American Anthropological Association« aufgrund eines vorhergehenden Austausches ausführlicher wissenschaftlicher Arbeiten zwischen den Teilnehmern abgehalten wurde, begann eine systematische Beschäftigung mit der Humanvorausschau, die besonders im Kulturbereich anwendbar ist.

In dem Band

M. Maruyama und J. A. Dator, Herausgeber, *Human Futuristics,* University of Hawaii 1971,

wurden diese Anfänge festgehalten. Wichtig erscheint mir vor allem die Warnung Maruyamas davor, an die Beschäftigung mit dem künftigen Menschen und seiner Kultur mit den gleichen Erwartungen und Maßstäben heranzugehen wie an andere Bemühungen um eine Erkenntnis der Zukunft:
»Humanfuturologie sollte als die Untersuchung kultureller Alternativen, Begrenzungen und Wahlmöglichkeiten nicht einfach ein anderer Zweig der *Wissenschaften* im traditionellen Sinne sein ... Erstens sind künftige Kulturen nicht bestehende *Objekte,* die beobachtet, analysiert und erklärt werden können. Zweitens können künftige Kulturen nicht vorausgesagt werden, indem frühere Muster der Veränderung, früheres Tempo der Veränderung oder gar die frühere Beschleunigungsrate der Veränderung extrapoliert werden. Es finden zu viele nie vorher versuchte Innovationen statt, die Extrapolationen unbrauchbar machen. Drittens: Kulturveränderungen passieren nicht einfach. Es sind Menschen, die sie machen. Daher sind kulturelle Veränderungen den Zielen, der Phantasie, dem Willen und der Wahl der Menschen unterworfen ... Humanfuturologie hat nicht die Hervorbringung von Zielen zum Ziel, sondern macht es den Menschen leichter, ihre eigenen Ziele zu entwickeln ... Daher unterscheidet sich die Humanfuturologie vom gewöhnlichen Utopismus. Die meisten Utopisten, sowohl die Professionellen als auch die Amateure – gehen von ihrem Ziel aus *nach unten,* in der Annahme, daß ihr Ziel *gut für die Leute* sei. Humanfuturologie verhindert den wachsenden Einfluß von berufsmäßigen Zielsetzern und selbsternannten Utopie-Entwerfern ...«
Die Humanvorausschau weiterzuentwickeln und ein Gegengewicht zu vorwiegend wirtschaftlichen oder technischen Zukunftskonzepten zu schaffen, bemühen sich
Rolf Schwendter und seine »Gruppe 2000« (Gesamthochschule Kassel);
The Teilhard de Chardin Centre for the Future of Man, London;
Mankind 2000, Brüssel, Generalsekretär J. Wellesley-Wesley;
IRADES, Rom, Generalsekretärin E. Masini;
Social Science Research Institute, Honolulu, Direktor J. A. Dator;
Fondation Royaumont: Pour le Progrès des Sciences de l'Homme, Paris, Generalsekretär M. Piatelli-Palmarini.
Eine Zeitlang war auch das Educational Policy Research Center des Stanford Research Institute, Palo Alto, USA, unter der Leitung von W. Harman und C. Naranjo auf diesem Gebiet aktiv.
In Großbritannien wird – übrigens aufgrund einer großzügigen Stiftung des James-Bond-Darstellers Sean Connery – an der University of Edinburgh ein Institut unter Leitung des bekannten

Biologen Wadington vorbereitet, das besonders die prophetische und prognostische Rolle der Künste für den Entwurf menschlicher Zukünfte untersuchen will.

Als Marginalie sei berichtet, daß der Autor in den Jahren 1971 und 1972 mit der Landesregierung von Salzburg ein »Institut für die Zukunft der Künste« vorbereitete. Die Arbeiten waren schon recht weit gediehen, ein erster Kredit bewilligt, ein Büro im Trakl-Haus bereitgestellt, als meine Beteiligung an der Demonstration gegen den Besuch von Präsident Nixon im Mai in Salzburg die Behörden zu ängstlichem Rückzug veranlaßte.

Wandel der Werte

Von großer Bedeutung für eine Humanvorausschau ist das Studium der »value changes« (Wertveränderungen), dessen Grundlagen der aus Berlin nach den USA emigrierte

W. Koehler in *Value in the World of Facts,* Neuausgabe New York 1968,

legte.

Eine ausgezeichnete Einführung in die Beziehungen zwischen der Wert- und der Zukunftsforschung gibt der Aufsatz von

I. Taviss, *Futurology and the Problem of Values,* in *International Social Science Journal,* UNESCO, Paris, Nr. 4, 1969, sowie die Bibliographie

I. Taviss, *Technology and Values,* Cambridge, USA, 1969, im Rahmen des Harvard University Program on Technology and Society an der University of Pittsburgh.

Über die Versuche, künftige Veränderungen in den Werthaltungen zu prognostizieren, gibt ein umfangreicher Sammelband Auskunft:

K. Baier and N. Rescher, Herausgeber, *Values and the Future,* New York 1969.

Eine umfangreiche und anregende Einleitung zu diesem Band schrieb

A. Toffler, *Value Impact Forecaster – a Profession for the Future.*

Von Interesse ist ferner:

A. J. Wiener, *Changing Values and Social Goals,* Hudson Institute, Croton 1970, und

A. Mitchell und M. K. Baird, *American Values,* Stanford Research Institute, Palo Alto 1969.

Wissenschaft vom Menschen

Hier sei an erster Stelle das im Text bereits erwähnte Werk von Edgar Morin genannt, das die große Zahl und Vielfalt der Humanwissenschaften in einer neuen Zusammenschau erfaßt. Dies geschieht insbesondere in seinem letzten Werk

Le paradigme perdu: la nature humaine, Paris 1973, mit sehr ausführlicher Bibliographie, deutsch: E. Morin, *Das Rätsel des Humanen,* München 1974,
das ein Fundament für eine interdisziplinär orientierte Wissenschaft vom Menschen sein könnte.
Seinem Buch stellte er folgende Zeittafel voran:

Universum	7 Milliarden Jahre
Erde	5 Milliarden Jahre
Leben	2 Milliarden Jahre
Wirbeltiere	600 Millionen Jahre
Reptilien	300 Millionen Jahre
Säugetiere	200 Millionen Jahre
Anthropoiden	10 Millionen Jahre
Hominiden	4 Millionen Jahre
Homo sapiens	10 000 bis 50 000 Jahre
Stadt, Staat	10 000 Jahre
Philosophie	2500 Jahre
Wissenschaft vom Menschen	0 Jahre

Die Adresse seines Instituts: 23 bis Rue de l'Assomption, Paris.
Wichtig ist auch
Jonas Salk, *Man Unfolding,* New York 1972;
–, *The Survival of the Wisest,* New York 1973, deutsch: *Wir können überleben. Die Zweite Evolution des Menschen,* Freiburg 1973.
Einen vielleicht bahnbrechenden Versuch zur Erweiterung des Menschenbildes schrieb der marxistische Psychologe Dieter Duhm, *Der Mensch ist anders,* Lampertheim 1975.

Wege nach innen

Ost und West

Es kann hier nicht versucht werden, einen – gewiß interessanten und notwendigen – Überblick über die umfangreiche Literatur zu geben, die den östlichen »Wegen nach innen« gewidmet ist. Nur zwei Titel aus jüngster Zeit seien für die weiterführende Lektüre genannt
Satprem, *La genese du surhomme,* Pondicherry 1971, deutsch *Auf dem Wege zum Übermenschen – Über ein Experiment der Evolution,* Weilheim 1973;
G. Krishna und C. F. v. Weizsäcker, *Biologische Basis religiöser Erfahrung,* Weilheim 1971.
Das zuletzt genannte Buch erschien im Rahmen der Veröffentlichungen der »Forschungsgesellschaft für östliche Weisheit und westliche Wissenschaft«, Leitung Prof. Dr. C. F. v. Weizsäcker und K. F. Basedow, Berg bei Starnberg.

Eine Befruchtung westlichen Denkens durch östliche Erfahrungen strebt auch an das International Center for Integrative Studies, New York, das u. a. in seiner Reihe *ICIS Issues* den wichtigen Vortrag

A. Chakravary, *The Dimension of Man,* Mai 1967,

publizierte.

Stark von östlichen Einflüssen mitbestimmt waren dreißig Vorträge zum Thema *Technology and Human Values,* die 1968 an der Stanford University, Palo Alto, gehalten wurden. Die Leitung dieser Reihe ließ die meisten dieser Beiträge sammeln in:

C. S. Wallia, Herausgeber, *Toward Century 21,* New York 1970.

Einblicke in eine ganz andere Art von ostwestlichem Kontakt, die aber für die hier umrissene Thematik relevant sind, vermitteln

R. und A. Chin, *Psychological Research in Communist China,* Cambridge 1969,

in dem besonders auf die Rolle der kleinen Gruppen (»hsiaotzu«) in der Selbstfindung auch des psychisch erkrankten Menschen hingewiesen wird.

Biofeedback und Biocomputer

Eine ungewöhnliche Zusammenarbeit von östlichen Geistesübungen und westlicher Technik begann mit der Aufnahme von Elektroenzephalogrammen (EEG) meditierender Zen-Priester, um festzustellen, ob die Zustände der Versenkung und der Erleuchtung (Satori) objektiv an der Veränderung von Gehirnwellen abgelesen werden könnten. Die Versuche sind geschildert in der schon 1966 erschienenen Studie von

A. Kasamatsu and T. Hirai, *An Electroencephalographic Study of the Zen Meditation,* nachgedruckt in Ch. T. Tart, Herausgeber, *Altered States of Consciousness,* New York 1969.

Im gleichen Sammelband berichtet auch der amerikanische Pionier des »biofeedback« auf bemerkenswert bescheidene und verständliche Weise über seine Experimente und deren Weiterentwicklung:

J. Kamiya, *Operant Control of the EEG Alpha Rhythm and Some Its Reported Effects on Consciousness.*

Diese Arbeiten gehören zu den umfassenderen Studien, die Neil Miller, Rockefeller University, New York, Anfang der sechziger Jahre begann, um nachzuweisen, daß auch das vegetative Nervensystem zu beeinflussen sei, eine Fähigkeit, die bis dahin nur Fakire demonstriert hatten.

Eine hervorragende informative Übersicht über das Gesamtgebiet der »visceral controls«, mit deren Hilfe z. B. Herzkranke lernen können, das Tempo ihres Herzschlages zu regeln, nervöse

Magenleidende die Überproduktion von Säure zu verringern usw., liegt vor in
Th. X. Barber, Herausgeber, *Biofeedback and Selfcontrol*, Chicago 1971.
Zu nennen sind noch drei populär geschriebene Aufsätze:
J. E. Pfeiffer, *Visceral Learning: A New Human Faculty*, in *Think*, New York, September 1969;
D. Rorvik, *The Theta Experience – Electronic Insights*, in *Saturday Review*, New York, Mai 1973;
J. Renaud, *Le »bruit« du cerveau – une »drogue nouvelle«*, in *Science et Vie*, Paris, Februar 1973.
Auch ohne technische Krücken kann und wird der »Weg nach innen« beschritten. Über den neuesten Stand einer »Wissenschaft vom Bewußtsein« berichtete
Charles T. Tart, *States of Consciousness and State-Specific Sciences*, in *Science*, Washington, 16. Juni 1972.
Er plädiert dafür, dieses gewaltige Gebiet nicht länger nur »ungeübten Beobachtern« zu überlassen, und macht Vorschläge, wie wissenschaftlich strengere Methoden eingeführt werden könnten, ohne störend zu wirken.
Schließlich müssen die Arbeiten eines imponierenden Einzelgängers erwähnt werden:
J. C. Lilly, *Programming and Metaprogramming in the Human Biocomputer*, New York 1972, und
–, *The Center of the Cyclone*, New York 1972.
Die erste enthält den wissenschaftlichen Bericht über seine Experimente, die zweite eine persönliche Konfession über seinen Weg.
Am Ende dieser Quellensammlung soll nicht vergessen werden, daß der deutsche Romantiker Novalis den Weg nach innen schon vor zwei Jahrhunderten in seinen »Fragmenten« mit Worten von großer Ausdruckskraft und Schönheit schilderte. Diese ihrer Zeit weit vorauseilenden Gedanken erhalten an der Jahrtausendwende neue Bedeutung:
»Wir träumen von Reisen in das Weltall. Ist denn das Weltall nicht in uns? Die Tiefen unseres Geistes kennen wir nicht. Nach Innen geht der geheimnisvolle Weg. In uns oder nirgends ist die Ewigkeit mit ihren Welten, die Vergangenheit und die Zukunft.«

Danksagung

Mein Dank müßte eigentlich viele Seiten voller Namen umfassen, denn ich bin selbst nur ein »Knoten« in einem weltweiten Netz von Freunden und Gleichinteressierten, auf das ich während dieser Arbeit immer zählen konnte. Ich hoffe, daß sie über so manche Bemühung, Platz zu sparen, allgemein verständlich zu sein, oder über Ungeschicklichkeiten, die zu Vergröberungen diffiziler und widersprüchlicher Probleme führten, nicht gar zu erbost sind.
Ganz besonderen Dank schulde ich Prof Eugen Kogon, TU Darmstadt, Prof. Heinz Haber, Seefeld, und Dr. Stefan Schwarz, Stockholm, die mir über Beratung und Information hinaus den Mut gaben, dieses Buch gegen die Einflüsse der eigenen, immer gegenwärtigen und auch jetzt noch nicht beschwichtigten Selbstkritik durchzusetzen.
Schließlich möchte ich auch noch dem Abt und den Mönchen der Abtei Seckau, Steiermark, danken, die in vorbildlicher Toleranz den Andersgläubigen bei sich aufnahmen, um ihm etwas von ihrem Frieden und ihrer – auf nichtmaterielle Ziele gerichteten – Lebensweise mitzuteilen.

Register

Kursiv gesetzte Seitenzahlen
verweisen auf den Anhang

A

Abenteuerspielplatz 156, 182
Abt, Clark C. 121–125
Abt Associates 122f
Adelson, Marvin 100, 136
Adler, Alfred 99
Aggressionsforschung 245
Albrecht, Bob 177
American Institute of Planning 192
Analphabetismus 171
Anders, Günther *280*
Anthropologie 246
Antiautoritäre Erziehung 156
Antoine, Serge 115
Apollo-Projekt 29, 155
Arbeitsgemeinschaft »Helvetische Alternativen« 200
Arbeitswelt 270
Arbeitszeitverkürzung 182
Artificial Intelligence Group 83
Astronautik 155
Atomrüstung 33, 45, 92, 94f
ATS-6 (Applications Technology Satellite Number 6) 176
Aufklärung 152
Auto, Wirkungsreihe 49
Autogenes Training 249

B

Baacke, Dieter 169
Bacon, Francis 21
Badener Modell 201
Bader, Ernest *343*
Bahr, Egon 195
Baier, Kurt 233
Bains, Gordon 44
Balandrier, Georges 117
Baldassari, John 260
Barbu, Marcel *343*
Barnett, Richard 131
Bate, Harold 57
Baudelaire, Charles 265
Bauer, Raymond 85
Begegnungsgruppen 240
Bellman, Richard 120
Benn, Anthony Wedgwood 33, 61, *283*
Berg, Mark *281*
Berkeley, E. C. *323*
Bernanos, Georges *275*
Bertalanffy, Ludwig von 100
Berufsbildung 171, 177
Berufsforschung 153
Bevölkerungsexplosion 76, 99
Bewußtwerden, sinnliches 250
Bildungsbiographie 172f
Bildungsurlaub 174, 182
Binet, Alfred 99
Biofeedback-Trainer 266
Bioinformation 257
Biologische Manipulation 163
Biopteme 78, 80
Bloch, Ernst 121
Boguslaw, Robert 128
Boitel, Philipe 58f
Bono, Edward de 90, *330*
Botez, M. 133
BRAD (Biotechnik Research and Development) 67f, 73
Brainstorming 105ff, 142
Brecht, Bertolt 12, *356*
Breitenerziehung 89
Bremer, John 168
Brodey, Warren M. 77–81, *293*
Brown, Harrison *298*
Bruner, Jerome S. 162, 172

Bürgerinitiativen 239
Burke, Patricia 163
Büro für technische Gesamtbewertung 40
Bush, Vannevar 41

C

Calder, Ritchie 138
Carl-Backhaus-Stiftung 137
Cellarius, Richard A. 97, *299*
Celma, Jules 169
Chambers, Robert L. 36
Chaplin, Charlie 33
Chardin, Teilhard de *361*
Chedd, Graham 39
Churchman, West 120, 217
Citizen Sample Simulation 205
Clarke, Robin 54f, 57, 66ff, 70, 73
Clean Air Act 31
Cloutier, Jean 214
Club of Rome 13, 20, 28, 98, 129f, *298*
Clune, Bill 193
Coates, Joseph F. 48
»Communications Era« 197
Constant, B. *348*
Coons, John 192
Crickmay, Chris L. 179
Cross Impact Analysis 50
Cube, Felix von *292*

D

Daddario, Emilio Q. 37ff, 48
Dalkey, N. C. 119
Datenverarbeitung 225
Davidoff, Paul 195, *346*
Delaplane, Gernard 115
Demokratie 187f, 193, 200, 223f, 228
Demokratische Institutionen, neue *344–349*

Demokratisierung der Kultur 237
Dennison, George 169
Descartes, René 21
Deutsch, Karl 99, *323*
Dickson, David *296*
Dieges, John 163
Dienel, Peter C. *346f*
Dixon, John *360*
Doernach, Rudolf *294*
Dolci, Danilo 28, 143f, *346*
Doppelschienen-Fähigkeit 176
Dostojewski, Fjodor 166
Dresser, Peter van *286*
Driessel, Judi 164
»Dryblocks« 78
Dubos, René 30
Dubreucq, Francine 169
DuBridge, Lee 45f
Duby, George 22
Duhamel, Georges *275*
Dumont, René 64, *290*
Dürkheim, Graf 249

E

»Education Satellite Project« 176
Eibl-Eibesfeldt, Irenäus 245
Einstein, Albert 92, 262
Ellsberg, Daniel 195
Ellul, Jacques *279f*
Elternschulen 239
Energiequellen, »alte« 65
Energieschock 271
Energieversorgung 272
Engelbard, Doug 227
Entfremdung 147, 261
Entschwefelungsanlagen 37
Entwicklungsländer 176
Entwurfswissenschaft 178
Erde, Bewohnbarkeit 54
Ergonomie 145

Erwachsenenbildung 165, 170f,
 177, 179, 181, 253
Erziehung und Zukunft
 333–336
Erziehung
– kritische *327f*
– lebenslange 181
– schöpferische *329ff*
Erziehungsexperimente 154
»Erziehungsindustrie« 175
Erziehungsmethoden 165
Erziehungsprojekte 159
Erziehungssatelliten 176
Erziehungssystem 165
Esalen-Institut 248
Esoterik 266
Etzioni, Amitai 228
Europarat 172
Evolution, gelenkte 35
»Exploratorium« 167

F

»Faktor Mensch« 44
Fano, Robert M. 225
Farson, Richard E. 233
Feldenkrais, Moshé 250
Feldmesser, Robert 51
Fernseh-Debatte 227
Fernsehen, Wirkungsreihe
 49
Fernseh-Guerillas 231
Fernseh-Orakel 217
Fernsehschulen 177
»Fernseh-Underground« 214
Fernsehuniversität 177, 179
Ferré, Louis A. 206f
Ferry, W. H. 138
Finsterbach, Fred C. 106
Fischer, Ernst 234
Fischer, Georg 169
Flechtheim, Ossip K. 131
Fließbandarbeit 148, 151, 153,
 184

Foerster, Heinz von 164, 166,
 293
Fogel, Lawrence J. 254
Fondation Royaumont 137
Forrester, Jay W. 119, 129
Forschung, Kritik *275–281*
Forschungsinstitute, futuro-
 logische 164
Fortbildung 175
Frankl, Victor *295*
Franz von Assisi 22
Freire, Paulo 170ff, *346*
Freud, Sigmund 99
Friedensforschung 97, 246f
Friedensspiele 121
Friedman, Yona 228
Fromm, Erich 268
Fuller, Buckminster 163

G

Gabor, Dennis 130f
Galilei, Galileo 262
Galois, Evariste 88
Galtung, Johan 161, 184
Gandhi 164, *290*
Garaudy, Roger 259
Garwin, Richard 46
Gegenkultur 159, 250
Geldard, Frank E. 256f
General-Motors 148
Geschka, H. 108
Gestaltpsychologie 249
Gesundheitskoordinator 224
Gesundheitspflege 253
Gesundheitswelle 254
Gewaltlose Strategie 161
Giffhorn, Hans 169
Gillberg, Björn 190f
Gindler, Elsa 249f
Gintis, H, 234
Glaber, Raoul 23
Glaubensgemeinschaft 240
»Glideway System« 137

Goldmark, Peter C. 228, *352*
Goodman, G. *289*
Gordon, William J. J. 108f
»grassroots democracy« 42
Green, Elmer 268
Großfamilie 239
Grüne Laboratorien 73
Gruppendynamik 240, 249
Gruppentherapie 239
Guilford, John P. 102–105

H

Harman, W. W. 271
Harper, Peter 56, 65f, 68f, 73f, *281*, *287*
Hauser, Richard 243f
Heilbronner, R. *295*
Helmcke, J. G. *294*
Helmer, Olfa 134, *296*
Hentig, Hartmut von 136, 169
Herrera, A. 130
Hetman, François 86f
Hitler, Adolf 92f, 126, 249
Hochschule 153
Hochschulabsolventen 154
Howard, Jane 239
»Humanbarriere« 140
Humanprognose 242
Humanwissenschaften 182, 238
Hunnius, G. 113
Hutchins, Robert 137
Huxley, Julian 265, *361*
Hydroponik 65

I

Ichazo, Oscar 265
Illich, Ivan 170, 174, *346*
Industriegesellschaft, kapitalistische 149
Industrienation 153
Informatik 224
Informationsgemeinschaft 227
Informationssystem *350–360*
Ingelfinger, Mrs. 43
Innovationen 52
Institut für Zukunftsfragen 11
Institute for Peace Research 161
Intermediate Technology Group 62
Iyengar, M. S. 60

J

Jacoby, Heinrich 249
Jamison, Andrew 191
Janne, Henri 182
Johnson, Avery 79f
Johnson, Nicolas 197
Johnson, Lyndon B: 85
Johnston, Howard 47
Joliot-Curie, Frédéric 250
Jones, J. Christopher 178f
Jouhy, Ernst 169
Jouvenel, Bertrand de 131
Judge, A. *298*
Jung, Carl Gustav 99
Jünger, Ernst 266
Jünger, Friedrich Georg *275*

K

Kabelfernsehen 216f, 221, *352*
Kahn, Herman 11, 99
Kamiya, Joe 266f
Kapp, Karl W. 84
Kawamoto, Ishiro 25
Kenniston, Kenneth 162
Kenward, Michael 72
Kepinski, A. *288*
Kerbs, Diethard 169
Kinderladen 182
King, Alexander 138
Kissinger, Henry 126
Klein, Ota 134
Koestler, Arthur *309*

Köhler, Wolfgang 249
Kommunikationsraum 206, 228
Kommunikationswerkzeug 214
Konfliktanalyse 102
Konsumentenbewegung 193
Kopernikus, Nikolaus 262
Körpersprache 256
Kosmologie 262
Kozol, Jonathan 169
Kramish, Arthur 196
Krauch, Helmut 217f, 220f
Kreativität 102f, 105, 108, *305–312, 332*
Krisenforschung *297–305*
Kropotkin *286*
Kuhn, Thomas 261
Künstliche Intelligenz *292*
Kybernetik 223, *292*

L

Lamont, Valerie 204
Landau, Erika 90, 160
Landers, Richard R. 78
Laue, Max von der 53
Lautréamont, Comte de 265
Leach, E. *326*
Lefebvre, Henri 247
Leistungsgesellschaft 154
Lenz, Reimar 263
Leonard, Eugene 228
Lernen durch Selbermachen 161
Lernen, lebenslanges 174, 181
Lernexperiment 158
Lewin, Kurt 99, 240, 249
Licklider, J. C. R. 227
Lier, Henri van 34
Lilly, John 263f
Lindbergh, Charles 39
Lindgren, Nilo *293*
Linnemann, H. 130
Livingston, Dennis 164
Long, Anne 169

Lundberg, Bo 41, 43
Lutz, Burkhard 153

M

Mahé, André 169
Malik, Rex 225
»Manhattan-Projekt« 92
Manipulation 171, *284*
Mann-Borghese, Elisabeth 138
Manstein, Erich von 125f
Mao Tse-tung 99
Marcus, Thomas 136
Marcuse, Herbert 235
Maruyama, Maguroh 224, 246
Marx, Karl 149
Massenbildung 89
Massenmedien 168, 197, 213
Massenproduktion *290*
Matusow, Henry 225f
Max-Planck-Institut 137
McCulloch, Warren 76, 79, 82, *293*
McDonald, Gordon 46f
McHale, John 179
McLeod, John 127
McLuhan, Marshall 212
Mead, Margaret 164, *326*
Meadows, Denis 13, 119
»Mechymax« 78
Medienzukunft 221
Medizin, Zukunftstendenzen der 252
Melman, Seymour 86
Membranforschung *295*
Mensch-Maschinen-System 254
Menuhin, Hephzibah 243
Mertens, Dieter 172f
Mesarovic, M. D. 129f
Michael, Donald 68, *281, 350*
Mikroelektronik *295*
Miller, George 165
Miller, Neil 267

Mind Laboratories (Geisteslaboratorien) 236
MIT (Massachusetts Institute of Technology) 39, 79, 83, 128, 224
Mitbestimmung der Jugend 157
Mitscherlich, Alexander 239
Mondlandung 29, 45
Monod, Jacques 235
Moreno, J. 249
Moretti, Raymond 259
Morgan, John 59, *292*
Morin, Edgar 235, *363*
Morphologische Forschung 90
Müllinsel 36
Mumford, Lewis *279*

N

Nader, Ralph 132, 193, 197
National Academy of Sciences 48
National Science Foundation 193
Negroponte, Nicholas 224, *294*
Neill, A. S. 156
Neotechnik 86
Neue Offenheit 241f
Neurose 251
New Alchimy Institute 67
Nichtkarrieren (»Uncareers«) 149, *336f*
Nicoforo, Alfredo 84
Nixon, Richard 42, 45
Noyes, Philip 55
Nuffield Foundation 160

O

Obrigkeitsstaat 160
OECD (Organization for Economic and Cultural Development) 156, 172, *295*
offene Schulklassen 160
offene Universität 157, 177–182
»Office of Scientific Research« 42
Office of Technology Assessment of the US Congress 48, 52
Ökologie *291*
Ökosysteme *279*
Olivetti, Adriano 145
Olivetti & Co. 146f
Olson, Robert *281*
Oppenheimer, Frank 167
Oppenheimer, Robert J. 167
ORAKEL-System 218, 221, 231
Orlans, L. A. *289*
Osborn, Alex E. 106
Osgood, Charles 204
Ost-West-Pugwash-Konferenz 93
Otto, Frei *294*
Ozbekhan, Hasan 48
Ozonschicht 47

P

Pädagogik 154, 158, 161, 171, 175, 182, *325*
– neue 190, *311*
– Wandel in der 162
Papert, Seymour 82, 177
Paradigma 261
Paradigmaverschiebung 262
Pask, Gordon 75ff, *293*
Peccei, Aurelio 98
»People's Computer Center« 177
Pestel, E. 129f
Petit, Claudius 116
Piaget, Jean 136
Picasso, Pablo 259
Pillsbury, George 132
Planck, Max 262
PLATO-Programm 177, 204

Platt, John R. 92, 94–101, 253f, *281, 299*
Popper, Karl *323*
PRIDE-Programm (Puerto Rican Information and Decision Environment) 206
Prince, George M. 107
»Project One« 113
»Projekt Jedermann« 143, 155, 170, 185
»Psycho-Store« 189
Psychoanalyse 242
Psychologie 182
Psychose 252

Q

Qualität des Lebens 83–87
Quincey, Thomas De 265

R

RAND Corporation 95, 104, 119, 128, 195f, 212
Rapaport, David 100
Raskin, Matt 131
Rechberg, Ingo *294*
Reich, Wilhelm 249
Reilly, Paul 212f
Rescher, Nicholas 233
»Retrieval system« (Wiederauffindungssystem) 202
Revolution, humane 188
Richmond, George 169
Richta, R. 134
Rittel, Horst 217
Rock-Pool-Experiment 110
Rogers, Carl *309*
Rojas, Bill 163
Roosevelt, Franklin D. 92, 138
Rosenblith, Walter 82, *293*
Rossi, Giovanni *290*
Rossman, Michael 158

Roszak, Theodore *280f*
Rousseau, Jean-Jacques 256
Rüstungswettlauf 55
Rutherford, Ernest 236

S

Saarinen, Eero 151
Sachs, Ignacy *290*
Salk, Jonas 235, 237
Salmona, J. 224
Schade, J. R. 224
Schaeffer, Pierre 209
Schilling, Rudolf 200
Schlicksupp, H. 107
Schlossberg, Ed 163
Schmutzrausch 35
Schoeffer, Nicholas 258, *348*
Schon, Donald 113f, 202
Schulen *325–333*
– freie s. a. offene Schulklassen 182
Schulexperimente 156
Schulprojekte 270
Schulsystem 154, 166
Schultz, H. J. 249
Schumacher, E. F. 62f, *290f*
Schwartz, Charles 55
Schwarz, Felix 184
Scott-Bader-Foundation 137
Scribner, R. A. 229
Seiffert, William 137
Selbstverwirklichung 149f, 155, 261
Senghaas, Dieter 99
Sensitivitätstraining 239
Shamberg, Michael 213
Shaw, Stella *298*
Sheridan, Thomas B. 203
Shonfield, Andrew *298*
Shurcliff, William A. 41–44
Sicinski, A. *288*
Simulationen *316–325*
Simulation »S hoch 3« 127

Sinneswahrnehmungen, Entzug von 264
Skeffington, M. A. *347*
Skolimowski, Henryk 64
Smithsonian Institute 130
»smokeless zone« 31
Smoker, Paul 121
»Smyth Report« 42
»soziale Erfindungen« 95f, 99f
»soziale Experimente« 115, 117
»soziale Kennziffern« 83–87
Sozialismus, humaner 70, 134
Soziodrama 249
Spearman, Charles Edward 99
Spionage-Organisationen 196
Sputnik-Schock 38
SRI (Stanford Research Institute) 104
Stent, Gunther S. *310*
Stern, Philip 132
Stevens, Dorothy 215
Stevens, Harrison 206
Stiftung für kreative Erziehung 103
Streß 251
Studentenbewegung 158
Stuttmeier, R. P. *289*
Sugarman, Steve 193
Supernovae 89
Swados, Harvey 148
Synectics-Technik 107f., 110f
Szilard, Leo 92ff, 130f, 235, *308*

T

Taylor, Gordon Rattray 72
Taylor, Robert W. 227
Technik
– cheap technology 34
– genetische 50
– harte (Übersicht) 71f
– kreative 34
– Kritik *275–281*
– medizinische 50
– neue 270
– pharmazeutische 50
– sanfte 54, 56f, 59, 65f, 68, 70, 72f, 84, *286–297*
– sanfte (Übersicht) 71f
– Vermenschlichung der 77
Technikbegeisterung 39
technische Innovationen, Folgen 50
Technologien, alternative 73
»technology assessment« 37, 39f, 51f, 176, *283*
Telekommunikation 198
TEMPER-Simulation 119, 124
Terman, Lewis Madison 99
Theobald, Robert 197ff
Thomas von Aquin 22
Thoreau, Henry David *286*
Thring, Meredith W. 34
Ticcit-System 177
Tinbergen, Johannes 130
Tinguely, Jean 258
Todd, John *287*
Toffler, Alvin 162
Torrance, Paul 90, 160
Toynbee, Arnold 91
Train, Russell 46
Transformation, friedliche 270
Tugwell, Rex 138

U

Überbevölkerung 48
Überschallflugzeug 40, 43–48
Uexkuell, Jakob von 17
Umpleby, Stuart 204
Umweltbehörde der Vereinten Nationen 36
Umweltkrise *288*
Umweltschäden, Kontrolle 35
Umweltverschmutzung 97, 251
Umweltzerstörung 270
UNESCO 172, *298*
UNO 98, 101, 121

V

Verhaltensforschung 182
Verhaltensphysiologie 250
Verschmutzungsgrad der Themse 31
Videoaufzeichnungen 213f, 217
Video-Freaks 212
Video-Gruppen 212
»Vidium« 166
Vietnamkrieg 225
Volksambulatorien 191
Volksdemokratie 157
Vonier, T. V. 229

W

Waskow, Art 131f
Weinberg, Alain 269
Weizenbaum, Joseph 128, 225
Weizsäcker, Carl Friedrich von 137
Wellesly-Wesley, J. *298*
Wells, H. G. *297*
Wells, Oliver 68f, 223
Weltraumbehörde 206
Weltwirtschaftskrise 170
Werner, Joan 127
Werner, Roland 127
Werte, Umpolung (Übersicht) 233f
Wertforschung 233

Wertheimer, Max 102, 249
Wiener, Norbert 77, 80, 82, *293*
Wiesner, Jerome 39
Wigner, Eugene 92
Wilkinson, John *279*
Wilson, Andrew 128
Wilson, Tay *283*
Windass, Stan 189
Winter, Ernst Florian *289*
Wirtschaftskonzentration 148
Wohngemeinschaft 239
Wollenschläger, Günther 90, 160
Woodrow-Wilson-Stiftung 130

Z

Zadeh, Lofti 120
Zapping-Effekt 15
»zentaurische Kombinationen« 76
Zielanalyse 102
Zimmermann, Patrick 169
Zivilisationskritik 33
Zukunftserziehung, Literatur *361–366*
Zukunftsforschung 97
Zukunftsfragen 163
Zukunftsschock 114, 163
Zukunftsspiele 121
Zwicky, Fritz 89f
Zworyikin, V. 217